Dr. Stephanie Red Feather

Empathie

Ich fühle, was du fühlst

vianova
Verlag Via Nova

DR. STEPHANIE RED FEATHER

EMPATHIE

Ich fühle, was du fühlst

Bin ich ein Empath? – So lerne ich meine empathischen Fähigkeiten anzunehmen und in Balance zu leben

vianova
Verlag Via Nova

Ein Wort an die Leser und Leserinnen:

Dieses Buch soll dem Leser eine Hilfe zur Selbsthilfe geben. Es vermittelt eine Vielzahl sorgfältig recherchierter und erarbeiteter Informationen, Übungen und Techniken. Eine Garantie kann jedoch nicht übernommen werden. Die in diesem Buch enthaltenen Informationen und Empfehlungen stellen keinen Ersatz für eine ärztliche, psychiatrische oder psychotherapeutische Behandlung vor Ort dar. Jede Anwendung der auf den folgenden Seiten dargestellten Übungen und Empfehlungen erfolgt im alleinigen Ermessen und der alleinigen Verantwortung des Lesers. Weder die Autorin noch der Verlag haften für etwaige Schäden, die vermeintlich direkt oder indirekt aus der Anwendung der im vorliegenden Buch enthaltenen Informationen entstanden sind.

Übersetzung aus dem Englischen:
Evelyn Horsch-Ihle

Originaltitel:
The Evolutionary Empath
A Practical Guide for Heart-Centered Consciousness

Published by Arrangement with INNER TRADITIONS INTERNATIONAL LTD., ROCHESTER, VT 05767 USA

„Dieses Werk wurde vermittelt durch die
Literarische Agentur Thomas Schlück GmbH, 30161 Hannover."

---

1. Auflage 2020
Verlag Via Nova, Alte Landstr. 12, 36100 Petersberg
Telefon: (06 61) 6 29 73
Fax: (06 61) 96 79 560
E-Mail: info@verlag-vianova.de
Internet: www.verlag-vianova.de
Lektorat: Ulrike Kraemer
Umschlaggestaltung: Guter Punkt, München
Satz: Sebastian Carl, Amerang
Druck und Verarbeitung: Appel und Klinger, 96277 Schneckenlohe

ISBN 978-3-86616-484-0

Vorbemerkung der Übersetzerin

Die englische Sprache unterscheidet in vielen Fällen nicht zwischen männlichen und weiblichen Substantivformen. So ist mit „partner“ beispielsweise immer sowohl der Partner als auch die Partnerin gemeint und mit „empath“ sowohl der Empath als auch die Empathin. Um die Lesbarkeit des deutschen Textes zu bewahren und unnötig komplizierte Satzkonstruktionen zu vermeiden, wurde in der deutschen Übersetzung darauf verzichtet, immer beide Substantivformen zu erwähnen, und in den meisten Fällen nur die männliche Form verwendet. Trotzdem schließt der „Partner“ natürlich immer auch die „Partnerin“ und der „Empath“ immer auch die „Empathin“ ein.

Inhalt

Für mein acht Jahre altes Selbst
und die Empathen
auf der ganzen Welt

Vorwort

von Linda Star Wolf

Wenn Sie dieses Buch zur Hand genommen haben, sind Sie möglicherweise ein sensitiver Mensch. Zwar können Menschen aus allen Kulturen und allen sozialen Schichten sensitive Fähigkeiten besitzen, aber manche haben eine Extraportion an übersinnlichen Energien mitbekommen. Vielleicht sind Sie hochsensibel oder sich Ihrer Umwelt überdeutlich bewusst. Vielleicht nehmen Sie Klänge, visuelle Eindrücke, Gerüche, Geschmacksempfindungen und körperliche Berührungen stärker und konzentrierter wahr. Vielleicht sind Sie fähig, die unterschiedlichen Energien, die Sie umgeben, „aufzunehmen" oder sich in sie „einzufühlen" – vor allem, wenn es um andere Menschen und ihre Emotionen geht. Ich galt bereits in meiner Kindheit als überaus feinfühlig und kam erst später zu der Erkenntnis, dass mein hochsensitives Wesen in Wahrheit kein Unglück und auch kein Fluch war, der auf mir lastete, sondern dass diese übersinnlichen Fähigkeiten meine Superkräfte waren – besondere Gaben, die mir anvertraut worden waren, damit ich sie einsetzen konnte, um zur Veränderung der Welt und zur Erhöhung des Bewusstseins beizutragen.

Als schamanische Lehrerin, die bestrebt ist, eine Brücke zwischen der alten Form von Spiritualität und der modernen Bewusstseinswelt zu schlagen, hatte ich die einzigartige Gelegenheit, viele hochsensitive Menschen beziehungsweise Menschen mit übersinnlichen Fähigkeiten – also Empathen – auf ihrer Reise der Heilung und der Transformation hin zu einem höheren Maß an Verkörperung zu begleiten. Durch meine eigene persönliche Reise und durch meine Arbeit als Suchtberaterin, schamanische Lehrerin und psychospirituelle Begleiterin habe ich erkannt, dass es völlig natürlich ist, „sensitiv" beziehungsweise empathisch zu sein. Sensitiv heißt für mich „im Einklang mit der gemeinsamen Verbindung zu der Welt, die uns umgibt." Diese Verbindung und die Fähigkeit, regelmäßig Zugang zu ihr zu erlangen, machen uns aus meiner Sicht nicht nur zu sensitiven, sondern zu schamanischen Wesen!

Ich glaube, dass alle Tiere und auch die Menschen mit dieser sensitiven und schamanischen Verbindung zur Welt geboren werden. Wir werden im Einklang mit unserer Umwelt, den Kräften der Natur, den anderen Mitgliedern unseres Stammes und allem Leben geboren, das uns umgibt. Diese Verbindung, diese übersinnlichen und schamanischen Fähigkeiten, sind unsere Geburtsrechte als Lebewesen, die auf der Erde beheimatet sind. Durch den Sozialisierungsprozess im Säuglings-, Kindes- und Jugendalter lernen wir und werden vielleicht sogar ermutigt, diese angeborenen Fähigkeiten zu unterdrücken oder zu verdrängen. Im Laufe unserer weiteren Entwicklung benutzen wir möglicherweise Alkohol, Drogen oder andere Substanzen, um uns zu betäuben und die Lautstärke der Welt herunterzudrehen. Auf meinem Gebiet der Suchttherapie stelle ich immer wieder fest, dass viele aktiv Süchtige in Wahrheit hochsensitive Empathen sind, die sich alle Mühe geben, in einer reizüberfluteten und von emotionalem Tumult und aktiven Traumen übervollen Welt zu überleben.

Und das bringt mich dazu, warum es eine große Ehre und ein Privileg ist, das Vorwort zu diesem außergewöhnlichen, zeitgemäßen und transformativen Buch zu schreiben. Stephanie Red Feather gibt dem Weg des Empathen darin eine Stimme. Aus ihrer eigenen persönlichen Erfahrung als sensitiver Mensch heraus vermittelt sie Einsichten und erklärt, dass das Leben als Empath eine „Wahl ist, die auf einer Seelenebene getroffen wurde, um den Evolutionsprozess der Menschheit zu unterstützen". Auf den folgenden Seiten finden Sie nicht nur ein neues Rahmenwerk für Ihr Leben als Empath, sondern außerdem fundierte Anwendungsmöglichkeiten, tägliche Übungen und das praktische Rüstzeug, das Sie in Ihrem Alltag als Empath unterstützt.

Schon bei meiner ersten Begegnung mit Stephanie erkannte ich, dass sie eine Erneuerin war, die sich nicht nur der Selbstfindung und der persönlichen Transformation verschrieben hatte, sondern auch dem Wunsch, ihre Gaben mit geistesverwandten Menschen zu teilen. Ihr Lebensweg, der einen Abschluss in angewandter Mathematik, den Aufstieg zur angesehenen Offizierin der US Air Force und – in den letzten vierzehn Jahren – die rückhaltlose Hinwendung zu erfahrungsbasierten Heilmethoden umfasst, hat ihr eine einzigartige Sichtweise verliehen, die es ihr ermöglicht, auf eine vielseitige und ganzheitliche Weise mit der Welt in Beziehung zu treten und damit eine Brücke zwischen der linken und der rechten Gehirnhälfte zu schlagen.

Als Stephanie 2015 ihr Studium an meiner schamanisch-psychospirituellen

Organisation, der *Venus Rising Association for Transformation*, aufnahm, war sie in ihrer Entwicklung schon sehr weit fortgeschritten und besaß nicht nur ein hohes Maß an Intuition, sondern auch eine natürliche Gabe, die vermittelten Lehren wie ein Schwamm aufzusaugen. Es war eine große Freude, Zeugin ihres Wachstums zu sein und zu beobachten, wie sie die schamanischen Lehren in ihren enorm großen Wissensschatz integrierte. Im Laufe ihrer Ausbildung an der *Venus Rising University for Shamanic Psychospiritual Studies* wuchs sie rasch in ihre heilige Bestimmung hinein und erblühte zu einer integrativen und in hohem Maße verkörperten Empathin, die dem Dienst an der Welt, ihrer Evolution und ihrer Veränderung verschrieben war.

Während des gesamten Promotionsprogramms gehörte ich zu Stephanies Mentorinnen und Betreuerinnen und erlebte mit, wie sie voll und ganz in ihre heilige Aufgabe hineinwuchs, als sie begann, mit privaten Klienten zu arbeiten, Workshops zu leiten und konkrete Materialien zu entwickeln, die nicht nur sie selbst unterstützten, sondern auch die Menschen, mit denen sie arbeitete und in Beziehung trat. Ich ermutigte Stephanie dazu, diese Materialien – äußerst mächtige Werkzeuge und Techniken – mit ihrer Dissertation zu verschmelzen und ein Buch daraus zu machen, um auch andere Menschen an dem integrativen und evolutionären Wissen teilhaben zu lassen, das sie als Empathin, die sich der Erhöhung des menschlichen Bewusstseins verschrieben hatte, durch ihre eigenen Prüfungen, Freuden und Nöte erlangt hatte. Schon die ersten Entwürfe ihres Manuskripts ließen erkennen, dass ihr Buch und die darin enthaltenen Informationen für die vielen Empathen auf der ganzen Welt sowohl Leuchtfeuer als auch Bestätigung sein würden.

Das Buch, das Sie in Ihren Händen halten, ist reich sowohl an persönlicher Lebenserfahrung als auch an fundierten Informationen. Außerdem vermittelt es praktische Übungen für den Alltag, die Sie auf Ihrem persönlichen Lebensweg unterstützen. Ich möchte Sie ermutigen, dieses Buch mit einem offenen Geist und einem offenen Herzen zu lesen und sich bewusst zu machen, dass wir auf einer bestimmten Ebene alle als sensitive und empathische Menschen geboren werden. Glücklicherweise konnten manche von uns ungeachtet aller Versuche, unsere sensitiven Superkräfte zu unterdrücken und zu verdrängen, an diesen Qualitäten festhalten.

Bei meiner eigenen Arbeit, bei der es darum geht, den inneren Schamanen in den Menschen zu erwecken, stelle ich immer wieder fest, dass die meisten

Menschen, die ihre empathischen Fähigkeiten bewahrt oder sie durch Prozesse wie die schamanische Atemarbeit, Seelenrückholung oder andere schamanisch-psychospirituelle Praktiken zurückgewonnen haben, imstande sind, die Welt in hohem Maße zu beeinflussen und zu verändern. Ich glaube, dass es so ist, weil Empathen sensitive schamanische Seelen sind, die um die Kraft emotionaler Intelligenz und Intuition wissen und die vor allem verstehen, wie enorm wichtig es ist, aus dem Herzen heraus zu leben. In einer Welt, in der ein großer Teil der Bevölkerung von der darin herrschenden Gewalt und den alltäglichen Traumen abgetrennt ist, brauchen wir Menschen und Wege, die uns zu unserem Herzen zurückführen, uns an unsere angeborene Sensitivität erinnern und uns bewusst machen, dass alle Menschen miteinander verbunden sind.

Ich glaube zutiefst, dass die Menschheit im Begriff ist, eine neue Oktave des Seins zu erreichen, und dass Empathen und Schamanen dabei in vorderster Reihe stehen, um unseren Übergang in dieses neue Bewusstseinsparadigma zu beschleunigen. Ich möchte mit dem gleichen Gedanken schließen, mit dem ich begonnen habe: Wenn Sie dieses Buch zur Hand genommen haben, sind Sie möglicherweise ein sensitiver Mensch. Wenn dieser Gedanke in Ihnen eine tiefe Resonanz auslöst, haben Sie sich möglicherweise dafür entschieden, gerade jetzt mit einer Mission auf die Erde zu kommen: mit einem energetischen Bauplan für Veränderung und Transformation. Vielleicht ist Ihre Sensitivität eine Superkraft, die Sie nutzen sollen, um Ihre Mission zu erfüllen und das Leben der Menschen in Ihrer Umgebung zu bereichern. Vielleicht sind Sie hier, um die Menschheit aufzuwecken und ihre Entwicklung hin zur nächsten Oktave des Bewusstseins zu unterstützen, auf der wir uns alle an unser Herz erinnern und seine seelenvolle Weisheit in unserem Alltag zum Ausdruck bringen. Vielleicht ist das Ihre Mission. Nehmen Sie sie an?

Linda Star Wolf, Ph.D, ist Schamanin und Autorin und hat den Prozess der schamanischen Atemarbeit entwickelt. Sie ist Begründerin und Präsidentin der *Venus Rising Association for Transformation* und der *Venus Rising University for Shamanic Psychospiritual Studies* sowie Mitbegründerin der *Shamanic Mystery Tours*. www.shamanicbreathwork.org

Einführung

Ein Wunsch, eine Mission und hundert Affen

Ich bin eine Empathin. Das wusste ich in den ersten dreißig Jahren meines Lebens aber nicht, und ich wusste *ganz sicher* nicht, wie ich als Empathin in der Welt zurechtkommen sollte.

An meinen Tiefpunkten war ich völlig verzweifelt, hatte keine Ahnung, wer ich war, welchen Wert ich der Welt zu bieten hatte oder wie es mir gelingen sollte, meine Lebensumstände zu verbessern. Ich lebte mehr als drei Jahrzehnte in dem Glauben, dass alles, was ich fühlte, aus mir selbst kam. Ich hielt es aus, als emotional, labil, instabil oder überempfindlich abgestempelt zu werden. Ich marterte mich innerlich und fragte mich, warum mich alles so tief berührte und beeinflusste. Ich dachte, ich sei zu schwach oder ungeeignet, in der „wirklichen Welt" zurechtzukommen.

Als ich noch nicht wusste, dass ich eine Empathin bin, glaubte ich einfach, was alle mir sagten. Das ist typisch Stephanie. Sie ist nun einmal sehr emotional. Oder theatralisch. Oder launisch. Oder sonderbar. Nachdem ich zum ersten Mal etwas über das Konzept der Empathie erfahren hatte, ging es mir besser … ein wenig. Gleichzeitig eröffnete sich dadurch aber auch eine völlig neue Welt, die mir vollkommen fremd war. Ja, „das Ding, das ich war", hatte einen Namen, aber was jetzt? Ich musste trotzdem herausfinden, wie es mir gelingen konnte, meinen Alltag zu meistern.

Als mein Bewusstwerdungsprozess begann, gab es kaum Informationen, die mir hätten helfen können, mein Leben als Empathin zu meistern. Es war eine qualvolle, verwirrende und oft einsame Suche. Ein beschwerlicher Weg lag vor mir, auf dem ich lernen musste, meine Identität in Beziehungen wiederzufinden und zu bewahren, sorgfältig auf mein Energiefeld zu achten, meine persönliche Eigenständigkeit wiederherzustellen, meinen Körper voll und ganz zu bewohnen und aus meiner Mitte heraus zu leben. Dabei wusste ich noch nicht einmal, was – geschweige denn, wo – meine Mitte war, als diese Reise begann. Doch das Ergebnis war jede Narbe und jeden Schrei wert.

MEIN WUNSCH

Ich wünsche mir, dass Sie nicht so viel Zeit damit verbringen, gegen Wände zu laufen, Gott zu verwünschen und sich in Zweifeln zu wälzen, wie ich es getan habe. Es ist an der Zeit, dass Empathen aufhören, das Leben zu *ertragen*, und anfangen, sich zu ihrer Rolle als Wegbereiter zu bekennen. Wir haben Freude verdient! Und wir haben eine fesselnde Aufgabe, die in weit mehr als nur darin besteht, der Kanarienvogel in der Kohlegrube unseres Lebens zu sein. Ich möchte vor allem, dass Sie wissen, dass Sie nicht verrückt sind. Genau das Gegenteil ist der Fall: Es ist ausgesprochen mutig, gerade an diesem Punkt der menschlichen Evolution auf die Erde zu kommen! Sie haben einen Stamm und Sie haben eine Aufgabe.

Ich betrachte mich als Ihren Navigator. Sie sind der Pilot und Sie haben die Verantwortung für alle Entscheidungen, die Sie in Ihrem Leben treffen. Ich bin jedoch im Besitz einer Landkarte und wir befinden uns auf einem Gebiet, das ich seit vielen Jahren erforsche. Ich weiß, wo die gefährlichen Stellen sind, die dafür sorgen, dass Ihr Höhenmesser verrücktspielt und Ihr Magen einen Looping dreht. Ich bin geübt darin, Fehler zu beheben und wieder auf den richtigen Kurs zu kommen. Vor allem aber habe ich herausgefunden, dass wir die ganze Zeit über nicht nur ziellos herumgeirrt sind, sondern eine ganz besondere Mission zu erfüllen haben!

Das Leben als Empath ist nicht leicht. Ich weiß es. Ich hoffe, dass Ihr eigener Weg dank der Lektionen, Werkzeuge, Übungen, Denkarten und Offenbarungen, die das Resultat meiner Anstrengungen sind, leichter, weniger schmerzvoll und vielleicht sogar inspirierend ist. Und dass Ihnen das jahrelange Zähneknirschen erspart bleibt. Sie haben einen Platz im Kosmos und Sie haben eine vornehme Aufgabe zu erfüllen.

Wollen wir die Motoren starten?

FÜR WEN DIESES BUCH BESTIMMT IST – DER MIKROKOSMOS

Dieses Buch ist für Empathen bestimmt, wobei es keine Rolle spielt, ob Sie sich unter dieser Bezeichnung kennen oder nicht. Es wurde für alle geschrieben, die als zu sensibel oder zu emotional gelten. Die über Wahrnehmungsfähigkeiten verfügen, die andere Menschen nicht besitzen, und dafür wahrscheinlich sogar verspottet werden. Es ist für diejenigen gedacht, die wissen, dass sie „anders" sind, die aber ihren Stamm nicht finden und nicht ergründen können, wohin sie gehören. Es ist für diejenigen, die sich fragen, ob es ihnen jemals gelingen wird, gut in der Welt zurechtzukommen. Oder die, wenn sie es gelernt haben, sich fragen, ob und wie sie wirklich erfolgreich sein und ihre Träume voll und ganz leben können.

Das Buch ist für Pflegefachkräfte, Masseure, Schamanen, Intuitive, Künstler, Gesundheitsfachkräfte, Energieheiler, Medien, Coaches, Therapeuten, Berater, Hellseher und Erneuerer ebenso gedacht wie für Wissenschaftler, Ingenieure, Apotheker, Programmierer, Militärangehörige, Fabrikarbeiter, Finanzberater, Anwälte, Lehrer, Politiker, Kellner und Banker.

Auch wenn die meisten bewussten Empathen in die erste Gruppe fallen, sind sehr viele heimliche Empathen auch in allen anderen sozialen Schichten, Berufen und Regionen der Welt zu finden. Zur zweiten Gruppe gehören meist die Empathen, die vergessen haben, dass sie Empathen sind. Weil empathische Qualitäten für gewöhnlich nicht so gut zu einer konservativen, von der linken Gehirnhälfte bestimmten Lebensumgebung passen, sind es oft Menschen, die gezwungen waren, ihre „besonderen" Qualitäten so tief zu vergraben, dass sie sich nicht mehr an ihre wahre Natur erinnern. Trotzdem sorgt ihre empathische Natur dafür, dass sie von Schwierigkeiten und Herausforderungen heimgesucht werden.

Von welchen Qualitäten spreche ich? Die folgende Liste kann Ihnen einen ersten Eindruck vermitteln. Kapitel 4 enthält eine umfassendere Aufstellung, die Sie als Checkliste nutzen können, um herauszufinden, mit welchen Qualitäten Sie sich identifizieren.

Empathen haben oft mit folgenden Herausforderungen zu kämpfen:

- Grenzen ziehen
- In co-abhängigen Beziehungen leben
- Sich überfordert fühlen
- Sich die Emotionen aller anderen zu eigen machen
- Für sich selbst einstehen oder nein sagen
- Abhängigkeit von Alkohol, Drogen, Essen, Sex oder Verhaltensmustern
- Extreme Empfindlichkeit gegenüber jeder Form von Disharmonie in ihrem Umfeld (Menschen oder Dinge)
- Überreizung durch Lärm, Licht, Gerüche, zu viele Informationen oder zu viele Menschen
- Angemessene Selbstfürsorge und Energiehygiene praktizieren

Empathen können auch die folgenden Qualitäten besitzen:

- Ausgeprägte Intuition oder übersinnliche Fähigkeiten
- Wahrnehmung feinstofflicher Energien oder der unsichtbaren Sphären oder die Fähigkeit, Engel, Erscheinungen oder Verstorbene zu sehen
- Empfänglichkeit für paranormale Erfahrungen
- Eine unheimliche Fähigkeit, sich auf die Emotionen und Gefühle anderer Menschen einzustimmen
- Hellsehen, Hellhören, Hellfühlen oder Hellwissen
- Die Fähigkeit, mühelos Astral- oder schamanische Reisen zu unternehmen oder in veränderte Bewusstseinszustände einzutreten
- Kommunikation mit Tieren, Pflanzen, Steinen oder Bäumen
- Den starken Wunsch, anderen zu dienen, sie zu unterstützen oder zu heilen
- Eine angeborene Verbindung zur natürlichen Umwelt, zu Gott, Geistern, der Natur oder Tieren
- Ein Gespür für die Energie aller Dinge in ihrer Umgebung, die sie oft dazu veranlasst, Möbelstücke und Dekorationsartikel umzustellen oder Farben, Licht und Klänge zu verändern

Es gibt keine magische Anzahl an Qualitäten, die Sie unbestreitbar zu einem Empathen machen. Auch wenn Sie nur zu einigen wenigen Punkten in Resonanz gehen, sind sie es wert, beachtet und näher untersucht zu werden. Ich glaube, dass Empathie auf einem Kontinuum zum Ausdruck kommt und bei manchen Menschen sehr ausgeprägt in Erscheinung tritt, während sie von anderen kaum bewusst wahrgenommen wird. Das ist zum Teil darauf zurückzuführen, dass sehr viele Empathen ihre empathischen Fähigkeiten tief vergraben haben. Warum? Weil unsere besondere Feinfühligkeit in der Kindheit meist nicht auf Akzeptanz, Verständnis, Ermutigung oder Förderung gestoßen ist, sodass wir gelernt haben, sie in den Untergrund zu verbannen. Falls das auch für Sie gilt, ermutige ich Sie, nicht so sehr darauf zu achten, wie viele Qualitäten zu Ihnen „passen", sondern auf den Anteil Ihrer selbst zu hören, der Sie zu diesem Buch hingezogen hat. Sie haben es aus gutem Grund zur Hand genommen.

Und wichtiger als die Zahl der Qualitäten, zu denen Sie in Resonanz gehen, ist die Frage: In welcher Beziehung stehen Sie zu den Merkmalen, von denen Sie sich angesprochen fühlen? Sind Sie sich Ihrer empathischen Qualitäten voll bewusst? Verleihen Sie ihnen Ausdruck, wissen sie zu schätzen, lieben sie und lassen sie strahlen? Haben Sie Ihre innere Arbeit erledigt und gelernt, auf eine gesunde Weise mit Ihrer Sensitivität, Ihrem persönlichen Energiefeld und Ihren Beziehungen umzugehen?

Oder verbergen, leugnen oder unterdrücken Sie Ihre Talente? Stellen Sie Ihre geistige Gesundheit, Ihre mentale Stabilität oder Ihre Fähigkeit, in der Welt „normal" zu funktionieren, infrage? Haben Sie sich damit abgefunden, jedes Mal einen Tritt in Ihr energetisches Hinterteil zu kassieren, wenn Sie sich öffentlich zeigen, Ihrer Passion folgen oder sich auf eine ernsthafte Beziehung einlassen? Haben Sie sich schweren Herzens daran gewöhnt, permanent missverstanden, beurteilt oder verspottet zu werden?

Vielleicht haben Sie diese Seite Ihrer selbst auch so lange unter Verschluss gehalten, dass Sie gar nicht mehr erkennen können, in welch hohem Maße Ihre eigene Lebensenergie dadurch gefangen ist. Stattdessen haben Sie sich an ein gewisses Maß an Resignation, Abstumpfung, täglicher Angst und Zurückhaltung gewöhnt. Sie wissen, dass Sie Passionen, Wünsche und Träume haben, aber Sie haben entschieden, dass es zu anstrengend ist, ihnen zu folgen, und dass es zu viele Hindernisse zu überwinden gibt.

Wo auch immer Sie auf der Skala von Bewusstheit und Akzeptanz stehen

– Sie sind nicht allein. Unabhängig davon, wie viele empathische Qualitäten Sie haben oder in welchem Umfang sie ausgedrückt oder unterdrückt werden, soll dieses Buch Ihnen helfen, sich zu Ihrem empathischen Selbst zu bekennen und Ihre einzigartigen Qualitäten als Vorteil und nicht als Nachteil zu betrachten. Es soll Ihnen außerdem helfen, Ihre gefangene Lebensenergie zu befreien, damit Sie mehr Kraft und Leidenschaft zur Verfügung haben, um Ihre Ziele und Träume zu verfolgen. Auf menschlicher Ebene vermittelt das Buch Ihnen das Rüstzeug, die Denkarten und die Praktiken, die Ihnen erlauben, Ihre Natur zu verstehen und zu akzeptieren, als Empath erfolgreich zu sein und Ihr Leben selbstbewusst und authentisch zu leben.

Aber das ist nicht alles. Es gibt noch einen viel wichtigeren Grund, aus dem Sie hier sind.

FÜR WEN DIESES BUCH BESTIMMT IST – DER MAKROKOSMOS

Dieses Buch richtet sich an die Menschen, die sich zu ihrem sensitiven Wesen bekennen und lernen wollen, mit ihm umzugehen. Vor allem aber richtet es sich an die Menschen, *die nach einem vollkommen neuen Paradigma suchen* – einem Paradigma, das ihnen ihren Platz im Kosmos aufzeigt und ihnen ein Gefühl der Zugehörigkeit und der Bestimmung gibt. Es ist für all jene gedacht, die sich – auf einer Seelenebene – dafür entschieden haben, gerade jetzt auf der Erde zu inkarnieren, um die Evolution der Menschheit in ein höheres Bewusstsein hinein zu unterstützen.

Auf einer bestimmten Ebene wussten Sie intuitiv, dass es einen *Grund* dafür gibt, dass Sie mit diesen besonderen Eigenschaften geboren wurden. Vielleicht haben Sie sie als Belastung empfunden. Vielleicht haben Sie Ihre Gaben in ein erfolgreiches Unternehmen verwandelt. Vielleicht haben Sie sie aber auch tief vergraben und dieses Buch mit großer Skepsis zur Hand genommen. Wo auch immer Sie sich auf diesem Kontinuum befinden, ob Ihnen schon lange bewusst ist, dass Sie ein Empath sind, oder ob Sie gerade erst auf den Ausdruck gestoßen sind – auf einer intuitiven Ebene wissen Sie, dass Sie aus einem ganz bestimmten Grund gerade jetzt hier sind.

Und das sind Sie tatsächlich. Sie sind der neue menschliche Bauplan.

„Ich bin *was*?", fragen Sie.

Sie sind der neue menschliche Bauplan.

Ich glaube, dass wir Empathen uns auf einer Seelenebene dafür entschieden haben, die Menschheit auf ihrem Weg in ein herzzentriertes Bewusstsein hinein zu unterstützen. Die Tatsache, dass gerade in den letzten Jahrzehnten so viele Empathen geboren wurden, ist kein Zufall, sondern die nächste Stufe in unserer menschlichen Evolution – das, was ich den „empathischen Urknall" nenne. Die Empathen, die jetzt auf der Erde inkarniert sind, haben die Aufgabe, den neuen menschlichen Bauplan zu verankern, während wir in ein höheres Bewusstsein hinein aufsteigen. Viele frühe Zivilisationen glaubten an (und dokumentierten) einen Zeitzyklus, der als das *Große Jahr* bezeichnet wird, einen 24 000 Jahre dauernden Zyklus mit gleich langen Perioden aufsteigenden und absteigenden Bewusstseins. Seit etwa 1 500 Jahren befinden wir uns im aufsteigenden Zyklus. (Ich werde in Kapitel 2 näher auf das *Große Jahr* eingehen.) Als Empathen haben wir uns dafür *entschieden*, genau jetzt mit unseren besonderen Eigenschaften zu inkarnieren, weil es ganz einfach an der Zeit ist. Und deshalb sind wir für diese Mission als Wegbereiter prädestiniert.

Gegenwärtig mag es den Anschein haben, als seien wir eine Anomalie (und manchmal fühlt es sich zweifellos so an, als seien wir zu früh geboren). Aber in Wahrheit sind wir die neue Norm! Pioniere befolgen keine Regeln. Sie brechen Regeln. Sie tun Dinge, sehen Dinge, wissen Dinge und glauben Dinge, bevor sie allgemein bekannt oder akzeptiert sind. Ihre Lebenserfahrungen haben Sie auf diese einzigartige Rolle vorbereitet. Waren Sie das schwarze Schaf der Familie? Der Spinner? Der, der von der Familie ausgestoßen, verurteilt, missverstanden oder verspottet wurde? Könnte es sein, dass Ihre Familie nicht hier ist, um Sie etwas zu lehren, sondern dass Sie hier sind, um Ihre Familie etwas zu lehren? Ist es möglich, dass Sie in Wirklichkeit nicht hier sind, um sich von Ihrer Familie und der Gesellschaft in ihre Form pressen zu lassen, sondern um endgültig aus der Form auszubrechen?

Es ist eine Ehre, ein Empath zu sein. Und es ist der Weg voran. Können Sie, statt Ihre überwältigende Strahlkraft zu verbergen, mit voller Leuchtkraft durch Ihr Leben gehen in dem Glauben – *in dem Wissen* –, dass Sie der Prototyp für die nächste Phase der menschlichen Evolution sind? Können Sie sich auf das Risiko einlassen, anders zu sein? Kann Ihr menschliches Bewusstsein die Erinnerung daran wiedererlangen, dass Ihre Seele sich dieser Aufgabe verschrieben hat? Können Sie mit Demut und Selbstvertrauen Ihren Auftrag – wie klein oder groß er auch sein mag – annehmen, zur Erhöhung der Schwingung im kollektiven Feld beizutragen?

DAS MORPHISCHE FELD DES EVOLUTIONÄREN EMPATHEN

Ich habe dieses Buch mit der Absicht geschrieben, meine Leser nicht nur zu informieren, sondern sie auch zu *aktivieren.* Ich betrachte es als ein Instrument der Übertragung, das Signale direkt von einer höheren Quelle weiterleitet, um Ihr inneres Wissen zu wecken, damit Sie sich daran erinnern können, wer Sie sind und warum Sie sich dafür entschieden haben, gerade zur jetzigen Zeit zu inkarnieren.

Ich erzeuge mit diesem Buch bewusst ein morphisches Feld – das Feld des evolutionären Empathen. Ein morphisches (auch morphogenetisches) Feld ist *ein Feld, das die Form oder das Muster von Dingen beeinflusst.* Alles im Universum besitzt ein Bewusstsein. Ein morphisches Feld ist ein Bewusstsein, das Muster, Form und Struktur prägt.

Morphische Felder wurden ursprünglich von Rupert Sheldrake postuliert, als er untersuchte, wie sich Organismen entwickeln und welche Faktoren die individuelle Entwicklung beeinflussen oder prägen. Die Entstehung einer Form erklärt sich seiner Meinung nach dadurch, dass es eine Ursache für diese Form geben muss, was bedeutet, dass etwas der Form sagt, was sie werden soll. In der Biologie entstehen aus kleineren Formen größere Formen. Das Leben beginnt mit einem winzigen Samenkorn oder einem Ei, aus dem sich dann ein Baum, ein Schimpanse oder ein Hai entwickelt. Seine Beobachtungen und Denkprozesse brachten Sheldrake zu der Schlussfolgerung, dass es abgesehen von Genen und chemischen Stoffen noch etwas geben muss, das einem Organismus seine Form verleiht.

Um diesen Prozess zu verdeutlichen, stellen Sie sich vor, wie ein Gebäude errichtet wird. Sie können noch nicht einmal das Fundament herstellen, ohne zu wissen, was sich wo befinden soll, welche Menge eines bestimmten Materials gebraucht wird und in welcher Reihenfolge die Bauarbeiten ausgeführt werden müssen. Dieselben Grundstoffe – Beton, Ziegel, Mörtel, Stahl, Holz,

Glas, Farbe – bieten unendlich viele Gestaltungsmöglichkeiten für das endgültige Aussehen des Gebäudes. Der erste Schritt ist also die Bauzeichnung – der Bauplan – eines Architekten. Dieser Bauplan legt die Reihenfolge der Bauarbeiten, die Menge an Materialien sowie die Form, die Größe und den Zweck des Gebäudes fest. Er ist die Vision, die das Endprodukt erschafft, in dem alle Materialien harmonisch zusammengefügt werden und das Bauwerk insgesamt Integrität und Stabilität besitzt.

Morphische Felder gleichen unsichtbaren Bauplänen, die einen Organismus während seiner Entwicklung formen. Im Fall dieses Buches ist der „Organismus" der Empath – sowohl auf einer persönlichen als auch auf einer archetypischen Ebene. Die Entwicklung eines morphischen Feldes kann mit einer Gewohnheit verglichen werden, bei der eine Energie oder Frequenz dadurch verstärkt wird, dass man immer wieder dasselbe tut. Wenn mehr Empathen geboren werden, bildet sich das energetische Feld des Empathen heraus und gewinnt an Stärke und Resonanz. Resonanz kann durch gleichartige Gedanken, Verhaltensweisen, Kulturen oder Kollektive erzeugt werden, in denen diese Elemente harmonisch miteinander schwingen. Die harmonische Resonanz erhöht die Intensität der Schwingung, sodass das Feld umso stärker wird und sich umso mehr entwickelt, je mehr Empathen sich mit ihm verbinden.[1]

Dieses Phänomen ähnelt dem Prinzip des hundertsten Affen, dem zufolge sich ein neues Verhalten oder eine neue Idee auf unerklärliche Weise rasch von einer Gruppe auf alle verwandten Gruppen ausbreitet, sobald eine kritische Zahl von Mitgliedern (kritische Masse) das neue Verhalten zeigt oder die neue Idee anerkennt. Diese Erfahrung verweist im Grunde auf die Existenz eines globalen Bewusstseinsfeldes. In seinem Buch *Die Ebenen des Bewusstseins* spricht David R. Hawkins von einer Bewusstseinsdatenbank oder einer gemeinschaftlichen Form des Bewusstseins, mit der alle Lebewesen verbunden sind (ob sie sich der Verbindung bewusst sind oder nicht). Sobald eine ausreichend große Anzahl an Mitgliedern das Feld betreten hat, wird eine gemeinsame Bewusstseinsfrequenz erzeugt.

Was bedeutet das alles? Es bedeutet, kurz gesagt, dass es leichter wird, etwas Neues zu lernen, wenn andere es bereits gelernt haben, da die kumulierte Resonanz ein morphisches Feld erzeugt, das durch Wiederholung verstärkt wird. Außerdem können dadurch, dass neue Mitglieder mit einer ähnlichen Resonanz hinzukommen (immer mehr Empathen werden geboren), neue Informationen und Vielfalt innerhalb des Feldes erzeugt und integriert werden. Das erleichtert den Zugang zu dem Bewusstsein, dem Wissen und der Intelligenz, die in diesem Feld existieren.

Das morphische Feld des evolutionären Empathen wurde also erzeugt, aber gleichzeitig entwickelt es sich auch immer weiter, gewinnt an Reife, Kraft und Dynamik. Sie sind nicht allein! Es gibt ein energetisches Feld – eine Intelligenz, mit der Sie sich verbinden und von der Sie profitieren können. Dadurch, dass Sie aktiv in dieses Feld eintreten, erlangen Sie Zugang zur Weisheit und zum Bewusstsein derer, die vor Ihnen da waren. Und dadurch, dass Sie sich bewusst dafür entscheiden, Ihre Rolle in der Evolution der Menschheit zu akzeptieren, können Sie Ihre Erfahrung in das Feld einbringen und es denen, die nach Ihnen kommen, leichter machen, ihren Platz zu verstehen, ihre Werkzeuge zu nutzen, um erfolgreich zu sein, und ihre Mission zu erfüllen.

WIE DIESES BUCH AUFGEBAUT IST

Dieses Buch soll Ihnen nicht nur praktische Werkzeuge an die Hand geben, die Sie im Alltag anwenden können, sondern auch einen Gesamtkontext aufzeigen, der Ihnen hilft, Ihren Platz und Ihre Aufgabe in der Evolution des menschlichen Bewusstseins zu verstehen.

In Teil 1 biete ich unter der Überschrift „Schließen Sie Frieden mit sich selbst: Lernen Sie Ihre Natur zu verstehen" zunächst eine übergeordnete Sicht aus der Vogelperspektive an, damit Sie das größere Rahmenwerk erkennen und beginnen können, Ihren Standort im umfassenden Bild zu bestimmen und sich mit dem morphischen Feld des evolutionären Empathen zu verbinden. Kapitel 1 betrachte ich als die liebevolle Umarmung, mit der Ihre Großmutter, die Sie seit Jahren nicht gesehen haben, Sie zu Hause willkommen heißt. Es ist beruhigend zu wissen, dass Sie nicht verrückt sind und dass empathische Fähigkeiten real und keine Einbildung sind.

In den folgenden Kapiteln von Teil 1 schaffe ich die Grundlage, angefangen bei der Bestimmung unseres Standortes im gegenwärtigen Zyklus des Aufstiegs bis hin zur Definition des Begriffs *Empath*, zu der auch eine umfassende Liste von Qualitäten mit dem Titel „Merkmale der fünf Qualitäten eines Empathen" gehört, die Sie als Checkliste nutzen können. In diesem Gesamtkontext erkläre ich das *Große Jahr*, befasse mich näher mit unserer Evolution als Empathen und erläutere, warum wir eine so große Anomalie sind.

Teil 2 vermittelt unter der Überschrift „Der Werkzeugsatz des evolutionären Empathen: Menschlich und göttlich zugleich sein" praktische, alltagstaugliche Erklärungen, Fähigkeiten, Denkweisen, Übungen und Methoden, die Sie darin unterstützen sollen, als Empath in der Welt erfolgreich zu sein. Ergänzt werden sie durch viele Anregungen wie beispielsweise radikale Selbstfürsorge und das Loslassen ungesunder patriarchalischer und religiöser Einflüsse, die das aktuelle Paradigma infrage stellen. Auch wenn es schwierig ist, sich für einen einzelnen Ansatzpunkt zu entscheiden, glaube ich, dass die wichtigsten Kompetenzen, die es zu erlangen gilt, darin bestehen, etwas über unser Energiefeld zu lernen, eine gesunde Energiehygiene zu praktizieren, das Wesen von Grenzen zu verstehen und sie zu ziehen. Ich gehe in den Kapiteln 7 bis 9 näher auf diese Punkte ein und ergänze sie durch zahlreiche Übungen und Beispiele.

Da ein Teil unserer Mission darin besteht, die Menschheit auf ihrem Weg ins vierte Chakra beziehungsweise in ein herzzentriertes Bewusstsein hinein zu unterstützen, können wir den Einfluss des göttlichen Weiblichen weder leugnen noch ignorieren. (Ursprünglich aus einer alten indischen Kultur stammend, ist ein *Chakra* – was im Sanskrit so viel wie „Rad" bedeutet – ein Energiezentrum im Körper. Es wird allgemein angenommen, dass es sieben Hauptchakras gibt, von denen jedes seinen eigenen Fokus, eine eigene Aufgabe und einen eigenen Einfluss auf das Bewusstsein und die Lebensenergie hat.) Das Bewusstsein des Herzens ist weiblich, während das Bewusstsein des Intellekts männlich ist, und es ist dringend notwendig, ein gesundes Gleichgewicht – eine gleichberechtigte und bewusste Partnerschaft – zwischen beiden Energien wiederherzustellen. Ich gehe in Kapitel 10 sehr ausführlich auf diese Konzepte ein und unterscheide dabei nicht nur zwischen dem Männlichen und dem Weiblichen, sondern auch zwischen dem *göttlichen* Männlichen und dem *göttlichen* Weiblichen, weil wir beide gleichermaßen verstehen und eine persönliche Beziehung dazu aufbauen müssen, wenn es uns erfolgreich gelingen soll, das herzzentrierte Bewusstsein für die Menschheit zu halten.

Kapitel 11 befasst sich eingehend mit dem Einfluss des Patriarchats und der Religion auf unsere Vorstellung davon, was es heißt, ein guter Mensch zu sein. Es geht bei dieser Vorstellung in der einen oder anderen Form fast immer um Aufopferung und darum, andere Menschen an die erste Stelle zu setzen, was bedeutet, dass wir an letzter Stelle kommen. Ich war einerseits überrascht, andererseits aber auch wieder nicht, wie tückisch diese Einflüsse sind und wie tief sie reichen. Wichtig ist außerdem, dass wir unsere Definition von „Dienen“ ändern und erkennen, dass Dienen nicht gleichbedeutend mit Aufopferung ist. Durch die Erforschung gängiger Archetypen wie Mönch/Nonne, Märtyrer und Diener können wir allmählich anfangen, uns von den Einflüssen zu befreien, die uns seit vielen tausend Jahren an einem Ort des Mangels und der Aufopferung festhalten.

Meine Auseinandersetzung mit dem patriarchalischen Konzept des „guten Menschen“ wurde so intensiv, dass sie mich ganz von selbst zum Thema von Kapitel 12 führte: radikale Selbstfürsorge. Selbstfürsorge ist für Empathen kein Luxus, sondern eine notwendige und unverzichtbare Praxis. Sie steht in völligem Widerspruch zu der Programmierung, die uns glauben lässt, dass wir umso mehr geschätzt werden, je mehr wir uns aufopfern. Radikale Selbstfürsorge erfordert nicht weniger als einen radikalen Paradigmenwechsel.

Verkörperung ist eine wichtige Säule meiner Arbeit in der Welt und wir brauchen nicht davon zu reden, die Frequenz des herzzentrierten Bewusstseins für andere zu halten, wenn wir nicht in unserem Körper sind, um es zu tun! Auf der Erde wütet eine Epidemie der Entkörperung und in zahlreichen spirituellen Gemeinschaften grassiert die sogenannte spirituelle Vermeidung (engl.: spiritual bypass). Man kann meiner Meinung nach nicht im Körper geerdet und präsent sein, wenn man sich nur darauf konzentriert, in den höheren, stärker spirituell ausgerichteten Chakras zu leben. Natürlich ist es viel einfacher und gewiss auch angenehmer, von dort aus zu leben, aber es ist ein Leben, das unvollständig und nur halb gelebt ist. Verkörperung verlangt das schwierige und konzentrierte Bemühen, an Ihrem Schatten und Ihrem inneren Kind zu arbeiten, ungelöste Themen und sexuelle Traumen zu heilen sowie Ihre Ängste und alle anderen Dinge aufzuarbeiten, die sich in Ihren unteren Chakras verbergen und Sie daran hindern, voll und ganz in Ihrem Körper präsent zu sein. Kapitel 13 ergründet den Begriff der Verkörperung – was sie bedeutet und warum sie wichtig ist – und bietet praktische Übungen an, mit deren Hilfe Sie lernen können, Ihren Körper zu bewohnen und zu erkennen, wann Sie ihn verlassen.

Kapitel 14 ist die logische Folge aus allen vorhergehenden Kapiteln, weil es

Ihnen hilft, Ihre Identität zurückzugewinnen, indem Sie aus Ihrer eigenen Mitte heraus leben. Wenn Sie bei diesem letzten Kapitel angelangt sind, ist es Ihnen hoffentlich gelungen, Ihren Standort im größeren Rahmen des evolutionären Empathen und des morphischen Feldes zu bestimmen, und Sie sind bereit, Ihre Fähigkeiten und Ihr Wissen zu nutzen, um ein Leben der Selbstdefinition und der Selbstvalidierung zu führen.

Manche mögen das Gefühl haben, vor einer unlösbaren Aufgabe zu stehen, weil wir uns und unsere Identität so lange über andere Menschen definiert und aufgebaut haben. Wenn Sie lernen wollen, in Ihrer Mitte zu leben, müssen Sie zuerst einmal eine Mitte haben, und das bedeutet, dass Sie sich bis zu einem gewissen Grad selbst kennen müssen. Es muss einen „festen" Punkt geben, den Sie bestimmen und zu dem Sie immer dann zurückkehren können, wenn Sie aus dem Gleichgewicht geraten sind. Das kann eine enorm große Herausforderung für Empathen sein, weil wir die Qualitäten, Werte und Gewohnheiten anderer Menschen so selbstverständlich aufnehmen und uns dabei verlieren. Ich biete in diesem Kapitel eine Reihe von Übungen und Methoden an, die Ihnen helfen, Ihr Selbstgefühl wiederzuerlangen und Ihre menschliche Identität zu definieren, damit Sie eine Mitte haben, zu der Sie heimkehren können.

WIE SIE DEN GRÖSSTEN NUTZEN AUS DIESEM BUCH ZIEHEN

Die Geschichte hat wiederholt gezeigt, dass Mystiker und Seher weitreichende esoterische Konzepte kannten und verstanden, lange bevor die Wissenschaft sie beweisen konnte. Das System der Chakras, die ayurvedische Medizin und die traditionelle chinesische Medizin sind Beispiele für Systeme, deren Grundsätze geglaubt und praktiziert wurden, bevor es Instrumente gab, um das zu messen und zu beweisen, was die alten Kulturen bereits wussten.

Dieses Buch ist nicht aus dem Blickwinkel der Wissenschaft geschrieben, auch wenn ich – vor allem bei der Erklärung des Großen Jahres – gelegentlich auf wissenschaftliche Prinzipien verweise. Und auch wenn ich einen Abschluss in angewandter Mathematik habe und die Streberin herauskehren kann, wenn ich will, so bin ich doch auch Mystikerin, Schamanin, Priesterin,

Energieheilerin, Künstlerin, Sternensaat und Reisende der unsichtbaren Sphären. Das, was ich in diesem Buch mit Ihnen teile, resultiert sowohl aus meiner eigenen Erfahrung als auch aus dem, was mir durch den göttlichen Geist, die Welt der Natur und die Beobachtung meiner Klienten und Studenten gezeigt wurde. Es wird gelegentlich durch themenverwandte Bücher und – ja – dort, wo es zweckmäßig ist, auch durch die Wissenschaft untermauert.

Ich bin sehr dankbar für die Fähigkeit, die Sprache beider Gehirnhälften zu sprechen, und ich schreibe aus beiden Perspektiven. Dieses Buch ist teils Logik, teils persönliche Erfahrung und Beobachtung und teils „bewusstes Channeling“, wobei ich Zeit sowohl in den praktischen als auch in den esoterischen Gefilden verbracht habe. Ich möchte Sie ermutigen, sich mit beiden Gehirnhälften auf die in diesem Buch enthaltenen Informationen einzulassen. Es sind für beide Seiten schmackhafte Häppchen dabei.

Geben Sie sich dabei die Erlaubnis, diese Informationen mit allen Sinnen aufzunehmen, und machen Sie sich bewusst, dass wir Informationen nicht nur durch unser Gehirn empfangen. Schränken Sie sich nicht dadurch ein, dass Sie die Lektüre dieses Buches als eine rein akademische oder intellektuelle Tätigkeit betrachten, wie es in unserer westlichen Ausbildung üblich ist. Seien Sie sich bewusst, dass Ihr gesamtes System die Informationen aufnimmt: Ihr Körper hat seine eigene Intelligenz. Ihre Zellen haben ein Bewusstsein. Sie sind mehr als nur Ihr menschlicher Körper. Dieses Buch stellt ein Portal, eine Einladung, eine *Aktivierung* dar. Wenn Sie sich dafür entscheiden, können Sie weit mehr als nur Inhalte aufnehmen. Sie können Ihre Lebensenergie zurückgewinnen oder eine Offenbarung, eine Wahrnehmungsverschiebung, ein neues Bewusstsein, eine Seelenrückholung, eine bahnbrechende Wende erfahren.

Erlauben Sie sich, göttliche Inspiration und „Aha“-Momente zu erkennen und auszukosten, wenn sie Ihnen zuteilwerden. Diese Momente habe nicht ich ermöglicht, sondern *Sie*, weil Sie einen Raum der Empfänglichkeit geschaffen haben. Ich habe in vielen Workshops, Klassen und Intensivkursen immer wieder die Erfahrung gemacht, dass, wenn Sie sich zeigen, entschleunigen, präsent sind und die Kanäle Ihrer Wahrnehmung öffnen, die Botschaften und die Führung, die der göttliche Geist Ihnen zuteilwerden lassen will, endlich im Bewusstsein ankommen können. Ich nenne es lachend den Augenblick des Fallschirmjägers, in dem der göttliche Geist in meiner Vorstellung sagt: „Jetzt ist sie offen und empfänglich. Genau der richtige Zeitpunkt, um Sternstunden der Erkenntnis auf sie herabregnen zu lassen!"

Unser Leben ist so geschäftig, so leistungsorientiert und so sehr auf Einsatz und Produktivität ausgerichtet, dass wir es als sehr herausfordernd empfinden, uns die Zeit zu nehmen, um einfach zu sein. Ich lade Sie ein, Ihren Biorhythmus zu entschleunigen, das „Tun" loszulassen und einen Raum der Präsenz und der Empfänglichkeit zu betreten, während Sie dieses Buch lesen. Wenn Sie diesen inneren Zustand kultivieren, erschaffen Sie die Möglichkeit zur Erleuchtung auf mehr Ebenen, als Sie sich vorstellen können. Nehmen Sie sich also Zeit. Machen Sie sich Notizen. Heben Sie Textstellen hervor oder kreisen sie ein. Machen Sie Eselsohren in die Seiten. Ich möchte, dass Sie ganz tief in Ihrem Inneren wissen, dass Sie dazugehören, dass Sie nicht allein sind und dass Sie hier sind, um eine Aufgabe zu erfüllen.

TEIL 1

Schließen Sie Frieden mit sich selbst

Lernen Sie Ihre Natur zu verstehen

In der Welt persönlicher Transformation geschieht nichts ohne eine bewusste Anerkennung dessen, was ist. Man kann ein Verhalten, eine Überzeugung, eine Qualität oder ein Muster nicht ändern, ohne sich zuvor seiner Existenz bewusst zu sein. Ein bekanntes Beispiel ist der Alkoholiker. Solange ein Alkoholiker nicht erkennen und eingestehen kann, dass er Alkoholiker ist, können weder Heilung noch Transformation geschehen, und er wird immer wieder die Erfahrung der Machtlosigkeit machen.

Wenn uns nicht bewusst ist, was unsere Reaktionen, Motivationen und Entscheidungen antreibt, kann es sich so anfühlen, als seien wir ein machtloses Opfer, als stünde jemand anderer am Steuerruder unseres Schiffes. Sobald ein Glaubenssatz, ein Muster oder ein Verhalten jedoch in den Bereich bewusster Wahrnehmung gelangt ist, agiert es nicht länger aus dem Schatten heraus. Man kann es identifizieren, anerkennen und anfangen, es zu untersuchen. Wenn man es aus dem Unterbewusstsein ins Licht des Bewusstseins bringt, gewinnt man die Macht der Entscheidung zurück.

Dies markiert einen entscheidenden Wendepunkt, denn wenn Sie sich einer bestimmten Qualität und der Art und Weise, in der sie Ihre Lebenserfahrungen und Entscheidungen beeinflusst, erst einmal bewusst geworden sind, können Sie erkennen, wann sie in Ihrer Psyche am Werk ist, und in jedem Augenblick entscheiden, wie Sie reagieren wollen. Früher wären Sie sich der Wirkung, die sie auf Sie hat, noch nicht einmal bewusst gewesen, davon, dass Sie eine Wahl haben, ganz zu schweigen. Das aufkeimende Bewusstsein ist der Ausgangspunkt für den Prozess der Transformation und es öffnet die Tür zu einer völlig neuen Sichtweise und Beziehung zu dieser Qualität.

Im ersten Teil dieses Buches geht es darum, das *Wer*, *Was*, *Warum*, *Wann* und *Wo* in die bewusste Wahrnehmung zu bringen, damit Sie in eine bewusste Beziehung dazu treten können, was es bedeutet, ein Empath – ein *evolutionärer* Empath – zu sein, und warum sich Ihr Leben so entwickelt hat, wie es der Fall war. Dies ist der Augenblick der Ermächtigung, in dem Sie „dem Ding, das Sie waren“ einen Namen geben können! Wenn es Ihnen gelingt, Ihr empathisches Selbst zu verstehen, Frieden mit ihm zu schließen und es zu akzeptieren, können Sie anfangen, die Spaltung zwischen dem, der Sie wirklich sind, und dem, der Sie zu sein vorgeben, zu heilen. Ein Abgrenzungspunkt wird geschaffen und damit eine Chance, ganz neu in Ihre authentische Bestimmung einzutreten und die Macht der Entscheidung zurückzugewinnen.

1

Sie sind nicht verrückt
(aber auch nicht „normal“)

Als junges Mädchen von vielleicht acht oder neun Jahren war ich einmal für kurze Zeit allein daheim und aus Gründen, die ich damals nicht verstand, griff ich plötzlich nach einem Messer und rannte laut schreiend vor Wut durch das ganze Haus. Irgendwann legte ich das Messer wieder weg und grub wimmernd die Fingernägel in meine Handflächen, während ich von unbändigen Emotionen überwältigt wurde. Ich starrte aus dem Fenster und schaukelte vor und zurück wie Raymond in dem Film *Rain Man.*

Abgesehen von den Verletzungen an meinen Handflächen fügte ich weder mir noch dem Inventar im Haus einen Schaden zu, aber der Vorfall erschreckte mich zutiefst. Im Laufe meines weiteren Lebens – und vor allem, ehe ich begriff, dass ich eine Empathin bin – gab es viele ähnliche Vorfälle, wenn auch ohne Messer, in denen ich urplötzlich vor Wut explodierte, hysterisch wurde oder in Kummer versank. Ich schluchzte hemmungslos, stolperte panisch und verloren durch das Haus, wand mich in unbändigem Kummer auf dem Boden oder schrie so laut, dass ich danach tagelang keine Stimme mehr hatte. Die Fingernägel in meine Handflächen zu graben, war das Mittel der Wahl, wenn die Situation es mir nicht erlaubte, zu schreien, zu weinen oder meine Emotionen auf andere Weise offen zum Ausdruck zu bringen.

Diese Episoden dauerten für gewöhnlich nur kurze Zeit – höchstens einige Stunden – an und wenn die Energien abflauten, wurde ich wieder „normal“. Da ich in jüngeren Jahren natürlich nicht wusste, dass ich Empathin bin und weder die Selbstwahrnehmung noch das Verständnis von Energie besaß, das ich heute habe, war ich selten in der Lage, diese „Anfälle" vorauszusagen. Ich hatte keine Ahnung, dass diese Ausbrüche aufgestaute Emotionen freisetzten, die ich von den Menschen in meiner Umgebung übernommen hatte. Ich konnte nur hoffen, dass niemand sie bemerken würde. Diese Zwischenfälle waren kraftraubend, machten mich handlungsunfähig und gaben mir das Gefühl, völlig die Kontrolle verloren zu haben.

Bis ins Erwachsenenalter hinein hatte ich große Angst, dass mit mir etwas ganz grundlegend nicht in Ordnung war. Es hatte Geisteskrankheiten auf beiden Seiten meiner Familie gegeben und ich glaubte daher, eine doppelte Portion an Geistesgestörtheit mitbekommen zu haben. Durch über viele Jahre praktizierte kritische Achtsamkeit, viele Veränderungen in meiner Lebensweise und eine radikale Selbstfürsorge (auf die ich in späteren Kapiteln noch näher eingehen werde) habe ich inzwischen gelernt, dass ich nicht verrückt oder geistesgestört bin.

Trotzdem gibt es, wenn ich ganz ehrlich sein soll, auch jetzt noch Zeiten, in denen ich von starken Emotionen oder äußeren Reizen überwältigt werde. Das Wissen, dass man eine Empathin ist, macht den Alltag nicht unbedingt einfacher. Das Leben als Empathin und die Fähigkeit, den Alltag erfolgreich zu meistern, fordern ständige Wachsamkeit, wohlüberlegte Entscheidungen (die oftmals den gesellschaftlichen Normen zuwiderlaufen) und eine große und gut bestückte Werkzeugkiste.

Ich habe mit vielen ebenfalls empathischen Klienten und Kursteilnehmern gearbeitet, die ähnliche Erfahrungen gemacht und ähnliche Ängste durchlebt haben. Ihre Fragen spiegelten meine eigenen Fragen wider: „Was stimmt nicht mit mir?" „Warum ist es für andere Menschen so viel einfacher, mit Emotionen umzugehen?" „Fühle nur ich so?" „Gibt es noch jemanden, der so viel weint wie ich?" „Warum bin ich so anders?" „Bin ich ein gesellschaftlicher Krüppel?" „Warum reagiere ich so empfindlich auf jede Kleinigkeit?" „Bin ich womöglich verrückt?"

Es ist gang und gäbe, dass man immer dann, wenn man in der Minderheit ist, glaubt, derjenige zu sein, der unnormal ist. Unsere Familien haben uns nicht verstanden oder wussten nicht, wie sie uns helfen konnten, und die Botschaften, die sie uns im Laufe unserer Erziehung vermittelt haben, haben die Vorstellung, dass mit uns etwas nicht stimmt, höchstwahrscheinlich noch unterstützt. Wenn Sie in der Familie beispielweise der Einzige sind, der mit Geistern kommuniziert, geben die anderen Familienmitglieder Ihnen meist klar zu verstehen, dass das „nicht normal" ist und dass Sie damit aufhören sollen. Aus solchen Botschaften schließen wir, dass mit uns etwas grundlegend nicht in Ordnung ist und dass wir unsere „abnormalen" Qualitäten verleugnen oder verbergen müssen, wenn wir dazugehören, akzeptiert werden, die gleichen Chancen wie alle anderen haben, normal erscheinen und erfolgreich sein wollen.

Dorians Geschichte

Zu Dorians ersten Kindheitserinnerungen gehören finstere, bösartige Wesen, die häufig nachts auftauchten und ihn verhöhnten. Obwohl er sich im ersten oder zweiten Stockwerk des Hauses befand, sah er am Fenster grauenvolle Gesichter, die gegen die Scheiben schlugen und über sein Entsetzen lachten. Meist konnte nur er diese Erscheinungen sehen, aber einmal hämmerten schattenhafte Wesen an alle Fenster des Hauses und er rannte ins Zimmer seiner Mutter, um Geborgenheit bei ihr zu suchen. Wieder konnte nur er allein die Wesen sehen, aber alle anderen hörten sie und wussten, dass etwas vor sich ging. Wenn solche Energien auftraten, spürte Dorian auf körperlicher Ebene einen erstickenden Druck auf der Brust, bekam keine Luft mehr und war wie gelähmt.

Obwohl die anderen Mitglieder der Familie von den Auftritten der „finsteren Wesenheiten" genug mitbekamen, um sie nicht leugnen zu können, wurde Dorian oft zurückgewiesen und ausgegrenzt. Er wurde von seinem Vater und seinem Bruder gedemütigt, weil er anders und seltsam war, und sein Vater zwang ihn sogar zu einer psychiatrischen Untersuchung. Beide beriefen sich oft auf Logik und erklärten: „Das ist aus logischer Sicht unmöglich." Seine Mutter schottete sich gegen die Realität der Vorfälle ab und sagte: „Gott wird sich darum kümmern." Dorian erfuhr nie Bestätigung, Trost, Führung oder Akzeptanz für das, was er sah, und für die Wirkung, die es auf ihn hatte. Er war isoliert, abgetrennt und lange Zeit verbittert.

Weil die meisten Menschen anders als wir nicht bewusst empathisch sind und den Ursprung unserer ausgeprägten Sensitivität nicht verstehen, werden wir oft als dünnhäutig, launenhaft, in einer Traumwelt lebend oder sogar als psychisch labil abgetan. Dies geht häufig mit der landläufigen Ansicht einher, dass unser ganzes Leben sich enorm verbessern würde, wenn wir nur endlich erwachsen werden oder ein wenig Rückgrat zeigen wollten. Dorians Geschichte ist typisch, was die Reaktion seiner Familie anbelangt. Wenn die Lösung doch nur so simpel wäre wie das, was wir nach Meinung anderer Menschen „einfach" tun können sollten.

VON DER AUTHENTIZITÄT ZUR KOMPLIZENSCHAFT

Für die meisten Empathen wird Unterdrückung zur normalen Vorgehensweise. Um in unserer Familie, in der Gesellschaft und in der Welt zurechtzukommen, verbannen wir den Schatz unserer Einzigartigkeit ins Exil. Weil wir keine Führer hatten, um uns zu helfen, wenn unsere empathische Natur zum Ausdruck kam, hat sie uns fast immer in Schwierigkeiten gebracht. Also haben wir unbewusst die Entscheidung getroffen, dass es sicherer ist, sie zu verstecken und so zu tun, als wären wir jemand anderer.

Das war auch bei mir nicht anders.

Ich war ein sehr kreatives und intuitives Kind. Ich zeichnete und malte und machte alle möglichen kunsthandwerklichen Projekte. Ich besuchte eine Schule für darstellende Kunst, wo ich an Gesangswettbewerben teilnahm, Arbeiten in Kunstausstellungen der Schule zeigte, bei Tanzveranstaltungen, Theaterstücken und Musicals auftrat und für mehrere Schulzeitschriften schrieb. Außerdem war ich Mitglied in der Tanzkompanie meiner Stadt.

Ich war äußerst sensibel und konnte spüren, wenn andere Menschen sich nicht wohlfühlten oder aufgebracht waren. Meine Mutter sagte, dass ich schon als kleines Kind intuitiv erkannte, wenn jemand deprimiert oder verärgert war oder einen schlechten Tag gehabt hatte, und den betreffenden Menschen zum Zeichen der Bestätigung beispielsweise umarmte oder mich auf seinen Schoß setzte. (Das tue ich auch heute noch – den Schoßteil allerdings ausgenommen.) Unbewusst übernahm ich die Energien von Menschen, die Probleme hatten, in dem instinktiven Bemühen, sie von ihrem Schmerz zu befreien. Meine Freunde kamen mit ihren Problemen immer zu mir.

Ich war schon eine kleine Medizinfrau, ehe ich überhaupt wusste, was es bedeutet, eine Medizinfrau zu sein. Ich hatte sogar meine spezielle Sammlung magischer Gegenstände, die ich in einem gehäkelten Beutel mit Kordelzugband aufbewahrte. Natürlich waren es nur Steine, Stöcke, Modeschmuck und andere kleine Dinge, die für mich aber eine besondere Bedeutung und besondere Kräfte besaßen.

Als ich acht Jahre alt war, brach meine Welt zusammen, weil meine Eltern sich scheiden ließen. Bis zum achten Schuljahr lebte ich bei meiner Mutter und besuchte meinen Vater in den Sommerferien und an Weihnachten. Das Leben als Kind einer alleinerziehenden, mittellosen Mutter war nicht einfach und ich verarbeitete ein hohes Maß an Schmerz und Wut über die Scheidung durch aufsässiges und ausagierendes Verhalten. Ich weiß, dass ich für meine Mutter enorm anstrengend war, und das führte dazu, dass ihre Botschaften zweideutig wurden. Sie ermutigte mich einerseits, weiter an meinen kreativen Fähigkeiten und künstlerischen Ausdrucksformen zu arbeiten, während sich andererseits unterschwellige Andeutungen wie nicht zu groß, zu viel, zu laut oder zu extrem einschlichen. Ich besaß zweifellos ein hohes Maß an Energie, und die kollektive Programmierung in Bezug auf Frauen und Macht, die auch im Unterbewusstsein meiner Mutter verborgen lag, zeigte sich in den Botschaften, die mich auf dem Weg zur jungen Frau formten.

Meine Mutter ist ebenfalls Empathin, was ihr zur damaligen Zeit allerdings in keiner Weise bewusst war. Ich beobachtete und verinnerlichte also auch ihre unsteten Versuche, nicht nur mit ihrem hochsensiblen Nervensystem, sondern auch mit der Wut und den anderen verdrängten Emotionen zurechtzukommen, die direkt unter der Oberfläche brodelten. Das verstärkte die widersprüchlichen und verwirrenden Botschaften: Unterdrücke deine Gefühle. Lächle. Leugne. Tue so, als sei alles in Ordnung. Nimm Medikamente. Finde rationale Erklärungen. Projiziere. Gefalle anderen. Verstecke dich. Flüchte dich in die Sucht. Ich konnte überhaupt nicht anders, als mich von ihren ungelösten Problemen beeinflussen zu lassen – und sie zu übernehmen.

Während der achten Klasse beschloss ich in der unendlichen Weisheit einer Dreizehnjährigen, dass ich bei meinem Vater und bei meiner Stiefmutter leben wollte, und meine Mutter war einverstanden. Ich war so naiv zu glauben, dass ich meine kreativen und künstlerischen Aktivitäten fortsetzen können würde, aber da lag ich absolut falsch. Mein Vater und meine Stiefmutter erlaubten es nicht. Sie maßen diesen Dingen keinen Wert zu und hatten keine Ahnung, wie wichtig sie für meine psychische und geistige Gesundheit waren. Ich hörte auf zu tanzen, ich hörte auf zu singen und ich trat nicht mehr auf. An der High School wurde mir ein Wahlfach erlaubt und ich entschied mich in allen vier Jahren für Kunst. Die einst gesellige und ausdrucksstarke junge Frau begann den Wechsel hin zu Introvertiertheit und Unterdrückung. Hinzu kam, dass meine Stiefmutter Betty und ich ein von Konflikten geprägtes Verhältnis hatten und uns regelmäßig stritten.

Während meiner Zeit an der High School zog ich mich immer tiefer in mich selbst zurück. Weil ich meiner kreativen Betätigungsmöglichkeiten beraubt und Bettys ständiger Schikane ausgeliefert war, verbrachte ich viel Zeit allein, war draußen, wann immer ich konnte, spielte im Wald oder schlich mich auf die nahe Weide zu den Pferden. Ich blieb für mich. Meine Auseinandersetzungen mit Betty veränderten sich dahingehend, dass ich nicht mehr so aufsässig war, sondern mit verschränkten Armen und zusammengepressten Lippen auf dem Stuhl saß und auf den Boden starrte, während sie mit mir schimpfte. Ich sagte nur selten ein Wort.

Ich zeigte immer seltener mein authentisches Selbst und verwandelte mich widerwillig immer mehr in das „gute Mädchen", das ich nach Bettys Willen sein sollte. Es ärgerte sie immer, wenn ich allein sein wollte, und sie nahm fälschlich an, ich sei verschlossen oder hätte etwas zu verbergen. Offensichtlich war ich so, wie ich war, weder kostbar noch wichtig und nicht wert, dass man in mich investierte – oder mich verstand. Meine Wünsche und Bedürfnisse waren nicht von Bedeutung.

Mein Vater überließ Betty meine Erziehung und begriff nie, wie groß der Schaden war, den er durch sein Schweigen anrichtete. Es passierte selten, dass er für mich einstand, ihre Tiraden unterbrach oder mich emotional unterstützte. Meine empathische Natur hatte das Gefühl, vollkommen entblößt und nicht in Sicherheit zu sein. Meine natürliche Sensitivität, meine Gaben, Leidenschaften und Ausdrucksformen wurden langsam ausgelöscht und durch Vorgaben ersetzt, bei denen es um harte Arbeit, Produktivität, Logik, Verantwortung, praktische und mentale Fähigkeiten ging.

Während meines Junior-Jahres wurde es allmählich Zeit, über die Zukunft nachzudenken. Zurückblickend erinnere ich mich, dass ich mich damals fragte, was passieren würde, wenn ich meine Fähigkeiten in der darstellenden Kunst wieder ausgrub und eine Karriere als Künstlerin oder Schauspielerin anstrebte. Zu diesem Zeitpunkt waren praktisches Denken und Logik allerdings schon fest in mir verwurzelt und ich schob diese Vorstellung rasch beiseite, weil sie keine *vernünftige* Wahl war. Nach vielen Überlegungen, an denen ausschließlich mein Kopf beteiligt war (mein Herz war schon lange von der Entscheidungsfindung ausgeschlossen), entschied ich mich für die Luftwaffe. Ich nahm ein vierjähriges Stipendium in angewandter Mathematik an der Missouri University of Science and Technology an und erhielt nach meinem Abschluss mein Offizierspatent als Second Lieutenant in der United States Air Force.

Wenn Sie jetzt zweimal hinschauen müssen und sich fragen, ob Sie in eine andere Geschichte geraten sind, dann sind Sie nicht allein ... und ich versichere Ihnen, dass Sie noch immer dieselbe Geschichte lesen. Die Verwirrung darüber, wie ein kreatives und intuitives Kind, das in der Welt der darstellenden Künste lebte, einen Abschluss in Mathematik erhielt und zur Air Force ging, bestimmte meine Jugend und belastete mein Leben als junge Frau.

In meinen prägenden Jugendjahren hatte man mich gelehrt, *nicht* meinem Herzen zu vertrauen oder auf meine Intuition zu hören. Man hatte mir erklärt, dass viele Dinge, die in mir ganz natürlich zum Ausdruck kommen wollten, falsch seien und von der Welt weder geschätzt würden noch gewollt wären. Meine Empfindungen wurden missverstanden und missachtet. Sie wurden fälschlich einem Hang zur Melodramatik, der Angst, ein Scheidungsprodukt zu sein, oder den Hormonschwankungen eines heranwachsenden Mädchens zugeschrieben. Zu diesem Missverständnis kam noch die zwar unbeabsichtigte, aber dennoch mächtige Botschaft meiner Mutter, klein zu bleiben und daran zu denken, wo mein Platz als Frau war. Als ich das College verließ, hatte mein innerer Dialog begonnen, die gleichen Botschaften der Verachtung, der Zurückweisung und der Geringschätzung nachzuplappern, die ich als Kind gehört hatte, und er tat es fünfzehn Jahre lang. Ich wurde selbst zu der Täterin, gegen die ich mich so sehr aufgelehnt hatte.

ZUERST KOMMT DER SCHATTEN: AUS DEN UNGESUNDEN ASPEKTEN UNSERER EMPATHISCHEN QUALITÄTEN HERAUS LEBEN

Meine Geschichte gleicht der vieler Empathen. Und natürlich sind wir durch die Zensur, die wir erleben, fast zwangsläufig dazu verurteilt, aus den ungesunden Aspekten unserer empathischen Natur heraus zu leben. Warum? Weil alles, was wir verleugnen, ins Reich der Schatten verbannt wird.

Unser Schatten besteht, einfach ausgedrückt, aus unseren ungeliebten und verleugneten Selbstanteilen. Weil unsere empathische Natur in den Untergrund gedrängt wurde, haben wir uns selbst aufgegeben. Jeder, der schon einmal mit dem Schatten gearbeitet hat, weiß aber, dass alles, was wir dorthin verbannen, nicht einfach so verschwindet. Diese Emotionen, Persönlichkeitsmerkmale und Überzeugungen wollen immer noch und immer wieder zum Ausdruck kommen. Solange wir nicht wieder in eine bewusste Beziehung zu diesen Anteilen treten, kommen sie weiterhin unerwartet, zu unpassenden Zeiten und auf ungesunde Weise zum Ausdruck.

Wenn wir uns von einem unbewussten Ort aus auf das Leben einlassen, sind wir uns unserer wahren Beweggründe nicht bewusst. Deshalb ist uns auch nicht bewusst, was uns steuert oder warum wir ein bestimmtes Verhalten an den Tag legen oder bestimmte Entscheidungen treffen. Es scheint ein Teil der menschlichen Natur zu sein, dass wir den ersten Abschnitt unseres Lebens im „Halbschlaf" verbringen und irgendwann „erwachen". Dieses Erwachen ist eine Zeit, in der wir erkennen, dass das, was wir tun, nicht länger funktioniert. Wir sind nicht länger bereit, uns mit unseren gegenwärtigen Erfahrungen oder mit dem zufriedenzugeben, was wir erreicht haben. Wahrscheinlich haben Sie auch schon einmal meine bevorzugte Definition von Wahnsinn gehört: *immer wieder das Gleiche tun und andere Ergebnisse erwarten.* Unser persönliches Erwachen ist ein Moment, der unser Leben in eine vollkommen neue Bahn lenkt und uns plötzlich unseren Wahnsinn erkennen lässt. Meist schrillen innere Alarmglocken, die etwa so klingen: *Ich kann so nicht mehr weitermachen. Es muss sich etwas ändern. Es ist vorbei. Das funktioniert nicht mehr. Wenn ich hierbleibe, werde ich sterben.*

Bis wir diese Sternstunde erfahren, die unser Leben grundlegend verändert, sind wir jedoch dazu verurteilt, aus dem Schattenaspekt unserer selbst heraus zu leben. Das bedeutet, dass wir von einem Ort aus leben, an dem wir kaum ein oder überhaupt kein Bewusstsein für die Entscheidungen haben, die wir treffen. Wir leben nicht absichtsvoll, treffen keine erwachsenen Entscheidungen (weil wir häufig regressiv sind) und erkennen nicht, was uns antreibt. Wenn wir aus unserem Schatten heraus leben, laufen in unserem Kopf alte Tonbänder ab, die uns falsche Informationen vermitteln. Wir tragen ungeheilte Verletzungen und ein vernachlässigtes inneres Kind in uns. Wir ziehen Bewältigungsmechanismen hoch, als wollten wir bei einem Hurrikan das Haus mit Brettern vernageln. Das Leben aus unserem Schattenselbst heraus hat zur Folge, dass die ungesunden, unbewussten Aspekte unserer Persönlichkeit über unser Verhalten und unsere Reaktionen bestimmen.

Wenn wir aus den Schattenaspekten unserer empathischen Natur heraus leben, leben wir in Co-Abhängigkeit, verlieren uns in Beziehungen, übernehmen die Emotionen und die Probleme anderer Menschen und tun uns schwer damit, Grenzen zu setzen. Weil wir nicht wissen, dass wir ein Empath sind, und diesen Anteil verleugnet haben, gehen wir mit dem Gefühl durch die Welt, innerlich zerbrochen und alles andere als heil zu sein.

Wenn Sie der Frage nachgehen, welche Form das Leben aus dem Schatten heraus für Sie persönlich annimmt, ist es wichtig zu wissen, dass keine Qualität grundsätzlich gut oder schlecht ist. Die meisten Verhaltensweisen, Gefühle und Ausdrucksformen sind auf einem Kontinuum angesiedelt. Die Frage, wann und wie jedes Merkmal zum Ausdruck kommt, bestimmt darüber, ob es im Schatten oder im Bewusstsein agiert.

So ist die Fähigkeit, mühelos mit anderen Menschen zu verschmelzen und ihren energetischen Zustand in sich aufzunehmen, nicht grundsätzlich gut oder schlecht. Sie ist einfach, was sie ist. Wenn Sie aber nicht erkennen, dass Sie mit jedem Menschen verschmelzen, mit dem Sie in Kontakt kommen, dann müssen Sie mit den ungesunden Folgen leben, die aus der unbewussten Verschmelzung herrühren. Wenn Ihnen nicht bewusst ist, dass Sie es tun, sind Sie nicht in der Lage, zentrale Fähigkeiten abzurufen, die den Prozess der Verschmelzung durch angemessene Grenzen, erdende Maßnahmen, die Ihnen helfen, in Ihrer Mitte zu bleiben, oder andere wichtige Praktiken, die Sie darin unterstützen, Energien zu klären, ausgleichen. Sie tragen Schaden davon und es ist nahezu sicher, dass Sie sich am Ende völlig verlieren. Leider haben viele Menschen jahrzehntelang auf diese Weise gelebt, ohne sich dessen bewusst zu sein.

Bewältigungsstrategien

Wenn wir aus dem unbewussten Aspekt unserer empathischen Natur heraus leben, entwickeln wir ganz automatisch Bewältigungsstrategien, die uns helfen sollen, zu überleben und mit den Dingen in unserem Umfeld zurechtzukommen. Bewältigungsstrategien (die auch als Abwehrmechanismen bezeichnet werden) sind ein normaler Bestandteil unserer menschlichen Entwicklung und niemand kann sich ihnen entziehen. Wir sind als Empathen somit nicht die Einzigen, die sich darauf verlassen, und wenn wir sie nur kurzzeitig einsetzen, können sie uns dabei helfen, mit dem, was im Moment geschieht, zurechtzukommen und es zu verarbeiten. Wenn sie über einen langen Zeitraum eingesetzt werden, können sie jedoch zu ungesunden Vermeidungsstrategien werden und manchmal sogar pathologische oder phobische Züge annehmen.

Eine Bewältigungsstrategie ist, einfach ausgedrückt, die Art und Weise, in der wir mit innerem oder äußerem Stress umgehen. Weil unser Nervensystem hochsensibel ist, kann jeder Tag eine enorm hohe Reizüberflutung bedeuten, die rasch zur Überforderung führen kann. Wenn wir an diesem Punkt angelangt sind, kann sich daraus wiederum eine Fülle anderer ungesunder Reaktionen und Verhaltensweisen entwickeln.

Zu den üblichen Bewältigungsstrategien gehören Regression, Verleugnung, Dissoziation, passive Aggression, Projektion, Überkompensation, Unterdrückung, Intellektualisierung (Überbetonung des Denkens), Verdrängung, Rationalisierung, Selbstverletzung und Somatisierung (Stress, der sich im Körper manifestiert und Symptome ohne erkennbare Ursache hervorruft), um einige wenige Beispiele zu nennen. Wenn Sie Bewältigungsstrategien auf einer tieferen Ebene verstehen möchten, empfehle ich Ihnen, die entsprechende psychologische Literatur zu lesen.

Sobald wir diesen kritischen Punkt des Erwachens erreichen (an dem unser Wahnsinn nicht mehr funktioniert), beginnen wir, die Welt mit neuen Augen zu sehen. Häufig werden wir genau dann mit unseren seit langem bestehenden, ungesunden Bewältigungsmustern konfrontiert. Und erst dann, in unserem neu erwachten Bewusstseinszustand, können wir erkennen, dass diese Muster uns in unserem Streben nach persönlicher Entwicklung und Erfolg nur zurückhalten können.

Als Empathen waren wir schon allein, um unseren Alltag zu bewältigen, in hohem Maße auf unsere Bewältigungsstrategien angewiesen. Ohne Werkzeuge und bewusste Mentoren, die uns beibringen, wie wir unser Energiefeld klären, Grenzen ziehen und erkennen können, was uns gehört und was nicht, war es schwierig – wenn nicht sogar völlig unmöglich –, das tägliche Miteinander und die täglichen Entscheidungen und Reize zu meistern.

Die unterschiedlichen Phasen meines Lebens waren von unterschiedlichen Bewältigungsstrategien geprägt. Während meiner frühen Jahre war Regression ein bewährter Schachzug. Das regressive Muster, mit verschränkten Armen auf einem Stuhl zu sitzen und auf den Boden zu starren, während meine Stiefmutter mit mir schimpfte, trug ich von meiner Teenagerzeit in meine erste Ehe hinein. Jahrelang konnte ich mit meinem (mittlerweile Ex-)Mann nicht diskutieren oder ein schwieriges Gespräch führen, weil ich mich nicht als ebenbürtige Partnerin sah, deren Meinung oder Gefühle wertgeschätzt wurden. Ich wurde wieder zu der Vierzehnjährigen, die auf den Boden starrte und kein Wort sagte. Das trieb ihn in den Wahnsinn und ich verstehe, warum. Auch heute brauche ich noch ein hohes Maß an Anstrengung und Bewusstheit, um eine ebenbürtige Beziehung zu anderen Menschen herzustellen, wenn über wichtige Themen oder Gefühle gesprochen wird. Das gilt vor allem für Menschen, die eine Autoritätsposition innehaben oder deren Anerkennung mir wichtig ist.

Bewältigungsstrategien wie Somatisierung, Verleugnung, Projektion oder Fantasie haben sich in meinem Leben immer wieder gezeigt, wenn Stressoren unbeherrschbar wurden, weil unsere Bewältigungsstrategien natürlich gerade dann aktiv werden. Zeiten, die von Chaos, Traumen, Stress oder großem Druck geprägt sind, richten den Scheinwerfer auf die Defizite in unserer Fähigkeit, eine Lage zu meistern oder flexibel zu sein. Schwierige Zeiten zeigen uns, wo unsere Bewältigungsstrategien weniger gut entwickelt, unreif oder unwirksam sind. Für viele Empathen ist jeder Tag mit einem erhöhten Maß an Stress verbunden, da unser hochsensibles Nervensystem weit mehr Informationen verarbeitet und länger als „normal" zur Verarbeitung und Klärung braucht.

Unbewusste Verhaltensänderungen kamen bei mir ebenfalls häufig vor. In den ersten Jahrzehnten meines Lebens war ich Meisterin darin, Dinge in mich hineinzufressen. Dieses Verhalten hat mir auch meine Mutter vorgelebt, sodass es schwierig war, mit dieser besonders hartnäckigen Gewohnheit zu brechen. Ich „implodierte" meist, statt zu explodieren, und wenn die Energien dann zu intensiv wurden, kam es zu beängstigenden emotionalen Ausbrüchen wie dem Zwischenfall mit dem Messer, den ich am Anfang dieses Kapitels beschrieben habe.

Ricks Geschichte

Rick ist ein von Natur aus intuitiver, sensitiver Mann, der sich mühelos auf die unsichtbaren Sphären einstimmen und Energien wahrnehmen kann, die anderen Menschen nicht bewusst sind. Es fällt ihm leicht, in veränderte Bewusstseinszustände einzutreten, schamanische Reisen zu unternehmen und außerkörperliche Erfahrungen zu machen. Er ist gutherzig und sanftmütig. Man muss allerdings genau hinschauen, um diese Qualitäten zu erkennen.

Rick ist das, was man üblicherweise einen „bösen Buben" nennt. Er ist seit Jahren abhängig von Alkohol, Drogen und Medikamenten. Er fährt eine Harley Davidson und trägt oft die typische Biker-Kluft. Er ist auch ein rebellischer Aufrührer, der in Faust- und Messerkämpfe verwickelt und mehr als einmal an illegalen Ausschreitungen beteiligt war.

Wie viele andere junge Männer wurde auch Rick wegen seiner Sensitivität beschämt und sie wurde ihm durch eine strenge Erziehung und schlechte wirtschaftliche und soziale Bedingungen ausgetrieben. Er ging in die harte Schule des Lebens. Seine Eltern, die selbst aus dem Schatten ihrer ungelösten Probleme heraus agierten, ignorierten allzu oft seine Bedürfnisse und brachten ihn dazu, sich schuldig zu fühlen oder ein schlechtes Gewissen zu haben, wenn er nicht die richtigen „männlichen" Qualitäten an den Tag legte. Er lernte rasch eine ganze Reihe von Bewältigungsstrategien, um zu überleben, und dazu gehörte auch, dass er seine empathische Natur unterdrückte. Inzwischen ist er fast siebzig Jahre alt, offenbart seine sensitiven Anteile immer noch nur selten und ist immer noch damit beschäftigt, die vielen Schichten aus Masken, Persönlichkeiten und Bewältigungsstrategien abzulösen, in die er sich gehüllt hat, um zu überleben.

Wenn Sie anfangen, sich mit den Bewältigungsstrategien zu befassen, die Sie anwenden mussten, um Ihre empathische Natur zu verbergen und zu schützen, gehen Sie bitte behutsam und sogar dankbar mit sich um. Ihre Psyche ist eine erstaunliche Beschützerin! Die Mechanismen, die Sie – wenn auch unterbewusst – eingesetzt haben, um Ihre Sicherheit zu gewährleisten, haben einem Zweck gedient. Leider bleiben diese Bewältigungsstrategien bestehen, auch nachdem die Bedrohung schon lange vorüber ist. Es braucht Zeit, um zu erkennen und vollständig zu begreifen, dass etwas, das in der Gegenwart eine Reaktion in uns auslöst, auf ein Ereignis zugreift, das in der Vergangenheit geschehen ist, und es direkt in den gegenwärtigen Moment holt. Unsere emotionale Reaktion rührt in Wirklichkeit also von diesem Punkt in der Vergangenheit her. Weil das Problem aber nicht gelöst ist, fühlen sich die Emotionen (und die Bedrohung) ebenso real an, wie es während des ursprünglichen Ereignisses vor Jahren oder Jahrzehnten der Fall war.

In Verbindung mit der Reizüberflutung, der wir jeden Tag ausgesetzt sind, kann es uns wie eine unüberwindliche Aufgabe vorkommen, unsere Muster zu verändern und zu glauben, dass es eine andere, gesündere Lebensweise für uns gibt. Dennoch ist es möglich. Bewusstheit ist immer der erste und wichtigste Schritt.

AUF DER GEISTIGEN EBENE SIND WIR ALLE EMPATHEN

Es gibt viele Institutionen, Strukturen und Glaubenssysteme in der Gesellschaft, die unseren sensitiven empathischen Qualitäten feindselig gegenüberzustehen scheinen. Wir mussten Meister darin werden, eine Maske zu tragen und uns zu verstellen. Aber auch wenn wir in der stofflichen Welt in der Minderheit sein mögen, ist es grundlegend wichtig, uns daran zu erinnern, dass das Leben als Empath tatsächlich unser *natürlicher Seinszustand* ist.

Trennung, Getrenntheit und das Bedürfnis nach Schutz sind menschliche Gedankengebäude, die auf der geistigen Ebene nicht existieren. In der geistigen Sphäre fühlen und spüren wir alle alles, auch wenn sich unsere Erfahrung des „Fühlens" auf dieser Ebene unterschiedlich manifestiert. In der geistigen Welt sind wir in hohem Maße darauf eingestimmt, dass wir alle eins sind. Illusionen und Unwissenheit sind nicht Teil des Paradigmas. Wir sind fest verankert in dem Wissen, dass wir aus derselben Quelle kommen, und nehmen die Energie einer anderen Seele deshalb nicht als Bedrohung wahr. Wir sind uns zutiefst unserer Verbundenheit mit allen Dingen bewusst. Das, was wir in dieser Dimension als Intuition bezeichnen, ist auf der geistigen Ebene der normale Lauf der Dinge. Die Herausforderungen, mit denen wir es als Empathen in menschlicher Form zu tun haben – co-abhängig, überfordert oder unfähig zu sein, um das zu bitten, was wir brauchen, auf ungesunde Weise mit anderen Menschen zu verschmelzen, verurteilt zu werden oder unser Energiefeld von fremden Einflüssen freihalten zu müssen –, existieren auf der geistigen Ebene nicht. Diese Dinge gehören zum Handwerkszeug der menschlichen Erfahrung.

Als kollektive Spezies und auf der Ebene unseres Seelenbewusstseins haben wir entschieden, dass es an der Zeit ist, das Gottesbewusstsein umfassender – *und genauer* – wieder in der menschlichen Erfahrung zu verankern, um unsere geistige Natur umfassender zu verkörpern. Es ist an der Zeit. Das menschliche Bewusstsein erweitert sich, während wir den gegenwärtigen Zyklus des Aufstiegs durchlaufen, und dieser Aufstieg weckt uns auf und erinnert unsere Seele an uraltes Wissen und uralte Praktiken, zu denen wir einst Zugang hatten. Unsere Schwingung wird erhöht. Wir befinden uns im Aufschwung und entwickeln uns wieder zur Erleuchtung hin. Die Weisheitslehren und heiligen Schriften vieler Zivilisationen rund um den Globus haben diese Zeit vorausgesagt. In der großen Spirale des Lebens sind wir vom Eisenzeitalter ins Bronzezeitalter gelangt. (Ich beziehe mich hier auf die Zeitalter der griechischen Mythologie – Eisen, Bronze, Silber und Gold – und nicht auf die historische bzw. archäologische Bronzezeit und Eisenzeit, in der die Menschen begannen, Eisen und Bronze zu nutzen.) Und auch wenn noch viele tausend Jahre vor uns liegen, bis wir das nächste goldene Zeitalter erreichen, befinden wir uns unabhängig davon, wie die „äußere Welt" aussehen mag, dennoch ganz zweifellos in einem Zeitalter der Ausdehnung und der Erinnerung.

Im Gedankengebäude dieser irdischen Schule treffen wir eine kollektive Seelenvereinbarung, die Zyklen des Aufstiegs und des Abstiegs zu durchlaufen (die in Kapitel 2 näher erläutert werden). In den unteren Bewusstseinsschichten vergessen wir das umfassende Bild und das, was uns alle miteinander verbindet, sodass wir uns als getrennt und infolgedessen als „jemand anderer" erleben. Wir vergessen, dass wir alle eins sind. Wir glauben an die Illusion, dass alle anderen anders sind als wir selbst, und davon ausgehend stellen wir eine ganze Reihe von Annahmen über den „anderen" an: *Weil er eine andere Erziehung und andere Wertvorstellungen hat, kann ich ihm nicht vertrauen. Weil sie an-*

ders aussieht und sich anders verhält als ich, muss ich mich vor ihr schützen. Ich bin eindeutig besser als er, weil ich in einem großen Haus lebe und eine Familie und eine feste Arbeitsstelle habe, während er es vorzieht, in einer Kommune zu leben, und das bestehende Währungssystem ablehnt. Diese Annahmen projizieren wir immer und überall aufeinander und leben sie aus.

Ein Teil von Ihnen – das Bewusstsein eines höheren Selbst – fühlt sich sehr wohl in seiner Rolle als Empath und versteht vollkommen, dass dies Ihre höchste Natur ist. Der entscheidende Punkt in dieser Gleichung ist die Frage, wie Sie sich selbst und diese Qualitäten in *menschlicher* Form erfahren wollen und wie Sie mit den besonderen Herausforderungen umgehen wollen, vor die Sie in dieser irdischen Schule gestellt werden. Auf einer tiefen unterbewussten Ebene kennen und erinnern wir uns alle an unsere wahre Natur. Dennoch entscheiden wir uns oft dafür, eine vollkommen andere Realität zu erfahren. Die Herausforderung liegt darin, die empathische Natur, die wir in unserer geistigen Form erfahren, in den Körper hineinzubringen und auf der *menschlichen* Ebene miteinander zu kommunizieren. Für dieses Unterfangen fehlt es uns jedoch noch immer an dringend notwendigen Fähigkeiten.

Sie sind hier, um mit gutem Beispiel voranzugehen. Um in sich selbst und in den Seelen unserer Mitmenschen die Erinnerung daran zu wecken, dass wir alle sensitive, liebevolle, herzzentrierte, mitfühlende Lebewesen sind. Wir sind bereit, in der stofflichen Welt das zu verkörpern, was in der nichtstofflichen Welt völlig natürlich für uns ist. Gemeinsam steigen wir aus dem Bewusstsein der unteren Chakras ins Bewusstsein des Herzens auf. Wir sind hier, um unser göttliches Selbst in körperlicher Form zu erfahren. Es ist an der Zeit, dass wir als Empathen akzeptieren, lieben und annehmen, was wir sind, und *genau das* als Vorbild in unsere Familie und Gemeinschaft hineintragen. Die Unterdrückung unserer wahren Natur erzeugt nur einen Nährboden für Unwohlsein, fehlende Erfüllung und Desillusionierung. Empathen verschwinden nicht und es werden tagtäglich mehr, die einen Körper annehmen. Betrachten Sie es als einen Aufruf aus der Tiefe Ihres Bewusstseins. Sie sind anders, weil Sie anders sein *sollen*. Sie haben sich dafür entschieden, anders zu sein, ganz gleich, ob Sie sich an diese Entscheidung erinnern oder nicht. Bekennen Sie sich zu Ihren Gaben. Sie sind nicht allein.

Sie sind der neue menschliche Bauplan.

2

Das Große Jahr und der gegenwärtige Zyklus des Aufstiegs

Um zu verstehen, warum gerade jetzt so viele Empathen inkarnieren, und um die Rolle würdigen zu können, die wir bei der Erweiterung des menschlichen Bewusstseins spielen, ist es äußerst wichtig, zunächst den größeren Zyklus zu verstehen, der unsere kollektive Erfahrung antreibt. Wir können das Gesamtbild der menschlichen Evolution nicht betrachten, ohne uns mit dem Großen Jahr zu befassen.

Neben dem Zyklus von Tag und Nacht, der durch die Drehung der Erde um ihre eigene Achse hervorgerufen wird, und dem Zyklus der Jahreszeiten, der durch die Umlaufbahn der Erde um die Sonne entsteht, gibt es noch einen weit größeren Zeitzyklus, der auf einer als *Präzession der Tagundnachtgleichen* (der Äquinoktien) bezeichneten Himmelsbewegung beruht und den Aufstieg und Fall von Zivilisationen ebenso erklärt wie den Aufstieg und Fall des menschlichen Bewusstseins. Die antiken Kulturen wussten um diesen großen Zeitzyklus, für den es zwar unterschiedliche Namen gibt, der aber meist nach dem von Platon geprägten Begriff das „Große Jahr" genannt wird.

Das Große Jahr steht in einem direkten Zusammenhang mit dem Zyklus des Aufstiegs, in dem wir uns gegenwärtig befinden. Dieser Aufstieg ist nicht nur ein spirituelles Konzept, sondern geschieht tatsächlich, und ein näherer Blick auf das Große Jahr zeigt uns, warum das so ist.

Der Zyklus des Großen Jahres hat eine Länge von 24 000 Jahren. Viele antike Kulturen wussten um diesen größeren Zeitzyklus und unterteilten ihn in vier kürzere Abschnitte. Die alten Inder bezeichneten diese Perioden als Yugas und gaben ihnen die Namen Kali Yuga, Dwapara Yuga, Treta Yuga und Satya Yuga. Die Griechen unterteilten das Große Jahr in Zeitalter: das eiserne Zeitalter, das bronzene Zeitalter, das silberne Zeitalter und das goldene Zeitalter. (Es ist kein Zufall, dass die Yugas und die Zeitalter genau übereinstimmen.) Andere antike Kulturen wie die Ägypter, die Babylonier oder die griechisch-römischen Völker gaben ihm andere Namen, stimmten aber anscheinend alle darin überein, dass dieser Zyklus eine Länge von etwa 24 000 Jahren hat und gleich lange Perioden des Aufstiegs (hin zur Erleuchtung) und des Abstiegs (hin zur Unwissenheit) umfasst.

Dies widerspricht dem von vielen Historikern, Religionswissenschaftlern und Archäologen vertretenen linearen Entwicklungsmodell der menschlichen Zivilisation, dem zufolge wir Menschen jetzt so „intelligent" sind wie nie zuvor! In diesem Modell werden antike Artefakte, megalithische Anlagen und Texte, die auf hochkomplexe Zivilisationen mit fortschrittlichen Technologien hinweisen, als Anomalien betrachtet. Konservative Historiker und Archäologen haben nicht immer eine Erklärung für die Existenz oder den Zweck dieser Anomalien, weil sie die antiken Gesellschaften durch eine Brille sehen, die weder eine zyklische Entwicklung (Aufstieg und Fall und neuerlicher Aufstieg) noch eine menschliche Existenz auf größeren Zeitskalen zulässt.

EIN KLEINER AUSFLUG IN DIE WISSENSCHAFT

Wir müssen einen kleinen Ausflug in die Wissenschaft machen, um das Große Jahr näher zu erklären. Ich entschuldige mich deshalb bei allen Lesern, die nicht wissenschaftlich interessiert sind. Ich werde mich bemühen, diesen Abschnitt so einfach wie möglich zu halten. Wenn Sie allerdings mehr über dieses Thema erfahren wollen, empfehle ich Ihnen, das Buch *Lost Star of Myth and Time* von Walter Cruttenden zu lesen, die Internetseite des Binary Research Institute zu besuchen oder sich dessen fünfundvierzigminütige Dokumentation mit dem Titel *The Great Year* anzuschauen. Meine Informationen habe ich zu einem großen Teil diesen Quellen entnommen.

Es gibt also einen großen Zyklus mit einer Zeitdauer von 24 000 Jahren, aber was verursacht ihn? Es herrscht weitgehende Übereinstimmung darüber, dass er direkt mit dem bereits erwähnten beobachtbaren Himmelsphänomen, der Präzession der Äquinoktien, verbunden ist. Beobachtbar heißt, dass es keine unbewiesene Theorie ist, sondern dass man es sehen und verfolgen kann. Hier wollen wir mit unserer Untersuchung beginnen.

Stellen Sie sich vor, dass Sie während der Frühjahrs-Tagundnachtgleiche bei Tagesanbruch an irgendeinem Ort auf der Erde stehen und in den Himmel blicken, wo der Sonnenaufgang unmittelbar bevorsteht. An diesem Punkt sehen Sie am Himmel ein bestimmtes Sternbild. Um welches Sternbild es sich dabei handelt, ist jahresabhängig. Auf der Nordhalbkugel entfernt sich das Sternbild Fische gegenwärtig von diesem Punkt, während sich das Sternbild Wassermann hineinbewegt.

Wie Sie sehr wahrscheinlich wissen, gibt es zwölf Tierkreiszeichen: Widder, Stier, Zwillinge, Krebs, Löwe, Jungfrau, Waage, Skorpion, Schütze, Steinbock, Wassermann und Fische. (Es ist interessant, dass fast alle antiken Hochkulturen diese zwölf großen Sternbilder benannt und verfolgt haben.) Die „Wanderung“ durch jedes dieser Sternbilder dauert etwa 2 000 Jahre. Wenn Sie 24 000 Jahre lang Jahr für Jahr an diesem Punkt der Erde stehen könnten, würde es Ihnen so vorkommen, als ob die Sternbilder am Himmel rückwärts wandern (von Ihrem Standort aus gesehen von rechts nach links). Daher rührt der Begriff *Präzession*, denn die Vorsilbe *prä* bedeutet „vor“. Nach 24 000 Jahren hätten die Sternbilder einen vollständigen Zyklus durchlaufen und Sie wären wieder dort angekommen, wo Sie begonnen haben.

Die Wissenschaftler sind sich zwar einig darüber, dass die Präzession der Tagundnachtgleichen stattfindet, denn sie können sie beobachten, messen und verfolgen, nicht aber darüber, *warum* sie geschieht. Ja, die Sternbilder wandern langsam rückwärts über den Himmel, aber warum? Was ist die Ursache? Eine genauere Erklärung dieses Phänomens würde ein ganzes Buch füllen, sodass ich mich hier auf die wichtigsten Punkte beschränken und es Ihnen überlassen möchte, sich bei Interesse eingehender damit zu befassen.

Die größte Akzeptanz findet derzeit die sogenannte lunisolare Theorie, die besagt, dass das, was wir am Himmel sehen, sich im Laufe der Zeit verändert, weil die Erde auf ihrer Achse eine taumelnde Bewegung vollführt wie ein Kreisel, der sich auf dem Boden dreht. Genauer gesagt:

Die lunisolare Theorie besagt, dass die sich ändernde Ausrichtung der Erde zu den Fixsternen (die im Wesentlichen als Präzession der Äquinoktien zu beobachten ist) hauptsächlich auf die Gravitationskräfte des Mondes (luni) und der Sonne (solar) zurückzuführen ist, die am Erdäquatorwulst zerren. Man geht davon aus, dass diese lunisolaren Kräfte ein ausreichend großes Drehmoment erzeugen, um die Rotationsachse der Erde ganz langsam im Uhrzeigersinn zu drehen.[1]

Kopernikus formulierte die lunisolare Theorie erstmals 1543. Isaac Newton stellte im nächsten Jahrhundert einige Vermutungen darüber an, feilte ebenso wie spätere Wissenschaftler an der Formel und hielt die Theorie am Leben. Die mathematische Rechnung geht jedoch nicht ganz auf, da die Formel, die diese Bewegung beschreibt, das beobachtbare Phänomen nicht genau voraussagt. Wie wir im Laufe der Geschichte gesehen haben, ist die vorherrschende Theorie nicht immer unbedingt korrekt. (Man denke an die Zeit, in der wir glaubten, die Erde sei eine Scheibe oder die Sonne drehe sich um die Erde.) Weil die Theorie von herausragenden Wissenschaftlern wie Kopernikus und Newton formuliert und vertreten wurde, zweifelten viele spätere Wissenschaftler nicht daran und machten sich deshalb nicht die Mühe, ihre Annahmen und Formeln eingehend zu überprüfen.

Walter Cruttenden und das Binary Research Institute sind der Auffassung, dass Präzession (die Rückwärtswanderung der Sternbilder über den Himmel) in Wirklichkeit deshalb stattfindet, weil unser gesamtes Sonnensystem sich durch den Raum bewegt. Und zwar nicht zufällig, sondern in einem voraussagbaren Zyklus. Ihrer Meinung nach ist das Große Jahr eine Kreisbahn der Sonne um ihr binäres Massenzentrum.

In der Fachsprache wird die Bedeutung dieser Aussage vielleicht nicht auf den ersten Blick klar, sodass ich sie noch einmal in auch für Laien verständlichen Worten wiederholen möchte: Die Sonne hat eine Schwester und diese beiden Himmelsobjekte – unsere Sonne und ihre Schwester – umkreisen einander in einem Zyklus von 24 000 Jahren.

Wow!

Diese Erkenntnis hat mich direkt im Kern meines Wesens getroffen und etwas tief in mir geweckt. Auch wenn wir nicht wissen, welcher Himmelskörper unser binärer Begleiter ist oder um welche Art von Himmelskörper es sich dabei handelt (dazu gibt es Theorien), brauche ich persönlich nicht zu wissen, „wer" die Schwester unserer Sonne ist, um zu wissen, dass diese Theorie als Wahrheit in meinem Körper ankommt. Ist mein Körper ein genaues wissenschaftliches Messinstrument? Nein, das ist er natürlich nicht! Obwohl ich einen Abschluss in Mathematik habe und die Wissenschaft liebe, bin ich keine Wissenschaftlerin. Dies ist vor allem ein spirituelles Buch und ich vertraue auf Ihr Urteilsvermögen, selbst zu entscheiden, was Ihre Wahrheit ist.

Es ist tatsächlich gar keine so große Seltenheit, dass ein System in einem Gravitationsverhältnis zu einem oder mehreren Sternen steht. Wenn wir wissen, dass die Erde um ihre Achse rotiert, Monde um Planeten kreisen und Planeten um ihre Sonne kreisen, erscheint die Annahme nicht weit hergeholt, dass auch unsere Sonne und damit alle Objekte in unserem Sonnensystem sich als Gruppe durch den Raum bewegen. „Als das lunisolare Modell im Westen eingeführt wurde, war wenig oder gar nichts über das Ausmaß von Doppelsternsystemen (zwei Sterne, die einander umkreisen) bekannt."[2] „Heute schätzt man dagegen, dass über 80 % aller Sterne ein Teil von Doppel- oder Mehrfachsternsystemen sein könnten."[3]

Das klingt ja alles wirklich äußerst faszinierend, aber wie wirkt sich dieser Zyklus auf das menschliche Bewusstsein aus? Und was hat der Aufstieg damit zu tun?

Hier wird es interessant.

Walter Cruttenden schreibt in seinem Buch *Lost Star of Myth and Time* dazu:

Während unsere Sonne in einer riesigen Umlaufbahn um ihren Begleiter kreist, befördert sie die Erde in ein magnetisches oder elektromagnetisches Feld hinein und wieder hinaus, das auf den Planeten und das Leben darauf enorm große Auswirkungen hat. Je nachdem, ob wir uns der Einflussquelle nähern oder uns von ihr entfernen, zeigt sich dieser Effekt nach außen hin schließlich als positive oder negative Veränderung in der Zivilisation. Wenn die Erde sich in das Feld hineinbewegt, findet eine günstige Veränderung statt, und wenn sie es verlässt, sind störende oder nachteilige Einflüsse die Folge.[4]

Geht dieser elektromagnetische Einfluss von unserer Schwestersonne aus? Vielleicht. Geht er von einem anderen Sternensystem aus, dem wir auf unserer Umlaufbahn näherkommen? Vielleicht. Trifft beides zu? Vielleicht. Es gibt auch hier Theorien, aber nichts ist bewiesen.

Doch auch wenn wir die genaue Quelle des elektromagnetischen Einflusses nicht identifizieren können, sprechen viele Dinge für die Vorstellung, dass nicht nur die menschliche, sondern auch andere Lebensformen elektromagnetischen Einflüssen unterliegen. Wir sind tagtäglich dem elektromagnetischen Spektrum der Sonne ausgesetzt. Ohne diese Einflüsse – in genau den Anteilen, Mengen, Frequenzen und Intensitäten, in denen wir sie aufnehmen – würden sowohl die Menschen als auch alle anderen Lebensformen auf der Erde sehr wahrscheinlich sterben.

Walter Cruttenden erklärt es mit einfachen Worten:

> Jeder Grundschüler weiß, dass während der täglichen Rotation der Erde um ihre Achse auf der Sonnenseite die Aktivität zunimmt, Photosynthese und Wachstum stattfinden und der Mensch erwacht und aktiv wird. Umgekehrt schalten, wenn diese Seite des Planeten sich von der Sonne abwendet, die meisten biologischen Systeme ab und werden inaktiv. Das gilt ebenfalls für den Menschen, dessen Körper sich daran angepasst hat, langsam in einen unterbewussten Schlaf zu gleiten, um im Rhythmus dieser tageszyklischen Bewegung neue Energie zu tanken.
>
> Dasselbe Prinzip gilt auch für die jährliche Bahnbewegung der Erde. In den sechs Monaten, in denen die Nord- und die Südhalbkugel sich jeweils in eine Position bewegen, in der sie mehr Licht empfangen (eine Zunahme der Photonen pro Quadratzentimeter, wenn wir die Wintersonnenwende hinter uns lassen), erleben wir eine proportionale Zunahme der Aktivitäten und des Wachstums in der betreffenden Region – und wenn die jeweiligen Hemisphären während der entgegengesetzten sechs Monate weniger Licht empfangen, erleben wir Verlangsamung und Verfall. Es liegt auf der Hand, dass die von unserem nächstliegenden Stern ausgehende Aktivität einen tiefgreifenden Einfluss auf das Leben auf der Erde hat.[5]

Es hat unzählige Experimente, beobachtbare Phänomene, Hypothesen und wissenschaftliche Untersuchungen über die Auswirkungen des Vorhandenseins oder Nichtvorhandenseins von elektromagnetischen Feldern auf die Erde, den Menschen und andere Lebensformen gegeben. Ich würde Ihnen zwar gerne eine Reihe von Beispielen nennen, will mich der Kürze halber aber auf ein Beispiel beschränken: den MuRoom. Dr. Valerie Hunt gehörte während ihrer Zeit als emeritierte Professorin für Physiologie an der UCLA (University of California, Los Angeles) zu den ersten Wissenschaftlern, die den Zusammenhang zwischen Veränderungen in Energiefeldern und menschlichem Verhalten dokumentierten. Der MuRoom (der auch faradayscher Käfig genannt wird) soll Wissenschaftlern ermöglichen, das Niveau an elektromagnetischer Strahlung, Magnetismus und geladenen Teilchen innerhalb seiner Wände einzustellen, da er in der Lage ist, äußere Einflüsse durch diese Energien abzuschirmen.

In einer Versuchsreihe platzierte Dr. Hunt mehrere Probanden im MuRoom, entfernte den elektrischen Anteil aus der Atmosphäre des Raums und stellte fest: „Die Aurafelder wurden willkürlich chaotisch, diffus und inkohärent. Das sensorische Feedback war so stark beeinträchtigt, dass die Testpersonen sich der räumlichen Lage ihres Körpers nicht mehr bewusst waren.“[6] „Die Probanden brachen in Tränen aus und schluchzten. Eine derartige Erfahrung hatten sie nie zuvor gemacht. Obwohl sie angaben, nicht traurig zu sein, reagierte ihr Körper, als ob er bedroht würde, was durchaus der Fall sein könnte, wenn das nährende elektromagnetische Umfeld nicht mehr vorhanden wäre.“[7] „Als das elektrische Feld des Raums über das normale Maß hinaus erhöht wurde, normalisierten sich die Aurafelder wieder. Das Denken der Testpersonen wurde klar und sie berichteten von einer Erweiterung ihres Bewusstseins.“[8]

Wenn Dr. Hunt den elektrischen Anteil in der Atmosphäre des MuRooms dagegen auf einem Normalmaß beließ und den magnetischen Anteil reduzierte, „traten ausgeprägte Koordinationsstörungen auf. […] Die Testpersonen waren außerstande, das Gleichgewicht zu halten. Sie hatten Probleme, ihre Nase mit dem Finger zu berühren oder einfache koordinierte Bewegungen auszuführen. Sie verloren das kinästhetische Bewusstsein. Wenn das Magnetfeld umgekehrt über das Normalmaß hinaus erhöht wurde, konnten die Probanden mühelos auf einem Bein und sogar auf den Zehenspitzen stehen oder ihren Körper in eine vorher unmögliche Schräglage neigen, ohne zu stürzen.“[9]Dr. Hunt fasst die Ergebnisse ihrer bisherigen Versuche mit dem MuRoom wie folgt zusammen:

In einer normalen elektromagnetischen Umgebung wird das menschliche Feld genährt. Physiologische Prozesse werden effizient ausgeführt und emo-

tionale Erfahrungen werden mit gedanklicher Klarheit gemacht. Als das elektromagnetische Niveau eine kritische Sättigung erreichte, gab es Hinweise auf eine verbesserte motorische Leistungsfähigkeit, emotionales Wohlbefinden, Erregtheit und fortgeschrittene Bewusstseinszustände. Als das kritische Defizit erreicht war, nahmen die motorischen, sensorischen und intellektuellen Fähigkeiten jedoch ab, während Ängste und Emotionen zunahmen.[10]

Es ist unbestreitbar, dass wir elektromagnetische Lebewesen sind. Und es ist ebenso unbestreitbar, dass elektromagnetische Einflüsse sich sowohl positiv als auch negativ auf uns auswirken. Cruttenden sagt: „Elektrizität ist eine Folge sich bewegender Elektronen, und alles besitzt Elektronen. Man kann also sagen, dass alles im physikalischen Universum bis zu einem gewissen Grad elektrische Eigenschaften oder ‚Elektrizität' besitzt. Alle rotierenden Körper, vom kleinsten Elektron bis zum größten Stern, besitzen ein Magnetfeld. Unser Universum ist buchstäblich durchdrungen von feinstofflichen elektrischen und magnetischen Eigenschaften oder elektrischen und magnetischen Wellen."[11] Es erscheint mir nicht weit hergeholt zu glauben, dass die 24 000 Jahre dauernde Umlaufbahn unseres Sonnensystems um unseren binären Begleiter im Raum uns in Perioden verstärkter elektromagnetischer Felder hinein- und auch wieder hinausführt, die unser Bewusstsein beeinflussen.

Wenn zwei Körper gravitativ aneinander gebunden sind, erhöht sich zudem ihre Anziehungskraft (beziehungsweise ihre gegenseitige Zugkraft). Wenn unsere Sonne und ihr Begleiter einander umkreisen, bewegen sie sich umso schneller durch den Raum, je näher sie einander kommen. An dem Punkt ihrer jeweiligen Umlaufbahn, an dem sie einander am nächsten sind (der „Periapsis"), haben sie ihre höchste Geschwindigkeit erreicht. Während sie umeinander schwingen, die Periapsis wieder verlassen und sich voneinander entfernen, verlangsamt sich ihre Bewegung. Wenn sie an dem Punkt in ihrer Umlaufbahn angekommen sind, an dem sie am weitesten voneinander entfernt sind (der „Apoapsis"), haben sie ihre geringste Geschwindigkeit erreicht. Diese Zyklen entsprechen genau dem Zyklus des aufsteigenden und absteigenden Bewusstseins, den die Menschen in der Antike wahrgenommen und dokumentiert haben. Der Punkt der Apoapsis stellt den Tiefpunkt des eisernen Zeitalters dar. Der Punkt der Periapsis stellt den Höhepunkt des goldenen Zeitalters dar.

Dies ist eine ungeheure Vorstellung mit weitreichenden Auswirkungen, die ein weiteres Buch füllen könnten. In spirituellen und New-Age-Kreisen ist schon lange die Rede davon, dass eine Beschleunigung der Zeit stattfindet und dass sich der Fortschritt in rasantem Tempo vollzieht. Nun haben wir Belege (durch mathematische Berechnungen), die zeigen, dass wir uns buchstäblich schneller durch den Raum bewegen!

WO WIR UNS IM ZYKLUS DES GROSSEN JAHRES BEFINDEN

Hinweise auf die Präzession und den Aufstieg und Fall der Zeitalter sind in mehr als dreißig antiken Kulturen zu finden, wie die Historiker Giorgio de Santillana und Hertha von Dechend in ihrem Buch *Die Mühle des Hamlet: Ein Essay über Mythos und das Gerüst der Zeit* nachgewiesen haben. Als wir in das letzte Kali Yuga – oder eiserne Zeitalter – eingetreten sind, ging jedoch viel von unserem alten Wissen verloren, darunter auch das, was über das Große Jahr und seinen Einfluss auf die Menschheit bekannt war. Die antiken Kulturen haben Beweise hinterlassen, aber die Fachleute (Historiker, Archäologen, Wissenschaftler) sind sich nicht immer sicher, wie sie diese Zeichen, Symbole, Texte, Bauwerke und Artefakte interpretieren sollen.

Nicht zu vergessen ist auch, dass der in der Wissenschaft vorherrschende Glaube davon ausgeht, dass unsere Entwicklung als Spezies linear verläuft, und das bedingt, dass antike Zivilisationen nicht über fortschrittlichere Technologien, ein tieferes Wissen oder ein höheres Bewusstsein verfügt haben können, als es jetzt bei uns der Fall ist. Diejenigen, die das Große Jahr, ein Doppelsternsystem und den Glauben an einen 24 000 Jahre dauernden Zyklus des Aufstiegs und Abstiegs verfechten, werden in ihren jeweiligen Fachgebieten als Außenseiter betrachtet.

Der Versuch, ein zusammenhängendes und erklärbares Bild des Lebens in diesen antiken Kulturen zu zeichnen, ist bestenfalls schwierig, da es uns sowohl an Hinweisen als auch an der Fähigkeit fehlt, sie genau zu entziffern. Es ist, als wollten wir versuchen, anhand von fünfundzwanzig Teilen das Motiv auf einem tausendteiligen Puzzle herauszufinden. Wir treffen Annahmen auf der Grundlage kontextbezogener Hinweise und stellen Theorien darüber auf, wie nach unserer Meinung das Leben der Menschen in der Antike, ihre Regierungsformen, ihre medizinische Versorgung oder ihre spirituellen Zeremonien ausgesehen haben könnten. Dabei sollten wir jedoch nicht vergessen, dass wir diese Hinweise vor dem Hintergrund eines Paradigmas betrachten, das noch immer ausgesprochen skeptisch ist, wenn es darum geht, dass die Menschen der Antike eine größere Intelligenz und ein weiter entwickeltes Bewusstsein besessen haben könnten, als es gegenwärtig bei uns der Fall ist.

Es gibt jedoch Dokumente aus der Antike, die überdauert haben, und es gibt auch einige wenige weise Menschen, indigene Bewahrer der Weisheit und heilige Männer und Frauen, die in der heutigen Zeit leben und wissen, wie sie zu interpretieren sind.

Indien besitzt eine der ältesten Zivilisationen und langlebigsten Kulturen der Welt. Ihre heiligen Schriften, die Veden, haben Jahrtausende überdauert. In dieser Sammlung von Materialien gibt es Hinweise auf das Große Jahr, das sie als Yuga-Zyklus bezeichneten, sowie Informationen, die den einzelnen Yugas nachspüren. Anhand dieser Texte (und anhand von Lehren, die von Generation zu Generation überliefert wurden) legten einige Hindugelehrte den Tiefpunkt des letzten Kali Yuga (des eisernen Zeitalters) auf das Jahr 498 n. Chr. fest.[12] Das bronzene Zeitalter hat demzufolge etwa im Jahr 1699 v. Chr. begonnen. Nach diesen Berechnungen befinden wir uns seit etwa 1 500 Jahren im aufsteigenden Zyklus und seit einigen hundert Jahren (319 Jahre zur Zeit der Abfassung dieses Buches) im bronzenen Zeitalter oder Dwapara Yuga.

Wenn Sie sich eingehend mit diesem Thema befassen wollten, würden Sie mit großer Sicherheit auch andere Quellen finden, die andere Daten nennen. Hier kommt es ungeachtet dessen, dass die Experten sich nicht darin einig sind, wann der Tiefpunkt des eisernen Zeitalters war und wann genau das bronzene Zeitalter begonnen hat, jedoch vor allem darauf an, dass wir uns gegenwärtig in einem aufsteigenden Zyklus befinden.

Die vier Yugas – oder Zeitalter – sind übrigens nicht gleich lang und dauern nicht jeweils 3 000 Jahre. Wie die folgende Tabelle zeigt, sind sie unterschiedlich lang, und zwar in einem Verhältnis von 4, 3, 2, 1.

Satya Yuga (goldenes Zeitalter):	4 800 Jahre
Treta Yuga (silbernes Zeitalter):	3 600 Jahre
Dwapara Yuga (bronzenes Zeitalter):	2 400 Jahre
Kali Yuga (eisernes Zeitalter):	1 200 Jahre

Dies ergibt zusammengenommen die Hälfte eines Großen Jahres, nämlich 12 000 Jahre. Die Abfolge ist ein sich wiederholender Zyklus von Aufstieg und Abstieg. Der Zyklus beginnt nicht einfach wieder beim goldenen Zeitalter, wenn das eiserne Zeitalter abgeschlossen ist. Vielmehr weicht das goldene Zeitalter in einem absteigenden Zyklus dem silbernen Zeitalter, das dem bronzenen Zeitalter weicht, das seinerseits dem eisernen Zeitalter weicht. Der aufsteigende Zyklus beginnt mit einem eisernen Zeitalter, das in das bronzene Zeitalter übergeht, worauf das silberne und das goldene Zeitalter folgen. Dieser Zyklus wiederholt sich unendlich oft, während wir uns auf der Umlaufbahn um unseren stellaren Begleiter durch den Raum bewegen.

Was können wir in diesem frühen bronzenen Zeitalter des aufsteigenden Zyklus also erwarten? Das lässt sich nur schwer genau voraussagen. Den alten Hindu-Weisen zufolge hat jedes der vier Zeitalter oder Yugas eine Entsprechung in einer der vier Kräfte der *Maya*, einem Sanskrit-Begriff, der so viel wie „die Dunkelheit der Illusion, die die göttliche Natur des Menschen vor ihm verbirgt" bedeutet. Walter Cruttenden beschreibt diese Kräfte von der grobstofflichsten bis hin zur feinstofflichsten Ebene als a) atomare Form, b) Raum, c) Zeit und d) Schwingung. Jedes aufsteigende Zeitalter eröffnet der Menschheit die Chance, eine dieser universellen Kräfte zu kontrollieren und zu verstehen. Während der absteigenden Zeitalter verliert der Mensch dieses Wissen und diese Kontrolle allmählich wieder.[13]

Cruttenden fasst das bronzene Zeitalter beziehungsweise Dwapara Yuga wie folgt zusammen:

Der Nebel materialistischen Denkens beginnt sich zu heben und der Mensch entdeckt, dass er mehr als nur Fleisch und Knochen ist. Er ist eine Form von Energie. Die Menschen dieses Zeitalters bauen große Zivilisationen auf. Sie sind praktischer und weniger spirituell ausgerichtet als die Menschen des goldenen und silbernen Zeitalters, aber dennoch jeder früheren Zivilisation überlegen. In diesem Zeitalter beherrscht und kontrolliert der Mensch die „Illusion" des Raums. Er begreift die feineren Kräfte der Schöpfung, die sich in vielen neuen Entdeckungen und Erfindungen widerspiegeln. Das Wissen vergrößert sich auf allen Gebieten enorm und verändert alle Schichten des Lebens. Das Ende unseres Dwapara Yuga markiert die Vollendung von zwei der vier Zeitalter und die dem Men-

schen innewohnenden göttlichen Kräfte sind bis zur Hälfte ihres wahren Ausmaßes entwickelt.

Der Mensch beginnt seinen Horizont zu erweitern und erkennt, dass alle Materie ein Ausdruck von Energie, Schwingungskraft und elektrischen Attributen ist. Er beginnt das Rätsel der Materie zu begreifen, elektrische Energie zu nutzen und schließlich den Raum zu erobern. Die Menschen der Antike bezeichneten dieses Yuga als den „Vernichter des Raums" – eine Zeit, in der die Menschheit die fünf Elektrizitäten versteht und der „Raum" selbst das Objekt nicht länger vom Objekt und den Menschen nicht länger vom Menschen trennt.[14]

Die Frage ist durchaus berechtigt: „Wo ist der Beweis?" Die Welt und die Zukunftsperspektiven für die Menschheit können an jedem beliebigen Tag des Jahres ausgesprochen trüb aussehen. Eine Vorstellung, die mir sehr geholfen hat, dem Aufstiegsprozess zu vertrauen, ist der Blick auf das, was geschieht, wenn eine Jahreszeit in die nächste übergeht. Betrachten wir beispielsweise den Übergang vom Winter zum Frühling. Die Temperaturen steigen nicht linear an, das heißt, dass nicht jeder Tag wärmer ist als der Vortag. Wir können im Winter warme Tage und im Frühling kalte Tage erleben. Wenn man den Trend in einer Grafik darstellt, zeigt sich jedoch immer, dass die Tage – im Durchschnitt! – wärmer werden.

Genauso verhält es sich auch mit den Zyklen des Aufstiegs und Abstiegs von einem Zeitalter ins nächste. An manchen Tagen verkünden die Nachrichten außergewöhnliche Entdeckungen in der Astrophysik oder Neuroanatomie oder große Fortschritte in Technologie oder Medizin. An anderen Tagen verkünden sie entsetzliche Kriegsgräuel, Massenmorde, den Verlust von Menschenrechten oder Hungersnöte. Es ist nicht so, dass jeder Tag „besser" ist als der Tag zuvor. Dennoch geht der Trend mit der Zeit zweifellos zu einem höheren Bewusstsein hin.

DIE ZEITENWENDE

Darüber hinaus befinden wir uns mitten in der astrologischen Zeitenwende, in der unser Bezugspunkt am Himmel von einem Sternbild zum nächsten wandert. Ein astrologisches Zeitalter dauert im Durchschnitt 2 000 Jahre. An dieser Stelle muss ich noch einmal kurz auf die Wissenschaft zurückgreifen, um zu erklären, in welchem Zeitalter wir uns tatsächlich befinden. Ich habe davon gesprochen, dass Sie zum Zeitpunkt der Frühjahrs-Tagundnachtgleiche an einem beliebigen Ort auf der Erde stehen und auf den Punkt am Himmel blicken können, an dem der Sonnenaufgang unmittelbar bevorsteht. Ich habe auch erwähnt, dass wir auf der Nordhalbkugel das Sternbild (Zeitalter) der Fische gerade verlassen und uns ins Sternbild (Zeitalter) des Wassermanns hineinbewegen.

Knifflig und verworren wird es wieder, sobald man anfängt, umfassendere Untersuchungen zu diesem Thema anzustellen. Walter Cruttenden und andere Wissenschaftler sind der Meinung, dass antike Zivilisationen nicht die Frühjahrs-Tagundnachtgleiche, sondern die Herbst-Tagundnachtgleiche als Jahresmarke benutzten. Wenn Sie also zur Herbst-Tagundnachtgleiche an einem beliebigen Ort auf der nördlichen Halbkugel der Erde stehen und auf den Punkt am Himmel schauen, an dem die Sonne aufgeht, dann erkennen Sie, dass wir uns aus dem Sternbild (Zeitalter) der Jungfrau hinaus- und ins Sternbild (Zeitalter) des Löwen hineinbewegen (also die dem Frühjahrs-Äquinoktium genau entgegengesetzten Sternbilder, da die Tagundnachtgleichen im Frühjahr und im Herbst das Jahr in zwei genau gleich lange Hälften teilen).

Sowohl die Jahreszeit (Frühjahrs- oder Herbst-Tagundnachtgleiche) als auch die Hemisphäre (Nord- oder Südhalbkugel) spielen also eine Rolle, denn diese Faktoren bestimmen, welches Bild Sie am Himmel sehen. Die meisten antiken Zivilisationen, die den Lauf der Sterne verfolgten (wie die Griechen, die Ägypter oder die Sumerer), lebten auf der nördlichen Halbkugel. Soweit die Historiker es heute sagen können, gehört dieser Bezugspunkt zu den Informationen, die bei unserem Abstieg ins letzte eiserne Zeitalter verloren gingen. Als wir es verließen und anfingen, verlorenes Wissen „wiederzugewinnen", begannen viele, die den Lauf der Sterne verfolgten, die Frühjahrs-Tagundnachtgleiche als Bezugspunkt zu benutzen. Wir sprechen deshalb vom Wassermannzeitalter.

Die wichtigste Schlussfolgerung aus diesen Informationen lautet, dass wir unabhängig davon, ob man die Frühjahrs- oder die Herbst-Tagundnachtgleiche als Bezugspunkt benutzt oder ob man auf der Nord- oder der Südhalbkugel lebt, zweifelsfrei ein Zeitalter verlassen und in das nächste Zeitalter eintreten. Ganz gleich, ob man es als den Übergang von den Fischen zum Wassermann oder von der Jungfrau zum Löwen ansieht, repräsentiert jedes Sternbild (Zeitalter) eine Energie, einen Archetypus. Und dieser Archetypus (samt seiner Beziehung zum entgegengesetzten Sternbild) beeinflusst die Erde.

Die Astrologin Ruby Falconer arbeitet seit fünfundvierzig Jahren auf diesem Gebiet und erklärt, dass wir, wenn wir über ein Zeichen sprechen, immer auch den Einfluss des entgegengesetzten Zeichens berücksichtigen müssen, da wir in einem dualistischen Paradigma leben. Das bedeutet ganz einfach und allgemein ausgedrückt, dass wir die folgenden Dinge in Erwägung ziehen sollten: „Worin könnte die größte Herausforderung des Wassermannzeitalters liegen? Dafür zu sorgen, dass die Belange der Gemeinschaft (Wassermann) nicht Vorrang vor den Bedürfnissen des Einzelnen (Löwe) haben. Die Schattenseite des Wassermanns ist der Autoritarismus und die Schattenseite des Löwen ist die Megalomanie."[15] Bei unserem Übergang ins nächste astrologische Zeitalter (wie auch immer man es definieren mag) sind dies die übergreifenden Themen, die die Menschheit aufarbeiten wird.

AUFSTIEGSSYMPTOME

Während wir den symbolischen Tod und die symbolische Wiedergeburt vieler Jahrtausende durchlaufen, erleben Menschen, deren Bewusstsein erwacht, oft sogenannte *Aufstiegssymptome*. Nicht nur Empathen, sondern alle Menschen erleben eine Zeit beschleunigter Entwicklung, in der sie eine rasche, beispiellose Transformation durchlaufen. Ich habe mein spirituelles Erwachen sehr oft als eine Zeit beschrieben, in der ich innerhalb von fünf Jahren hundert Jahre gelebt habe. Die Liste möglicher Aufstiegssymptome ist lang und reicht von allen nur denkbaren körperlichen Problemen und Veränderungen über eine veränderte Wahrnehmung und die Entwicklung intuitiver Fähigkeiten bis hin zu spontaner Glückseligkeit in der Erfahrung des Einsseins mit allen Dingen.

Ich bin seit über zwanzig Jahren mit dem Konzept der Aufstiegssymptome und auch mit ihren vielfältigen Erscheinungsformen vertraut, da ich viele dieser Symptome persönlich erlebt habe. Eine Recherche im Internet liefert zahlreiche Seiten mit Listen und Beiträgen über den Aufstieg des Bewusstseins und die unterschiedlichen Symptome, mit denen er einhergehen kann. Den folgenden Auszug habe ich nach körperlichen und emotionalen/energetischen/intuitiven Symptomen geordnet.[16] Diese oft unerklärlichen Symptome können kommen und gehen.

Körperliche Symptome:

- Probleme mit dem Verdauungstrakt
- Veränderungen im Appetit und in der Ernährung
- Neue Nahrungsmittelunverträglichkeiten
- Temperaturschwankungen im Körper
- Größere Empfindlichkeit gegenüber Wärme oder Kälte
- Hitze- oder Kältewellen im ganzen Körper
- Willkürlich auftretende Erkältungssymptome
- Fiebrigkeit
- Kopfschmerzen
- Schädeldruck
- Empfindungen im Bereich des Kronenchakras und des dritten Auges
- Gesteigerte Empfindlichkeit gegenüber Bildern, Geräuschen und Gerüchen
- Wahrnehmung von Tönen und merkwürdigen Geräuschen
- Schmerzempfinden
- Gelenkschmerzen
- Schwerfälligkeit
- Schwindel
- Gesteigerte Empfindlichkeit und Abneigung gegen Chemikalien und Düfte
- Schlaflosigkeit oder ein deutlich erhöhtes Schlafbedürfnis
- Gestörter Schlafrhythmus
- Unruhiger Schlaf
- Veränderter Herzrhythmus (Herzchakra)
- Kribbeln und ähnliche Empfindungen
- Hautveränderungen
- Hautausschläge

Emotionale/energetische/intuitive Symptome:

- Ein allgemeines Gefühl oder das Wissen, dass eine Veränderung geschieht
- Eine Vorliebe für natürliche Umgebungen und weniger dicht besiedelte Räume
- Synchronizitäten mehren sich
- Wahrnehmung bedeutungsvoller Muster in der eigenen Umgebung
- Verlangen nach Alleinsein
- Trauer um Ihr altes Selbst und der Wunsch, Ihr wahres Selbst zu entdecken
- Emotionale Sensitivität
- Wechsel von einem emotionalen Extrem zum anderen
- Zeitdruck und ein Gefühl von Dringlichkeit
- Veränderungen in der Zeitwahrnehmung (die Zeit läuft schneller und/oder langsamer)
- Mangel an geistiger Klarheit
- Verwirrtheit und Verworrenheit
- Vergesslichkeit
- Zunahme medialer und übersinnlicher Fähigkeiten
- Gesteigerte Fähigkeit zur Kommunikation mit anderen Lebewesen, Telepathie
- Intensive Träume und luzides Träumen
- Intuition und Erkenntnis nehmen zu

Wir sind buchstäblich gestorben, obwohl wir noch am Leben sind, und wir haben auf einer globalen Ebene wiederholt Zyklen des sinnbildlichen Todes und der sinnbildlichen Wiedergeburt durchlebt, während unser System sich darauf vorbereitet hat, eine höhere Frequenz zu halten. In der schamanischen Sprache wird dieser Prozess häufig als „Zerstückelung" bezeichnet, in deren Verlauf wir sinnbildlich (aber mit real wahrnehmbaren Symptomen) zerstückelt und wieder neu zusammengesetzt werden.

Als Empathen sind wir gleichsam doppelt betroffen, da wir es sowohl mit den Aufstiegssymptomen als auch mit den Besonderheiten zu tun haben, die zu unserer normalen Ausstattung gehören. Ebenso wichtig wie die Arbeit auf der Ebene Ihres stofflichen Körpers ist es deshalb, sich auch mit dem zu befassen, was auf der feinstofflichen Ebene in Ihrem Körper und in Ihrem Energiefeld vor sich geht, und entsprechende Anpassungen vorzunehmen. Ihre Sensitivität und Ihre Ausstattung versetzen Sie in die Lage, Dinge wahrzunehmen, lange bevor die Beweise auf der stofflichen Ebene sichtbar werden. Der Weg des Empathen besteht zum Teil auch darin, dass Sie lernen, auf sich selbst zu hören und sich zu vertrauen. Das deckt sich unmittelbar mit der Entwicklung des herzzentrierten Bewusstseins – auf Ihren Körper, Ihre Intuition und Ihre Gefühle zu hören und ihnen zu vertrauen. Wir haben uns dafür entschieden, ein Ankerpunkt für die neuen Frequenzen zu sein, um sowohl den Menschen zu helfen, die gegenwärtig inkarniert sind, als auch denen, die nach uns kommen. Es wäre untertrieben zu sagen, dass wir eine herausfordernde Zeit gewählt haben, um eine menschliche Form anzunehmen.

DIE AUSWIRKUNGEN

Die Himmelszyklen des Aufstiegs und Abstiegs haben immense Auswirkungen. Die Zeit beschleunigt sich. Unser persönliches Wachstum beschleunigt sich und wir haben das Gefühl, im Laufe eines Lebens mehrere Leben zu leben. Wir sind auf der energetischen, psychologischen, intellektuellen und digitalen Ebene einer rasant wachsenden Menge an Daten und Reizen unterworfen. So sind wir zum Beispiel täglich einer Datenmenge ausgesetzt, die 174 Zeitschriften entspricht. Vor hundert Jahren konnten die Menschen sich glücklich schätzen, wenn sie im Laufe eines Lebens eine Datenmenge lesen konnten, die etwa fünfzig Büchern entspricht.[17] Unser Bewusstsein erwacht und erweitert sich. Unser Verstand begreift komplexe Daten, die noch vor fünfzig Jahren unvorstellbar gewesen wären. Unser Energiekörper wird neu kalibriert. Die Erde und die Dimension, in der wir agieren, durchlaufen einen gewaltigen Prozess der Reinigung und der Erhöhung.

Haben Sie sich jemals gefragt: „Warum habe ich mich dafür entschieden, *jetzt* zu inkarnieren?"

Als Empathen sind wir sowohl Ursache als auch Wirkung. Weil wir uns in einem Zyklus des Aufstiegs befinden, wird unser Bewusstsein erhöht. Wir sind zwangsläufig von den zahllosen Veränderungen nicht nur im mikrokosmischen, sondern auch im makrokosmischen Maßstab betroffen. Die Erde ist einmal mehr bereit für Menschen mit einem feineren Energiekörper, einem hochsensiblen Nervensystem und einer hohen Sensitivität gegenüber feinstofflichen Energien und den unsichtbaren Sphären. Wir sind hier, weil es Zeit ist – die kosmischen Schlösser sind in der richtigen Position, um die Pforten zur nächsten Phase der menschlichen Entwicklung zu entriegeln.

Gleichzeitig sind alle Empathen, die im letzten und in diesem Jahrhundert inkarniert haben, auch Wegbereiter. Mit unserer Entscheidung, uns zu unseren einzigartigen Merkmalen zu bekennen, können wir anderen Menschen helfen, sich an das zu „erinnern", was in uns allen geschlummert und auf den nächsten Aufschwung im Zyklus des Großen Jahres gewartet hat, und es willkommen zu heißen. Eckhart Tolle sagt in seinem Buch *Eine neue Erde: Bewusstseinssprung anstelle von Selbstzerstörung*, dass das kollektive menschliche Bewusstsein und das Leben auf der Erde untrennbar miteinander verbunden sind. Er stellt fest, dass „ein neuer Himmel" die Entstehung eines transformierten menschlichen Bewusstseins und „eine neue Erde" seine Wiederspiegelung auf der stofflichen Ebene ist. Auf dieser neuen Erde dient das menschliche Leben vor allem dem Zweck, das Licht des Bewusstseins in die Welt zu tragen.

In den vergangenen Jahrzehnten haben wir die energetischen Upgrades heruntergeladen, die uns helfen sollen, Zugang zu den höheren Frequenzen zu erlangen, auf die sich die Menschheit hin entwickelt, und darin zu leben. Diese Zeit ist eine Initiation! Alle Menschen – ob Empathen oder nicht – sind Initiierte in die Mysterien der neuen Erde, in die Mysterien des neuen Zeitalters und in die Mysterien des neuen Großen Jahres.

3

Die Evolution des Empathen

Wir sind Pioniere.

Noch vor hundert Jahren war auf der Welt kaum Platz für Menschen mit unseren Wahrnehmungsfähigkeiten und unserer Sensitivität. Man wäre über uns hergefallen. Die Entwicklungsstufe des menschlichen Bewusstseins und die allgemeine energetische Frequenz der Welt hätten uns zur damaligen Zeit nicht lange Rückhalt gegeben. Wir waren als Spezies noch nicht so weit entwickelt und unser Bewusstsein noch nicht in so hohem Maße erwacht, dass Menschen mit unserer hochempfindlichen physiologischen und energetischen Ausstattung in größerem Maßstab überleben konnten.

DIE EVOLUTION DES BEWUSSTSEINS

Die von Abraham Maslow entwickelte Bedürfnispyramide zeigt auf, dass unsere Motivation als Spezies in erster Linie auf die Erfüllung unserer Grundbedürfnisse abzielt – der untersten Ebene der Pyramide. Seiner Theorie zufolge muss man zuerst die Defizitbedürfnisse auf den niederen Ebenen befriedigen, ehe man die Wachstumsbedürfnisse der höheren Ebenen erfüllen kann. Vor hundert Jahren war das menschliche Bewusstsein noch sehr egozentriert. Armut und Mangel waren noch immer die Regel. (Armut und Mangel gibt es natürlich auch heute noch, aber sie sind nicht mehr so allgegenwärtig.) Die

Haltung, dass jeder sich selbst der Nächste ist und der Zweck jedes Mittel heiligt, war nicht nur üblich, sondern wurde sogar erwartet. Wie heißt es in vielen alten Westernfilmen: „Du oder ich!"

Die Psychotherapeutin Anodea Judith, Autorin zahlreicher Bücher über die Chakras, hat das Chakra-System sehr gekonnt auf die Entwicklungsstadien eines Kindes übertragen, um die individuelle menschliche Entwicklung zu beschreiben und in Zahlen zu bemessen. In diesem System verläuft die Entwicklung vom ersten Chakra, das unserer Zeit im Mutterleib und unserem ersten Lebensjahr entspricht, bis zum siebten Chakra, das mit dem frühen Erwachsenenalter und der Zeit danach gleichgesetzt wird.[1] In ihrem Buch *The Global Heart Awakens* weitet Anodea Judith ihre Darstellung des Verhältnisses zwischen den Chakras und den Entwicklungsstadien des Einzelnen auf den Entwicklungsfortschritt der Menschheit insgesamt aus. Sie schreibt:

Wir stehen gegenwärtig an der Schwelle des globalen Herzens, der Ära des planetaren Erwachsenenalters. Mit Beginn der rationalen Philosophie, der Menschenrechte, der Frauenrechte, der Demokratie und einer spirituellen Revolution, die sich über das Dogma hinaus zu Mitgefühl, höherer Weisheit und einer persönlichen Verbindung mit dem Göttlichen hin entwickelt, sind wir langsam ins vierte Chakra eingetreten. Ich behaupte jedoch, dass wir auf unserer Reise zum Herzen gegenwärtig an einer Entwicklungsblockade leiden. Teile unserer kollektiven Psyche entwickeln sich weiter, während andere Aspekte im egoistischen Machthunger des dritten Chakras gefangen bleiben.[2]

Aus dieser Perspektive wird deutlich, dass wir noch vor einem Jahrhundert vom Bewusstsein der unteren Chakras und insbesondere des dritten Chakras motiviert wurden. Das dritte Chakra ist der Sitz des persönlichen Willens und der persönlichen Macht und beim Einzelnen wird dieses Bewusstsein durch das eigene Selbstverständnis und den Aufbau des Egos angetrieben. Es ist ein von Natur aus selbstzentrierter Fokus, da Autonomie angestrebt wird. Auf dieser Entwicklungsebene sind Entscheidungen und Reaktionen durch die persönliche Identität motiviert. Andere Themen des dritten Chakras sind Selbstwertgefühl, Stärke, Energie, Vitalität, Fokus, Disziplin, Freiheit und Zielgerichtetheit. Wenn man diese Schablone vergrößert und an die gesamte

Menschheit anpasst, wird klar, dass wir seit Jahrhunderten versuchen, unseren Willen und unsere Macht in all ihren Ausdrucksformen zu behaupten.

Obwohl viele die Ansicht teilen, dass wir uns gegenwärtig im kulturellen Jugendstadium befinden, gibt es auch klare Hinweise auf eine Entwicklung der höheren Chakras in den Bereichen der Kommunikation (fünftes Chakra), Vision (sechstes Chakra) und Spiritualität (siebtes Chakra). Anodea Judith weist darauf hin, dass „sowohl in der individuellen als auch in der kulturellen Entwicklung die Öffnung eines bestimmten Chakras nicht gleichbedeutend damit ist, dass seine Entwicklung in dieser Phase abgeschlossen ist. Häufig sind höhere Ebenen der Erkenntnis notwendig, um ein vorhergehendes Chakra-Stadium zu festigen und zu vertiefen."[3] Wenn der Einzelne oder die Gesellschaft durch die Chakras (die man sich auch als Bewusstseinsebenen vorstellen kann) aufsteigt und zur Reife gelangt, ist die Entwicklung also weder abgeschlossen noch verläuft sie linear. Wir kehren mehrmals im Leben zu diesen Entwicklungsstufen zurück und greifen dabei Aspekte auf, die im Keim erstickt, beschädigt, ignoriert oder überbewertet wurden, gescheitert oder ins Stocken geraten sind oder aus anderen Gründen nicht in der Lage waren, sich normal und gesund zu entwickeln. Es handelt sich dabei im Grunde genommen um eine Form der Seelenrückholung, bei der wir in der Zeit zurückgehen und die Prozesse und Selbstanteile wieder aufsammeln, die unvollständig waren oder zurückgelassen wurden, damit wir uns in neuer Ganzheit weiterentwickeln können.

Angesichts der Tatsache, dass wir kollektiv im dritten Chakra feststecken, wäre es leicht, dem Ego die Schuld daran zu geben. Wenn man aber das größere Bild betrachtet und das gesamte Chakra-System (ob auf den Einzelnen oder auf die Gesellschaft bezogen) anschaut, so schafft jede Ebene das für die folgende Ebene notwendige Fundament. Das Bewusstsein der unteren Chakras ist nicht pauschal „schlecht" und ebenso wenig ist das Bewusstsein der oberen Chakras pauschal „gut". Dies ist eine zu stark vereinfachende Sichtweise. Jede Chakra-Qualität (wie das Ego) kann bis zu einem ungesunden Extrem geführt werden. Im Idealfall funktionieren alle Chakras in einem harmonischen Gleichgewicht. Jedes Entwicklungsstadium ist notwendig, weil die nächste Bewusstseinsebene erst durch die Schaffung der vorherigen Ebene möglich wird. Jedes Chakra wird integriert, wenn man (oder ein Kollektiv) auf eine höhere Bewusstseinsebene aufsteigt. Integriert, nicht verlassen.

Die Tatsache, dass ein Aspekt (zum Beispiel mental oder intellektuell) einen sehr hohen Grad an Reife und Entwicklung aufweisen, ein anderer Aspekt (zum Beispiel emotional) dagegen sehr stark unterentwickelt sein kann, gilt nicht nur für den Einzelnen, sondern auch für die Gesellschaft. Und um die Dinge noch komplizierter zu machen, verändert sich unser Bewusstseins- und Reifegrad von Augenblick zu Augenblick und von Tag zu Tag. Nicht nur der Einzelne kann sich zurückentwickeln, reizgesteuert reagieren, projizieren, ausagieren, verleugnen oder in Abhängigkeit verfallen, sondern auch die Gesellschaft. Im allgemeinen Durchschnitt ist die Menschheit jedoch auf der Entwicklungsebene des vierten Chakras angekommen.

Anodea Judith zufolge ist „unsere kollektive Initiation von der *Liebe zur Macht* [drittes Chakra] hin zur *Macht der Liebe* [viertes Chakra] die Tragödie unserer Zeit."[4] An dieser Stelle kommen die Empathen ins Spiel, denn wir sind eine treibende Kraft auf der Reise der Menschheit hin zu einem herzzentrierten Bewusstsein. Morris Berman, der Autor von *Finstere Zeiten für Amerika*, sagt: „Die Liebe ist die gesellschaftliche Entsprechung der Schwerkraft."[5] Die Zeit des Aufstiegs, in der wir uns zurzeit befinden, erzeugt einen Druckkessel, während die Polaritäten sich verstärken, die Energien sich intensivieren und das kollektive Ego angesichts der Schwerkraft der Liebe darum kämpft, seine Vorherrschaft zu bewahren. Die gehemmte Entwicklung der Menschheit kann nicht viel länger in einem Stillstand verharren. Unsere Aufgabe als Empathen ist es, sie daraus zu befreien.

EMPATHEN HÄTTEN VOR HUNDERT JAHREN NICHT ÜBERLEBT

Bei einem Blick auf den Zustand der Welt vor hundert Jahren kann man leicht erkennen, dass es schon allein aus körperlicher Sicht enorm schwierig gewesen wäre, zur damaligen Zeit als Empath zu leben. Die meisten Menschen hatten noch keinen Strom. Das Penicillin war noch nicht entdeckt. Im Jahr 1900 starb jedes dritte Kind vor dem fünften Lebensjahr (eine Gesamtüberlebensrate von 63,8 %).[6] Die Menschen mussten sich immer noch sehr anstrengen, genügend Nahrungsmittel zu ernten oder zu schlachten, um den Winter zu überstehen. Der praktische Aufwand, der damit verbunden war, das Leben zu meistern, die Kinder zu ernähren und ein Dach über dem Kopf zu behalten, erforderte jedes verfügbare Quäntchen körperlicher und mentaler Kraft. Wir gingen Beziehungen ein, weil wir uns die Liebe, die Unterstützung und die Sicherheit wünschten, die sie uns boten, hatten aber kaum Zeit, um eine starke Verbindung aufzubauen, die Bedürfnisse des jeweils anderen zu verstehen oder Gleichberechtigung zu kultivieren. Beziehungen wurden überwiegend aus rein zweckmäßigen Gründen geführt, mit klar definierten Rollen, und die Erfüllung von auf den niedrigeren Ebenen angesiedelten grundlegenden Bedürfnissen nahm das gesamte Leben in Anspruch.

Verständlicherweise hatte man im vergangenen Jahrhundert nur sehr wenig Zeit, sich im größeren gesellschaftlichen Maßstab sinnvollen oder langfristigen spirituellen Bestrebungen zu widmen, ganz zu schweigen davon, zu der an der Spitze der Maslowschen Hierarchie stehenden Selbstverwirklichung zu gelangen. Intellektuelle Bestrebungen wie eine höhere Bildung galten noch immer als eitel, unpraktisch und den Reichen vorbehalten. Selbst grundlegende psychologische Bedürfnisse wie innige Freundschaften und Erfolgsgefühle – die mittlere Ebene von Maslows Pyramide – standen selten im Vordergrund. Wenn man bemüht ist, nicht zu erfrieren, seine Familie zu ernähren und dafür zu sorgen, dass die Kinder nicht krank werden und sterben, ist es schwierig, in immateriellen oder esoterischen Dingen einen Wert zu sehen.

Im Bewusstsein des dritten Chakras waren die Menschen bemüht, eine individuelle Persönlichkeitsstruktur zu erlangen und ihren Willen durchzusetzen. Das heißt, dass sie noch nicht gelernt hatten, in einer echten Partnerschaft zu leben, zusammenzuarbeiten, Kompromisse einzugehen oder genau zuzuhören. Alles, was anders oder außergewöhnlich war, wurde als Bedrohung angesehen, sodass eine wechselnde Polarität die Folge war. Einerseits experimentierten wir damit, unsere einzigartige Stimme und Individualität zum Ausdruck zu bringen, lernten, unsere Macht auszuüben, und fanden heraus, wie wir unseren Willen durchsetzen konnten. Andererseits verfügten wir aber nicht über die Fähigkeit, mit unserer Angst umzugehen, wenn wir auf etwas trafen, das uns unbekannt war oder außerhalb der üblichen Norm lag, sodass unser natürlicher Instinkt uns dazu trieb, es zu bekämpfen oder zu zerstören.

Auch wenn der Entwicklungsfortschritt durch die Chakras, wie im vorigen Abschnitt bereits erwähnt, nicht vollkommen linear verläuft, ist die Menschheit im Begriff, ins Bewusstsein des vierten Chakras einzutreten. Das Zeitalter des Herzens steht bevor und es ist an der Zeit, kollektiv aus unserer Jugend heraus und in ein verantwortungsvolles Erwachsensein hinein zu reifen. Als Empathen sind wir die Vorreiter. Wir kommen mit einem großen, offenen Herzen, feineren Empfindungen und dem starken Wunsch nach Harmonie und Zusammenarbeit in die Welt. Viele haben zweifellos das Gefühl, Jahrhunderte zu früh gekommen zu sein. Angesichts der Lage in weiten Teilen der Welt stellt sich unser Verstand die Frage, ob die Erde wirklich bereit ist, ins Reich des Herzens und auf höhere Ebenen des Bewusstseins vorzudringen. Aber hier sind wir und unsere mutigen Seelen beschwören uns, den Weg weiterzugehen.

Sogar akzeptierte Empathen hatten es schwer

Es leuchtet ein, dass vor einem Jahrhundert nur einige wenige ausgesprochen mutige Seelen sich dafür entschieden, in die Welt zu kommen, ausgestattet mit einem hochsensiblen Nervensystem und der Fähigkeit, die unsichtbaren Reiche zu betreten und die Energiefelder wahrzunehmen, die alle Lebewesen umgeben. In früheren Jahrhunderten inkarnierten nur sehr wenige Empathen und wenn sie es taten, dann meist in Gebieten indigener Stämme oder Kulturen, die diese Qualitäten wertschätzten und förderten. (Im größeren Maßstab wurden diese Gesellschaften in der Regel jedoch missverstanden und als primitiv und einfach angesehen.)

Noch bis in die erste Hälfte des 20. Jahrhunderts wurden Empathen meist bestenfalls als exzentrisch toleriert oder schlimmstenfalls zum Außenseiter der Gesellschaft gestempelt. Um mit der harschen Wirklichkeit zurechtzukommen, griffen sie oft zu Medikamenten und wurden süchtig, um ihre Empfindungen zu betäuben. Sie wurden zurückgewiesen, für verrückt erklärt, verleugnet oder an den Rand der Gesellschaft gedrängt. Sie waren gezwungen, ein kompliziertes Netz aus Bewältigungsstrategien aufzubauen, damit sie überhaupt in der Lage waren, ihren Alltag zu meistern. Viele erschufen kunstvolle Phantasiewelten, in die sie sich flüchten konnten, oder liebäugelten mit tiefer Depression. In den Anfängen der Psychologie wurde diesen Menschen ein „melancholischer“ oder „hysterischer“ Gemütszustand bescheinigt. Und wenn sie ihre empathischen Fähigkeiten nicht hinreichend kontrollieren oder kaschieren konnten, endeten sie im Irrenhaus, in einer psychiatrischen Anstalt oder im Gefängnis. Oder sie fanden den Tod.

An diesem Punkt in unserer menschlichen und geistigen Entwicklung gab es keinen Raum für die Vorstellung, dass wir uns selbst verwirklichen könnten, dass wir alle die unsichtbaren Reiche betreten könnten, dass wir unser Leben als bewusste Mitschöpfer des göttlichen Geistes leben könnten, des Ursprungs von allem, was ist. Es galt gleichsam als Sakrileg zu glauben, dass wir unsere eigene geistige Autorität sein könnten, mit Tieren oder Verstorbenen kommunizieren oder in die Zukunft schauen könnten.

Manchmal inkarnierte ein Empath als geistiger Führer einer Gemeinschaft, in der seine „Anomalien" als Vorbestimmung für diese Rolle gedeutet wurden. Es war akzeptabel, dass Nonnen, Priester, Schamanen, Mystiker oder spirituelle Anhänger diese „absonderlichen" Qualitäten besaßen, die für das einfache Volk aber noch als unerreichbar galten. Selbst für diese Empathen sah es allerdings düster aus, wenn es darum ging, außerhalb des Aschrams oder des Klosters zu überleben. Ihre Sensitivität galt als abnormal, war innerhalb gewisser Grenzen akzeptabel, weil sie „mit anderen Sphären oder Göttern in Kontakt" standen, wurde außerhalb ihres akzeptierten gesellschaftlichen Rahmens aber entweder verspottet oder gefürchtet. Leider griffen viele von ihnen ebenfalls zu Drogen oder Medikamenten, um zu flüchten, oder zur spirituellen Vermeidung, um die grundlegenden menschlichen Bedürfnisse und Begierden zu unterdrücken und zu ignorieren, damit sie den Schmerz der stofflichen oder der emotionalen Welt nicht fühlen mussten. So konnten sie ein größeres Maß an Transzendenz und die Verbindung zu einem höheren Bewusstsein erfahren. Zu diesem Zeitpunkt in unserer Entwicklung war es ein ganz anderes, nahezu unmögliches Unterfangen, dieses Bewusstsein mit in die stoffliche Welt zurückzubringen und vollkommen verkörpert zu sein.

„Der Erste, der durch die Wand geht, holt sich immer eine blutige Nase", heißt es in dem Film *Die Kunst zu gewinnen – Moneyball*. Empathen waren vor einem Jahrhundert eine Seltenheit und selbst vor fünfzig Jahren noch kein sehr häufiger Anblick. Es steht außer Zweifel, dass die ersten Empathen, die auf der Erde inkarnierten, vor einer enorm großen Herausforderung standen, aber auf einer Seelenebene haben wir uns im Rahmen unseres menschlichen Auftrags dafür entschieden. Und jeden Tag kommen mehr Empathen dazu. Wir sind eine bestimmte Einheit der gesamten Seelengemeinschaft und wir sind hier, um die neuen Bewusstseinsfrequenzen auf der

Erde zu verankern. Die ersten Empathen waren Wegbereiter sowohl für die neu ankommenden Seelen als auch für die bereits inkarnierten Seelen, die sich für das „Erwachen“ entschieden hatten. Lassen Sie sich vom äußeren Anschein nicht abschrecken. Die Zeit des Empathen ist gekommen.

EMPATHEN SIND IN DER WESTLICHEN MEDIZIN UND PSYCHOLOGIE EINE ANOMALIE

Empathen und die Merkmale, die ihnen eigen sind, werden in der etablierten Gesellschaft meist (noch!) nicht akzeptiert.

Die westliche Psychologie und die westliche Medizin lassen Empathen in ihrem beruflichen Weltbild sehr wenig Raum. Unsere alltäglichen Erfahrungen und unsere angeborene Sensitivität werden häufig entweder bagatellisiert oder als psychosomatisch abgetan. Oder völlig falsch diagnostiziert. Ich kann Ihnen gar nicht sagen, mit wie vielen Empathen ich gesprochen habe, bei denen eine Depression, bipolare Störung, Agoraphobie, Borderline-Persönlichkeitsstörung oder Angststörung diagnostiziert wurde. Und auch wenn einige konventionelle Therapieformen wirksam dazu beitragen können, die mit diesen Erkrankungen verbundenen Symptome zu lindern, ein neues Bewusstsein schaffen und neue Werkzeuge zur Bewältigung anbieten, ist damit nur das halbe Problem gelöst. Ohne ein Verständnis dafür, was es bedeutet, ein Empath zu sein, und ohne zu erkennen, dass es in einzigartiger Weise zur eigenen Lebenserfahrung beiträgt, können die betreffenden Menschen sich durch ihre Diagnosen eingeschlossen und eingeengt fühlen.

Walkers Geschichte

Walker, einer meiner langjährigen Klienten, hatte eine so ausgeprägte Agoraphobie, dass er seine Wohnung meist nur verließ, um zur Arbeit oder in den Supermarkt zu gehen. Er schottete sich emotional ab und seine Beziehungen waren schwierig. Er reagierte so empfindsam auf die Energien und Emotionen anderer Menschen, dass es ihm aufgrund der dadurch erzeugten starken Angstgefühle nahezu unmöglich war, zu geselligen Zusammenkünften zu gehen oder sich in einer größeren Gruppe aufzuhalten. Er sagte mir, dass er sich eingeengt fühlte und dass niemand ihn verstand. Dieser Zustand machte ihn quasi zu einem Einzelgänger.

Nachdem er zu mir gekommen war und herausgefunden hatte, dass er ein Empath war, erlangte er ein völlig neues Verständnis für seine Reaktionen, schöpfte neue Hoffnung und entwickelte Mitgefühl mit sich selbst. Über einen Zeitraum von Monaten und Jahren zeigte ich ihm eine Vielzahl von Techniken und Übungen, die ihm erlaubten, mit anderen in Kontakt zu treten und sich in großen Gruppen wohl zu fühlen, und die seine Angstgefühle erheblich verringerten. Allmählich fühlte er sich stark genug, um mit Menschen zusammen zu sein, und wandte sich zunehmend eigenen spirituellen und heilenden Techniken wie dem Buddhismus und der Meditation zu. Ein für ihn besonders wirkungsvolles Mittel bestand darin, mit seinem Körper in Berührung zu kommen und Zugang zu dessen angeborener Weisheit zu erlangen. So konnte er herausfinden, was seine Angst hervorrief und in welchem Bereich des Körpers er sie gespeichert hatte, damit er daran arbeiten und sie loslassen konnte. Diese Erkenntnisse und Werkzeuge konnten ihm Psychiatrie und Psychologie nicht bieten.

Lydias Geschichte

Lydia wurden zu unterschiedlichen Zeiten in ihrem Leben eine bipolare Störung, eine Depression und eine Borderline-Persönlichkeitsstörung bescheinigt. Sie hat eine Vielzahl von Medikamenten eingenommen, darunter Lithium und mehrere Antidepressiva.

Sie sagte, vor allem die Borderline-Persönlichkeitsstörung sei die Diagnose gewesen, die sie in eine Schublade gesteckt und ihr nicht die „ganze Geschichte" erzählt hatte. Nachdem sie sich erstmals mit dem Gedanken vertraut gemacht hatte, dass sie eine Empathin sein könnte, und anfing, Lebenskompetenzen zu entwickeln und innere Arbeit zu leisten, erkannte sie allmählich, dass die innere Stimme ihrer Intuition stets da war, dass sie sie aber entweder verleugnete oder nicht hören konnte. In ihrer Kindheit war sie immer dann, wenn ihre empathische Natur sich zeigte, als „sonderbar" oder als „Lügnerin" abgestempelt worden und man hatte sie glauben gemacht, dass mit ihr etwas nicht stimmte. Ihr Schatten und ihre ungelösten Probleme aus der Kindheit drängten sie in co-abhängige Beziehungen und in Selbstverleugnung, damit sie versuchen konnte, die Liebe und Akzeptanz zu bekommen, die sie als Kind nicht bekommen hatte. Hinzu kam, dass sie, weil sie eine Empathin war, die Persönlichkeitsmerkmale und Energien aller anderen Menschen übernahm.

Wenn ihre Therapeuten erkannt hätten, dass sie eine Empathin ist, hätten sie sie in weit höherem Maße stärken können, statt sie in eine jahrelange und nur äußerst bedingt hilfreiche klassische Therapie zu drängen. Lydia sagt über ihre innere Stimme der Intuition: „Diese Stimme war stets vorher da und hat mir gesagt, dass ich es nicht tun soll [eine destruktive Beziehung eingehen]. Als ich endlich anfing, sie zu würdigen und auf sie zu hören, traten diese Situationen nicht mehr ein." Ihre innere Stimme zu würdigen hieß für sie auch, die Tatsache anzuerkennen und anzunehmen, dass sie eine Empathin ist. Das half ihr, die vielen Diagnosen und Erfahrungen, die sie im Leben gemacht hatte, neu zu deuten. Sie berichtet:

„Anfangs war es beängstigend, denn wenn ich das nicht war, was stimmte dann nicht mit mir? Als ich erkannte, dass mit mir alles in Ordnung war und dass es eigentlich darum ging, dass ich mich selbst verleugnete, wurde ich wütend und trauerte um das kleine Mädchen, dem man erklärt hatte, dass es sonderbar war und dass etwas mit ihm nicht stimmte. Aber dann gelang es mir, den Menschen zu vergeben, die diese Gedanken (du bist sonderbar, mit dir stimmt etwas nicht, du bist eine Lügnerin, eine Betrügerin, eine Simulantin) in meinen Kopf gepflanzt hatten. Sie wussten nicht, was sie mir antaten."

Ich gebe freimütig zu, dass ich weder Psychiaterin noch Psychologin bin, aber viele meiner Klienten und Kursteilnehmer haben durch das Eingeständnis, dass sie Empathen sind, und den Einsatz der von mir vermittelten Werkzeuge und Konzepte die Fähigkeit erlangt, ihre Beziehungen erfolgreicher zu gestalten, ihren Alltag besser zu bewältigen, ungelöste Themen zu heilen und ihre Macht wieder in die eigenen Hände zu nehmen.

Körperliche Besonderheiten

Es ist für Empathen auch nicht ungewöhnlich, dass sie infolge ihrer Sensitivität, durch Überforderung oder dadurch, dass sie die Emotionen anderer Menschen aufnehmen, alle nur denkbaren körperlichen Symptome spüren. Hinzu kommt die lange Liste der Aufstiegssymptome aus Kapitel 2, die sich ebenfalls auf uns auswirken. Ich habe mich mindestens dreimal in eine Notaufnahme begeben mit Symptomen, die auf eine Überlastung meines Nervensystems oder darauf zurückzuführen waren, dass mein Energiefeld rapide Veränderungen oder sehr intensive Emotionen verarbeitete. Einer der letzten Aufenthalte dort war eine Folge mehrwöchiger schwerer Angstattacken. Das wäre zumindest die Diagnose eines westlichen Schulmediziners gewesen. In unregelmäßigen Abständen hatte ich das Gefühl, als ob ein breiter Gürtel rund um meinen Brustkorb immer enger gezogen würde. Meine Kehle war wie zugeschnürt, ich hatte das Gefühl, als ob ich ein Messer im Rücken hätte, und oft konnte ich deshalb nicht einschlafen. Manchmal raste mein Herz oder mein Puls pochte heftig. Ich konnte die „Angst" aber nicht mit einem bestimmten Ereignis oder einem bestimmten Stressor in meinem Leben in Verbindung bringen.

Mir war klar, dass meine Zellen eine intensive Phase der Reinigung und der Neuausrichtung durchmachten. Ich bezeichnete diese mehrwöchige Periode als „schamanischen Herzinfarkt". Mein System wurde neu gestartet, während ich ein Upgrade für meinen Energiekörper herunterlud. Dabei wurden alte Muster gereinigt und neue Muster wurden aktiviert. Mein System bekam die Folgen des Feuerwerks neuer Frequenzen zu spüren. Da Angstattacken und Herzprobleme allerdings ähnliche Symptome aufweisen, war ich vernünftig und ging zum Arzt. Natürlich funktionierten alle Körpersysteme, die untersucht wurden, absolut einwandfrei. Blutdruck, Puls, EKG, Blutenzyme ... alles war normal und nichts deutete auf das geringste Herzproblem hin. Zumindest nicht in der körperlichen Dimension.

Im Laufe der Jahre hatte ich es infolge der Verarbeitung intensiver Energien, Emotionen und Reize in meiner Welt mit Herzklopfen, Atemnot, Angstattacken, unkontrolliertem Weinen, Schmerzen in der Brust, Erschöpfung, Kopfschmerzen, Depression, gastrointestinalen Beschwerden, Nackenschmerzen, Schwindel und Rückenschmerzen zu tun. Um ganz sicher zu gehen, habe ich immer einen Arzt aufgesucht, wenn die Symptome auf eine möglicherweise schwerwiegendere Erkrankung hindeuteten, aber auf der körperlichen Ebene war immer alles völlig in Ordnung.

Alles, was sich auf der stofflichen Ebene manifestiert, wird zuerst auf der ätherischen Ebene geschaffen. Krankheiten und Beschwerden treten nicht rein zufällig auf. Sie entstehen im Energiekörper in Form von ungelösten Problemen, unterdrückten Emotionen oder destruktiven Glaubenssystemen. Hinzu kommt, dass wir manchmal mit hochfrequenten Energien aus Sonneneruptionen und anderen kosmischen, planetarischen oder bislang noch unbekannten Quellen „beschossen“ werden. Wenn Sie die vielschichtigen Ursachen erforschen, die an der Wurzel der körperlichen Symptome liegen, mit denen Sie es zu tun haben, und ein besseres Verständnis für diese „unsichtbaren“ Quellen erlangen, haben Sie ein neues Rahmenwerk, auf dessen Basis Sie eine informierte Entscheidung über Ihr Vorgehen treffen können.

Auch wenn ich nicht dafür plädiere, dass Sie jede Form moderner Medizin oder Psychiatrie vollständig meiden sollen, so hoffe ich dennoch, dass ein Blick durch die Brille des Empathen Ihnen ein Selbstverständnis vermittelt, das Ihnen ermöglicht, andere Filter und Kriterien anzuwenden, wenn es darum geht, die Diagnose Ihres Arztes sachlich einzuordnen. Die moderne westliche Medizin hat zweifellos ihren Platz, aber auch gravierende Defizite, was ihren Wissens- und Verständnishorizont angeht. Die westliche Medizin konzentriert sich nicht auf Prävention und ist in so hohem Maße spezialisiert, dass ihre Ärzte nicht mehr in der Lage sind, ganzheitlich zu denken und zu diagnostizieren. Ihr Bezugsrahmen ist stärker darauf ausgerichtet, Symptome anstelle von Ursachen zu behandeln. Es ist von entscheidender Bedeutung zu erkennen, dass auf einer feinstofflichen energetischen Ebene noch wesentlich mehr Dinge vor sich gehen können, die die moderne Schulmedizin nicht diagnostizieren kann und deren Existenz sie nicht anerkennt.

Wenn Sie beschließen, sich der modernen Psychologie zuzuwenden, um emotionale Unterstützung zu finden oder persönliche Probleme aufzuarbeiten (oder es bereits getan haben), dann sollten Sie sich darüber im Klaren sein, dass die Vorgehensweise der meisten Therapeuten eine medikamentöse Behandlung einschließt. Medikamente gegen Depressionen oder Angstzustände sind meiner Meinung nach nicht wünschenswert und nur ein allerletzter Ausweg. Sie sollten wissen, dass es immer mehr alternative Therapeuten, Energieheiler, Berater, schamanische Führer und andere Heiler – mit hochwirksamen Werkzeugen und Techniken – gibt, die Ihnen helfen können, Probleme auf der emotionalen und energetischen Ebene zu erkennen und zu verarbeiten, ohne Sie zu betäuben oder infolge der Nebenwirkungen von Medikamenten gegen Depressionen und Angstzustände mehr Schaden als Nutzen anzurichten. Die moderne Psychologie und die westliche Medizin haben ihren Wert, arbeiten aber oft in einem sehr eng gesteckten Rahmen, zu dem weder ein Verständnis für feinstoffliche Energien noch dafür gehört, was es heißt, ein Empath zu sein.

EMPATHEN SIND IN DER WESTLICHEN KULTUR EINE ANOMALIE

Ähnlich der westlichen Medizin hat auch die westliche Kultur meist nur wenig Toleranz oder Wertschätzung für die Merkmale von Empathen. Offenherzigkeit, Sensibilität, Emotionalität, Verletzlichkeit, Intuition, Herzzentriertheit und die Bereitschaft, anderen zu dienen, werden für gewöhnlich als Schwäche ausgelegt oder abgewertet und setzen Sie der Gefahr aus, ausgebeutet oder angegriffen zu werden. Viele Menschen erklären, dass sie Selbstlosigkeit, Zusammenarbeit, Verletzlichkeit und den offenen Umgang mit Emotionen zu schätzen wissen. Sie nicken zustimmend, wenn sie eine Geschichte von erstaunlicher Intuition oder Vorsehung hören. Sie erklären, dass es „mehr solche Menschen" brauche. Aber ihr Verhalten erzählt die wahre Geschichte.

Es gibt in unseren Familien und Gemeinschaften, unserem Arbeitsumfeld, unseren Kirchen und Verwaltungsorganen viele Menschen, die löbliche Worte für Toleranz, Offenheit und Mitgefühl finden. Man muss ihnen zugutehalten, dass sie das Beste geben, dessen sie fähig sind, und auf einer oberflächlichen Ebene meinen sie auch, was sie sagen. Bei vielen Menschen besteht aber noch immer eine enorme Kluft zwischen dem, was sie sagen, und ihren tiefsitzenden, unbewussten Überzeugungen. Das gilt in unserem jetzigen Evolutionsstadium für alle Menschen und ist der Grund, warum „einfach dies oder das tun" nicht immer die versprochenen Resultate bringt. Wenn unsere Grundüberzeugungen unseren Handlungen zuwiderlaufen, dann sabotieren wir entweder das, was wir erschaffen wollten, oder wir sind nicht in der Lage, lange an dem festzuhalten, was wir erschaffen haben. Es gehört zu unserem emotionalen und spirituellen Reifeprozess, unsere widersprüchlichen Überzeugungen zutage zu fördern und mit unserem Handeln in Einklang zu bringen. (Das wird auch als „Schattenarbeit“ bezeichnet.)

Zum jetzigen Zeitpunkt tritt vieles von dem, was wir in unserer kollektiven Psyche verdrängt haben, zutage und wird im großen Rahmen auf öffentlichen Bühnen ausgelebt. Unsere Gesellschaft ist jedoch nur ein Spiegel der Kämpfe, die auf einer individuellen Ebene stattfinden. Hier gilt der spirituelle Grundsatz: „Wie der Einzelne, so der Kreis; wie der Kreis, so der Einzelne.“ Das heißt, dass zwischen dem Einzelnen und der Gemeinschaft eine Spiegelung stattfindet. Als Einzelpersonen sind wir Teil einer größeren Gruppe und diese Gruppe besteht wiederum aus Einzelpersonen. Wir sind alle miteinander verbunden. Was sich auf einen auswirkt, wirkt sich auf alle aus. Manchmal fällt es schwer, uns daran zu erinnern, dass wir auf einer kollektiven Seelenebene alle beschlossen haben, diese Erfahrung gemeinsam zu machen.

Wir lernen, wie wir unsere unterbewussten Überzeugungen und Motive ins Licht des Bewusstseins rücken können, um alte Verletzungen zu heilen und ein höheres Maß an Integrität zwischen unseren Überzeugungen, Worten und Handlungen zu bewirken. Wie bei der Gewinnung von Eisen aus Eisenerz durch Erhitzen des Eisenerzes in einem Hochofen werden wir im Schmelztiegel des Aufstiegs gekocht, bis die Unreinheiten zur Oberfläche steigen und abgeschöpft werden können. Dementsprechend ist das, was übrig bleibt, rein, authentisch und erprobt.

Es ist für Empathen in unserer heutigen Gesellschaft also oft schwierig zu erkennen, ob wir wirklich akzeptiert und gewürdigt oder lediglich toleriert und geduldet werden. Manchmal werden wir ausgenutzt. Die Haltung, mit der uns jemand begegnet, ist für gewöhnlich ein Spiegelbild seiner tiefsitzenden (und unbewussten) Überzeugungen und Ängste. Selbst wenn er geschickt darin ist, sich selbst zu täuschen und so zu tun, als glaube er wirklich, was er sagt, zeigt sich sein wahres Wesen irgendwann für gewöhnlich in einer ganzen Reihe von Bewertungen: Du bist schwach, zerbrechlich, überempfindlich, undiszipliniert, labil, unberechenbar, sprunghaft, exzentrisch, unrealistisch und so weiter und so fort. Fairerweise muss man sagen, dass das nicht bedeutet, dass die Menschen bösartig sind. Wir können nur von der Bewusstseinsebene aus agieren, die wir erreicht haben.

Eine der Gaben, die wir als Empathen besitzen, wenn wir sie entwickeln, besteht jedoch darin, dass wir erkennen, wenn uns jemand Unsinn erzählt. Das kann allein schon eine enorme Hilfe sein, wenn es darum geht, im Leben und in Beziehungen klarzukommen. Wenn Sie lernen, auf sich selbst zu hören, können Sie erkennen, ob das, was jemand sagt, von seiner Motivation abweicht. Unser Nervensystem ist ein hochempfindlicher Empfänger und wir können schon die geringste Unstimmigkeit in der Integrität anderer Menschen wahrnehmen. In einer Welt, in der authentischer Ausdruck und bewusstes Leben noch immer in den Kinderschuhen stecken, kann dies Ihre Sicherheit gewährleisten und Ihnen helfen, umsichtige Entscheidungen zu treffen, sofern Sie die Fähigkeit bewahrt (oder wieder entwickelt) haben, auf sich selbst zu hören, sich zu vertrauen und nach Ihrem inneren Wissen zu handeln.

Urteilsvermögen in einer nicht authentischen Kultur

Der Kontakt zu anderen Menschen ist ein menschliches Grundbedürfnis. Auf der geistigen Ebene müssen wir nicht jede Beziehung durch den „Kann-ich-diesem-Menschen-vertrauen“-Filter laufen lassen. Auf der menschlichen Ebene ist es anders und wir können natürlich nicht vermeiden, unter anderen Menschen zu leben. Es kann allerdings von Vorteil für uns sein, ein besseres Urteilsvermögen zu entwickeln und genauer zu unterscheiden, wann wir unserer offenherzigen, sensitiven und dienstwilligen Natur die Führung überlassen. Wir wollen unsere Gaben und Talente nicht an Menschen vergeuden, die sie nicht verstehen, nicht wertschätzen und vielleicht sogar ausnutzen.

Eines der wichtigsten Werkzeuge kritischen Urteilsvermögens lautet: Wenn Sie die Werte einer Person (oder der Gesellschaft) erkennen wollen, achten Sie auf ihre *Handlungen*. Worte sind eine wichtige, aber nicht die einzige Form der Kommunikation. Die Handlungen eines Menschen zeigen, ob er das praktiziert, was er predigt (und vertrauenswürdig ist), oder ob er es mit uneingestandenen Schattenaspekten zu tun hat.

Diese Maßregel macht deutlich, dass ein großer Teil der Gesellschaft nach wie vor angstzentriert und von Angst getrieben ist. Meine beruflichen und auch persönlichen Beobachtungen haben gezeigt, dass das Handeln der Gesellschaft insgesamt immer noch mit überwältigender Mehrheit folgende Botschaften und Werte transportiert:

- Sei stark. (Zeige niemals Schwäche.)
- Nimm es klaglos hin. (Beklage dich niemals.)
- Arbeite hart. (Ruhe dich niemals aus und gönne dir niemals eine Pause.)
- Wenn du nicht weißt, was du tun sollst, erobere/zerstöre/überwältige es. (Das Unbekannte sollte gefürchtet und demzufolge aus dem Weg geräumt werden.)
- Wenn du nicht weißt, wie du etwas tun sollst, dann gib vor, es zu wissen. Zeige durch dein Verhalten niemals, dass du es nicht weißt. (Vortäuschung ist in Ordnung. Die Bitte um Hilfe ist es nicht.)
- Ehrlichkeit ist gefährlich. Du darfst dir niemals in die Karten blicken lassen, musst manipulativ sein und mitspielen, um zu bekommen, was du willst. (Wenn du die Wahrheit sagst, wirst du ausgenutzt.)
- Es gibt nicht genug. (Wir müssen konkurrieren, um das zu bekommen, was wir wollen, auch wenn Unehrlichkeit und Manipulation damit verbunden sind.)
- Sage niemals, dass es dir leidtut. (Gib nicht zu, dass du Unrecht hast, denn das ist ein Zeichen von Schwäche.)
- Leiden wird erwartet. Du musst dich ungeachtet der Umstände aufopfern und weitermachen. Die Belohnung kommt zum Schluss. (Aufopferung ist erhaben. Mäßigung, Ruhe und Ausgeglichenheit werden überbewertet und bringen dich nicht voran.)
- Du kannst niemandem vertrauen. (Jeder ist auf sich selbst gestellt und das gilt auch für dich.)
- Es zählen nur handfeste Beweise und das, was du in anschaulicher Form vorführen oder überprüfen kannst. Gefühle und Empfindungen sind nicht vertrauenswürdig. (Praktisches Denken, Logik und Taten sind Tugenden. Intuition, Relativität und ein natürliches Gespür für den richtigen Zeitpunkt sind unzuverlässig.)

Unabhängig davon, ob unsere Eltern uns diese Botschaften in der Kindheit vermittelt haben oder ob wir sie aus Medien, Videospielen, Büchern oder den sozialen Plattformen übernommen oder in der Schule oder der Kirche gehört haben, sind wir unbewusst zu der Entscheidung gelangt, unsere empathischen Qualitäten zu zügeln oder sogar ganz zu verbergen. Wir waren gezwungen, in einem System zu agieren, das in einem fundamentalen Widerspruch zu unserer eigentlichen Natur stand. Also haben wir unsere Nullachtfünfzehn-Khakihosen und unsere hellblauen Button-Down-Hemden angezogen, kräftig geschluckt und uns wie brave Jungen und Mädchen hinter den zahllosen anderen Lemmingen eingereiht.

Wir haben diese hochgradig patriarchalischen und auf Angst gründenden Leitsätze übernommen, als ob sie wahr wären. Wir haben zu ihrem Fortbestand beigetragen, weil wir glaubten, das zu tun, was wir tun „sollten", das „Richtige" zu tun. Das hatte man uns schließlich gelehrt. Irgendwann hat das scheußliche Gefühl in unserem Bauch uns jedoch erkennen lassen, dass wir nicht in Einklang mit unserer Wahrheit leben. Unsere Befreiung rückt einen großen Schritt näher, wenn wir anfangen, die Dinge zu hinterfragen, die uns von unseren Eltern und Lehrern beigebracht wurden, und unsere eigenen Entscheidungen treffen, wenn es darum geht, was für uns wahr ist und was nicht. Nur dann können wir unser wahres Wesen allmählich aus der Suppe der Täuschung herauskristallisieren, in der wir gekocht wurden. Unsere Authentizität zurückzugewinnen ist ein äußerst beängstigendes – aber machbares – Unterfangen.

DER EINSAME WOLF HAT EIN NEUES RUDEL

Für die meisten Menschen in unserem Leben ist es schon schwer genug, unsere skurrilen Empfindungen zu verstehen oder zu akzeptieren, aber viele Empathen haben außerdem die unheimliche Fähigkeit, sich mit den unsichtbaren Sphären zu verbinden, feinstoffliche Energien wahrzunehmen oder in unterschiedliche Bewusstseinsdimensionen einzutreten. Diese Gaben können sich beispielsweise in folgender Form zeigen: Wahrnehmung von und Kommunikation mit Engeln oder Geistwesen, Vorahnungen, übersinnliche Fähigkeiten, Übermittlung von Botschaften verstorbener Menschen, mediale Fähigkeiten, Wahrnehmung der Chakras oder der Aura eines anderen Menschen, Wahrnehmung von Störungen im Energiefeld anderer Menschen, Visionen oder die Fähigkeit, Astralreisen zu unternehmen.

Unsere Familie und die Gesellschaft begegnen diesen Fähigkeiten meist mit noch größerer Verachtung und einer Fülle an Urteilen, sodass wir Meister darin werden, unsere wahre Natur zu zensieren und zu verbergen. Wir lernen, uns zu verstellen. Und eine der heimtückischeren Folgen dieser äußeren Botschaften der Ablehnung, die uns in der Kindheit vermittelt wurden, besteht darin, dass sie unbemerkt Aufnahme in den Wortschatz unseres inneren Dialogs gefunden haben. Dieselben Botschaften der Ablehnung und der Zensur, die uns während der Kindheit vermittelt wurden, richten wir in unseren Selbstgesprächen nun an uns selbst.

Eine weitere Folge der Tatsache, dass wir abgelehnt, missverstanden und kritisiert werden, besteht darin, dass wir uns oft wie ein einsamer Wolf fühlen und leben. Da wir ausgesprochen gut darin sind, uns anzupassen, erzeugen wir in unserer Ehe, an unserem Arbeitsplatz und in unserem sozialen Umfeld ein möglichst umfassendes Netz aus Illusionen, um uns das Gefühl zu geben, dass wir normal und angenommen sind. Dennoch können wir unsere tieferliegende wahre Natur nicht verbergen. Wir stehen im wahrsten Sinne des Wortes allein in einer Menschenmenge. Wir sind von Menschen umgeben, aber unfähig, als der gesehen und akzeptiert zu werden, der wir wirklich sind, und das führt dazu, dass wir uns schmerzlich allein und isoliert fühlen.

Viele von uns haben nach Familien – Seelenfamilien – und Gemeinschaften gleichgesinnter Menschen gesucht, die uns verstehen und als das akzeptieren können, was wir sind. Wir mussten Lehrer und Mentoren finden, die uns helfen können, mit unserer Energie umzugehen und neue Bewältigungsstrategien zu lernen, weil konventionelle Therapeuten, Priester, Psychiater und Psychologen nicht wissen, was sie mit uns anfangen sollen. Viele Empathen haben Zuflucht in Rand- und wachsenden Minderheitengemeinschaften oder soziospirituellen Gruppen gefunden, zum Beispiel in progressiven Kirchen, im Schamanismus, in Gemeinschaften, die das göttliche Weibliche ehren, LGBTQIA-Gemeinschaften, Trommelkreisen oder Lebensgemeinschaften, die ähnliche Werte vertreten. Es sind Gruppen, die bereits ein überdurchschnittlich hohes Maß an Ablehnung und Verurteilung erlebt haben und die uns mit größerem Mitgefühl begegnen können als der normale Bürger. Trotzdem sind Menschen nun einmal Menschen und ungeachtet dessen, welcher Gruppierung sie sich anschließen, wissen viele immer noch nicht, was es heißt, ein Empath zu sein.

Da wir Pioniere des neuen menschlichen Bauplans sind, funktionieren die bestehenden Bewältigungsstrategien, Lebensweisen und Erfolgsrezepte für uns nicht. Wie könnten sie auch? Wir besitzen einen anderen Code. Es ist, als ob man versuchen wollte, einen dreipoligen Stecker in eine zweipolige Steckdose zu stecken. Letztlich bleibt uns nichts anderes übrig, als die alte Formel für ein „erfolgreiches, produktives und erfüllendes Leben" über Bord zu werfen und eine neue Formel auszuarbeiten, die zu unserem Tempo und unseren Werten passt. Mir ist durchaus bewusst, dass das keine einfache Aufgabe ist! Viele von uns haben eine ähnliche Lebenslektion, die darin besteht, dass wir – ungeachtet dessen, was die äußere Welt tut oder sagt – lernen, uns selbst zu lieben, an unseren eigenen Wert zu glauben und unserem inneren Kompass zu vertrauen. Der Wechsel von der äußeren zur inneren Anerkennung ist eine der wichtigsten Lernmöglichkeiten für alle Besucher dieser irdischen Schule, stellt für Empathen aber eine besonders große Herausforderung dar.

Sie sind nicht verrückt, aber Sie müssen mit dem Wahnsinn aufhören, sich in ein System einfügen zu wollen, das unwissentlich darauf ausgelegt ist, Sie zu entwerten, zu unterdrücken und zu pervertieren. Es gilt nicht Ihnen persönlich, richtet deshalb aber nicht weniger Schaden an. Sie brauchen nicht länger darin verstrickt zu bleiben. Hören Sie auf, sich gegenüber Menschen zu rechtfertigen, die Sie nicht verstehen. Es ist an der Zeit, furchtlos ein Leben und Beziehungen aufzubauen, *die Ihnen Rückhalt geben und Sie bereichern.* Unser Rudel wächst und Sie brauchen nicht länger als einsamer Wolf zu leben.

4

Was ist ein Empath?

Anfangs empfand ich es als einschüchternde Aufgabe, eine Definition für das zu erarbeiten, was ein Empath ist. Ich arbeite seit vielen Jahren mit empathischen Klienten und leite Workshops für Empathen. Ich war meine eigene Mentorin in den schlimmen Jahren, in denen ich erkannte, dass ich eine Empathin bin, aber nicht wusste, wie ich auf gesunde Weise als Empathin leben konnte. Während dieser ganzen Zeit habe ich auf die Führung des göttlichen Geistes und auf das Feedback meiner Kursteilnehmer gehört. Ich habe auf meine Intuition vertraut, wenn es darum ging, Werkzeuge, Denkweisen und Übungen zu erarbeiten, die anderen Menschen und mir selbst helfen sollten, dieses Leben zu meistern. Ich glaube zwar, dass ich unbestreitbar große Erfahrung habe, aber die Erarbeitung einer formalen Definition gab mir das Gefühl, ein Maß an Autorität in Anspruch zu nehmen, von dem ich nicht sicher war, dass ich es besaß.

Der Begriff *Empath* wird in spirituellen Kreisen schon seit vielen Jahren gelegentlich benutzt und die Menschen, die ihn verwenden, haben zumindest eine ungefähre Vorstellung davon, was er bedeutet. Als ich anfing, dieses Buch zu schreiben, hatte ich jedoch das Gefühl, dass der göttliche Geist es für wichtig hielt, der Welt eine klare Definition zu liefern, um die Energie des Empathen im neuen Bewusstseinsraster stärker zu verankern. Den Begriff klar zu definieren, damit alle – Empathen und Nicht-Empathen gleichermaßen – genau wissen, was gemeint ist. So können wir uns zum Nutzen aller mit dem morphischen Feld des Empathen verbinden und es stärken.

Weil sie der neue menschliche Bauplan sind, ist es wichtig, dass diese neu entstehenden, noch wenig greifbaren und schwer zu definierenden Konzepte eine Stimme erhalten. Wir sprechen davon, dass wir durch Worte etwas „ins Dasein rufen", weil es wahr ist. Worte sind schöpferisch und geben der Realität eine Struktur. Wenn wir etwas benennen, geben wir ihm Form und Substanz. Auch wenn dieses Kapitel also vielleicht ein wenig trockener sein mag als der Rest des Buches und sich ein wenig mehr wie eine akademische Abhandlung lesen mag, geht es um weit mehr als nur darum, eine akademische Definition zu erarbeiten. Ich bin davon überzeugt, dass eine Definition dazu beiträgt, dass Empathen ihre Natur wirklich verstehen und Anspruch darauf erheben können. Wenn wir uns zu etwas bekennen, können wir es mit ganzer Kraft verkörpern. Und ich möchte, dass Sie als der kraftvolle Empath an meiner Seite stehen, der Sie sind, und mir dabei helfen, die Welt zu einer herzzentrierten Lebensweise zu erwecken.

Um den Begriff des *Empathen* genauer zu definieren, möchte ich mich ihm aus mehreren Blickwinkeln nähern: was ein Empath *nicht* ist, die fünf Qualitäten eines Empathen und der Empath als Lebensweg. Am Schluss des Kapitels fasse ich alles in einer prägnanten Definition zusammen.

WAS EIN EMPATH NICHT IST

Wenn man ein Konzept erläutert, ist es manchmal sinnvoll, zuerst zu erklären, was es nicht ist. Das beugt Missverständnissen, Mythen und Verwechslungen vor, sodass wir ein klareres Fundament haben, auf dem wir unser Verständnis und unsere Definition aufbauen können.

Ein Empath zu sein ist nicht gleichbedeutend mit einem bloßen Gefühl, das wir haben. Gefühle sind flüchtig oder vergänglich. Die Gefühle, die etwas in uns auslöst, können sich verändern und sind oftmals eine Reaktion auf etwas, das im Moment geschieht. Gefühle sind nicht dauerhaft. Wir können im Laufe eines Tages viele verschiedene Emotionen und Empfindungen durchleben und spüren bestimmte Gefühle möglicherweise oft oder sogar regelmäßig. Als Menschen werden wir allerdings nicht durch unsere Gefühle definiert. Gefühle sind keine permanenten Persönlichkeitsmerkmale.

Ein Empath zu sein ist nicht gleichbedeutend mit einem psychologischen oder emotionalen Zustand, in den wir eintreten, wenn ein Mensch in unserem Umfeld eine schwierige Zeit durchmacht. Jeder Mensch ist zur *Empathie* fähig, aber das bedeutet nicht, dass er ein Empath ist. Wenn wir uns mit einer Person oder Situation identifizieren, die wir im Fernsehen sehen, über die wir lesen, die wir persönlich beobachten oder über die wir von einem Freund hören, und Mitgefühl mit ihr empfinden, dann empfinden wir Empathie. Wir können uns in die Situation des betreffenden Menschen hineinversetzen, uns vorstellen, wie es für uns wäre, und darüber eine emotionale Verbindung zu ihm aufbauen. Wir reagieren verständnisvoll und nehmen Anteil an dem, was er durchmacht. Es entsteht ein zeitlich begrenztes Gefühl der Zusammengehörigkeit, weil wir die Gleichheit in einem Fremden erkennen. Jeder Mensch ist potenziell zur Empathie fähig, aber nicht jeder Mensch ist ein Empath.

Ein Empath zu sein ist nicht gleichbedeutend mit Zauberei, Effekthascherei oder faulen Tricks. Und es ist gewiss keine Beschwörung „böser" Kräfte. Viele Menschen verstehen paranormale oder übernatürliche Phänomene nicht oder glauben nicht daran, und manche fürchten sich vor solchen Erfahrungen ebenso wie vor den Menschen, die diese Fähigkeiten besitzen. Abhängig vom religiösen Hintergrund der Menschen werden wir leider oft als abgehoben, geistesgestört, Hexe oder sogar vom Teufel besessen abgestempelt oder man beschuldigt uns, eine subversive, dunkle oder suspekte Form der Religion zu praktizieren. Ein Empath zu sein ist durchaus real und Menschen aller spirituellen und religiösen Traditionen können Empathen sein. Ich habe absolut nichts gegen Menschen, die Magie praktizieren, sich als Hexe bezeichnen, Weissagung betreiben oder mit paranormalen Phänomenen arbeiten. Ich kenne viele Menschen (und *ich* bin einer davon), die Zugang zu einem oder mehreren dieser Bereiche haben, sie wahrnehmen oder darin arbeiten, und ich weiß, dass viele Empathen wegen ihrer erhöhten Sensitivität von der metaphysischen oder paranormalen Ebene angezogen werden oder sie wahrnehmen können, weil sie einfach Dinge sehen, die andere Menschen nicht sehen. Sie fühlen Dinge, die andere Menschen nicht fühlen. Sie spüren Dinge, die andere Menschen nicht spüren. Und darum leben Empathen oft am Rande der „wirklichen" Welt, schlagen eine Brücke zwischen den sichtbaren und den unsichtbaren Sphären und bewegen sich gleichzeitig in beiden Welten.

Sie können Ihre empathische Natur nicht beliebig ein- und ausschalten. Das heißt nicht, dass Sie keine Kontrolle darüber haben oder sie nicht entwickeln, kultivieren oder mit ihr zurechtkommen können. Aber täuschen Sie sich nicht: Ein Empath zu sein hat absolut nichts mit Fähigkeit, Kompetenz, Begabung oder Geschick zu tun. Es ist, wenn Sie so wollen, eine Aufgabe ... eine Qualität, mit der Sie geboren wurden oder nicht. Und wenn Sie damit geboren wurden, dann leben Sie rund um die Uhr damit. Unabhängig davon, ob Sie es anerkennen oder nicht, ob Sie es unterdrücken oder nicht, ist es ein unbestreitbarer Teil dessen, was Sie sind. Es ist eine Entscheidung, die Sie auf einer Seelenebene getroffen haben.

Ein Empath zu sein ist nicht gleichbedeutend damit, hochsensibel zu sein. Ich liebe das Buch *Sind Sie hochsensibel?* von Elaine Aron. Ich habe es Ende der 1990er Jahre gelesen und erkannte damals zum ersten Mal, dass ich mit meiner energetischen Ausstattung nicht allein stand. Aber obwohl Hochsensibilität ein wichtiges Merkmal von Empathen ist, gab es einen umfassenderen Kontext, den ich noch entdecken musste. Viele Aussagen in Elaines Buch und viele Schlüsse, zu denen sie gelangt, gelten für Empathen, aber zu einem Empathen gehören auch einige grundlegende Qualitäten, die in diesem Buch nicht enthalten sind. Ich betrachte das Buch von Elaine Aron als Wegbereiter der Diskussion darüber, was es heißt, ein Empath zu sein, ehe der Begriff *Empath* zunehmend geläufig wurde.

FÜNF EINDEUTIGE QUALITÄTEN EINES EMPATHEN

Nachdem wir nun einige Irrtümer ausgeräumt haben, sind wir bereit, tiefer in die Definition einzusteigen und die Qualitäten zu ergründen, die bei Empathen häufig vorkommen und uns als einzigartig abheben.

Aus den Begegnungen mit vielen hundert Klienten und Kursteilnehmern, aus Umfragen und Interviews, die ich geführt habe, und aus meiner eigenen direkten Erfahrung heraus habe ich eine Liste von Qualitäten erarbeitet, die in meiner Beobachtung fast alle Empathen besitzen. Im Laufe der Jahre, in denen ich diese Liste immer weiter verfeinert, auf die Weisung des göttlichen Geistes gehört und Daten aus vielen Quellen zusammengetragen habe, haben sich fünf Qualitäten herauskristallisiert, die Empathen eigen sind, die uns insgesamt vom Rest der Bevölkerung unterscheiden und die Persönlichkeitsmerkmalen ähneln, mit denen wir geboren wurden.

1. **Die Fähigkeit, mit anderen Lebewesen (Menschen, Tieren und anderen Lebensformen) zu verschmelzen und ihre Energie aufzunehmen. Diese Fähigkeit rührt von einem sehr offenen persönlichen Energiefeld her.** Sie bringt uns dazu, unbewusst die Emotionen und die Probleme anderer Menschen zu übernehmen, und sie sorgt dafür, dass es uns schwerfällt, Grenzen zu ziehen.
2. **Ein hochempfindliches Nervensystem.** Es macht uns für Überforderung und Reizüberflutung anfällig, die eine äußerst wachsame Selbstfürsorge erfordern.
3. **Ein hohes Maß an Sensitivität für die Energien in unserer Umgebung und die Fähigkeit, die feinstofflichen Informationen, die im Energiefeld aller Lebensformen gespeichert sind, wahrzunehmen oder Zugang zu ihnen zu erlangen.** Das macht es uns leicht, uns in die „unsichtbaren" Sphären der geistigen Welt einzuspüren, zu der beispielsweise Engel, Erscheinungen, die Toten, die Energiefelder von Menschen und Dingen, paranormale Erfahrungen, vergangene Leben, die Akasha-Chronik oder die Emotionen anderer Menschen gehören. (Die Akasha-Chronik ist eine ätherische Bibliothek der menschlichen Inkarnationen jeder Seele, die vergangene, gegenwärtige und zukünftige Ereignisse, Gedanken, Taten, Emotionen, karmische Muster und Absichten enthält.)
4. **Der große Wert, den wir auf Frieden und Harmonie in Beziehungen, in unserem Umfeld und in unserem eigenen Energiefeld legen.** Angesichts unserer erhöhten Sensitivität tun wir alles, um unsere Beziehungen und unser Umfeld – und damit auch uns selbst – so stressfrei, harmonisch und entspannt wie möglich zu halten.
5. **Ein großes, offenes Herz und der Wunsch, anderen zu dienen.** Das hat zur Folge, dass wir uns oft für eine berufliche Laufbahn entscheiden, die darauf ausgerichtet ist, uns in den Dienst anderer Menschen zu stellen, und dass wir dazu neigen, zu viel zu geben und uns selbst an die letzte Stelle zu setzen.

Mir ist bewusst, dass dies vielleicht das erste Mal ist, dass jemand diese Merkmale unter einer Überschrift zusammengefasst hat, und dass Sie vielleicht gerade dabei sind, Ihre Lebenserfahrungen neu zu deuten. Einige Teilnehmer meiner Kurse haben vor Erleichterung fast geweint, nachdem sie voll und ganz begriffen hatten, dass diese Qualitäten zusammengehören und dass es eine Erklärung für ihr Verhalten, ihre Reaktionen und ihre Entscheidungen gab. Auf einer menschlichen Ebene weiß ich, wie befreiend und wie enorm bestätigend es sein kann, wenn Sie erkennen, dass Sie nicht allein sind und dass Sie nicht verrückt sind.

Wenn Sie mehr über diese Schlüsselwörter erfahren möchten, werden Sie in Kapitel 5 fündig. Dort gehe ich auf alle Begriffe ein, erläutere sie einzeln und ausführlich und unterlege sie mit vielen Beispielen aus dem Alltag von Klienten und Weggefährten.

Sind Sie ein Empath?

Nun möchte ich der Frage nachgehen, welche Auswirkungen es hat, mit diesen fünf Qualitäten geboren zu werden. Die folgende Liste zeigt, wie sie in unserem Leben sichtbar werden, und enthält eine Vielzahl an Persönlichkeitsmerkmalen, adaptiven Verhaltensweisen, Erfahrungen, Strategien der Selbstfürsorge und Bewältigungsstrategien, die sich durch unseren persönlichen Prozess der Reifung und der Individuation als Empath entwickeln. Vergessen Sie nicht, dass wir, bis wir in eine bewusste Beziehung zu unserer empathischen Natur treten können, nahezu sicher die ungesunden Aspekte dieser Qualitäten zu spüren bekommen. Diese Liste besteht also weitgehend aus dem, was ich als ungesunde Folgen oder Verhaltensweisen bezeichnen möchte.

Ich lade Sie ein, die nachstehende Aufstellung als Checkliste zu nutzen, um herauszufinden, mit wie vielen Qualitäten Sie sich identifizieren.

MERKMALE DER FÜNF QUALITÄTEN EINES EMPATHEN

1. **Wir wurden mit der Fähigkeit geboren, mit anderen Lebewesen zu verschmelzen und ihre Energie aufzunehmen. Diese Fähigkeit rührt von einem sehr offenen persönlichen Energiefeld (oder Energiegefäß) her.**

- Wir können nicht feststellen, wo wir selbst aufhören und wo andere Menschen beginnen.

- Wir übernehmen die Eigenschaften oder Persönlichkeitsmerkmale anderer Menschen, z. B. politische Ansichten, Schlafgewohnheiten, Lieblingssendungen, Ernährungsverhalten oder Hobbys.
- Wir haben Probleme, Grenzen zu ziehen und aufrechtzuerhalten.
- Wir verlieren uns in Beziehungen.
- Wir haben Probleme, nein zu sagen und konsequent zu bleiben. Wir geben oft nach, wenn jemand uns zusetzt oder mehrfach um etwas bittet.
- Wir sind in hohem Maße co-abhängig.
- Wir haben Schwierigkeiten, für uns selbst einzustehen.
- Wir fühlen uns für die Emotionen anderer Menschen verantwortlich.
- Es kann uns schwerfallen, Entscheidungen zu treffen, weil wir nicht wissen, was wir wirklich wollen, und es nicht von dem unterscheiden können, was alle anderen wollen oder was wir ihrem Willen nach tun sollen.
- Wir fühlen uns dafür verantwortlich, die Probleme anderer Leute zu lösen.
- Wir fühlen die Emotionen anderer Menschen so stark, dass wir sie für unsere eigenen Emotionen halten.
- Wir haben Probleme, das, was zu uns gehört, von dem zu trennen, was nicht zu uns gehört – Gefühle, Gedanken, Wünsche, Vorlieben, Abneigungen.
- Wir kämpfen mit unserer Selbstidentität oder Selbstdefinition. Wir suchen oft nach Bestätigung außerhalb von uns oder verlassen uns darauf, dass andere Menschen – Eltern, Partner Vorgesetzte – uns definieren.
- Wir neigen zu Suchtverhalten und werden oft abhängig.
- Wir sind übermäßig mitfühlend und können uns so stark mit den Problemen anderer Menschen identifizieren, dass wir Ausflüchte machen, Rechtfertigungen finden und viel zu lange in Beziehungen verharren.
- Wir haben Probleme mit dem richtigen Tempo in Beziehungen. Wir lassen uns oft zu schnell auf ein zu hohes Maß an Intimität ein, weil wir so sensitiv und intuitiv sind und die Gefühle anderer Menschen aufnehmen können. Wir haben ein natürliches Verlangen und auch die Fähigkeit, auf einer tiefen Ebene mit einem anderen Menschen zu verschmelzen und uns mit ihm zu verbinden.
- Wir können den Anschein erwecken, dass wir sehr launisch sind und starke Stimmungsschwankungen haben, aber das liegt daran, dass wir die

Emotionen anderer aufnehmen, ohne es zu merken, und mit diesen Emotionen auf andere reagieren.

- Wir sind hochintuitiv und können Freunde und Verwandte oft aus der Fassung bringen, weil wir genau wissen, was sie gerade fühlen oder denken.
- Unsere Fähigkeit, mit anderen Menschen zu verschmelzen, macht uns zu guten Therapeuten, Beratern oder Heilern, aber wir müssen sehr genau darauf achten, was zu uns gehört und was nicht, damit wir nicht überfordert sind und alle Probleme und Emotionen unserer Klienten mit nach Hause nehmen.

2. **Wir wurden mit einem hochempfindlichen Nervensystem geboren.**

- Größere Menschenmengen und öffentliche Plätze führen rasch zur Reizüberflutung und wir bevorzugen kleinere Gruppen und intimere Umgebungen.
- Wir mögen kein lautes Geschrei, keinen Lärm und keine schrillen, sich wiederholenden Geräusche.
- Wir reagieren ausgesprochen empfindlich auf Gerüche, Geräusche, Geschmacksempfindungen und sogar auf bestimmte Stoffe, Gewebe und Licht.
- Wir reagieren empfindlich auf Gewalt und allgemeines Chaos.
- Wir reagieren oft sehr empfindlich auf Alkohol, Medikamente oder Substanzen, die auf den Körper oder das Bewusstsein wirken. Unser Körper kann sogar entgegengesetzt zur vorschriftsmäßigen Wirkung der Substanz reagieren.
- Wir meiden Fernseh- und Kinofilme, die emotionale Dramen, brutale Situationen, Gewalt oder Krieg zeigen.
- In großen Menschenansammlungen schlägt unsere Stimmung oft um und wir sind unleidlich, gereizt, ängstlich und aufgeregt oder fühlen uns ausgelaugt.
- Wir erinnern uns (ob bewusst oder unbewusst) daran, wie es ist, in geistiger Form zu leben, und haben oftmals Probleme, die „irdische" Wirklichkeit zu verstehen und einen Bezug zu ihr herzustellen. Das kann zur Folge haben, dass wir gleichgültig, distanziert oder sozial inkompetent wirken.

- Wir fühlen uns rasch überfordert, sei es durch Informationen, Lärm, Menschenmengen oder Emotionen.
- Wir reagieren ausgesprochen sensibel auf Grausamkeit, kriminelle Gewalttaten, Leiden oder Folter.
- Wenn wir Zeuge eines traumatischen oder schockierenden Vorfalls werden, spüren wir eine körperliche und/oder emotionale Reaktion am eigenen Leib oder im eigenen Energiekörper.
- Wir tun uns schwer damit, vollständig im Körper präsent zu sein, und verlassen ihn oft, ohne es zu wissen. Wir können viele Jahre teilweise außerhalb unseres Körpers leben, ohne es zu merken.
- Wir können Schwierigkeiten damit haben, „ganz wir selbst" zu sein und uns vollständig zu entspannen, wenn wir Menschen zum ersten Mal oder in einer Gruppe begegnen, weil wir ausgesprochen sensibel auf die Energien anderer Menschen reagieren und schnell überreizt sind. Das kann sich in extremer Ängstlichkeit, sozialer Inkompetenz oder sogar unsozialem Verhalten äußern, weil wir versuchen, uns von der Reizüberflutung zu befreien.
- Die Natur verjüngt uns und es ist uns ein Bedürfnis, regelmäßig Zeit im Freien zu verbringen, vorzugsweise allein.
- Wir können Mühe haben, konzentriert zu bleiben, weil wir extrem sensibel auf die Reize in unserem Umfeld reagieren und ständig von Reizen überflutet werden.
- Wir sind oft geistig abwesend, tagträumen oder schlafen, um innerer Anspannung, Reizüberflutung und Überforderung zu entfliehen.
- Es ist nicht ungewöhnlich, dass wir innerhalb von kurzer Zeit eine große Bandbreite rasch wechselnder Emotionen durchleben. Dabei handelt es sich manchmal um unsere eigenen Emotionen, manchmal aber auch um die Emotionen anderer Menschen, die wir von ihnen übernommen haben.
- Wir haben – vor allem nach vielen sozialen Kontakten, ob im Beruf oder in der Freizeit – oft mit Müdigkeit oder chronischer Erschöpfung zu kämpfen, wenn wir nicht ausreichend für uns sorgen, nicht genug Zeit für uns und zu wenig Auszeit haben.
- Wir brauchen regelmäßig Zeit für uns, um uns zu entspannen und wieder mit unserer Mitte zu verbinden.
- Wir brauchen oft eine Auszeit oder Zeit für uns, nachdem wir uns in einer

Menschenmenge oder einer großen Gruppe aufgehalten oder an familiären oder gesellschaftlichen Veranstaltungen teilgenommen haben.

- Wir weinen häufig und spüren unsere eigenen Emotionen (und die Emotionen anderer Menschen) sehr stark.
- Wir greifen für gewöhnlich zu einer Vielzahl an Fluchtmechanismen (oft Süchte), um uns eine Atempause von der Intensität der Welt und unseren eigenen Gefühlen zu verschaffen.
- Wir können als ruhig, introvertiert, grüblerisch, einzelgängerisch, labil oder sogar unsozial wahrgenommen werden, weil wir ständig überreizt oder überfordert sind oder weil wir Abstand brauchen, um zu klären, was zu uns gehört und was nicht, und unser Energiefeld zu reinigen.
- Die westliche Medizin und die westliche Psychologie bescheinigen uns oft fälschlich eine Depression, bipolare Persönlichkeitsstörung oder Agoraphobie oder sie stellen uns andere unrichtige Diagnosen aus, weil es außer diesen Erklärungsmodellen keine Möglichkeit gibt, die große Vielfalt an Erfahrungen zu beschreiben, die wir tagtäglich durchleben.

3. **Wir wurden mit einem hohen Maß an Sensitivität für die Energien in unserer Umgebung und mit der Fähigkeit geboren, die feinstofflichen Informationen, die im Energiefeld aller Lebensformen gespeichert sind, wahrzunehmen oder Zugang zu ihnen zu erlangen.**

- Wir fühlen uns zu Berufen hingezogen, die von Natur aus zu unserer Sensitivität passen, wie Massagetherapeut, Energieheiler, Hellseher, Medium, Schamane, Berater, Gesundheitsfachkraft, Geistlicher oder Zukunftsdeuter, weil es für uns so einfach und so natürlich ist, uns in die metaphysischen und unsichtbaren Sphären einzuspüren. Und selbst dann, wenn wir keinen Beruf daraus machen, kommen unsere Freunde für gewöhnlich immer zu uns, wenn sie Rat und Erkenntnis brauchen.
- Wir besitzen eine hochentwickelte Wahrnehmungsfähigkeit und Intuition und haben oft paranormale oder übersinnliche Erlebnisse, die meist in der frühen Kindheit beginnen.
- Wir sind gute Zuhörer, weil wir nicht nur mit den Ohren, sondern mit unserem ganzen Wesen hören. Unsere Fähigkeit, uns mit anderen Menschen zu identifizieren, zieht sie an und gibt ihnen das Gefühl, uns vertrauen zu können.

- Wir wissen oft, was passieren wird, ehe es passiert.
- Wir machen oft die Erfahrung, dass uns völlig fremde Menschen ihre Lebensgeschichte erzählen, während wir im Lebensmittelgeschäft in der Schlange stehen.
- Räumliche Entfernung spielt keine Rolle. Wir können es fühlen oder spüren, wenn mit einem uns nahestehenden Menschen etwas nicht in Ordnung ist. Manchmal drückt sich das in Form von Vorahnungen aus.
- Wir sind ein natürlicher Lügendetektor und merken, ob jemand lügt, betrügt oder arglistig ist. Es kann sogar passieren, dass unser Körper oder unser Nervensystem mit spürbarem Abscheu darauf reagiert. Wenn wir unsere Gaben verleugnen oder nicht auf unsere Intuition hören, kann dieser Aspekt ausgeschaltet sein.
- Wir lieben Tiere und können uns in ihre Bedürfnisse und Gefühle ebenso mühelos einfühlen wie in die Bedürfnisse und Gefühle von Menschen.
- Wir sprechen mit Steinen, Bäumen, Vögeln, Pflanzen, Gewässern, Feen, Engeln – mit allem, was eine Lebenskraft besitzt, ob sichtbar oder unsichtbar.
- Wir entscheiden instinktiv und „fühlen" uns oft in die Energie eines Gegenstandes „hinein", den wir kaufen möchten (wie Kleidung oder dekorative Kleinigkeiten), eines Ortes, den wir besuchen möchten, einer Gruppe, der wir beitreten möchten, oder eines Gerichts auf der Speisekarte, das wir bestellen möchten.
- Es fällt uns meist sehr leicht, schamanische Reisen, Astralreisen oder Reisen in andere Dimensionen zu unternehmen oder in veränderte Bewusstseinszustände einzutreten.

4. **Wir legen seit unserer Geburt großen Wert auf Frieden und Harmonie in unseren Beziehungen, in unserem Umfeld und in unserem eigenen Energiefeld.**

- Wir streben nach Harmonie in Beziehungen und in unserem Umfeld und verwenden viel Mühe darauf, diese Harmonie zu schaffen und aufrechtzuerhalten.
- Wir sind meist Friedensstifter.
- Wir mögen keine Konfrontation und können uns sogar verschließen, wenn es in einem Gespräch zu sehr zur Sache geht.

- Wir hassen es, uns zu streiten oder Zeuge eines Streits zu sein.
- Wir gehen angespannten, schwierigen oder emotional aufgeladenen Situationen meist aus dem Weg.
- Es kostet uns viel Mühe und Antriebskraft, für Unruhe oder Ärger zu sorgen, weil wir Spannungen und Konflikte nicht mögen.
- Unser Zuhause ist unser Schoßraum, unser Ort der Verjüngung und der Ruhe, unsere heilige Batterieladestation. Deshalb ist es wichtig, dass unsere Umgebung (Büro, Auto und Garten eingeschlossen) eine friedvolle und harmonische Stimmung ausstrahlt und zur Beruhigung des Nervensystems beiträgt.
- Wir reagieren ausgesprochen empfindlich auf die Energien in unserer Umgebung und schenken ihnen große Beachtung. Dazu zählen auch die Anordnung von Möbeln und Dekorationsobjekten, die Musik, die gerade läuft, Temperatur, Licht (Sonnenlicht oder künstliches Licht), Gerüche, Oberflächenbeschaffenheit oder Farben. Wir nehmen oft kleine Veränderungen in unserem Umfeld vor, um dafür zu sorgen, dass es mit unseren energetischen Bedürfnissen im Einklang bleibt. Das kann dazu führen, dass wir regelmäßig und häufig das Bedürfnis verspüren, die Möbel umzustellen, neu zu tapezieren, anzustreichen, uns von Dingen zu trennen oder unsere Umgebung energetisch zu reinigen.
- Schönheit ist für uns eine Form von Harmonie und wir lieben es, Raum zu schaffen. Dekorative Arbeiten, die Gestaltung von Altären, die Zusammenstellung von Garderobe oder die Einrichtung unserer Umgebung sind Handlungen, die Schönheit (und damit Harmonie) in unserem Leben schaffen sollen.
- Wir fühlen uns oft zu kreativen Ausdrucksformen – Kunst, Musik, Tanz, Kunsthandwerk – hingezogen und sind entweder selbst kreativ oder wertschätzen sie durch den Besuch von Kunstausstellungen, Theateraufführungen oder Konzerten.
- Wir gedeihen in einem kooperativen Umfeld und messen ihm sehr große Bedeutung bei. Konkurrenz können wir als unangenehm oder anstrengend empfinden.

5. **Wir wurden mit einem großen, offenen Herzen und mit dem Wunsch geboren, anderen Menschen zu dienen.**

- Wir stellen die Bedürfnisse aller anderen Menschen oft über unsere eigenen Bedürfnisse.
- Unsere Selbstfürsorge kommt an letzter Stelle. Wir vernachlässigen unsere eigenen Wünsche und Bedürfnisse sträflich oder werten sie ab.
- Wir arbeiten oftmals ehrenamtlich mit Menschen, Tieren oder der Umwelt.
- Wir spüren zutiefst die Not von Menschen, die weniger vom Glück begünstigt sind oder sich sehr anstrengen müssen. Wir kümmern uns oft um sie oder unterstützen wohltätige Zwecke zu unserem eigenen Nachteil (indem wir uns beispielweise verschulden, nicht für unsere Grundbedürfnisse sorgen oder die Beziehung zu anderen Menschen vernachlässigen).
- Wir finden uns oft in der Rolle des Fürsprechers wieder. Es fällt uns merkwürdigerweise leichter, andere Menschen zu verteidigen, weil wir tiefes Mitgefühl empfinden und weil es viel einfacher ist, für die Bedürfnisse anderer Menschen einzutreten als für unsere eigenen Erfordernisse.
- Wir sind oft vertrauensvoll und haben ein unschuldiges Wesen, was dazu führen kann, dass wir leichtgläubig sind oder leicht ausgenutzt werden.
- Wir tendieren zu Berufen, in denen wir anderen Menschen dienen können, beispielsweise in der Krankenpflege, als Massagetherapeut, in der Beratung, in der verwaltungstechnischen Unterstützung oder im Gesundheitswesen.
- Wir sagen zu oft ja und es fällt uns schwer, unsere Verpflichtungen und Verantwortlichkeiten durch ein ausreichendes Maß an Pausen und Auszeiten auszugleichen.
- Wir halten unser Augenmerk auf andere Menschen gerichtet und unterdrücken oder verleugnen unsere eigenen Bedürfnisse, indem wir sie kleinreden oder weil wir glauben, dass wir es nicht verdienen, zufrieden zu sein. Wenn wir nicht aufpassen, können Aufopferung, Selbstverleugnung und Märtyrertum sich als grundlegende Muster in unserem Leben zeigen.
- Wir können uns unbehaglich und unbeholfen fühlen, wenn wir im Rampenlicht stehen, ein Kompliment erhalten, in irgendeiner Form gewürdigt werden oder „zu viel" Aufmerksamkeit bekommen. Das gilt vor allem dann, wenn wir die Botschaft verinnerlicht haben, dass es wichtig ist, alle anderen an die erste und uns selbst an die letzte Stelle zu setzen.

- **Wir sind irritiert, wenn wir versuchen, aus unserem Herzen heraus zu führen, und feststellen, dass andere Menschen nicht so agieren. Das kann dazu führen, dass wir uns verschließen oder stumpfsinnig werden.**
- **Es passiert häufig, dass andere Menschen ihr emotionales Gepäck bei uns „abladen" oder uns alle naselang um Rat bitten oder dass wir „Energievampire" anziehen, weil die Menschen intuitiv erkennen, dass wir ein großes Herz haben, mitfühlend sind und den Wunsch haben, anderen zu helfen.**

Die fünf Hauptmerkmale können im Leben eines Empathen also auf sehr vielfältige Weise zum Ausdruck kommen. Die in der obigen Liste beschriebenen Verhaltensweisen und Erfahrungen sind für meine Klienten und Kursteilnehmer immer ein enorm großes Aha-Erlebnis. Viele haben sie noch nie an einem Ort gebündelt gesehen und hatten noch nie eine so umfassende Aufstellung zur Hand, die ihre Lebenserfahrungen so genau erfasst. Die vielen Rückmeldungen reichen von „Ich bin nicht allein!", „Das beschreibt mich perfekt!" und „Mit mir ist wirklich alles in Ordnung!" bis hin zu dem besonders beliebten Satz: „Ich bin nicht verrückt!"

Wie ich in Kapitel 1 bereits erklärt habe, ist es ohne gesunde Führung und ohne ein Bewusstsein für diese Merkmale nur normal, dass wir infolge unserer empathischen Gaben für bestimmte Bewältigungsstrategien, Herausforderungen und ungesunde Ausdrucksformen anfällig sind. Wenn wir uns einer Sache nicht bewusst sind, sind wir auch nicht in der Lage, bewusst mit ihr umzugehen. Das bedeutet nicht, dass wir „schlecht" sind oder ein so großes Unrecht begangen haben, dass wir es verdienen. Wenn wir unsere tieferliegenden Beweggründe nicht verstehen, werden sie so lange durch den Schatten ausagiert, bis wir uns ihrer bewusst werden.

Die Folge ist in der Regel, dass wir aus den ungesunden Aspekten dieser fünf Qualitäten heraus leben, die darin zum Ausdruck kommen können, dass wir co-abhängig werden, uns in Beziehungen verlieren, uns für andere Menschen verantwortlich fühlen, andere Menschen an die erste Stelle setzen, Probleme damit haben, Grenzen zu ziehen, unser authentisches Selbst unterdrücken, die eigenen Bedürfnisse verleugnen und uns ständig ausgelaugt fühlen. Kaum ein Empath hat Eltern, Vorbilder oder Lehrer, die ihm zeigen könnten, wie er mit seiner Sensitivität leben kann, oder die ihm einen Rahmen dafür geben könnten, was es bedeutet, ein Empath zu sein, ganz zu schweigen davon, wie er diese Tatsache annehmen, weiterentwickeln und als Bereicherung empfinden kann. Erst wenn wir unsere empathische Natur erkennen und akzeptieren, können wir neue, gesunde Entscheidungen treffen und anfangen, diese Aspekte unserer selbst als positiv zu betrachten.

Sind Sie denn nun ein Empath oder nicht?

Nach allem, was bisher gesagt wurde, mag das, was nun kommt, überraschend oder widersprüchlich klingen.

Es gibt keine feste Diagnose mit bestimmten Kriterien, die entscheiden, ob Sie zweifelsfrei ein Empath sind oder nicht. Das Vorhandensein oder das Fehlen einer dieser fünf Qualitäten schließt Sie nicht eindeutig ein oder aus, denn sie alle sind auf einem Kontinuum angesiedelt und nicht jeder Empath weist genau die gleichen Qualitäten in genau den gleichen Anteilen auf. Manche Menschen gehen zu einer bestimmten Qualität sehr stark in Resonanz und empfinden sie sehr stark, während sie sich mit einer anderen Qualität nicht annähernd so sehr identifizieren können. Bei anderen Menschen schlummern alle fünf Qualitäten oder wurden infolge bewusster oder unbewusster Lebensentscheidungen tief vergraben. Es gibt viele heimliche Empathen auf der Welt, die gerade erwachen. Jemand, der heute auf diese Liste schaut und sie lauthals als „Unsinn!“ abtut, erkennt vielleicht in sechs Monaten: „Oh, mein Gott, so bin ich ja schon immer gewesen!“

Ich verstehe, dass es uns als Menschen danach verlangt, alles in Kategorien einzuteilen und mit einem Etikett zu versehen. Wir lieben die Umfragen in der *Cosmopolitan* und die kurz und knapp gehaltenen Fragebögen, deren Resultate behaupten, uns abschließend zu beschreiben. Ich werte diese Dinge nicht ab – es liegt in der menschlichen Natur, dass wir zugehörig sein wollen, und solche Systeme helfen uns dabei, uns selbst zu verstehen und uns mit einer Gruppe zu identifizieren. Doch auch wenn es verlockend ist, die vorstehende Checkliste als das endgültige Maß für die Entscheidung zu benutzen, ob Sie ein Empath sind oder nicht, wäre es eine zu starke Vereinfachung. Dennoch halte ich sie für sehr hilfreich, weil sie dazu beiträgt, das energetische Feld dieses Phänomens – eine bestimmte Frequenz oder Gesamtheit – aufzubauen, damit die Menschen ihren Standort darin bestimmen und ein besseres Verständnis dafür erlangen können, wer sie sind und worin ihre Motive, ihre Seelenabsicht und ihre Verletzungen bestehen. Ich biete ganz sicher kein Bewertungssystem an, dem zufolge Sie zu so und so viel Prozent ein Empath sind, wenn Sie so und so viele Fragen mit ja beantwortet haben.

Als Empath schwingen Sie in einem Resonanzfeld. Vielleicht überlegen Sie noch und fühlen sich in seine Relevanz und Resonanz hinein, aber die meisten Menschen erkennen unmittelbar und intuitiv: *Ja, ja, ich weiß, dass es stimmt!* Meine Aufgabe besteht darin, ein schwieriges und esoterisches Konzept so zu erklären, dass es für möglichst viele Menschen zugänglich wird, damit sie sich in die Vorstellung hineinversetzen und entscheiden können, ob sie in Resonanz dazu gehen. Danach können sie entscheiden, in welcher Form dieses Material ihnen dienen kann. Ich achte die persönliche Entscheidung und den persönlichen Weg jedes Menschen. Nutzen Sie das, was für Sie nützlich ist, und schenken Sie dem Rest keine Beachtung.

Was ich auch weiß, ist, dass unsere kollektive Sensitivität im Laufe unserer Entwicklung insgesamt zunehmen wird. Das Herz ist ein noch neuer Filter, durch den wir unsere Lebensentscheidungen, Werte und Erfahrungen laufen lassen müssen, und wir brauchen neue Werkzeuge und neue Denkarten – mehr noch, einen umfassenden Paradigmenwechsel –, um den Übergang zu schaffen. Und auch wenn wir uns zu einem höheren Maß an Bewusstsein und Bewusstheit hin entwickeln, ist diese Sensitivität in der Geschichte der menschlichen Evolution nicht neu. In einer Hinsicht kehren wir zu uralten Wegen und uralter Weisheit zurück. In vielen alten (und einigen heutigen) Kulturen war es völlig normal und gängige Praxis, mit den unsichtbaren Sphären zu kommunizieren und den Körper als hochempfindliches Werkzeug zu nutzen, um Energie zu übertragen und zu empfangen. Eine Fähigkeit, die geschätzt und immer weiter verfeinert wurde. Diese Gesellschaften wussten im Gleichgewicht und in Harmonie mit der Natur zu leben. Sie strebten danach, in einer heiligen Beziehung zu ihrer Umwelt zu stehen, statt sie zu beherrschen. Es ist Teil unserer Entwicklung, einige dieser verlorenen Pfade wiederzugewinnen.

Unabhängig davon, inwieweit Sie sich für einen Empathen halten, mangelt es der Welt unbestritten an den Lebenswerkzeugen, die ich in den folgenden Kapiteln erkläre und die dringend benötigt werden, wenn die Menschheit sich weiterentwickeln und herzzentriert leben soll. Es geht in diesem Buch nicht nur darum, dass Sie Ihre empathische Natur verstehen. Es geht darum, dass Sie erkennen, wo Ihr Platz im großen Plan der menschlichen Evolution ist, und sich zu Ihrer Entscheidung, *jetzt* zu inkarnieren, bekennen. Und damit einher geht die Erkenntnis, dass Sie zu den angehenden Führungspersönlichkeiten der neuen Erde gehören. Abseits aller Etikettierungen sind Sie hier, um Ihr göttliches Selbst in menschlicher Form zu erfahren und um zur Evolution der Erde und all ihrer Bewohner beizutragen.

DER EMPATH ALS LEBENSWEG

Nun fehlt nur noch ein letztes wichtiges Puzzleteil, das wir in den umfassenden Prozess der Definition des Begriffs *Empath* einsetzen müssen. Ich halte dieses letzte Element für das zentrale Merkmal, habe es aber in anderen Materialien, die sich damit befassen, was es bedeutet, ein Empath zu sein, nicht gefunden. Für mich ist der Weg des Empathen ein *Lebensweg*, eine Wahl, die wir auf der geistigen Ebene getroffen haben, als wir die Eigenschaften und Erfahrungen für diese Inkarnation festgelegt haben.

Die Fragen, die es zu beantworten gilt, lauten also: „Warum in aller Welt sollten wir uns dafür entscheiden, uns in einer Beziehung zu verlieren? Uns an die letzte Stelle zu setzen? Nicht zu wissen, wo die Grenze zwischen uns und einem anderen Menschen verläuft? Kläglich zu scheitern, wenn es darum geht, Grenzen aufrechtzuerhalten? In co-abhängigen Beziehungen zu leben? Ständig überfordert zu sein?“

Wenn wir den Weg des evolutionären Empathen gehen, entscheiden wir uns dafür, uns intensiv mit der ganzen Bandbreite an Merkmalen – mit allem, was es heißt, ein Empath zu sein – auseinanderzusetzen, um weitere Einsichten in die Natur des Lebens in menschlicher Form zu gewinnen, damit unsere Seele zur höchsten Entwicklung gelangen und höchsten Ausdruck finden kann. Wir entscheiden uns dafür, in einem menschlichen Körper die unverwechselbaren Herausforderungen und Gaben zu erfahren, die mit einem offenen Energiefeld, einem hochempfindlichen Nervensystem, der Fähigkeit, feinstoffliche Energien wahrzunehmen und Zugang zu ihnen zu haben, einem von Herzen kommenden Wunsch, anderen Menschen zu dienen, und einem tiefen Bedürfnis nach Frieden und Harmonie verbunden sind.

Neben unserer eigenen Erfahrung, als Empath zu inkarnieren, haben wir uns in unseren Seelenverträgen auch dazu verpflichtet, dieses Schwingungsfeld auf der Erde zu verankern und uns in den Dienst des Aufstiegs der Menschheit insgesamt zu stellen. Gemeinsam mit zahllosen anderen Empathen, sensitiven Menschen, erwachten Ältesten und Jugendlichen der kommenden Generation sind wir hier, um die energetische Frequenz zu verankern, auf die wir uns als Spezies hin entwickeln. Jemand musste den Anfang machen. Wir mögen in den letzten Jahrzehnten zwar in zunehmender Zahl inkarniert haben, aber in einem geologischen Maßstab bilden wir alle den Ausgangspunkt des empathischen Urknalls.

Während wir durch unsere Lebenserfahrungen vorangelangen, entdecken, entwickeln und verfeinern wir unsere *Medizin*. In schamanischen Begriffen hat unsere größte Verletzung – unsere größte Drangsal oder Herausforderung – das Potenzial, später im Leben zu unserer größten Medizin zu werden. Das bedeutet, dass unsere größte Herausforderung zu einer Gabe wird, die wir der Welt zu bieten haben, unserem unverwechselbaren Weg und der Weisheit entsprungen, die wir aus den Höhen und Tiefen unserer Reise mit dieser Herausforderung gewonnen haben. Worin besteht Ihre besondere Medizin? Haben Sie je daran gedacht, dass Sie mithilfe Ihrer empathischen Erfahrungen Ihre Medizin als Gabe an die Welt entwickelt und verfeinert haben?

Sobald wir anfangen, bewusst mit unserer empathischen Natur umzugehen, können wir sie als Gabe betrachten. Wir erkennen, was wir aus den Erfahrungen gelernt haben, die sie uns ermöglicht hat. Wir können in Harmonie mit ihr leben. Wir lernen, sie wertzuschätzen. Wir tragen ihre Medizin in uns. Dieses Buch soll Empathen helfen, sich aus den ungesunden Aspekten ihrer empathischen Natur zu befreien, erfolgreich in der Welt zu leben und diesen Anteil ihrer selbst als die Gabe anzunehmen, die er ist. Außerdem geht es darum, uns zu dem Wissen zu bekennen, dass wir hier sind, um Wegweiser und Ankerpunkt für die Rückkehr des göttlichen Weiblichen (mehr darüber in Kapitel 10) und den Aufstieg in ein herzzentriertes Bewusstsein zu sein und die Frequenz des neuen menschlichen Bauplans auf der Erde aufrechtzuerhalten.

Ich bin fest davon überzeugt, dass jeder Mensch mit der Fähigkeit geboren wird, feinstoffliche Energien wahrzunehmen, mit den unsichtbaren Sphären zu kommunizieren, alle Emotionen zu fühlen und seine Umgebung zu spüren. Jeder Mensch hat empathische Fähigkeiten. Aber nicht jeder Mensch hat als *Empath* inkarniert. Und nicht jeder trifft auf der menschlichen Ebene die

Entscheidung, seine empathische Natur zum Ausdruck zu bringen. Vielleicht hat er sich auf einer Seelenebene dafür angemeldet, dann inkarniert, sich umgeschaut und sich wieder abgemeldet. Vielleicht schien es ihm zu riskant oder zu tückisch, diesen Aspekt seiner selbst in diesem Leben preiszugeben, sodass er ihn verdrängt und einen anderen Lebensweg eingeschlagen hat. Denken Sie daran, dass wir einen freien Willen besitzen.

Richtig ist auch, dass nicht jeder mit seinen empathischen Fähigkeiten zu kämpfen hat. Es gibt manche Kulturen (und Familien), die diese Qualitäten von frühester Kindheit an fördern und bei denen der ganze Stamm oder die ganze Gemeinschaft danach lebt und handelt. Für sie ist es normal, ein Empath zu sein, und sie werden darin unterstützt, ermutigt und gefördert. Ihre Sensitivität wird anerkannt und respektiert und man lehrt sie, sie zu entwickeln, zu beherrschen und anzuwenden. Und weil diese Menschen immer unterstützt wurden, ist für sie kein Kampf, kein Konfliktpunkt und kein Schamgefühl damit verbunden, ein Empath zu sein, und das heißt, dass sie diese Qualität vermutlich auch nicht als Werkzeug für tiefes Seelenwachstum nutzen. Aber auch wenn sie sich nicht für ein Leben entschieden haben, in dem sie als Empath um das Wachstum ihrer Seele ringen, sind sie zweifellos hier, um zur Verankerung dieser Frequenzen im energetischen Feld beizutragen und den Raum für das Bewusstsein des vierten Chakras zu halten.

Die meisten Empathen empfinden zumindest die erste Zeit ihres Lebens als beschwerlich. Wir hatten mehrheitlich keine Eltern oder Mentoren, die unsere Fähigkeiten erkannten oder uns führen konnten. Unser Leben kann sich einsam anfühlen und wir werden oft ausgegrenzt, verspottet oder wie ein Außenseiter behandelt. Wir müssen vieles von dem, was uns ausmacht, verbergen und sind gezwungen, eine Vielzahl an Bewältigungsstrategien zu entwickeln und Masken zu tragen, um „normal“ zu erscheinen. Wir tun so, als ginge es uns gut, obwohl es uns schlecht geht. Wir verdrängen unsere Gefühle und Reaktionen tief unter die Oberfläche. In manchen Fällen vergraben wir unsere empathische Natur so tief in uns, dass wir nach außen genau das Gegenteil sind: stoisch, emotionslos, mechanisch, distanziert oder übermäßig gesellig.

Auf einer tieferen Ebene entscheiden wir uns dafür, uns mit dieser äußerst herausfordernden Hülle zu umgeben, um die höheren Schwingungen der Liebe, der Herzzentriertheit und des erweiterten Bewusstseins auf der Erde zu halten. Auch wenn es eine lange Liste an Qualitäten, Merkmalen und Verhaltensweisen gibt, die einen Empathen insgesamt gut definieren, tun wir uns selbst Unrecht und lassen ein entscheidendes Element in unserem Selbstverständnis aus, wenn wir nicht eingestehen, dass wir uns auf einer Seelenebene dafür entschieden haben, ein Empath zu sein. Und daraus folgt, dass wir uns für alles entschieden haben, was damit verbunden ist, das Leben eines evolutionären Empathen zu leben.

WAS EIN EMPATH IST – DIE FORMALE DEFINITION

Ein Empath zu sein ist ein ununterbrochener Seinszustand. Es ist Teil unserer Persönlichkeit, unserer psychologischen Ausstattung und unserer energetischen Physiologie. Es ist eine Entscheidung, die wir auf der allerhöchsten Seelenebene getroffen haben. Die folgende formale Definition habe ich aus allen in diesem Kapitel vorgestellten Aspekten erarbeitet:

Ein Empath ist ein Mensch, der auf einer Seelenebene entschieden hat, mit einem bestimmten Katalog an Qualitäten zu inkarnieren, die unterschiedlich stark zum Ausdruck kommen: ein offenes Energiefeld, ein hochsensitives Nervensystem, die Fähigkeit, feinstoffliche Energien wahrzunehmen, das starke Bedürfnis, Frieden und Harmonie zu schaffen, und der tiefe Wunsch, anderen zu dienen. Empathische Menschen können durch Fühlen, Wissen, körperliche Empfindungen oder eine Kombination dieser drei Fähigkeiten mühelos die nonverbale Kommunikation und die feinstofflichen Energien anderer – physischer oder nichtphysischer – Lebensformen wahrnehmen. Empathen werden oft in Familien und Gemeinschaften hineingeboren, die weder ihre Fähigkeiten erkennen noch wissen, wie man sie fördern kann. Die einmaligen Herausforderungen, die diese Qualitäten mit sich bringen, wurden von der Seele akzeptiert, um nicht nur ihrem höchsten Wachstum, sondern auch der Erde zu dienen, indem der neue menschliche Bauplan und das (Herz-) Bewusstsein des vierten Chakras in dieser frühen Periode des Aufstiegs auf der Erde verankert werden.

5

Die fünf Qualitäten eines Empathen näher beleuchten

In diesem Kapitel wollen wir die fünf Qualitäten eines Empathen einzeln näher beleuchten und uns Beispiele dafür anschauen, wie sie im Alltag zum Ausdruck kommen.

WIR SIND FÄHIG, MIT ANDEREN LEBEWESEN ZU VERSCHMELZEN UND IHRE ENERGIE AUFZUNEHMEN

Empathen haben die erstaunliche Fähigkeit, sich in die Emotionen, Gefühle und Seinszustände anderer Menschen hineinzuspüren und sie zu fühlen. Wir fühlen nicht nur, was sie fühlen, sondern können das, was sie fühlen, auch übernehmen, als ob es unser eigenes Gefühl wäre. Wir spüren diese Emotionen tatsächlich in unserem Körper und agieren sie dann aus. Wir können uns auch in die Situation eines anderen Menschen hineinversetzen und sie von seinem Standpunkt aus sehen. Wenn uns nicht bewusst ist, dass wir es tun, glauben wir, dass wir unsere eigenen Gefühle wahrnehmen und unseren eigenen Standpunkt zum Ausdruck bringen.

Empathen haben auch ein sehr offenes Energiefeld, das oft weder Grenzen noch ein Gefühl der Begrenzung kennt. Unsere Psyche erinnert sich daran, wie es ist, in geistiger Form zu leben, in der es kaum notwendig ist, uns zu schützen, und in der es keine Vorstellung von Kampf, Konflikt oder Konkurrenz gibt. Wenn wir im reinen Bewusstsein existieren, sind wir weit und ausgedehnt. Wenn wir in menschlicher Gestalt inkarnieren, bewahren wir – wenn auch meist auf einer unterbewussten Ebene – die Erinnerung daran, dass wir mit allem und jedem eins sind. Diese Erinnerung erzeugt einen idealistischen, liebevollen, offenen, ausgedehnten, vertrauensvollen Seinszustand, der sich auf die Energie, die wir mitbringen, und damit in unser Energiefeld überträgt.

Gepaart mit unserer Neigung zu erhöhter Sensitivität sorgt unser offenes Energiefeld dafür, dass es uns so leichtfällt und sich derart natürlich anfühlt, mit anderen Menschen zu verschmelzen und ihre Energiemuster aufzunehmen, dass uns oft gar nicht bewusst ist, dass wir es tun. Und wenn es uns nicht bewusst ist, glauben wir zu unserem Nachteil, dass alles, was wir fühlen, unsere eigenen Gefühle sind. Es kommt uns gar nicht in den Sinn, dass wir die Emotionen oder den Schmerz eines anderen Menschen fühlen und ausdrücken.

Wenn wir keinen anderen Weg kennen, als der andere zu werden, kann die Vorstellung, dass wir getrennt und verschieden sind, äußerst verwirrend für uns sein. Wenn wir dann anfangen, Grenzen zu ziehen und zu bestimmen, wer wir wirklich sind, und uns in unserem eigenen Kern zentrieren, kann sich das so fremd und ungewohnt anfühlen, als ob wir auf den Händen laufen würden. In den Kapiteln 8 und 9, in denen es um die Bedeutung von Grenzen geht, werde ich darauf näher eingehen.

Hinzu kommt, dass es uns meist enorm verwirrt und für gewöhnlich dazu bringt, unser Verhalten zu ändern, wenn wir wegen Dingen, die wir bei einem anderen Menschen oder in einer Situation spüren oder intuitiv wahrnehmen, gemaßregelt werden oder auf strikte Ablehnung stoßen. Als Kind sind wir noch in der Entwicklung (kognitiv, körperlich und emotional) begriffen, versuchen zu ergründen, wie die Welt funktioniert, und lernen, unsere Gedanken, Gefühle und intuitiven Wahrnehmungen mit der Realität in Einklang zu bringen. Für uns ist das, was wir sehen, fühlen, hören oder spüren, wirklich und so klar wie der helle Tag. Als Kind kommen wir nicht auf den Gedanken, dass andere Menschen diese Dinge nicht sehen, fühlen, hören oder spüren können. Wir verlassen uns darauf, dass unsere Eltern uns helfen, Klarheit zu schaffen, aber wenn sie keinen Bezugsrahmen und kein Verständnis für unsere Empfindungen haben, schreiben sie unsere seltsamen Erfahrungen eingebildeten Freunden zu, glauben, dass wir tagträumen, Dinge erfinden, Aufmerksamkeit bekommen wollen, lauschen oder lügen, oder suchen nach einer anderen „rationalen“ Erklärung. Damit erklären sie unsere Erfahrungen für ungültig und das hat zur Folge, dass wir anfangen, die Anteile abzutöten, die nicht auf Zustimmung und Akzeptanz stoßen. Diese Anteile verschwinden jedoch nicht, sondern ziehen sich lediglich in den Schatten zurück. Co-Abhängigkeit, Süchte und andere sehr ungesunde Verhaltensweisen werden zu unseren Bewältigungsstrategien, wenn es uns nicht gelingt, unsere Erfahrungen mit der Realität in Einklang zu bringen.

Wendys Geschichte

Wendy erinnert sich daran, dass sie als Kind ständig das Gefühl hatte, sich schämen zu müssen oder Unrecht zu haben, sobald sie den Mund aufmachte. „Als ich älter wurde, schien ich immer Dinge zu sagen, die niemand erwartet hatte und denen auch niemand zustimmen wollte.“ So spürte sie beispielsweise, dass ihre Mutter wütend war, aber wenn sie nach dem Grund fragte, stritt ihre Mutter es ab. Andere Menschen erklärten ihr oft, dass ihre Erfahrung „nicht wahr“ sei, erkannten aber später, dass sie doch der Wahrheit entsprach. Das führte dazu, dass Wendy sehr vorsichtig wurde und Angst hatte, Dinge auszusprechen, die ihr kristallklar erschienen. Sie lernte, ihr Bewusstsein abzuschotten, und wurde beschuldigt, sich Tagträumen hinzugeben, solange sie sich zurückerinnern kann. Sie sagte: „Es war ein Fluchtmechanismus, der mich daran hindern sollte, etwas zu sagen, das mich in Schwierigkeiten bringen würde. Es ist für mich viel leichter zu ertragen, wenn jemand mich anschreit, weil ich nicht zuhöre, als wenn er mir erklärt, dass ich Unrecht habe.“

Leahs Geschichte

Leah konnte sich in ihrer Kindheit und Jugend sehr stark in ihre Mutter einfühlen. Ihre Mutter war narzisstisch, drogenabhängig und extrem aufbrausend, sodass Leah nie wusste, was sie zu erwarten hatte. Als Kind lebte sie in einem großen Haus und konnte immer spüren, wo ihre Mutter sich gerade aufhielt und in welcher Stimmung sie war. Danach entschied sie, ob sie besser daran tat, sich von ihr fernzuhalten, oder ob es etwas gab, das sie tun konnte, um ihre Mutter zu beruhigen und mit ihr zurechtzukommen.

Diese Sensitivität und ihre Fähigkeit, sich mit dem energetischen Zustand eines anderen Menschen zu verbinden, setzten sich in ihren Liebesbeziehungen fort. Leah war insbesondere mit einem Partner – einem Mann, von dem sie sich mehrfach trennte, um sich dann wieder mit ihm zu versöhnen – energetisch so stark verbunden, dass sie sogar in den Zeiten, in denen sie getrennt waren, genau spürte, wann er zu einer Geschäftsreise aufbrach und ins Flugzeug stieg und wann er in die Stadt zurückkehrte.

Rebeccas Geschichte

Rebecca schildert einen konkreten Vorfall, der ihr vor fünfundzwanzig Jahren erstmals bewusst machte, dass sie die körperlichen Symptome anderer Menschen übernahm. Sie fuhr damals mit dem Bus zur Arbeit und wieder nach Hause. „Eines Tages", so erzählte sie, „saß hinter mir jemand, der hustete und nieste. Als ich auf der Arbeit ankam, hatte ich Halsschmerzen. Ich bezeichnete mich selbst als Hypochonder. Ich wusste, dass es unmöglich war [mich so schnell bei ihm anzustecken]. Am nächsten Morgen waren die Halsschmerzen verschwunden. Mir wurde klar, dass ich die körperlichen Erfahrungen anderer Menschen übernahm. Ich machte diese Erfahrung damals zum ersten Mal und war ausgesprochen selbstkritisch."

Meine Geschichte

Während meiner Zeit bei der Air Force war ich drei Monate in Saudi-Arabien stationiert. Ich war fünfundzwanzig und von der Erkenntnis, dass ich eine Empathin bin, noch sehr weit entfernt. Während meines Aufenthalts in diesem Land nahm ich die große Anspannung aller dort vertretenen Länder und Teilstreitkräfte auf. Ich nahm die Ängste aller Kollegen ebenso auf wie ihr Heimweh und die Sehnsucht nach ihren Familien. Ich spürte das Unbehagen und die manchmal richtiggehend feindseligen Gefühle, die auf mich und die anderen Frauen, mit denen ich zusammenarbeitete, projiziert wurden, nur weil wir Frauen waren. Mein

Nervensystem registrierte jede potenzielle Bedrohung und jede Gefahr, während es versuchte, mit meiner emotionalen Überforderung zurechtzukommen. Der Stress führte wiederholt zu außergewöhnlichen Reaktionen wie beispielsweise starkem Zahnfleischbluten. Obwohl ich meine Arbeit liebte, war ich so verzweifelt und weinte so sehr, dass meine Kehle anschwoll und ich kaum atmen konnte. Ich hatte keine Ahnung, wie ich meine eigenen Emotionen verarbeiten sollte, und ich hatte erst recht keine Ahnung, dass ich den Stress und die Anspannung aller Menschen in meinem Umfeld aufnahm.

Dorians Geschichte

Während eines Englischkurses an einem College wandte die Diskussion sich dem weiblichen Körper und der weiblichen Sexualität zu, denn in der Handlung des Films, den die Klasse sich anschauen sollte, spielten beide eine wichtige Rolle. Eine kleinwüchsige Studentin reagierte sehr emotional auf das Gespräch, denn es war klar, dass ihr Körper ihr nicht erlaubte, die „normalen" sexuellen Erfahrungen einer jungen Frau zu machen. Sie war an einen Rollstuhl gefesselt und rollte rasch aus dem Raum. Dorians ganzer Körper wurde von den Gefühlen der Studentin erfasst. Er erhielt blitzartige Einblicke in ihr bisheriges Leben, fühlte, was sie fühlte, und wurde von Empfindungen der Traurigkeit und der Ausgrenzung überwältigt. Als der Unterricht zu Ende war, ging er erst einmal nach Hause und weinte. Er reagiert auf solche Erfahrungen mit Übelkeit, Zittern, Schweißausbrüchen und allgemeiner Überforderung. Wenn er den Zustand eines anderen Menschen aufnimmt, kann er mit allem anderen, was um ihn herum geschieht, nicht mehr umgehen. Er muss sich möglichst rasch abschotten, um die Außenwelt auszusperren und sein Gleichgewicht wiederzufinden.

Amys Geschichte

Amy erinnert sich, dass sie mit Anfang zwanzig einmal drei Wochen lang jeden Abend etwas vorhatte. Sie wusste noch nicht, dass sie nein sagen konnte, und sie kannte sich selbst noch nicht gut genug, um zu unter-

scheiden, was sie gerne tat und was nicht. Außerdem fühlte sie sich den Menschen gegenüber verpflichtet, die sie gebeten hatten, an den verschiedenen Veranstaltungen teilzunehmen. Diese Zeit war ein Wendepunkt, weil sie an ihre Grenzen stieß, völlig erschöpft war und erkannte: „Wenn ich so weitermache, bringt es mich irgendwann um." Wenn Amy in diesem Verhaltensmuster gefangen war, stürzte sie oft regelrecht ab und litt an Migräne. Sie hatte noch keine Vorstellung von ihrem Energiefeld und wusste noch nicht, wie sie achtsamer mit ihm umgehen oder Grenzen setzen konnte, sodass diese drei Wochen dazu beitrugen, ein kritisches Bewusstsein zu schaffen.

Willows Geschichte

Willow weiß immer, wie es ihren Kindern emotional geht, auch wenn sie ihre Gefühle nicht offen zum Ausdruck bringen. Als junge Mutter hatte sie ein Problem mit Disziplin, weil sie die Emotionen ihrer Kinder so stark spüren konnte. In einem besonders schwierigen Fall saß ihr Sohn am Tisch, wollte aber nicht essen. Willow und ihr Mann gaben ihm einen Wecker und erklärten ihm, er müsse essen, ehe der Wecker klingelte. Willow konnte spüren, dass er immer ängstlicher wurde, und ihre eigene Angst wurde ebenfalls größer. Obwohl sie und ihr Mann ruhig mit ihm redeten und ihm die Folgen seines Verhaltens erklärten, wollte ihr Sohn bis zur letzten Minute nicht essen. Erst dann schlang er so viel Essen hinunter, wie er konnte, erbrach es aber prompt wieder, weil er alles in sich hineinstopfen wollte, bevor der Wecker klingelte. Willow musste den Tisch verlassen, weil seine Emotionen sie komplett überwältigten. Sie ging schluchzend in ein Nebenzimmer und brauchte eine Weile, bis es ihr gelang, die Fassung zurückzugewinnen und ihre „Elternrolle" wieder einzunehmen.

Wir können nicht nur die Gefühle anderer Menschen fühlen oder uns auf ihren emotionalen oder energetischen Zustand einstimmen (ohne dabei klare Grenzen durchzusetzen), sondern auch die Persönlichkeitsmerkmale, Vorlieben und Wertvorstellungen anderer Menschen übernehmen. Das heißt mit anderen Worten, dass wir in Beziehungen – und nicht nur in Liebesbeziehungen

– unsere Identität verlieren können. Wir neigen von Natur aus dazu, uns auf einer tiefen Ebene mit anderen Menschen zu verbinden. Diese Form der Verbindung bringt uns große Erfüllung und erinnert uns an das Einssein, das wir auf der geistigen Daseinsebene erfahren. Wenn wir aber nicht wissen, dass wir ein Empath sind, und uns unserer Fähigkeit, mit einer anderen Lebenskraft zu verschmelzen, nicht bewusst sind, dann haben wir noch nicht den Peilsender beziehungsweise den inneren Kompass entwickelt, der uns in unserem eigenen Selbst zentriert hält, sodass wir Gefahr laufen, die Qualitäten anderer Menschen – unserer Eltern, unseres Partners, unserer Vorgesetzen, unserer Schwiegereltern und manchmal sogar völlig fremder Menschen – auf- und anzunehmen.

Das kann sich in sehr vielfältiger Weise äußern, beispielsweise in Form von unbewussten Anpassungen Ihrer Schlafgewohnheiten, Hobbys, Ansichten über Politik, Umwelt oder Erziehung, Konsumgewohnheiten, Umgang mit Haustieren oder Kindern, sozialen Aktivitäten oder Essgewohnheiten. Diese Veränderungen können derart subtil sein, dass Sie vielleicht noch nicht einmal merken, dass sie stattgefunden haben, oder nicht erkennen, dass es in Wirklichkeit gar nicht Ihre Gewohnheiten und Qualitäten sind. Wenn Sie so sehr daran gewöhnt sind, die Energiemuster aller Menschen aufzusaugen, mit denen Sie in engerem Kontakt stehen, haben Sie vielleicht gar keine Vergleichsmöglichkeit, sodass es sich für Sie „normal" anfühlt, die Emotionen und Gewohnheiten anderer Menschen in sich zu tragen.

Lydias Geschichte

Lydia hat in mehreren Partnerschaften die Persönlichkeitsmerkmale, Überzeugungen oder Gewohnheiten ihres Partners übernommen. Vor allem bei einem früheren Partner, den sie als voreingenommen und spießig beschrieb, ertappte sie sich dabei, dass sie wichtige Menschen aus ihrem Leben ausschloss, weil er sie nicht billigte. Lydia zufolge war er nicht herrisch und verlangte nie direkt von ihr, bestimmte Freunde oder Verwandte nicht mehr zu treffen. Sie übernahm seine Ansichten und Meinungen über andere Menschen einfach so vollkommen, dass sie ihre eigene Beziehung zu ihnen seiner Meinung über sie anpasste. Das gipfelte darin, dass Lydia um ein Haar ihre eigene Schwester von ihrer Hochzeit ausgeschlossen hätte, weil er ihr gegenüber sehr stark voreingenommen war.

Lydias erster Mann war drogenabhängig und sie übernahm sein Suchtverhalten und seine Gewohnheiten und fing ebenfalls an, Drogen zu nehmen. Vorher hatte sie keine Drogen konsumiert und wurde von ihm auch nicht dazu genötigt. Ihr Wunsch, mit ihm zu verschmelzen, brachte sie dazu, seine Gewohnheiten zu übernehmen, um eine tiefere Beziehung und größere Nähe zu schaffen. Stattdessen wurde sie selbst süchtig. Lydia bezeichnete diese Beziehungen als Beispiele dafür, dass „ich mich aus meiner Komfortzone herauswand, um sicherzustellen, dass der Mann, mit dem ich mich zusammentat, sich so wohl wie nur möglich fühlte."

Wenn Lydia in ein Restaurant geht, in dem der Kellner mit einem Akzent spricht, zählen ihre Kinder noch heute zum Spaß die Sekunden, bis sie anfängt, mit demselben Akzent zu sprechen. Jahrelang war ihr völlig unbewusst, dass sie es tat. Früher hatte es deshalb oft Probleme gegeben, weil die Leute, in deren Gesellschaft sie war, glaubten, sie wolle den Kellner verspotten oder beleidigen. Sie hatte keine Ahnung, dass sie sich so mühelos und augenblicklich mit einer anderen Person identifizieren und ihre Merkmale übernehmen konnte.

Raquels Geschichte

Raquel hatte einen Freund, der lernte, auf der Indianerflöte (Native American Flute [Anm. d. Übers.]) zu spielen. Immer wenn er ihr etwas vorspielte, war sie verzaubert und spürte seine enorm große Freude und Begeisterung. Das beeinflusste sie so sehr, dass sie beschloss, sich ebenfalls eine Flöte anzuschaffen und spielen zu lernen. Im Laufe der Wochen erkannte sie jedoch, dass sie sich davon nicht angesprochen fühlte und nicht annähernd so begeistert war, wie sie geglaubt hatte. Ihre Freude und ihre Verzauberung waren wesentlich größer, wenn sie ihren Freund spielen hörte. Ihr Mangel an Hingabe und Begeisterung, wenn sie selbst spielte, zeigte ihr deutlich, dass sie sein Interesse und seinen Eifer übernommen hatte.

Marys Geschichte

Eine Kollegin von Mary sagte einmal: „Mary verhält sich immer so wie die Person, mit der sie gerade zusammen ist." Mary dachte über diese

Aussage nach und stellte fest, dass sie sich selbst, ihr Auftreten und ihren Kommunikationsstil immer dem Menschen anpasste, mit dem sie sprach. Wenn jemand lustig war und viele Scherze machte, achtete sie darauf, dass auch sie lustige Dinge sagte. Ihr fiel außerdem auf, dass sie Qualitäten von Menschen übernahm, von denen sie wusste, dass ihr Gesprächspartner sie mochte, um selbst seine Gunst zu gewinnen und gemocht zu werden.

Wendys Geschichte

Wendy bezeichnet ihre Ehe als kurzlebig, ungesund und unglücklich. Dennoch war es ein Aha-Erlebnis für sie, als sie erkannte, wie sehr sie sich selbst verleugnete und wie viele der Vorlieben ihres Mannes sie übernommen hatte. Sie sagte: „Ich konnte wirklich hautnah erleben, wie co-abhängig mein ganzes Leben war und wie sehr ich mich – fast chamäleonartig – anpasste, dass ich mich kaum wiedererkannte und auch meine Freunde glaubten, mich verloren zu haben. Ich sprach von „uns" (anstelle von „mir") und ich redete wie er und benutzte seine Ausdrucksweise. (Er hatte eine ganz eigene Art, das Leben zu erklären, und es war mir sehr wichtig, seine Worte zu benutzen, damit wir als Paar erkannt wurden.) Ich stellte meine Ernährung von vegetarischer Kost auf fleischhaltige Kost um. Er aß riesige Portionen, war aber sehr aktiv. Er ermunterte mich immer dazu, eine zweite Portion zu nehmen, was ich dann auch tat. Er wollte Mitglied in der Society for Creative Anachronism *werden und an mittelalterlichen Spielen teilnehmen. Ich ging mit den Kindern zelten und kochte, obwohl ich nicht wollte und es nicht ausstehen konnte. Ich wurde ein aktives Mitglied alternativer Gemeinschaften. Er war daran sehr interessiert, ich war es nicht. Er wollte eine polyamoröse Beziehung. Ich habe ein Jahr lang versucht, mich zu verbiegen, um seinem Wunsch entgegenzukommen. Ich habe ein Jahr lang getan, als würde ich diese Beziehungsform praktizieren, um meine Ehe zu retten. Ich habe auf sein Geheiß aktiv versucht, seine Familie fernzuhalten, weil er sie nicht mochte und sie nicht um sich haben wollte. Ich half ihm, Ausreden zu erfinden, und ich log für ihn, damit er sie nicht sehen musste. Umgekehrt verlor ich ebenfalls mein Rückgrat und die Fähigkeit, Zeit mit meinen Freunden zu verbringen, weil er glaubte, dass sie ihn nicht mochten."*

Jocelyns Geschichte

Jocelyn war dreimal verheiratet und dachte jedes Mal: „Was tue ich denn da?“ Sie wusste, dass ihre Entscheidung nicht von Dauer war. Sie sagt: „Ich bin eine Zeitlang immer völlig in meinen jeweiligen Partner eingetaucht. Ich hörte auf, Tagebuch zu führen, zu tanzen und andere Dinge zu tun, die mir Freude bereiteten. Ich hatte ein enorm großes Bedürfnis nach tieferen Gefühlen. Ich suchte nach Nähe zu mir selbst und einer tiefen Verbindung zu mir selbst und hielt die Tatsache, dass ich mich in meinem Partner verlor, fälschlich für die Erfahrung, nach der ich mich sehnte.“

Die Fähigkeit, so vollkommen mit anderen Menschen zu verschmelzen, hat bedauerlicherweise fast immer zur Folge, dass man nicht weiß, wer man ist, wie man sich fühlt oder was man will. Das bedeutet mit anderen Worten, dass wir oft jahrzehntelang unter einer Identitätskrise leiden. Wenn wir uns unserer empathischen Natur nicht bewusst sind, fällt es uns ausgesprochen schwer, die Grenzen zwischen uns selbst und anderen Menschen zu bestimmen. Wenn wir so leben und es nicht einmal wissen, verlieren wir unsere eigenen Bedürfnisse, Wünsche, Gefühle und Werte aus den Augen, weil sie vom Wirbelsturm der Bedürfnisse, Wünsche, Gefühle und Werte aller anderen Menschen, in die wir uns verwickelt haben, überrollt und außer Kraft gesetzt werden. In Kapitel 14 erkunden wir Möglichkeiten, uns getrennt von anderen Menschen zu definieren und ein solides Selbstbild zu erschaffen, damit wir immer wieder in unsere Mitte zurückkehren können.

Hier ist es auch wichtig zu wissen, dass die meisten der oben genannten Beispiele zwar das zwischenmenschliche Miteinander betreffen, dass Empathen aber nicht nur die Energien und Emotionen anderer Menschen aufnehmen. Wir können beispielsweise auch oft die Energien von Tieren, Pflanzen, Steinen oder Gewässern aufnehmen. Wenn Sie sich also die Frage stellen, ob es sich um Ihre eigenen Gefühle handelt, ziehen Sie immer auch in Betracht, dass Sie vielleicht nichtmenschliche Quellen wahrnehmen.

WIR BESITZEN EIN HOCHEMPFINDLICHES NERVENSYSTEM

Unsere Sensitivität kann auf äußerst vielfältige Weise zum Ausdruck kommen. Am häufigsten zeigt sie sich als rasche Reizüberflutung und Überforderung. Die Ursache kann beliebig sein: zu großer Lärm, künstliches oder grelles Licht, große Menschenansammlungen, Gewaltszenen im Fernsehen, zu viele Projekte oder Aufgaben, ständige Auseinandersetzungen oder Menschen, die laut reden, das Wetter, Empfindlichkeit gegenüber elektronischen Geräten oder elektrischen Leitungen, Chemikalien und starken oder künstlichen Gerüchen, um nur einige Beispiele zu nennen. Diese Eigenschaft ist unabhängig davon, in welcher Form sie zutage tritt, bei fast allen Empathen vorhanden.

Natashas Geschichte

Natasha hat ein so empfindliches Nervensystem und ist in so hohem Maße empathisch, dass sie es kaum schafft, sich in größeren Gruppen von Menschen aufzuhalten. Sie musste schon häufig Versammlungen, Workshops oder gesellschaftliche Veranstaltungen panisch und unter Tränen verlassen, weil das Zusammensein mit so vielen Menschen bei ihr eine massive Panikattacke ausgelöst hatte. Ihr Nervensystem wird völlig überreizt und sie nimmt die Energie aller anderen Menschen so stark wahr, dass sie sofort überfordert und nicht mehr in der Lage ist, gut für sich selbst zu sorgen. Alles, woran sie denken kann, ist Flucht. Das geht so weit, dass sie den Menschen nicht in die Augen schaut und ihnen auch nicht sagt, was sie fühlt, nicht einmal, wohin sie geht. Sie geht einfach auf kürzestem Weg zur Tür. Vor unserer Zusammenarbeit verstand sie Ursache und Wirkung dieses Verhaltens nicht und ihr war auch nicht bewusst, dass ihr Energiegefäß voller Löcher war und sie die Energien aller anderen Menschen aufnahm.

Leahs Geschichte

Leah reagiert extrem empfindlich auf den Wechsel der Jahreszeiten und auf das Vorhandensein oder das Fehlen von Sonnenlicht. Alle drei Monate gerät ihr Verdauungssystem aus dem Gleichgewicht und sie hat mehre-

re Wochen lang das Gefühl, nichts verdauen zu können. Sie muss sich an jede Jahreszeit wieder neu anpassen. Leah reagiert auch sehr empfindlich auf den Winter und muss eine Reihe von Strategien einsetzen, um zu verhindern, dass sie während der kalten und kurzen Tage in eine Depression abgleitet. Sie benutzt eine Tageslichtlampe, hört aufbauende Musik, singt und bemüht sich gerade an bewölkten Tagen, ihre Stimmung zu heben. Sonnenlicht löst eine starke positive Reaktion bei ihr aus.

Bridgettes Geschichte

Bridgette litt häufig unter starker Migräne und brauchte Kälte, Ruhe und Dunkelheit, damit sie schlafen konnte. Als ihre Kinder noch klein waren, hatte sie Verdunkelungsrollos und ein Fensterklimagerät im Schlafzimmer installiert. Ihre Kinder durften vor allem am Wochenende keinen Laut von sich geben, bis sie aufgestanden war. Selbst danach brauchte sie lange, bis sie wach war und Lärm oder Aktivität ertragen konnte. Wenn sie nicht genug Schlaf bekam, schmerzten ihre Augen und sie trug sogar bei der Arbeit eine Sonnenbrille. Bridgette war ein Produkt der sogenannten Valium-Generation und ihr Arzt verordnete ihr jahrzehntelang Valium, das ihr helfen sollte, mit ihrer Sensitivität zurechtzukommen.

Raquels Geschichte

Raquel kann sich keine gewalttätigen Filme oder Fernsehsendungen anschauen. Sie war zusammen mit ihrem Mann im Kino, um sich den Film Kingsman *anzusehen, und berichtete: „Ich war völlig verändert. Mein Mann und ich hatten einen Streit. Ich war so verstört, dass ich nicht reden konnte. Ich habe ihm buchstäblich den Kopf abgerissen. Es war wie Dissoziation. Ich habe sehr viel Energie verloren und meinen Körper fast vollständig verlassen. Ich musste einen Weg finden, zu mir selbst zurückzukehren."*

Rebeccas Geschichte

Rebecca kommt in geschlossenen Räumen mit vielen Menschen und Unterhaltungen nicht gut zurecht. Sie neigt in diesen Situationen zur Dissoziation. Sie erklärt: „Ich verabschiede mich dann geistig. Das ist kein bewusster Prozess. Es passiert einfach. Ich habe große Probleme mit den vielen Geräuschen, die gleichzeitig zu hören sind. Es gelingt mir zwar gut, äußere Reize auszuschalten, aber wenn viele Menschen gleichzeitig reden, wird es schwer und ich verstehe nichts mehr. Dann habe ich mich schon verabschiedet, ehe ich überhaupt merke, dass ich mich verabschiedet habe."

Dorians Geschichte

Dorian sagt: „Ich brauche ein gewisses Maß an Kontrolle über meine Umgebung. Zu viele Reize bewirken, dass ich explodiere. Mein Gehirn nimmt eine wahnsinnige Menge an Daten auf. In einem Restaurant dringt beispielsweise jedes Geräusch in mein Bewusstsein (das Klirren von Tellern, Musik, das Knistern von Plastikverpackungen). Ich nehme die Energie der anderen Gäste, fremde Wesenheiten und die geistige Atmosphäre des Ortes wahr und erhalte gelegentlich sogar flüchtige Einblicke in seine Gegenwart oder Zukunft."

Dorians Frau und seine Kinder wissen, dass ab einer bestimmten Zeit abends völlige Stille herrschen muss, weil Dorian einige Stunden braucht, um zur Ruhe zu kommen und einzuschlafen. „Meine Ohren nehmen ständig Informationen auf."

Lexis Geschichte

Lexi reagiert sehr empfindlich auf Gerüche, vor allem dann, wenn sie künstlich sind oder auf chemischen Stoffen basieren. Dann können sie eine sofortige Migräne auslösen. Natürliche Düfte wie beispielsweise reine ätherische Öle verursachen ihr keine Probleme. Sie hat schon vor langer Zeit alle Kerzen, Lufterfrischer, Parfums und anderen Dinge mit künstlichem Duft aus ihrem Zuhause verbannt. An öffentlichen Orten muss sie sich vorstellen, von einer dicken Abschirmung umgeben zu sein, und ihre vielen Engelsführer um Unterstützung bitten, damit sie ihre Sicherheit garantieren und dafür sorgen, dass sie handlungsfähig bleibt.

Der Umgang mit unserer Sensitivität ist entscheidend dafür, dass wir unsere Handlungsfähigkeit bewahren. Dies geschieht durch eine Reihe von Methoden, zu denen unter anderem die Sorge für unser Energiefeld (Kapitel 7) und eine radikale Selbstfürsorge (Kapitel 12) gehören. Es ist enorm wichtig zu erkennen, dass wir anders „verdrahtet" sind als andere Menschen und dass wir uns weder durch Verleugnung noch durch ein Aversionstraining „abhärten" können. Damit tun wir uns selbst Gewalt an. Unsere Sensitivität ist eine Gabe, aber wir müssen lernen, unsere Umgebung (und vermutlich die eine oder andere Beziehung) so anzupassen, dass Frieden und Harmonie so weit wie möglich gefördert werden und Überforderung möglichst vermieden wird.

UNSERE SENSITIVITÄT FÜR FEINSTOFFLICHE ENERGIEN UND INFORMATIONEN

Empathen reagieren äußerst sensibel auf feinstoffliche Energien. Das bedeutet, dass wir Informationen aus den feinstofflichen Sphären wahrnehmen und/oder Zugang zu ihnen haben.

Ein Radio ist ein elektronisches Gerät, das Radiowellen empfängt und die von ihnen übertragenen Informationen in eine nutzbare Form umwandelt. Alle Radios nutzen eine Antenne als den Mechanismus, der die Radiowellen erfasst. Empathen besitzen eine enorm starke Antenne und verarbeiten ständig viele tausend Datensätze, die unsere hochempfindlichen Empfänger erfassen. Und wir sind in der Lage, die Übertragungen von „Sendern" zu empfangen, auf die andere Menschen vielleicht nicht eingestellt sind.

Aufgrund unserer besonderen Form der Sensitivität und unseres offenen Energiefeldes machen wir oft paranormale, übersinnliche oder andersweltliche Erfahrungen und besitzen eine erschreckend präzise Intuition. Wir sind, um nur einige Beispiele zu nennen, in hohem Maße dazu prädisponiert, Erscheinungen zu sehen, mit Engeln oder verstorbenen Menschen zu kommunizieren, die Aura oder die Energiemuster anderer Menschen zu sehen oder zu fühlen, uns auf die Vergangenheit oder Zukunft einzustimmen und sie zu „lesen", mit Tieren und anderen Lebensformen zu kommunizieren, Energiefelder und Energietherapien zu verstehen und mit ihnen zu arbeiten, in auf natürliche Weise hervorgerufene veränderte Bewusstseinszustände einzutreten, Vorahnungen zu empfangen oder Astralreisen zu unternehmen.

Lydias Geschichte

Lydia gehörte zu den Kindern, die ihre Familien wahnsinnig machen, weil sie Dinge „einfach" wissen, ohne dass ihnen jemand etwas gesagt hat. Sie erinnert sich an mehrere konkrete Situationen, in denen sie Dinge wusste, die sie unmöglich wissen konnte. In einem Fall – Lydia war zu diesem Zeitpunkt noch keine fünf Jahre alt – war eine geistig behinderte Tante in der psychiatrischen Klinik, in der sie sich aufhielt, vergewaltigt worden und wurde schwanger. Da die Familie katholisch war, zwangen sie die Tante, das Kind auszutragen. Obwohl die Familie vor Lydia nie darüber sprach, wusste sie, dass etwas passiert war, das ihre Tante und ein Baby betraf. Eines Tages fragte sie ihre Großmutter, ob das Baby von Tante Barbara denn nicht bei ihnen leben könne. Ihre völlig überraschte Großmutter forderte sie auf, ihr zu sagen, woher sie diese Information hatte.

In einem anderen Fall wusste Lydia als vierjähriges Mädchen, dass ihr Onkel eine Affäre hatte. Ihre Tante (die Frau des untreuen Onkels) saß eines Tages verzweifelt am Küchentisch ihrer Großmutter, rauchte, trank Kaffee und grübelte. Lydia ging zu ihr hin und sagte: „ Sei nicht traurig, Tante Margaret. Er liebt sie nicht so wie dich." Die Tante stieß sie wie vom Donner gerührt zurück und wollte wissen, mit wem sie gesprochen hatte. Weil sie immer wieder solche Begegnungen hatte, sagte ihre Familie ihr, sie habe eine übermäßig ausgeprägte Fantasie, sei eine Lügnerin oder einfach nur seltsam.

In einem weiteren Beispiel erinnert Lydia sich daran, dass sie in der zweiten oder dritten Klasse einmal „Heads Up, Seven Up" gespielt hat. Bei diesem Spiel werden einige der Kinder gebeten, nach vorne zu kommen und sich vor die Klasse zu stellen. Die anderen schließen die Augen und beugen den Kopf nach unten, lassen aber eine Faust mit nach oben gestrecktem Daumen auf dem Tisch liegen. Die Kinder, die nach vorne gerufen wurden, gehen leise durch den Raum und drücken die Daumen wieder nach unten. Dann öffnen die Kinder, die an ihren Tischen sitzengeblieben sind, die Augen und versuchen zu erraten, wer ihren Daumen nach unten gedrückt hat. Lydia wurde mehrere Male beschuldigt, betrogen zu haben, weil sie immer genau sagen konnte, wer ihren Daumen nach unten gedrückt hatte. Die Lehrerin glaubte ihr nicht, als sie sagte, dass sie einfach wusste, wer sie berührt hatte. Sie stellte Lydia deshalb mehrmals auf die Probe und hielt ihre Augen sogar selbst mit der Hand zu. Nach diesem Vorfall spielte die Klasse nie wieder „Heads Up, Seven Up".

Willows Geschichte

Willow kann das Bewusstsein unbelebter Objekte spüren. Ihre Kinder hänseln sie oft, etwa, wenn sie sie bittet, ihre Teller behutsam in die Spüle zu stellen. Wenn sie staubwischt oder putzt, spricht sie mit den Dingen. Sie dankt den Bildern dafür, dass sie schön sind, dem Kamin dafür, dass er Wärme spendet. Sie hat eine Beziehung zu den Dingen in ihrem Umfeld und sie kommunizieren mit ihr.

Hazels Geschichte

Hazel ist sechzehn Jahre alt und kann seit einigen Jahren verstorbene Menschen sehen. Außer mit ihren Eltern sprach sie mit niemandem darüber, bis ihre geliebte Großmutter starb und einige Wochen später anfing, sie zu besuchen. An diesem Tag kam Hazel von der Schule nach Hause. Ihre Eltern waren nicht da, aber sie hörte Schritte im Obergeschoss. Sie ging zaghaft in ihr Schlafzimmer und dort saß ihre Großmutter auf einem Stuhl. Hazel konnte jedes Detail deutlich sehen: ihre Kleidung, ihr Gesicht, ihre Haare und ihre Brille. Sie erinnert sich, dass sie sich wahnsinnig freute, ihre Großmutter zu sehen. Sie fingen an, sich zu unterhalten, und gingen nach unten, damit Hazel sich etwas zu essen machen konnte. Als sie das Garagentor hörten (ihr Vater kam von der Arbeit nach Hause), sagte ihre Großmutter jedoch, sie müsse gehen. An diesem Abend nahm ihr Vater sie mit zu Burger King und sie bestellte genau das, was ihre Großmutter bestellt hätte. Sie schnitt den Burger sogar in zwei Hälften, wie ihre Großmutter es getan hätte, und hob die zweite Hälfte für später auf. Als sie wieder zu Hause war, legte sie den halben Burger in den Kühlschrank. Am nächsten Tag war die Verpackung noch da, aber der Burger war fort.

In einem anderen anschaulichen Beispiel erzählte Hazel von einer Frau, die in ihrem Haus verzweifelt nach einer goldenen Halskette mit Taubenanhänger suchte. Die Frau ging tatsächlich ins Schlafzimmer ihrer Eltern und durchwühlte den Schmuck ihrer Mutter. Hazel erinnert sich noch sehr genau an viele Einzelheiten: Die Frau war groß, hatte ihr brünettes Haar zu einem Pferdeschwanz zusammengebunden und den Pony schräg zur Seite gekämmt. Sie trug eine Brille, einen grünen Pullover mit V-Ausschnitt und eine lange Khakihose. Hazel hatte diese Kette als Kind bei einem Garagenflohmarkt für ihre Mutter gekauft. Da sie nicht wusste, was sie tun sollte, forschte sie ein wenig nach und las, dass man einen Gegenstand, nach dem eine verstorbene Person sucht, außerhalb des Hauses, aber an einem Ort in der Nähe ablegen sollte, damit sie ihn finden konnte. Eines Abends saßen Hazel und ihre Mutter auf der Veranda und redeten über den Vorfall. Sie beschlossen, die Kette auf dem Verandatisch liegen zu lassen. Am nächsten Tag war die Kette fort und Hazel sah die Frau nie wieder.

Amys Geschichte

Amy nimmt Katastrophen und Tragödien wahr, die sich auf globaler Ebene ereignen. Sie hat gelernt, Gereiztheit und Unruhe (die nicht ihrer normalen Verfassung entsprechen) als Warnsignal zu betrachten und zu überprüfen, ob es sich um ihre eigenen Gefühle handelt oder nicht. Sie schaut Nachrichten, um herauszufinden, was in der Welt vorgeht, und für gewöhnlich hat eine Naturkatastrophe, ein Bombenangriff, ein Terroranschlag oder ein anderes Ereignis stattgefunden, bei dem viele Menschen gleichzeitig gestorben sind.

Amy spürt auch die Anwesenheit ihrer verstorbenen Haustiere. Sie nimmt immer wieder wahr, dass eine Katze auf ihr Bett springt, oder hört das Seufzen eines Hundes oder das Plumpsen, mit dem ein Hund sich hinlegt (obwohl kein Hund da ist). Das Phänomen wurde von einer Tierkommunikatorin bestätigt, die ihr mitteilte, dass ihre verstorbenen Haustiere sie häufig besuchen.

Ich kenne viele Heiler, Massagetherapeuten, Energiearbeiter und intuitive Menschen, die lesen können oder „einfach" wissen, was im Körper, Geist oder Energiefeld ihrer Klienten vorgeht. Sie haben zahllose Male von Klienten gehört: „Woher wussten Sie, dass Sie Ihre Hand genau dorthin legen müssen?" „Woher wussten Sie, was mit mir los ist?" „Woher wussten Sie, dass ich ein Problem mit meiner Beziehung [diesem Körperteil, einem Haustier] habe?" Das ist auch mir nicht nur mit meinen Klienten, sondern auch mit Kollegen oder Freunden schon mehrfach passiert. Als Empathen sind wir in der Lage, uns in mehr als nur in die Sphäre der fünf Sinne einzustimmen.

Meine Geschichte

In der Zeit, in der ich im Büro der Gerichtsmedizin arbeitete, war eine meiner Kolleginnen einmal ziemlich gestresst und ich bot an, sie mit ein wenig Energie- und Klärungsarbeit zu unterstützen. Eine Freundin von ihr war ebenfalls anwesend. Während ich mit ihr arbeitete, nahm ich einige beunruhigende emotionale und energetische Muster wahr und fragte sie, ob ich ihr einige Fragen stellen und ihr mitteilen dürfe, was ich in ihrem Energiefeld wahrnahm. Ich weiß nicht mehr genau, was ich gesagt habe, erinnere mich aber, dass es mit der Beziehung zu ihrem Freund und der ungesunden Dynamik zwischen ihnen zu tun hatte (es war für sie in Ordnung, dass ihre Freundin anwesend war). Sie warf mir einen fassungslosen, ungläubigen Blick zu. Ihre Freundin erzählte mir später, dass meine Worte sie in Panik versetzt hatten, weil ich die Situation so genau beschrieben hatte.

Wendys Geschichte

Wendy wurde Massagetherapeutin, ehe es eine formale Ausbildung für diesen Beruf gab. Sie ging bei einer anderen Therapeutin in die Lehre, die ihr aber nichts über Grenzen und Energieübertragung beibrachte. Wendy hatte schon seit fast zehn Jahren mit Menschen gearbeitet, als sie selbst einen Berater aufsuchte, weil sie Träume und Erinnerungen an Ereignisse hatte, die ihr nie widerfahren waren. Sie hatte lebhafte Träume von Kindesmissbrauch, den es in ihrer Familie aber nicht gab. Sie träumte, dass sie als Mann familiäre Spannungen mit Menschen durchmachte, die gar nicht Teil ihrer Familie waren. Sie träumte von Auseinandersetzungen zwischen Ehepaaren oder zwischen Eltern und Kindern. Glücklicherweise half ihr Therapeut ihr zu erkennen, dass sie die Erfahrungen anderer Menschen aufnahm, und lehrte sie Energie- und Erdungspraktiken. Seit sie diese Praktiken anwendet, zeigt ihre Gabe sich nur noch in Form von Eindrücken, aber nicht mehr in Form konkreter Einzelheiten. Sie berichtet: „Ich habe oft Dinge gesagt, die mir rein willkürlich vorkamen, bei denen mein Klient aber die Fassung verlor und fragte: ‚Woher wussten Sie das?‘“

Die Welt der Natur (zu der auch wir Menschen gehören) kommuniziert immer, aber kaum jemand achtet darauf. Empathen nehmen Signale und Zeichen wahr, die andere nicht wahrnehmen, obwohl sie dazu in der Lage wären. Und für viele Empathen ist es ein desillusionierender Teil der Kindheit, dass sie Eltern hatten, die nicht verstanden oder nicht glaubten, was sie so selbstverständlich sehen und spüren konnten. Je nachdem, welche Bewältigungsstrategie Sie eingesetzt haben, fällt es Ihnen womöglich schwer, Ihre Fähigkeiten „abzuschalten“, oder Sie haben sie so tief vergraben, dass Sie sie aus ihrem Versteck hervorlocken müssen. Sie sind nicht dazu verpflichtet, etwas mit diesen Gaben anzufangen, aber denken Sie daran, dass alles, was (uneingestanden, ungeliebt, verleugnet) im Schatten bleibt, weiterhin zum Ausdruck kommen will und danach strebt, wieder mit dem Ganzen vereint zu werden.

WIR LEGEN GROSSEN WERT AUF FRIEDEN UND HARMONIE

Die Herzzentriertheit, die Empathen eigen ist, hat einen ständigen Begleiter: den Wunsch nach Frieden, Zusammenarbeit, Harmonie, gegenseitiger Unterstützung und echter Fürsorge. Der große Wert, den wir auf Frieden und Harmonie legen, zeigt sich in zwei Bereichen: in unseren Beziehungen und in unserem Umfeld. Betrachten wir den ersten Bereich ein wenig näher.

Diese Qualität hat eine Auswirkung darauf, wie wir in unseren Beziehungen, am Arbeitsplatz, in der Familie und in gesellschaftlichen Gruppen interagieren. Sie führt meist dazu, dass wir viel Zeit darauf verwenden, unsere Beziehungen zu pflegen, um Frieden, Ruhe und Harmonie zu bewahren und Zusammenarbeit zu fördern. Wir gedeihen in sinnerfüllten Beziehungen und sehnen uns nach inniger Verbindung, sodass wir die Zeit und die Energie dafür gerne investieren. Wir werden dadurch genährt, dass wir uns tief mit dem wahren Wesen eines anderen Menschen verbinden und dass diese Verbindung auf Wechselseitigkeit beruht.

Wenn wir uns dieser Qualität bewusst sind, macht sie uns zu ausnehmend guten Vermittlern, Moderatoren, Coaches, Verhandlungsführern, Partnern und Teamleitern. Wir sind hervorragend darin, eine Gruppe zu lesen, die Ansichten aller Beteiligten zu verstehen und sensibel auf die Reizauslöser der Menschen zu reagieren. Mit Übung und bewusstem Einsatz können wir jede Neigung, in co-abhängiges Verhalten zu verfallen, beobachten, damit umgehen und unsere Grenzen wahren, um uns nicht an die Gruppe zu verlieren. In Einzelsitzungen können wir ein Gefühl der Sicherheit und der Verbindung schaffen, das es dem anderen erlaubt, sich in tiefer Weise mitzuteilen und sich wertgeschätzt und gehört zu fühlen. Wir schätzen Zusammenarbeit und Ebenbürtigkeit höher als Zwang und Konkurrenz.

Wenn uns dieser Aspekt unserer selbst nicht bewusst ist, verleugnen wir unsere Bedürfnisse für gewöhnlich jedoch zugunsten unserer Familie, unserer Arbeit, eines Freundes oder einer sozialen Gruppe. Die Aufrechterhaltung der Illusion von Frieden und Harmonie fordert, dass wir unsere eigene Intuition und Enttäuschung, unsere unerfüllten Bedürfnisse und unsere Unerfülltheit, unser Nichteinverstandensein und unsere Überforderung nicht anerkennen, denn das würde unser schwankendes Kartenhaus zum Einsturz bringen. Dieses Verhalten geht fast immer mit einem sehr hohen Maß an Verstellung einher, gefolgt von Verbitterung und Projektion. Solange unsere Angst davor, den Frieden zu stören, größer ist als das Verlangen, unsere Meinung zu sagen, verharren wir in einem Muster der Komplizenschaft.

Aaliyahs Geschichte

Aaliyah lebte in New York City und hatte sich den großen Traum erfüllt, als professionelle Tänzerin zu arbeiten. Sie wohnte mit einer anderen Tänzerin zusammen, die sie seit zehn Jahren kannte. Während Aaliyah jedoch für eine große und angesehene Ballettkompanie arbeitete, war ihre Mitbewohnerin bei einer kleineren Kompanie angestellt. Das rief Neid bei ihrer Mitbewohnerin hervor und hatte Spannungen zwischen ihnen zur Folge. Vor einem Wochenende, an dem sie mehrere Auftritte hatte, putzte Aaliyah die Wohnung und kaufte Lebensmittel ein, die ihre Mitbewohnerin mochte. Damit wollte sie mögliche Neidattacken abwehren und den Groll besänftigen, den ihre Mitbewohnerin wegen des bevorstehenden Wochenendes ihr gegenüber vielleicht empfinden würde. Dabei gefährdete Aaliyah ihre eigene mentale und körperliche Vorbereitung, da sie stattdessen darauf konzentriert war, den Frieden mit ihrer Mitbewohnerin zu wahren. Aaliyah sagte: „Meine Auftritte an diesem Wochenende waren enttäuschend. Insbesondere bei einem Auftritt war ich überhaupt nicht präsent. Mein Körper tat das, was die Choreographie von ihm verlangte, aber ich hatte keine Freude daran und schaffte es auch nicht, mich dem Publikum wirklich zu zeigen. Ich war ein Körper, der Figuren auf der Bühne vorführte, statt ein Gefäß für den göttlichen Geist zu sein."

In einem weiteren Beispiel erzählte Aaliyah, wie sie ihr Verhalten zu ändern pflegte, wenn sie an längeren Feiertagen wie Thanksgiving und Weihnachten ihre Familie besuchte. Sie pflegte sich dann mit viel Alkohol in gehobene Stimmung zu versetzen, damit die Reize, denen ihre Familie sie aussetzte, ebenso wie ihre Werturteile über sie an ihr abperlten, ohne dass sie davon berührt wurde. Ihre Familie misst dem Respekt vor Älteren großen Wert bei, was in ihren Worten bedeutet, dass man sich ihnen stets unterzuordnen hat. Es gilt als respektlos, für sich selbst oder seine Überzeugungen einzustehen. So gefährdete sie also lieber sich selbst und ihre Gesundheit, indem sie ihre Wahrheit unterdrückte, um den Frieden zu wahren. Nach jedem dieser Vorfälle war sie erschöpft, verkatert und ausgelaugt. Sie brauchte immer eine volle Woche, um zur Normalität zurückzufinden, und das wirkte sich auf ihre Arbeit und ihre Beziehungen aus.

Raquels Geschichte

Schon als Kind übernahm Raquel die Rolle der Friedensstifterin in ihrer Familie. Sie sagte, dass sie immer versucht habe, alle zu beruhigen und für Frieden zu sorgen. Das gelang ihr vor allem dadurch, dass sie sich bemühte, die Bedürfnisse aller anderen vorauszuahnen, führte aber auch zur Überforderung, weil sie sich für alles verantwortlich fühlte. Als sie in der ersten und ihr Bruder in der dritten Klasse war, versuchte sie, bei einem Fall von Schikane auf dem Pausenhof einzugreifen. Ihr Bruder wurde schikaniert und obwohl sie zwei Jahre jünger war als er, ging sie zu ihm hin, um die Spannung aufzulösen und einen Kampf zu verhindern.

Auch als Erwachsene hatte Raquel immer noch das übermächtige Gefühl, für alles verantwortlich zu sein. Immer wenn sie geschäftlich für einige Tage verreisen musste, tat sie alles, um es ihrem Mann und ihrer Tochter so einfach wie möglich zu machen, während sie fort war. Dazu gehörte, dass sie das Mittagessen für alle vorbereitete, E-Mails verschickte, Aktivitäten koordinierte und auch alles andere erledigte, was sie erledigen konnte. Weil sie sich sehr stark in die Energie ihres Mannes einfühlen konnte, spürte sie, wenn er wütend war, nicht nur ihren eigenen, sondern auch seinen Schmerz. Und weil sie nicht hören wollte, wie schwer er es hatte, während sie beruflich unterwegs war, versuchte sie ihre ganze Welt so einzurichten, dass sie diese explosiven Gefühle vermeiden konnte.

Meine Geschichte

Ich erinnere mich, dass einige Jahre nach meiner ersten Heirat mein damaliger Mann einmal sagte: „Wo ist die freche und unverschämte Stephanie geblieben, die nie Angst hatte, ihre Meinung zu sagen?" Ich antwortete sinngemäß: „Nun ja, jetzt steht mehr auf dem Spiel." Ich wusste damals nicht, dass ich eine Empathin bin, und verstand meine tieferen Beweggründe nicht.

Fast vierzehn Jahre lang unterdrückte ich Aspekte meiner eigenen Persönlichkeit, um die Harmonie aufrechtzuerhalten, die mir so wichtig war. Ich war in enorm hohem Maße co-abhängig und hatte nicht das nötige

Selbstvertrauen, um zu erkennen, was ich brauchte, oder darum zu bitten, selbst wenn die Bitte völlig angemessen und gerechtfertigt war. Es war das potenzielle (echte oder eingebildete) Risiko, meinen Mann gegen mich aufzubringen, nicht wert.

Als unsere Ehe aus den Fugen geriet, befand mein Ex-Mann sich gerade an einem schwierigen Punkt, weil das Leben – sein Beruf, seine Finanzen, sein Status – sich nicht so entwickelte, wie er es sich erhofft hatte. Hinzu kamen meine berufliche Veränderung und die Tatsache, dass wir unser Haus nicht verkaufen konnten, sodass viele Dinge unter der Oberfläche brodelten. Ich reagierte äußerst empfindlich auf seine Launen und versuchte immer, meine Worte in Watte zu verpacken, wenn ich etwas, das wir als Paar entscheiden mussten, meine eigenen Bedürfnisse oder ein potenzielles Reizthema ansprechen musste. Ich ging äußerst vorsichtig zu Werke und versuchte immer, den richtigen Zeitpunkt zu finden, um es zur Sprache zu bringen. Ich schliff die Ecken und Kanten ab, damit es sanfter klang und keinen Wutausbruch zur Folge hatte. Meine eigenen Wünsche oder Bedürfnisse sprach ich oft gar nicht an.

Ich bezeichnete dieses Verhalten als „Mitgefühl". Mein Mann war enttäuscht, hatte es schwer und war frustriert. Ich war seine liebende Ehefrau, die versuchte, sensibel auf seine Lage einzugehen. Das klang in meinen Ohren sehr gut.

Das Bedürfnis nach Frieden und Harmonie, das wir als Empathen spüren, überträgt sich nicht nur auf unsere Beziehungen zu anderen Menschen, sondern auch direkt auf unser Zuhause und unsere Arbeitsumgebung. Es zeigt sich daran, wie wir unser Umfeld gestalten und wie wir uns um unsere körperlichen und energetischen Bedürfnisse kümmern. Unser hochempfindliches Nervensystem kann nicht nur sehr subtile Ebenen des Unfriedens und der Unstimmigkeit im Energiefeld anderer Menschen wahrnehmen, sondern auch die Energie aller Gegenstände in unserem Zuhause, an unserem Arbeitsplatz und überall dort, wo wir Zeit verbringen.

Die Farbe unserer Wände, unsere Einrichtung, die Anordnung der Möbel, die Geräusche im Haus, die Musik, die wir hören, und die Beleuchtung können unser Nervensystem entweder positiv beruhigen oder negativ überreizen. Es ist nicht ungewöhnlich, dass wir ständig kleine Veränderungen vornehmen und die Energien in unserer Umgebung klären, um ein möglichst harmonisches Umfeld für unser hochempfindliches Nervensystem zu schaffen.

Amys Geschichte

Amy ist hellhörig und reagiert sehr empfindlich auf Geräusche. Wenn sie allein zu Hause ist, hat sie nur selten den Fernseher an und genießt den Frieden und die Stille. Sie achtet sehr genau darauf, ob sie damit klarkommt, dass der Fernseher läuft, aber selbst dann, wenn sie eine Sendung verfolgt oder ihr Mann sich etwas anschauen will, muss sie den Raum manchmal verlassen oder darum bitten, die Lautstärke zu reduzieren. In Menschenmengen kommt sie wegen des enorm hohen Geräuschpegels und der Energie der vielen Menschen schwer zurecht. Sie liebt Livemusik, kann wegen der Auswirkungen des Lärms (und der Menschenmenge) aber keine Konzerte besuchen.

Was ihr häusliches Umfeld betrifft, so klärt Amy jeden Abend ihr eigenes Energiefeld und errichtet ein schützendes Feld um das Haus und das Grundstück. Wenn sie es nicht tut, hat sie am nächsten Tag das unterschwellige, aber deutliche Gefühl, dass etwas im Haus „nicht in Ordnung" ist, und registriert ein gewisses Unbehagen. Sobald sie ihr tägliches Ritual durchführt, ist alles wieder normal. Einer der größten Reizauslöser im Haus ist Durcheinander, und wenn es ihr zu viel wird, stapelt und beschriftet Amy die Sachen und legt sie außer Sichtweite, um sich später darum zu kümmern. Wenn Unordnung herrscht, gerät sie in leichte Angstzustände und ihr ganzer Körper ist angespannt, bis sie sich damit befassen kann.

Lexis Geschichte

Lexi ist für die Energien lebender und verstorbener Menschen ebenso empfänglich wie für dunkle Kräfte. Weil ihr nicht bewusst war, dass sie eine Empathin ist, war sie viele Jahre immer wieder überfordert, nahm die Emotionen (vor allem die Traurigkeit, Angst, Wut und Hilflosigkeit) anderer Menschen auf und litt dabei unter vielfältigen körperlichen Symptomen wie Migräne, Übelkeit und Schwindel. Als sie sich ihrer

Sensitivität bewusst wurde, begann sie Veränderungen vorzunehmen und erarbeitete ein umfassendes Programm der Selbstfürsorge und des Selbstschutzes. Sie kümmert sich täglich um die Energie im Haus, auf dem Grundstück und in ihrem Auto und der Schutzschild, den sie visualisiert, erstreckt sich über mehrere Kilometer rund um ihr Haus und ihr Grundstück.

Wenn andere Menschen oder die Familie zu Besuch waren, führt sie anschließend immer eine gründliche Reinigung des Hauses und des Grundstücks durch, um das Schwingungsfeld wieder in einen für sie harmonischen Zustand zu versetzen, weil die Disharmonie anderenfalls körperliche Stresssymptome hervorruft.

Lexi leitete außerdem die Renovierung eines alten Gebäudes, das in eine öffentliche Einrichtung mit Besprechungsräumen, einem Café und größeren Räumlichkeiten, die man für Veranstaltungen anmieten konnte, umgewandelt wurde. Ehe die Räumlichkeiten offiziell eröffnet wurden, war sie viele Stunden lang damit beschäftigt, alte Energien zu klären, die mit dem Gebäude, dem Grundstück und der Nachbarschaft zusammenhingen, und half vielen Seelen aus dem Bestattungsinstitut, das früher auf der anderen Straßenseite gelegen hatte, auf die andere Seite hinüberzugehen. Weil die dichten und chaotischen Energien ihr anfangs große Probleme bereitet hatten, legte sie auf dem Dach und in jedem Stockwerk ein Kristallgitter aus und setzt nun umfassende Reinigungs- und Abschirmprozesse ein, die denen in ihrem eigenen Haus gleichen.

Willows Geschichte

Willow arbeitet als Traumdeuterin und wendet auf ihren Alltag oft den gleichen Bezugsrahmen an wie auf ihre Träume. Sie sagt: „Ich bin ständig in Kontakt mit allen Dingen in meiner Umgebung, um meinen Bezugspunkt zu finden. Ich glaube, dass das Haus (aus psychologischer Sicht) für die Psyche steht und die verschiedenen Bereiche des Hauses bestimmten Anteilen der psychologischen Ausstattung eines Menschen entsprechen. Wenn die Dinge nicht an ihrem richtigen Platz sind, habe ich das Gefühl, keinen Bezugspunkt zu haben, der dafür sorgt, dass ich auf dem richtigen Weg bleibe. Ich fühle mich zerstreut und weniger leistungsfähig. Ich habe so lange das Gefühl, verloren zu sein, bis alles wieder an seinem richtigen Platz steht." Sie wird auch durch Farben beeinflusst und fühlt sich am ruhigsten, wenn sie zu Hause von sehr gedämpften Farben umgeben ist und Kleidung in gedämpften Farben trägt.

Ihre Sensitivität für die Resonanz oder Dissonanz der Energien in ihrem Zuhause zeigt sich auch noch auf andere Weise. Willow sagt: „Bei jedem großen Übergang (Heilung, ein Todesfall in der Familie, die Kinder wechseln von der Elementary School zur Middle School) muss ich die Möbel umstellen, um mir bei der Verarbeitung zu helfen. Ich versuche stets, Dinge und Verhaltensweisen loszulassen, die mir nicht guttun. Ich nutze einen Übergang als Chance zur Reflexion nach innen und dann wird er nach außen reflektiert. Ich muss Dinge bewegen, um Prozesse und Energien verändern zu können."

Meine Geschichte

Seit zehn Jahren beobachte ich im Verhältnis zu meinem materiellen und energetischen Umfeld ein ungewöhnliches Phänomen, das immer dann auftritt, wenn ich ein spirituelles Programm durchlaufe, das mich besonders rasch voranbringt. Wenn ich von einem tief transformativen Workshop nach Hause zurückkehre, hat meine Schwingung sich oft so sehr verändert, dass ich das Haus betrete und ausrufe: „Oh, nein! Das geht gar nicht." Ich habe Zimmer gestrichen, die Möbel umgestellt, ganze Räume getauscht und meine Mesa (meinen peruanischen Altar) völlig neu gestaltet, um meine äußere Umgebung neu auszurichten und mit meiner neuen Frequenz und inneren Landschaft in Einklang zu bringen.

Ich reagiere äußerst empfindlich auf Störungen im Energiefeld meines Zuhauses, sodass ich regelmäßig kleinere Veränderungen an Möbeln und Dekorationsgegenständen vornehme. Wie der Drehknopf, mit dem man einen Radiosender einstellt, sorgen diese Veränderungen dafür, dass meine Innenwelt und meine Außenwelt in Harmonie und vollkommener Resonanz sind.

WIR HABEN EIN OFFENES HERZ UND DEN WUNSCH, ANDEREN ZU DIENEN

Empathen sind sehr stark auf andere Menschen ausgerichtet und kommen mit der natürlichen Einstellung zur Welt, ihnen dienen zu wollen. Aufgrund unserer empathischen Natur fällt es uns leicht, uns in die Lage eines anderen Menschen hineinzuversetzen. Wir können verstehen, was er durchmacht, und wollen ihm deshalb natürlich helfen. Wir haben ein großes Herz und das heißt, dass wir für gewöhnlich sehr fürsorglich, mitfühlend, freigiebig, großzügig, verständnisvoll und umsichtig sind.

Aufgrund dieser Qualitäten neigen wir zu dienenden Berufen oder zu einer Tätigkeit, durch die wir für andere Menschen sorgen, uns um sie kümmern, sie unterstützen und ihnen dienen können. Wir arbeiten häufig in Pflegeberufen, Betreuungsfunktionen oder als Therapeuten, Berater, Geistliche, Lehrer oder Künstler. Wir sind oft diejenigen, an die alle anderen sich wenden, wenn sie Probleme haben. Fremde Menschen erzählen uns im Lebensmittelgeschäft ihre Lebensgeschichte. Unser Zuhause hat manchmal eine Drehtür – für Menschen, Tiere oder beides.

Leider machen unser großes Herz und unser Wunsch, anderen zu dienen, uns auch anfällig dafür, zu viel zu geben und uns an die letzte Stelle zu setzen. Der Wunsch, dafür zu sorgen, dass für die Bedürfnisse aller anderen gesorgt ist, hat zur Folge, dass wir unsere Bedürfnisse vernachlässigen. Wir gewöhnen uns daran, mit leeren Batterien zu funktionieren oder in einem Zustand ständigen Mangels zu leben. Da wir keine Grenzen haben, übernehmen wir die Gefühle und Probleme anderer Menschen, weil wir glauben, es sei an uns, sie zu lösen, und fühlen uns oft ausgelaugt und erschöpft.

Raquels Geschichte

Raquel gibt zu, dass sie große Schwierigkeiten hat, sich Zeit für sich selbst zu nehmen. Erst kürzlich hat sie damit begonnen, Zeit in ihrem Kalender einzuplanen, um etwas für sich selbst zu tun. Sie berichtet, wie schwer es ihr fällt, engagiert dabei zu bleiben, selbst wenn sie die Zeit dafür einplant: „Ich habe fünfhundert Dollar für einen Online-Kurs für mich selbst ausgegeben. Den ersten Teil habe ich absolviert und bin dann in

Verzug geraten. Ich habe nicht mehr aufgeholt, weil ich mich stattdessen für die Arbeit entschieden habe und weil mir diese Zeit nicht heilig war." Raquel räumt auch ein, dass sie nicht gern Sport treibt. Sie geht gern spazieren, muss die Zeit dafür aber einplanen. Sie hat gelernt, dass es ihr hilft, wenn andere Menschen beteiligt sind. Da ihre Tochter noch kein Auto fährt, muss Raquel sie zum Sport fahren und ist begeistert, denn „dann kann ich sie an die erste Stelle setzen und das kommt wiederum mir zugute."

Stars Geschichte

Star sagt: „Früher habe ich die Bedürfnisse aller anderen immer über meine Bedürfnisse gestellt, vor allem, als die Kinder noch jünger waren. Die Bedürfnisse meines Mannes kamen zuerst. Die Bedürfnisse meiner Söhne kamen zuerst. Ich wusste noch nicht einmal, dass ich überhaupt Bedürfnisse hatte. Ich bin mit dem Leben mitgeschwommen, ohne zu wissen, dass ich auch etwas zu sagen hatte."

Dorians Geschichte

Dorian wuchs mit einer sehr frommen Mutter (und Großmutter) auf, deren ganzes Leben sich um den Dienst an Christus drehte. Obschon konservativ und fundamentalistisch, war Dorian von dieser Hingabe immer fasziniert und wandelte sie in seine eigene Wahrheit um – in den Dienst an „dem Christus", den er als „die Energie, die in uns allen lebt und bei der es darum geht, der gesamten Menschheit zu dienen" bezeichnete. Er begann seine berufliche Laufbahn als Pflegehelfer und war immer vom Tod fasziniert (ohne Angst davor zu haben). Er sagt: „Als Kind habe ich immer geträumt, dass ich zusammen mit Gott oder Christus gegen Dämonen kämpfe oder Menschen beschütze. Ich bin mit einem Superhelden-Mythos aufgewachsen. Ich fühlte mich von der Welt der Superhelden immer angezogen (in dem Wissen, dass es nicht darum geht, ein vollkommener Mensch zu sein). Große Macht bringt auch große Verantwortung." Heute dient Dorian seiner Gemeinschaft als schamanischer Heiler und Lehrer.

Wendys Geschichte

Wendy hatte schon als Kind immer dafür gesorgt, dass ihre Mutter sich emotional geschützt und ausgeglichen fühlte (ein hochgradig co-abhängiges Verhalten), und behielt dieses Muster auch als Teenager und erwachsene Frau bei. Ab der achten Klasse bestand ihre Strategie, im Leben zurechtzukommen, darin, dass sie andere Menschen stets an die erste Stelle setzte: „Wenn jemand Migräne, Schmerzen oder PMS hatte, war ich immer diejenige, die der betreffenden Person half, sie massierte, sich um sie kümmerte. Wenn ich anderen Menschen helfe und sie sich dann besser fühlen, schreien sie mich nicht an und haben mich außerdem gerne um sich." Wendy wurde Massagetherapeutin und Energieheilerin, brauchte aber sehr lange, bis es ihr nichts mehr ausmachte, auch die Mitglieder ihrer Familie mithilfe ihrer Hände zu heilen.

Natashas Geschichte

Natasha und ihr Mann hatten sich dafür entschieden, ihren Freunden (die beide süchtig waren) zu helfen, indem sie sich bereit erklärten, sich über zwei Jahre lang in Vollzeit um die beiden jungen Söhne des Paares zu kümmern. Natasha räumt ein, dass es ihr schwerfällt, Dinge für sich selbst zu kaufen, und dass ihr immer jemand einfällt, der etwas dringender braucht als sie selbst. Sie ließ es so weit kommen, dass ihre Unterwäsche voller Löcher und Risse war, woraufhin ihr Mann ihr Geld gab, um neue Sachen zu kaufen. Sie konnte es nicht und gab das Geld stattdessen für die beiden Jungen aus.

Die Betreuung der beiden Jungen brachte große Schwierigkeiten mit sich, aber es fiel ihnen sehr schwer, diese Tatsache einzugestehen. Jedes Mal, wenn sie Fortschritte erzielt hatten, warf ein Besuch bei den dysfunktionalen Eltern die Kinder in alte Gewohnheiten und regressive Verhaltensweisen zurück. Natasha und ihr Mann mussten einräumen, dass sie überfordert und der Lage nicht gewachsen waren. Sie hatten sich ursprünglich bereit erklärt, die beiden Jungen aufzunehmen, weil sie glaubten, ihnen ein besseres und gefestigteres Zuhause bieten zu können. Dabei waren sie selbst tief in co-abhängige Verhaltensweisen verstrickt.

Es war eine wichtige Lektion für Natasha und ihren Mann, die schließlich mit den staatlichen Behörden zusammenarbeiteten, um das Sorgerecht für die Kinder zu übernehmen, bis sie ihre Großmutter finden konnten. Aber selbst danach noch ließen sie Eltern und Kindern weiter Geld und Unterstützung zukommen. Sie hörten erst auf, als sie erkannten, dass sie ausgenutzt wurden.

ZUSAMMENFASSUNG

Insgesamt besitzen wir als Empathen alle bis zu einem Grad die Qualitäten, die ich in diesem Kapitel vorgestellt habe. Wie bei allen Merkmalen, die eine Gruppe beschreiben, besitzt nicht jeder jedes Merkmal im gleichen Umfang. Es ergibt sich fast zwangsläufig, dass einige Qualitäten sich bei Ihnen persönlich stärker herausheben als andere. Sie können sich – wie bereits erwähnt – vorstellen, dass die fünf Qualitäten auf einem Kontinuum angesiedelt sind und dass einige dieser Qualitäten bei Ihnen stärker oder weniger stark zum Ausdruck kommen. Und abhängig davon, wie sehr Sie sich Ihrer empathischen Natur bewusst sind, haben Sie vielleicht bereits begonnen, einigen der ungesunden Tendenzen (wie etwa der Tatsache, dass Sie sich in Beziehungen verlieren oder dass Sie unfähig sind, nein zu sagen) entgegenzuwirken und geeignete Überlebenswerkzeuge zu entwickeln.

Wie bereits erwähnt, haben viele Menschen ihre empathischen Qualitäten so tief vergraben, dass es ihnen schwerfällt, sich bewusst mit ihnen zu verbinden oder sie überhaupt zu erkennen. Wenn das auch auf Sie zutrifft, dann lassen Sie diese Informationen eine Weile einsinken. Nehmen Sie sich ganz zwanglos vor, in den nächsten Wochen oder Monaten darauf zu achten, wie diese Qualitäten bei Ihnen zum Ausdruck kommen. Schon allein dadurch, dass Sie das Buch lesen, leuchten Sie mit einer Lampe in eine dunkle Ecke. Bewusst oder unterbewusst haben Sie dadurch, dass Sie sich mit diesem Buch befassen, Kontakt zu Ihrem inneren Empathen aufgenommen.

Wenn Sie tiefer eintauchen wollen, empfehle ich Ihnen, einmal der Frage nachzugehen, in welcher Form diese fünf Qualitäten sich im Laufe Ihres Lebens gezeigt haben und was Sie daraus gelernt haben, indem Sie in den kommenden Wochen ein Tagebuch darüber führen. Stellen Sie Ihrem Unterbewusstsein die Aufgabe, sich Beispiele aus Ihrem Leben in Erinnerung zu rufen, damit Sie sie eingehend betrachten und integrieren können.

6

Keine Verleugnung mehr: Wir sind der neue menschliche Bauplan

Wenn Sie im Leben so weit gekommen sind, ist Ihnen mittlerweile sicher klar geworden, dass Verleugnung nicht mehr funktioniert. Verleugnung Ihrer Natur, Verleugnung Ihrer Gaben, Verleugnung Ihrer Macht, Verleugnung Ihrer Aufgabe … alle diese Wege haben Sie bereits beschritten. Sie kennen sie gut. Erinnern Sie sich an die Definition von Wahnsinn? Immer wieder das Gleiche zu tun und andere Ergebnisse zu erwarten. Tief in Ihrem Herzen wissen Sie, dass das, was Sie bereits getan haben, Sie nicht dorthin bringen wird, wo Sie sein wollen. Ihre Seele hat Sie aufgerufen, die nächsthöhere Ausdrucksform Ihres wahren Selbst einzunehmen … ein höheres Maß an Bewusstheit und Authentizität. Ganz gleich, ob eine Krise oder reine Neugierde Sie an diesen Punkt gebracht hat – Sie sind bereit für eine Veränderung.

MAIS UND KARTOFFELN ANBAUEN

Ein Pfeiler meiner Arbeit besteht darin, dass alles, was ich anbiete, praktisch umsetzbar sein muss. Ich fange vielleicht auf der esoterischen, spirituellen oder konzeptionellen Ebene an, aber am Ende müssen aus dem, was ich tue, Mais und Kartoffeln wachsen. Dieser Satz stammt aus der schamanischen Tradition Perus, in der ich arbeite. Der Anbau von Mais und Kartoffeln ist in dieser Kultur ein Konzept, bei dem es darum geht, die eigene spirituelle Weisheit in der Erde – in dieser Dimension – zu verankern oder einzupflanzen, damit sie Nahrung für die Gemeinschaft hervorbringt. Mais und Kartoffeln sind Grundnahrungsmittel der peruanischen Kultur. Es geht bei diesem bildlichen Vergleich also darum, für die tägliche Nahrung zu sorgen – für etwas, über das die Menschen sich hermachen können, etwas, das praktisch und nützlich ist, etwas in stofflicher Form, das sie sehen, anfassen und riechen können, etwas, das der stofflichen Sphäre zugutekommt und dort Wurzeln schlägt. Es geht darum, die Weisheit zu verkörpern und sie mit anderen Menschen auf eine Weise zu teilen, die für ihr Leben von Bedeutung ist.

Auch wenn dieses Buch für Empathen geschrieben wurde, geht es darin auf einer tieferen Ebene um Lebenskompetenzen für eine sich entwickelnde Spezies. Unabhängig davon, ob Sie sich für einen Empathen halten oder nicht, sind für die Entwicklung menschlicher Lebenskompetenzen unleugbar neue Werkzeuge erforderlich. Die bittere Wahrheit ist, dass es uns Menschen insgesamt nur sehr schlecht gelingt, unserer Intuition zu vertrauen, unsere Gefühle anzuerkennen, klare Grenzen zu ziehen, um das zu bitten, was wir brauchen, nein zu sagen, für uns selbst zu sorgen, zusammenzuarbeiten, zu teilen und die Eigenständigkeit und Würde jeder Lebensform zu achten. Auf dem Weg zu einem herzzentrierten Bewusstsein werden wir die abgenutzten Werkzeuge des Patriarchats aufgeben müssen. Alle alten Ausfallsicherungen werden versagen. Wertesysteme werden zerbrechen. Die Dualität wird schließlich dem Bewusstsein der Einheit weichen. Die alten Navigationsgeräte sind im Begriff, unser kollektives Schiff auflaufen zu lassen. Der geografische Norden wird neu definiert und wir brauchen dringend einen neuen Kompass und eine neue Landkarte.

WAS WIR DAFÜR BRAUCHEN – EINEN PACHAKUTI

Wenn wir uns als bewusste, evolutionäre Empathen weiterentwickeln wollen, braucht es einen Paradigmenwechsel auf individueller und auf kollektiver Ebene. Einer meiner Lehrer hat mir beigebracht, dass Paradigmen sich nicht dehnen lassen, sondern zerbrechen. Wir können am bestehenden Modell menschlichen Miteinanders und menschlicher Werte nicht einfach hier und da einige kleinere Veränderungen vornehmen. Es muss über Bord geworfen werden und an seiner Stelle muss ein vollkommen neues Modell entstehen.

Oscar Miro-Quesada hat die peruanische schamanische Tradition, die ich praktiziere, entwickelt und sie die Pachakuti-Mesa-Tradition genannt. Pachakuti ist ein Begriff aus der Quechua-Sprache, der so viel wie die „Umkehr der Welt" bedeutet. Oscar Miro-Quesada zufolge handelt es sich dabei um eine „inkaische Vorstellung von einer Verschiebung geistiger, magnetischer und energetischer Strömungen auf der Erde, hervorgerufen durch eine kritische Masse oder Matrix hochschwingenden transformierten und transformativen (meist menschlichen) Bewusstseins, das massive Umwälzungen und kosmische Veränderungen sowohl im Handeln als auch im Paradigma von Bewusstsein und Realität der Menschheit bewirkt und zu einer klaren, in höherem Maße ‚ganzen' oder allumfassenden Welt und Weltsicht führt."[1]

Wir brauchen einen Pachakuti.

Auf kollektiver Ebene ist die „Umkehr der Welt" (die in Wirklichkeit bereits begonnen hat) eine natürliche Begleiterscheinung der Periode des Aufstiegs, in der wir uns befinden. Während die Unwissenheit der Bewusstseinserweiterung weicht, zerfallen die alten Systeme und neue Systeme nehmen ihren Platz ein. Erinnern Sie sich an das Beispiel des Übergangs vom Winter zum Frühling? Nicht jeder Tag ist wärmer (besser) als der Vortag, aber der Trend geht unweigerlich zur Ausdehnung hin. Was bedeutet das also für Sie?

Auf persönlicher Ebene ist dieser Pachakuti – dieser Paradigmenwechsel – verbunden mit Veränderungen in Ihren alltäglichen Gewohnheiten, wie Sie mit sich selbst sprechen, für sich selbst sorgen und sich selbst sehen. Er erfordert die Installation eines neuen Betriebssystems, das Sie dazu zwingt, überholte Glaubenssysteme unter die Lupe zu nehmen und Beziehungen aufzugeben, die Ihnen nicht mehr dienlich sind. Er verlangt, dass Sie sich Ihrer Natur hingeben und sich zu ihr bekennen. Er verlangt ein völlig neues Verhältnis zu Grenzen und ein Bewusstsein für feinstoffliche Energien. Er erfordert ein neues Verhältnis zum Männlichen und zum Weiblichen. Er fordert Sie dazu auf, Beziehungen und Gemeinschaft in einem völlig neuen Licht zu betrachten. Und er verlangt, dass Sie ihren Blickwinkel erweitern, um die kosmischen Einflüsse zu erkennen, die am Werk sind. Er verlangt viel Übung und große Sorgfalt. Und er erfordert ohne Zweifel großen Mut. Er verlangt, dass Sie neue Samen einpflanzen, aus denen der Mais und die Kartoffeln wachsen, die Sie brauchen, um Ihren Seelenvertrag zu erfüllen. Und bei all diesen Dingen müssen wir uns mehr denn je gegenseitig unterstützen.

Es reicht nicht aus, die Hände in den Schoß zu legen und zu meditieren. Tägliche Affirmationen reichen nicht aus. Die Weiterentwicklung, nach der es Sie verlangt, geschieht nicht, wenn Sie sich von anderen Menschen absondern. Sie befreien sich nicht von Kräften, die Sie behindern, indem Sie den Kopf in den Sand stecken. Sie können Ihre persönliche Macht nicht entwickeln, wenn Sie in einer Opferhaltung stecken bleiben. Alle Ihre alten Strategien spiritueller Vermeidung – nicht im Körper zu sein, sich die Schuld zu geben, nicht wissen zu wollen, sich zu verstellen, sich zwanghaft einzufügen, sich klein zu machen und sich zu verstecken – sind nicht mehr wirksam und nicht mehr hilfreich. Es sei denn, Sie wollen im Zustand des Verleugnens verharren.

Dieses Buch ist keine spirituelle „Mode-Diät" – keine weitere kurzfristige Lösung mit kurzfristigen Ergebnissen. In diesem Buch geht es darum, Ihre Natur anzuerkennen und für sich zu beanspruchen, sich zu Ihrem Platz im Gesamtbild zu bekennen, eine systemische Veränderung in Ihrer Lebensführung einzuleiten und Ihr Leben von Grund auf neu zu gestalten. Die Einführung dieses neuen Paradigmas bringt wichtige Veränderungen im Denken und neue Praktiken mit sich, die Ihnen helfen, ein festes, bewusstes und liebevolles Fundament für sich und Ihre Mitmenschen zu errichten, damit wir im neuen Herzbewusstsein der Welt gemeinsam gedeihen können.

Wie bei jeder Transformation ist die Bewusstmachung des alten Musters, der alten Gewohnheit oder der alten Überzeugung der erste Schritt hin zu einer Veränderung. In Zwölf-Schritte-Programmen und auch in anderen Programmen, die uns helfen sollen, bestimmte Verhaltensweisen zu ändern, lautet die erste Anweisung immer, das Problem einzugestehen: „Ich bin Alkoholiker." „Ich bin medikamentensüchtig." „Ich bin co-abhängig." Es liegt große Macht darin, das auszusprechen, was ist, weil damit das hohe Maß an Energie und Anstrengung wegfällt, das wir dafür aufwenden, unser Verhalten zu leugnen, zu verteidigen, zu rechtfertigen oder rational zu erklären, uns zu verstecken und zu verstellen. Wenn Sie sagen: „Ich bin Alkoholiker!", werden alle Spiele, die Sie spielen, um sich selbst die Wahrheit nicht eingestehen zu müssen, ins Rampenlicht gerückt, wo sie verkümmern und sterben wie die Böse Hexe des Westens, als sie mit Wasser übergossen wird. Es ist sehr befreiend und klärend, das auszusprechen, was ist. Und ja, es ist auch furchteinflößend.

Doch wenn man etwas beim Namen nennen kann, ist es nicht annähernd so beängstigend. Es ist der entscheidende erste Schritt, denn Sie können Ihre

Muster nicht verändern oder eine neue Beziehung zu sich selbst zu finden, ohne sich zuerst klar zu Ihrer Wahrheit zu bekennen und das anzuerkennen, was ist. Anderenfalls agieren Sie weiterhin als Opfer und glauben, dass man Ihnen die Ereignisse in Ihrem Leben „angetan" hat oder dass Sie „keine Wahl" hatten. Je früher Sie sich aus dieser Opferenergie befreien können, umso früher können Sie selbstbestimmt handeln.

Manche Menschen sträuben sich dagegen, das auszusprechen, was ist, weil es nicht sehr „spirituell" klingt. Sie glauben, es sei gleichbedeutend damit, eine Absicht zu fassen oder eine Erklärung abzugeben, die sich dann manifestieren soll. Das ist falsch. Wenn Sie nicht aussprechen, was ist, versuchen Sie eine Reise nach Colorado Springs zu planen, ohne zu wissen, an welchem Ort sie beginnt. Wenn Sie sagen, dass Sie in Kansas City sind und nach Colorado Springs fahren wollen, heißt das nicht, dass Sie in Kansas City festsitzen. Es gibt Ihnen nur einen Bezugspunkt, von dem aus Sie Ihre Reise beginnen können. Das Universum weiß, dass Sie nach Colorado Springs gelangen wollen.

Die Umkehr Ihrer eigenen persönlichen Welt steht unmittelbar bevor. Ich ermutige Sie, sich im ersten Schritt einzugestehen, wo Sie sich in der Raumzeit befinden. „Hallo, ich bin Stephanie, und ich bin es müde, meine wahre Natur zu verbergen. Ich bin eine Empathin. Ich möchte in einer Welt leben, in der wir alles Leben achten und wertschätzen. Mein ganzes Leben läuft aus dem Ruder. Ich weiß nicht, wo ich anfangen soll. Ich möchte den Ruf meiner Seele annehmen, zum Aufstieg des menschlichen Bewusstseins beizutragen." Stehen Sie zu Ihrer Wahrheit, ganz gleich, wie sie lautet. Sagen Sie sich aufrichtig die Wahrheit im Hinblick auf das, was Sie wollen, und im Hinblick auf das, was in Ihrem Leben nicht funktioniert. Denken Sie daran, dass Sie damit nicht kundtun, dass es auch in Zukunft so bleiben wird. Sie bekennen sich lediglich zu Ihrem Ausgangspunkt. Wenn Sie den Weg des Empathen seit vielen Jahren bewusst gehen, mag Ihre Wahrheit anders aussehen. Dennoch gibt es immer eine höhere Oktave. Worin besteht Ihr nächster Schritt? Es gibt auf diesem gewundenen Pfad immer eine nächste Ebene, ganz gleich, an welchem Punkt auf der Skala von Bewusstheit oder Erfahrenheit Sie stehen.

Wenn Sie darüber nachdenken, was es bedeutet, ein Empath zu sein, was es bedeutet, den neuen menschlichen Bauplan auf dem Gitternetz der Erde zu verankern und sowohl auf individueller als auch auf kollektiver Ebene an der Evolution der Menschheit mitzuwirken, können die Konsequenzen gravierend und kaum fassbar erscheinen. Ihre schiere Größe und Schwere können Sie leicht aus Ihrem Körper hinausbefördern. Mir passiert das manchmal. Es ist schwer, ihre enorme Tragweite auf einmal zu erfassen. Auf einer Seelenebene wussten Sie jedoch, dass Sie in einer sehr prekären, hochbrisanten Zeit der menschlichen Geschichte inkarnieren würden, und ich weiß, dass Sie dieser Herausforderung gewachsen sind.

Veränderung bedingt nicht, dass wir alle Antworten kennen. Sie erfordert Vertrauen … Vertrauen in uns selbst. Sie müssen nicht mehr wissen, als dass Sie bereit und gewillt sind. Sind Sie bereit? Sind Sie gewillt? Dann setzen Sie einfach einen Fuß vor den anderen. Betrachten Sie es wie eine Autofahrt in nächtlicher Dunkelheit. Sie können nicht die ganze Straße sehen, vertrauen aber darauf, dass Ihre Scheinwerfer die Straße vor Ihnen weit genug ausleuchten, damit Sie bequem weiterfahren können. Das ist Vertrauen. Gehen Sie den ersten Schritt – auch wenn Sie nicht wissen, worin der zweite Schritt besteht – und vertrauen Sie darauf, dass Ihnen der nächste Schritt offenbart wird. Ihre Seele kennt den Weg. Und die in diesem Buch enthaltenen Werkzeuge werden Ihnen helfen, das neue Bewusstsein mit Leben zu erfüllen.

WO WIR BEGINNEN – DER GEWUNDENE PFAD

Ich würde Ihnen sehr gerne sagen, dass dieser Transformationsprozess einem linearen Weg folgt: Erledigen Sie erst A, dann B und dann C und dann werden Sie D erreichen. Aber ich bin sicher, Sie wissen bereits, dass Transformation so nicht funktioniert.

Eine meiner schamanischen Lehrerinnen, Linda Star Wolf, lehrt seit vielen Jahren den gewundenen Pfad der Transformation. Sie sagt:

Die einfache Wahrheit lautet, dass unsere Kultur kein Modell anbietet, das gesunde Veränderung ermöglicht. Veränderung ist kein linearer Prozess. Sie folgt keiner geraden Linie, noch geschieht sie kreisförmig. … In Wirklichkeit ist der gewundene Pfad eine Landkarte der alchemistischen Transformation des schamanischen Bewusstseins. Die spiralförmige Bewegung führt uns durch aufeinanderfolgende Erfahrungen des symbolischen Todes und der symbolischen Wiedergeburt auf dem Weg, etwas im Leben zu verändern.

Auf dem gewundenen Pfad geschieht Veränderung in einer kreisförmigen Bewegung, die aber eher einer Umlaufbahn als einer Kreisform entspricht, und jede dieser Umlaufbahnen lässt uns über die gegenwärtige Situation hinaus auf eine erweiterte Ebene der Bewusstheit oder des Bewusstseins gelangen.

Der gewundene Pfad mag in keiner geraden Linie oder sogenannten männlichen oder Yang-Weise verlaufen, aber ebenso wenig verläuft er in einer kreisförmigen, weiblichen oder Yin-Weise.[2]

Star Wolf sagt weiter:

Der gewundene Pfad ist die heilige Verbindung des linearen männlichen (Yang-)Pfades mit dem nichtlinearen weiblichen (Yin-)Pfad. Der gewundene Pfad ist die Folge, wenn die kreisförmigen weiblichen und die geradlinigen männlichen Energien miteinander verschmelzen.[3]

Wenn unser Leben im Umbruch begriffen ist, passiert es sehr oft, dass sich viele Aspekte gleichzeitig verändern. Das ist mitnichten linear! Als mein spirituelles Erwachen begann, hatte ich es mit Veränderungen in praktisch allen Lebensbereichen zu tun. Ich hinterfragte und definierte alles neu, angefangen bei meinem Verhältnis zu Gott über was es bedeutete, eine Frau zu sein, bis hin zu den Zielen, die ich mir im Leben gesetzt hatte. Meine berufliche Laufbahn, meine Ehe, meine finanzielle Situation und mein Selbstbild waren gleichzeitig in Bewegung. Leider hatte ich kaum eine klare Führung, um mir durch diese Zeit zu helfen, war oft wütend, verzweifelt, verwirrt und verloren, rannte mit dem Kopf gegen die Wand und verfluchte Gott. Das ist der Grund, warum ich heute das tue, was ich tue: um anderen Menschen durch die quälende Umkehr ihrer persönlichen Welt zu helfen, damit sie nicht so schmerzhaft und verwirrend ist, wie sie es für mich war.

Der erste Schritt in diesem Prozess sollte in dem Eingeständnis bestehen, dass dieser Übergang chaotisch sein und Zeit brauchen wird. Sie werden sich die Hände schmutzig machen. Eine Veränderung dieser Größenordnung – mit Auswirkungen auf das persönliche Bewusstsein und das Bewusstsein der Erde – in Angriff zu nehmen, ist keine leichte Aufgabe. Ja, auf einer bestimmten Ebene nehmen Sie Ihre empathische Natur an und setzen Werkzeuge und Systeme ein, die Ihnen helfen sollen, erfolgreich in der Welt zu leben. Aber auf einer anderen Ebene sind Sie ein Ankerpunkt für die neuen Bewusstseinsfrequenzen, auf die sich die Menschheit hin entwickelt. Diese Arbeit und ihre Auswirkungen sind auf vielen Ebenen in vielen Dimensionen spürbar.

Letztlich spielt es keine Rolle, wo Sie anfangen. Wenn Sie sich die restlichen Kapitelüberschriften anschauen, erkennen Sie, wohin die Reise geht. Ich musste mich für die Reihenfolge entscheiden, in der ich die Informationen präsentiere, weil ich nicht alles gleichzeitig sagen konnte. Aber täuschen Sie sich nicht: Alle Elemente wirken gleichzeitig auf Sie ein, wenn Sie anfangen, mit Ihrer Natur in Kontakt zu treten, sie zu verändern und sich zu ihr zu bekennen. Es spielt keine Rolle, ob Sie mit der Beziehung zum göttlichen Weiblichen beginnen oder ob Sie lernen, Ihr Energiefeld zu klären oder nein zu sagen. Alle Elemente sind hilfreich und alle sind notwendig. Und es gibt keine richtige Reihenfolge, in der man sich mit ihnen befassen sollte. Irgendwann kommen Sie zu allen und alle sind auf die eine oder andere Weise miteinander verbunden. Wahrscheinlich stellen Sie außerdem fest, dass Fortschritte in einem Bereich zu Fortschritten in anderen Bereichen führen. Wählen Sie einfach einen Lebensbereich aus und fangen Sie an.

WIDERSTAND IST ZWECKLOS – SIE KÖNNEN IHREM EIGENEN TOD NICHT ENTKOMMEN

Dieser Satz ist nicht so unheilverkündend gemeint, wie er klingt. Ich spreche hier von einem metaphorischen Tod und einer metaphorischen Wiedergeburt. Unser altes Selbst stirbt viele Male im Laufe unseres Lebens. Wenn ein Anteil von uns – sei es ein Glaubenssystem, ein Wertesystem, eine Gewohnheit oder das Bild, das wir von uns selbst haben – unserer Entwicklung nicht länger dient, lassen wir es los. Dazu zählen auch äußere Dinge: Beziehungen, unser Zuhause, unsere berufliche Laufbahn, Freunde, Besitz.

Wenn uns etwas nicht mehr dient, bringen wir den Mut auf, es loszulassen. Und damit durchlaufen wir einen Todesprozess. Wir lassen das Alte los, trauern darum, bringen unsere Dankbarkeit für die Art und Weise zum Ausdruck, in der es uns gedient hat, und schaffen Platz für das Neue. Alles im Leben hat einen natürlichen Lebenszyklus. Das können wir sowohl im Mikrokosmos als auch im Makrokosmos sehen. Auf einer einfachen Ebene ist jeder

Atemzyklus eine Form von Tod und Wiedergeburt. Denken Sie an die Begriffe, die wir benutzen, um den Ausatem zu beschreiben: Exhalation, Exspiration. Und die Begriffe, die den Einatem beschreiben: Inhalation, Inspiration. Der Atem stirbt in jedem Moment und wird in jedem Moment wiedergeboren. Die Natur zeigt uns ständig Zyklen des Todes und der Wiedergeburt – in den Jahreszeiten, im Übergang vom Tag zur Nacht und zurück zum Tag und in der wechselseitigen Verbundenheit der Ökosysteme. Und sie durchläuft diese Zyklen mit wesentlich mehr Würde und Vertrauen, als wir es tun.

Nur allzu oft verfallen wir in die Gewohnheit, etwas künstlich mit Leben zu erfüllen oder wiederholt zum Leben zu erwecken, das bereits tot ist, das bereits gedient und seinen Lebenszyklus vollendet habt. Wir tun es, weil wir entweder nicht wollen, dass es zu Ende ist, oder weil wir nicht wissen, wie wir uns daraus befreien sollen. Das nennt man Widerstand.

Widerstand ist ein Thema, über das viel gelehrt und viel gesagt wurde, und in vielen Fällen wird er als eine negative Kraft missverstanden. Für mich ist er weniger negativ als vielmehr lehrreich. Wenn man Widerstand spürt und bereit ist, der Frage nachzugehen, was es damit auf sich hat, gibt es immer wichtige Dinge zu entdecken.

In diesem Fall ist Widerstand für mich gleichbedeutend mit Engstirnigkeit, Unbeweglichkeit und der Weigerung, das zu akzeptieren, was ist. Wenn wir uns den Zyklen der Natur, dem natürlichen Auf und Ab des Lebens, der natürlichen Aufeinanderfolge von Tod und Geburt widersetzen, erschaffen wir Leiden. Und ich verspreche Ihnen, dass Leiden das Unvermeidliche lediglich hinauszögert. Der Tod wird kommen, ganz gleich, wie sehr Sie ihn ignorieren, sich gegen ihn wehren oder gegen ihn kämpfen.

Wie können wir also den Widerstand und das Leiden überwinden? Erstens gehen wir dem Widerstand auf den Grund. Wir stellen uns die kritischen Fragen: „Wovor habe ich Angst?“ „Was liegt unter meinem Widerstand verborgen?“ „Wehre ich mich tatsächlich gegen die Sache selbst oder wehre ich mich gegen die Bedeutung, die ich ihr verliehen habe?“

Zweitens machen wir uns sein Gegenteil zu eigen: das Zulassen. Zulassen ist – neben Akzeptanz, Offenheit, Empfangen und Vertrauen – die Währung der würdevollen Veränderung. Und des würdevollen Todes.

Ein anderes Konzept, das manchmal synonym zum Konzept des Zulassens benutzt wird, ist Hingabe. Dieser Begriff ruft bei den Menschen für gewöhnlich jedoch eine stärkere Trotzhaltung (größeren Widerstand!) als das Konzept des Zulassens hervor, weil wir nicht verstehen, was Hingabe wirklich bedeutet. Wir glauben, dass Hingabe gleichbedeutend mit Aufgabe ist. Bezwungen zu werden. Eine Niederlage einzugestehen. Unsere Träume und Wünsche für alle Zeit zu verwirken oder aufzugeben.

Dies ist eine ausgesprochen männliche Sicht auf das Konzept der Hingabe. Wenn wir einen weiblicheren Ansatz wählen, geht es bei Hingabe und Zulassen darum, Verhaftungen loszulassen und Raum zu schaffen für das Neue, das zum Ausdruck kommen will. Hingabe bedeutet ganz einfach, dass wir Platz machen und uns selbst nicht im Weg stehen. Es bedeutet weder, dass wir aufgeben, noch bedeutet es, dass wir einen Kompromiss eingehen. Eine der Stimmen in meinem Kopf, auf die ich ständig achten muss, erklärt mir, dass Zulassen oder Hingabe bedeuten, dass ich kein Mitspracherecht in der Sache habe. Aber das ist nicht wahr. Manifestation ist ein mitschöpferischer Prozess. Wir erschaffen als Partner des göttlichen Geistes. Mein Herz weiß das zwar, aber manchmal schleichen sich meine alten Überzeugungen ein. Ich weiß also aus erster Hand, wie schwierig es ist, Hingabe zu praktizieren.

Wenn wir uns bewusst auf die Umkehr unserer persönlichen Welt einlassen, dann gehört dazu auch, dass wir unser altes Selbst bewusst sterben lassen und diesen Prozess sogar initiieren. Es verlangt Vertrauen, sich dem hinzugeben, was durch Sie geboren werden will. Gleich vorneweg: Sie werden nicht nur einmal sterben. Diese Form des Sterbeprozesses ist ein ganz natürlicher Bestandteil der menschlichen Existenz und Sie werden ihn im Laufe Ihres Lebens viele Male durchlaufen. Weil die Zeit sich beschleunigt, erleben wir im Laufe eines Lebens wesentlich mehr „Leben“ als sogar unsere Vorfahren noch vor hundert Jahren. Es erfordert enorm viel Mut und große Verletzlichkeit zu erkennen, wann etwas ausgedient hat, und es bewusst loszulassen. Wir sind gewohnt, erst dann von etwas abzulassen, wenn wir uns eine blutige Nase geholt haben. Wenn jemand Sie betrogen, belogen, verlassen, entlassen, verraten oder missbraucht hat, ist es viel leichter zu sagen: „Das reicht! Es ist vorbei!“ Doch können Sie jemanden oder etwas ganz einfach deshalb loslassen, weil Sie wissen, dass es an der Zeit ist und dass niemand einen Fehler gemacht hat?

Den bewussten Tod zu meistern ist eine wichtige – und oft übersehene – Fähigkeit. Und wie jede Fähigkeit braucht es Zeit, sie zu entwickeln. Wenn Sie sich auf das einstimmen, wozu Ihre Seele Sie beruft, können Sie dann den alten

Formen und Strukturen sterben, um Platz für die neuen zu schaffen? Sie können weiter gegen Ihren Tod ankämpfen oder lernen, ihn zu akzeptieren und sich mit offenen Augen in ihn hinein zu entlassen. So oder so wird Ihr Leben Ihnen viele Gelegenheiten zur Übung bieten. Eine dieser Gelegenheiten besteht darin, die Rolle des bewussten evolutionären Empathen zu übernehmen.

WIR SIND DER NEUE MENSCHLICHE BAUPLAN

Wir sind der neue menschliche Entwurf. Wir sind das, worauf sich die Menschen hin entwickeln. Alle unsere Energiekörper werden immer weiter verfeinert und schlummernde Aspekte des menschlichen Potenzials werden aktiviert. Wenn wir uns wieder zu unserer weiblichen Ausdrucksform bekennen und das kollektive System von der ungesunden und niederdrückenden männlichen Ausdrucksform befreien, können unsere empathischen Qualitäten erblühen und zur Normalität werden. Wenn wir uns zu unserer Intuition, unserer Sensitivität und unserem offenen Herzen bekennen und wenn wir Harmonie, offene Kommunikation und wahre Ebenbürtigkeit wertschätzen, wird sich unsere Lebensweise für immer verändern. Die Entscheidungen, die wir als Weltgemeinschaft treffen, werden nachziehen. Unsere Werte werden sich verändern, angefangen bei den Filmen, die wir produzieren, über die Einstellung von Mitarbeitern und die Schlagzeilen in den Nachrichten bis hin zu unseren industriellen Prozessen und zu unserer Ernährung.

Das göttliche Weibliche will auf die Erde zurückkehren und wir sind wichtige Ankerpunkte für diese Energie. Das soll nicht bedeuten, dass wir als Empathen einen Exklusivertrag abgeschlossen haben. Es gibt viele Millionen Menschen aus allen gesellschaftlichen Schichten, die daran mitwirken, das göttliche Weibliche zu verankern, die als Grenzgänger und Wegbereiter leben und die den neuen evolutionären menschlichen Bauplan verkörpern. Empathen sind eine Gruppe von vielen, die den Weg ins herzzentrierte Bewusstsein hinein bahnen. Dennoch sollten Sie erkennen, dass Sie sich auf einer Seelenebene für Ihren Körper, für Ihre konkrete Form der Sensitivität und für Ihre individuellen Lebensumstände entschieden haben, *weil sie Sie in ganz besonderer Weise dazu befähigen, diese höhere Frequenz wertzuschätzen und zu transportieren.*

Paradoxerweise werden wir in der Zukunft, auf die sich die Menschheit hin entwickelt, *normal* sein! Doch im Augenblick sind wir die Pioniere. Wir sind die, die den Weg bahnen. Wir sind in der Unterzahl und die meisten der gegenwärtig geltenden gesellschaftlichen Maßstäbe verurteilen uns als abnormal. Aber wir sind gekommen, um zu bleiben. Und um erfolgreich sein zu können, braucht es einige wenige, aber wirkungsvolle und bahnbrechend neue Werkzeuge, die im Mittelpunkt von Teil 2 dieses Buches stehen.

DIE PRAXIS – WO WIR BEGINNEN

Auch wenn Transformation und Veränderung einem nichtlinearen, gewundenen Pfad folgen, müssen wir irgendwo beginnen. Wenn ich also entscheiden müsste, auf welche der in Ihrem Werkzugsatz des evolutionären Empathen enthaltenen Werkzeuge Sie sich zuerst konzentrieren sollten, dann wären es die Sorge für Ihr Energiefeld und das Setzen von Grenzen. Beide Fähigkeiten sind gleichermaßen unverzichtbar. Es sind die beiden wichtigsten Praktiken, denen Empathen sich eingehend widmen müssen, um geistig und körperlich gesund zu bleiben. Und sie sind äußerst wichtig, wenn es darum geht, ein starkes Fundament für die menschliche Evolution hin zu höherem Bewusstsein und größerer Bewusstheit zu errichten. In den folgenden beiden Kapiteln erläutere ich diese Werkzeuge sehr ausführlich und biete Übungen und tägliche Praktiken an, mit denen Sie sofort beginnen können.

Neben der Sorge für Ihr Energiefeld und dem Setzen von Grenzen erfordert die Entwicklung hin zu einem gesunden Empathen eine Kombination folgender Konzepte, Denkweisen und Praktiken, die den Werkzeugsatz des evolutionären Empathen vervollständigen:

- **Sie sollten erkennen, verstehen und akzeptieren, dass dies Ihre Natur ist und dass Sie sich für diesen Weg entschieden haben. Sie sind hier, um die neue Frequenz zu halten und den Weg für andere Menschen zu bahnen. Sie verkörpern den neuen menschlichen Bauplan. Sie sind ein evolutionärer Empath und das bringt einzigartige Gaben und Herausforderungen mit sich (siehe Kapitel 5 und 6).**

- Sie sollten Ihr Energiefeld verstehen und mit ihm zurechtkommen können. Dazu gehört, dass Sie sich dessen bewusst sein sollten, was Sie herein- und herauslassen, sich um Energielecks kümmern, Ihr Energiegefäß aufbauen, Schutzmaßnahmen einrichten und Ihr Energiefeld regelmäßig klären (siehe Kapitel 7).
- Sie sollten gesunde Grenzen ziehen können. Dieser Punkt umfasst einige Aspekte: Sicherheit schaffen, nein sagen, um das bitten, was Sie brauchen, sich mit dem göttlich-männlichen Prinzip auseinandersetzen, energetische Grenzen setzen und aufrechterhalten und die Auswirkungen schwammiger Grenzen erkennen (siehe Kapitel 8 und 9).
- Sie sollten in bewusster, gleichberechtigter Partnerschaft mit Ihren inneren männlichen und weiblichen Anteilen leben. Dazu gehört, das Patriarchat loszulassen, das männliche und das weibliche Prinzip zu verstehen und als ebenbürtig anzunehmen und Ihre innere Ehe in Einklang zu bringen und zu pflegen. Wir erleben die Rückkehr des göttlichen Weiblichen und Sie sind ein Ankerpunkt für diese Frequenz (siehe Kapitel 10).
- Sie sollten radikale Selbstfürsorge praktizieren. Dazu gehört, dass Sie auf Ihren Körper hören, Vertrauen entwickeln, Anpassungen an Ihrem Umfeld und Ihren Beziehungen vornehmen, sich ein hohes Maß an Auszeit geben, natürliche Rhythmen und Zyklen achten, Grenzen ziehen und sich um Ihr Nervensystem kümmern (siehe Kapitel 11 und 12).
- Sie sollten stärker in Ihrem Körper präsent sein. Dazu gehört, dass Sie Ihre innere Arbeit leisten, um ungelöste Themen und emotionale Verletzungen zu heilen, dass Sie sich darin üben, mit Ihrem Körper und Ihren Emotionen präsent zu sein, dass Sie spirituelle Vermeidung erkennen und verhindern, dass Sie akzeptieren, dass Sie das volle Spektrum des Menschseins in sich tragen, und dass Sie sich mit Ihrer Lebensenergie vollständig bewohnen (siehe Kapitel 13).
- Sie sollten ein stabiles Selbstbild erschaffen. Dazu zählen Maßnahmen, die Sie als den definieren, der Sie getrennt von anderen Menschen sind. Dazu zählt außerdem, dass Sie Ihre eigene Mitte finden und behaupten, dass Sie Co-Abhängigkeit aufgeben und dass Sie Ihre empathische Natur als Gabe und nicht als Belastung begreifen (siehe Kapitel 14).

Als Wegbereiter sind Sie nicht nur hier, um den Weg zu bereiten, indem Sie ein neuer Mensch *sind*, sondern um aus diesem neuen menschlichen Bauplan heraus zu *handeln*. Und dadurch geben Sie anderen ein Beispiel, inspirieren sie und zeigen der Menschheit eine neue Lebensweise. In Teil 2 dieses Buches lege ich den Schwerpunkt darauf, den Werkzeugsatz des evolutionären Empathen zu entwickeln, indem ich die einzelnen Konzepte aufschlüssle und Ihnen Übungen, Beispiele und Denkweisen an die Hand gebe, die Sie darin unterstützen sollen, den Prozess des Übergangs zu beginnen. Diese Werkzeuge sollen Ihnen helfen, sowohl Ihr Sein (Ihre weibliche Seite) als auch Ihr Tun (Ihre männliche Seite) zu entwickeln.

Ich möchte auch nochmals betonen, dass dieses Buch zwar auf Empathen ausgerichtet ist, dass die Erkenntnisse und Werkzeuge, die es enthält, aber für jeden gedacht sind, der sich eine herzzentrierte Lebensweise zu eigen machen und die erforderlichen Fähigkeiten und Denkweisen entwickeln möchte, um mit der Menschheit in eine bewusste Beziehung zu treten. Stellen Sie sich vor, wie die Welt aussehen würde, wenn wir alle unsere Bedürfnisse, Erwartungen und Grenzen klar kommunizieren würden, wenn wir für unser eigenes Energiefeld verantwortlich wären, wenn wir einander vertrauen und um das bitten würden, was wir brauchen, wenn wir Intuition und Gefühle in den Entscheidungsprozess einbeziehen würden, wenn wir die männlichen und weiblichen Qualitäten (und damit die Geschlechter) als gleichberechtigte Partner annehmen würden und wenn wir die Heiligkeit aller Lebewesen achten und ehren würden? Ich möchte in dieser Welt leben!

Die folgenden Kapitel konzentrieren sich auf die praktische Umsetzung und geben Ihnen Werkzeuge und Denkweisen an die Hand, die Sie sofort einsetzen können. Ich ergänze die Erklärungen zu den einzelnen Themen durch Übungen, die Sie durchführen können, um sich näher mit den vorgestellten Konzepten zu befassen. Zusätzlich zu der in diesem Buch enthaltenen Fülle an Meditationen, Übungen und Fragen stehen auf meiner Webseite ergänzende Materialien (in englischer Sprache [Anm. d. Übers.]) zum kostenlosen Download zur Verfügung. Acht geführte Meditationen (ebenfalls in englischer Sprache [Anm. d. Übers.]), die auf der Webseite von Inner Traditions • Bear & Company verfügbar sind, geben Ihnen die Möglichkeit, sich auf einer praktischen Ebene auf das Material einzulassen. Eine Anleitung, wie Sie die acht Titel abrufen und nutzen können, finden Sie am Ende des Buches.

TEIL 2

Der Werkzeugsatz des evolutionären Empathen

Menschlich und göttlich zugleich sein: die Praxis

Veränderung erfordert ein enorm hohes Maß an Energie. Eine Rakete verbrennt beim Start etwa achtzig Prozent ihres Treibstoffs. Er wird für die Überwindung der Schwerkraft und die Erzeugung eines Impulses verbraucht, der ausreicht, um eine Umlaufbahn um die Erde beizubehalten. Die Erhaltung des Impulses erfordert erheblich weniger Anstrengung als der Start. Wenn Sie sich also dafür entscheiden, sich zu Ihrem Seelenweg zu bekennen und zu den Wegbereitern der neuen Erde zu gehören, wird es Sie große Anstrengung kosten, die Trägheit Ihrer jetzigen Lebensmuster zu überwinden. Doch Sie werden den Treibstoff nicht unnütz verbrennen. Jeder Schritt hin zu mehr Bewusstsein, mehr Heilung und größerer Ganzheit wird Ihnen helfen, den notwendigen Impuls zu erzeugen – und ihn zu erhalten.

Das neue menschliche Bewusstsein ist eine Praxis, die „Gegensätze" vereint: Menschlichkeit und Göttlichkeit. Wir sind sowohl menschlich als auch göttlich und wir können es uns als Gesellschaft nicht mehr leisten, darum zu kämpfen, welcher Aspekt besser ist, und kostbare Energie damit zu vergeuden, den einen Aspekt gegen den anderen auszuspielen. Beide Aspekte sind unverzichtbar und von entscheidender Bedeutung. Im eisernen Zeitalter vergaß der Mensch, dass er ein geistiges Wesen ist, und betrachtete sich selbst vor allem als materielles Wesen. Im bronzenen Zeitalter verblasste die materialistische Ausrichtung laut Walter Cruttenden jedoch allmählich und der Mensch entdeckte, dass er mehr als nur Fleisch und Blut war. Er war auch eine Energieform. Er erkannte, dass alle Materie ein Ausdruck von Energie, Schwingung und elektrischen Qualitäten ist.[1] Der Eintritt in ein höheres Bewusstsein verlangt von Ihnen, dass Sie lernen, die Begrenzungen Ihres Menschseins mit Ihrer grenzenlosen geistigen Natur in Einklang zu bringen. Er bedeutet, sich den kosmischen Einflüssen hinzugeben, die uns zu einem erweiterten Bewusstsein und zu einem aufsteigenden Zyklus der Menschheit führen.

Im zweiten Teil dieses Buches finden Sie die Werkzeuge, Praktiken, Denk- und Sichtweisen, die Ihnen helfen sollen, sowohl Ihre menschliche als auch Ihre göttliche Natur anzunehmen. Er konzentriert sich auf praktische, alltagstaugliche Lebenskompetenzen, die wir alle lernen müssen, um den menschlichen Aspekt unseres Lebensweges zu meistern. In der Ausdrucksweise der amerikanischen Ureinwohner gilt es diese Kompetenzen zu entwickeln, wenn wir „den roten Pfad" beschreiten. Der rote Pfad ist in vielen indigenen Kulturen Amerikas das Sinnbild für ein bewusstes, spirituelles

Leben als inkarnierter Mensch. Black Elk, Medizinmann der Oglala-Sioux, bezeichnete alle Menschen, die auf dem roten Pfad unterwegs sind, als einen miteinander verbundenen Kreis aus Menschen, die ein heiliges Band bilden. Aber auch wenn viele Menschen auf dem Pfad sind, können nur *Sie* allein *Ihren* Weg gehen. Dieser Teil des Buches soll Ihnen helfen, Ihren roten Pfad mit einem höheren Maß an Würde, Bewusstsein, Klarheit in der Zielsetzung, Demut und Frieden zu gehen.

Die irdische Erfahrung ist zweifelsohne eine menschliche Mysterienschule. Meine bevorzugte Definition für ein Mysterium ist „das unendlich Wissbare". Das werden Sie entdecken, wenn Sie diesen Methoden in Ihrem eigenen Leben auf den Grund gehen und mit ihnen arbeiten. Sie sind ein Mysterium – und Sie sind Ihre eigene Mysterienschule!

7

Ihr Energiegefäß: „Schilde hoch, Mr. Sulu!"

Wie der Inhalt fast aller folgenden Kapitel ist auch das Thema des menschlichen Energiefeldes komplex und umfangreich genug, um ein eigenes Buch darüber zu rechtfertigen. Es ist jedoch nicht meine Absicht, Sie über die unterschiedlichen Energiesysteme oder -philosophien (wie das System der Chakras) aufzuklären oder Ihnen konkrete Energieheilungstechniken zu vermitteln. Dieses Kapitel soll Sie vor allem mit dem Konzept Ihres Energiegefäßes vertraut machen und Ihnen Visualisierungen, Übungen und Denkweisen an die Hand geben, die Sie benutzen können, um nicht nur Ihr Bewusstsein zu stärken, sondern Ihr Energiefeld auch im Alltag aufrechtzuerhalten.

IHR ENERGIEGEFÄSS VERSTEHEN

Sie sind mehr als nur Ihr physischer Körper. Sie besitzen ein Energiefeld, das Sie umgibt – Ihr persönliches Energiefeld. Es ist ebenso unverwechselbar wie ein Fingerabdruck oder die Form einer Schneeflocke. Die Physiologie lehrt uns, dass jede Zelle unseres Körpers eine bestimmte Ladung besitzt. Allein die Tatsache, dass Sie leben – von den elektrischen Impulsen, die durch Ihren ganzen Körper wandern, bis hin zu Ihren Zellen, die Nahrung in Energie verwandeln –, erzeugt ein Energiefeld.

Ihr Energiefeld besteht jedoch aus mehr als nur den Begleiterscheinungen der biologischen Funktionen eines Menschen. Auch Gedanken und Handlungen haben eine Frequenz. Alles, was Sie sind, denken und tun, trägt zur eindeutigen Frequenz oder Schwingung dessen bei, der Sie sind. Der Energieerhaltungssatz findet hier Anwendung. Er sagt im Kern aus, dass Energie weder erzeugt noch vernichtet wird, sondern nur ihre Form ändert. Seine wichtigste Auswirkung ist, dass Ihre Gedanken, Gefühle und Worte Ihre Realität gestalten und sich durch einen Prozess, den wir als „Manifestation" bezeichnen, im Laufe der Zeit in Ihre physische Realität verwandeln. Menschen sind Manifestationsmaschinen. Das hat uns hergebracht: Wir wollten unser schöpferisches Selbst erfahren und mit ihm experimentieren.

Ihr Energiefeld besteht aus allen nur denkbaren Dingen, die Sie ausmachen – aus Ihren Überzeugungen, Wünschen, Erfahrungen, ungelösten Problemen, Leidenschaften, Träumen, schöpferischen Ausdrucksformen, Enttäuschungen, körperlichen Beschwerden, Schattenaspekten. Alle diese Dinge besitzen eine Schwingung – eine eigene Lebenskraft – und sie verbinden sich zu Ihrer ganz eigenen, unverwechselbaren energetischen Signatur.

Die Größe Ihres Energiefeldes ändert sich ständig und ist alles andere als statisch. Menschen sind dynamische Wesen und viele innere und äußere Kräfte wirken zahllose Male am Tag auf uns ein. Unser Energiefeld spricht ständig nicht nur auf unsere Gedanken, Reaktionen und Emotionen, unsere Situation, unsere Umgebung und den Grad unseres Wohlbefindens oder Unwohlseins an, sondern ebenso auf andere Menschen, Werbebotschaften oder das Wetter. Zudem sind die Auswirkungen auf unser Energiefeld nicht auf Ereignisse oder Menschen in unserer direkten Umgebung beschränkt. Faktoren, die unseren energetischen Zustand beeinflussen, sind nicht durch Raum und Zeit begrenzt. Wenn Sie mit jemandem telefonieren, der sich am anderen Ende der Welt befindet, sind Ihre Energiefelder auch über eine Entfernung von zehntausend Kilometern in Kontakt miteinander und beeinflussen sich gegenseitig. Wenn Sie an einen Menschen aus Ihrer Vergangenheit denken, den Sie geliebt haben oder der vielleicht sogar gestorben ist, haben schon allein die Erinnerung an ihn und die Bedeutung, die er für Sie hatte, in der Gegenwart einen Einfluss auf Ihr Energiefeld. Somit sind Zeit und Raum eine Illusion.

Auf einer noch esoterischeren Ebene haben Sie Zugang zu Energiemustern aus vergangenen Leben, die Sie jetzt im gegenwärtigen Moment beeinflussen. Auch wenn Sie in dieser Inkarnation einen „neuen" Körper bewohnen, haben

Ihr jetziges Leben und alle früheren oder künftigen Leben einen gemeinsamen Nenner, nämlich Ihre Seele, die die Aufzeichnungen jeder einzelnen Inkarnation speichert. Sie sind mehr als nur der Körper, den Sie bewohnen. Ihr menschliches Bewusstsein ist nicht nur vom Bewusstsein Ihrer Seele durchdrungen, sondern auch vom Bewusstsein des Schöpfers und des Kosmos. Sie haben einen inneren Zugang zu allen diesen Dimensionen und sie alle tragen zur unverwechselbaren energetischen Signatur Ihres Energiefeldes bei.

Die Antwort auf die Frage, wie weit sich unser Energiefeld ausdehnt, hat mehrere Komponenten. Auf der einen Seite ist unser Energiefeld unermesslich und grenzenlos. Wir können mit Menschen am anderen Ende der Erde, im All oder in anderen Dimensionen (beispielsweise mit Verstorbenen) kommunizieren und somit auf einer energetischen Ebene mit ihnen interagieren. Wir können unser Bewusstsein – und damit unsere Energie – an jeden beliebigen Ort in der Raumzeit schicken.

Andererseits ist es für uns als Menschen aber ebenso wichtig, das Konzept von Grenzen zu verstehen und es anzuwenden, indem wir bewusst entscheiden, wen oder was wir in unser Energiefeld hineinlassen und wen oder was nicht. Obwohl unser Energiefeld grenzenlos ist, besteht die Arbeit an dieser irdischen Schule also zum Teil darin, nicht nur unsere *grenzenlose* Natur, sondern auch die *Grenzen* zu ergründen und zu verstehen, die wir für unsere Gesundheit und unsere Sicherheit setzen müssen.

Sie haben wahrscheinlich schon vermutet, dass es für uns als Empathen weit größere Anstrengung und Konzentration erfordert, Grenzen zu setzen und aufrechtzuerhalten, als grenzenlos zu sein. Sie haben Recht. Ohne einen Mentor oder ein Verständnis für die fließende Natur unseres Energiefeldes neigen wir dazu, Energien wahllos in unser Energiefeld hineinzulassen und unverzichtbare Lebensenergie an den Äther zu verlieren.

Bitte hören Sie die erste Audiodatei mit dem Titel „Where Are My Edges". Sie bietet eine einfache, aber effektive Visualisierungsmeditation, die ich in allen Workshops nutze, um die Menschen mit dem Konzept ihrer Grenzen vertraut zu machen und ihnen die Möglichkeit zu geben, ihr Energiegefäß auszudehnen und zusammenzuziehen.

Stellen Sie sich der Einfachheit halber vor, dass Ihr Energiegefäß die Form einer Blase, eines Zylinders, eines Kokons oder eine andere annähernd längliche oder kugelige Form hat. Ich habe eine Klientin, die sich ihr Energiegefäß gerne als Hamsterball vorstellt, der umherrollt, während sie sich bewegt. Unabhängig von der Form, die Sie visualisieren, besteht Ihr Energiefeld aus allem, was sich in diesem Gefäß befindet, den Raum „in" Ihrem Körper eingeschlossen. Dieser innere Raum wird manchmal als Ihr ätherischer Doppelgänger bezeichnet. Er ist eine exakte „Kopie" Ihres physischen Körpers, jedoch mit der Ausnahme, dass er in der nichtphysischen Realität existiert und Ihren physischen Körper exakt überlagert.

Jeden Tag kommt unser Energiefeld bei jeder Interaktion, die wir haben, mit vielen hundert oder sogar tausend anderen Energien in Kontakt. Sie können sich das bildlich so vorstellen: Jeder von uns hat eine andere Farbe und mit jeder Interaktion – persönlich, am Telefon, über die sozialen Medien oder über eine andere Interaktionsmöglichkeit – übertragen wir ein wenig von unserer Farbe auf denjenigen, mit dem wir in Kontakt kommen. Wenn ich also rot bin und Sie blau sind und wir uns im Supermarkt unterhalten, dann verlassen Sie den Laden mit einem roten Klecks in Ihrer blauen Farbe und ich verlasse ihn mit einem blauen Klecks in meiner roten Farbe.

Können Sie sich vorstellen, wie viele verschiedene Farbkleckse uns am Ende jedes Tages zieren würden? Wenn wir es nicht schon wüssten, wäre es schwierig festzustellen, mit welcher Farbe wir morgens begonnen haben. Dabei sollte klar sein, dass wir keine Farbe als gut oder schlecht beurteilen. Der Austausch von Farben findet unabhängig davon statt, ob wir die betreffende Person mögen oder nicht, einer Meinung mit ihr sind oder nicht, sie körperlich berühren oder nicht, uns gut mit ihr verstehen oder nicht.

Empathen haben von Natur aus ein sehr offenes Energiefeld, das, wenn wir uns dessen nicht bewusst sind, in der Regel zu ungenauen, nachlässig gesetzten oder nicht existierenden Grenzen führt. Das bedeutet, dass die Ränder unseres Energiegefäßes nicht genau – oder überhaupt nicht – definiert sind. Wenn wir nicht erkennen, dass wir ein Empath sind, und uns unseres Energiefeldes nicht bewusst sind, neigen wir dazu, alle Menschen wahllos in unseren energetischen (und sogar körperlichen) Raum hineinzulassen. Dafür gibt es viele Gründe. Am gesunden Ende des Spektrums liegt es daran, dass wir von Natur aus freundlich, hilfsbereit, mitfühlend und umsichtig sind. Am ungesunden

Ende des Spektrums kann es daran liegen, dass wir co-abhängig sind, uns darüber definieren, wie uns andere Menschen sehen, oder nicht wissen, wie man nein sagt. In beiden Fällen passiert es häufig, dass unbewusste Empathen jeden, den sie kennen, in ihrem Energiefeld mit sich herumtragen.

Oft schicke ich private Klienten gleich nach ihrer Ankunft in meiner Praxis wieder hinaus und weise sie an, jede Person vor der Tür zu lassen, mit der sie meine Praxis betreten haben. Manchmal gebe ich ihnen einige Kristalle mit, die als physische Stellvertreter für die Menschen stehen sollen, die sie vor der Tür zurücklassen. Das schafft Freiraum und erlaubt ihnen einen besseren Zugang zu ihrer eigenen Stimme und ihrer eigenen Wahrheit während unserer Beratungs- oder Heilsitzung.

Zu der Frage, *wer* in Ihrem Energiefeld unterwegs ist, kommt nun noch die Frage, *was* sich darin befindet. Sie tragen nicht nur Menschen mit sich herum, sondern auch Probleme, Gesundheitsfragen, Haustiere, offene Entscheidungen, Verpflichtungen, alte Glaubenssysteme, Unversöhnlichkeit und zahllose andere Dinge. Da verwundert es ganz und gar nicht, dass wir uns „unaufgeräumt“ und beengt fühlen! Ich möchte Sie aber warnen: Wenn Sie sich dieser Energien erst einmal bewusst geworden sind, ist es nahezu unmöglich, sie in Zukunft wieder zu ignorieren.

◎ *Wer ist in Ihrem Energiefeld?*

Diese wunderbare Übung macht deutlich, was und wie viel Sie zu einer bestimmten Zeit mit sich herumtragen. Es kann rasch passieren, dass wir empfindungslos werden für das ganze Gepäck und das energetische Gerümpel, das wir mit der Zeit anhäufen. Wir gewöhnen uns daran und erkennen nicht, wie sehr es uns verwirrt, erschöpft und ins Stocken bringt.

Für diese Übung müssen Sie um sich herum einen Kreis mit einem Durchmesser von ungefähr 1,20 Meter ziehen. Sie können dafür beispielsweise ein Seil, einen Hula-Hoop-Reifen oder auch zusammengeknotete Schals verwenden. Es geht darum, eine visuelle Begrenzung oder ein Gefäß zu schaffen. Außerdem brauchen Sie einen Block mit Haftnotizen oder Papier, das Sie in kleine Zettel schneiden können, sowie einen Stift.

Schreiben Sie auf, was Ihnen zu jeder der nachstehenden Kategorien in den Sinn kommt (jeweils ein Punkt pro Haft- oder Papierzettel). Legen Sie dann jeden Zettel in den Kreis.

- Alle Personen, die Ihr Leben aktuell beeinflussen oder die Sie im Bewusstsein tragen: Familie, Freunde, Kollegen usw.
- Tiere/Haustiere
- Entscheidungen/Themen/Probleme, mit denen Sie sich gerade befassen
- Gesundheitliche Probleme
- Wichtige Stressfaktoren, ob laufend (Tilgung von Schulden) oder einmalig (ein Todesfall)
- Dinge, für die Sie sich verantwortlich fühlen
- Unversöhnlichkeit
- Dinge, die Sie tun „sollten"
- Wünsche/Begierden
- Dinge, die Sie bedauern/bereuen
- Verpflichtungen
- Alle anderen Dinge, die Sie gegenwärtig beeinflussen

Betrachten Sie Ihre Notizen nun insgesamt, alle Namen und alle Kategorien, und nehmen Sie sich einen Moment Zeit, um sich die Wirkung bewusst zu machen. Worin besteht die erste Reaktion Ihres Körpers?

Sie werden feststellen, dass einige der Menschen und Dinge in Ihrem Energiefeld legitim, richtig und notwendig sind, andere dagegen aufdringlich, erschöpfend und unwichtig. Dies sind Energien, die Sie – ob bewusst oder unbewusst – in Ihren Raum hineingelassen haben. Einige dieser Menschen oder Situationen geben Ihnen Energie zurück, weil eine Partnerschaft oder eine wechselseitige Investition besteht, aber viele Ihrer Notizen stehen für Menschen oder Situationen, die Sie nicht unterstützen. Sie nehmen oder erwarten etwas von Ihnen oder sagen Ihnen, was Sie tun sollen, oder Sie geben zu viel, sind co-abhängig oder übernehmen Verantwortung für sie, obwohl die Verantwortung nicht bei Ihnen liegt.

Schreiben Sie nun zu allen Dingen, die auf Ihren Haftnotizen stehen, etwas in Ihr Tagebuch und stellen Sie sich die folgenden Fragen:

- **Was muss sich ändern?**
- **Welche Maßnahmen muss ich im Hinblick auf die Menschen und Situationen ergreifen, die mir meine Energie rauben?**

- Welche Grenzen muss ich ziehen?
- Welche Entscheidungen muss ich treffen?
- Wo muss ich um Hilfe bitten?
- Welche Form von Selbstfürsorge muss ich betreiben?

ENERGIELECKS

Um das Konzept der Energielecks auf einer körperlichen Ebene zu verstehen, schließen Sie die Augen und rufen Sie sich die Empfindungen in Erinnerung, die in Ihrem Körper entstehen, wenn Sie sich stark, stabil, geerdet, energiegeladen und zuversichtlich fühlen und Ihr Leben aufregend finden. Nehmen Sie sich nun einen Moment lang Zeit, um sich mit diesen Energien und Gefühlen zu erfüllen. Schauen Sie in sich hinein und auf Ihr Energiegefäß. Nehmen Sie wahr, was es wahrzunehmen gibt. Wie fühlen Sie sich? Welche Beschaffenheit und welchen Aufbau hat Ihr Energiegefäß? Was befindet sich darin? Wie sieht es aus? Wie groß ist es?

Wenn Sie in einer positiv gestimmten und kraftvollen Verfassung sind, voll verkörpert, wach und präsent, ist Ihr Energiegefäß stabil und klar definiert. Es hat weder Löcher noch Undichtigkeiten. Sie können seine Ränder wahrnehmen. Ihr Energiegefäß kann Sie vollständig in sich aufnehmen und Sie haben klare Grenzen. Ihr Energiegefäß ist intakt.

Stellen Sie sich nun vor, welche Empfindungen in Ihrem Körper entstehen, wenn Sie sich schwach, machtlos oder co-abhängig fühlen oder wenn Sie Ihre Wahrheit unterdrücken, an sich selbst zweifeln und Angst haben. Nehmen Sie wahr, was es wahrzunehmen gibt. Wie fühlen Sie sich? Welche Beschaffenheit und welchen Aufbau hat Ihr Energiegefäß? Was befindet sich darin? Wie sieht es aus? Wie groß ist es?

Atmen Sie nun tief durch, um Ihr Energiefeld von dieser Visualisierung zu reinigen, schütteln Sie Ihre Hände aus und kehren Sie in einen neutralen Zustand zurück.

Wenn Sie sich entmächtigt fühlen oder Angst haben, dann bedeutet das in der Regel, dass Sie Ihren Körper teilweise verlassen haben, nicht voll und ganz präsent sind, automatisch und häufig auch regressiv handeln. In diesem Zustand hat Ihr Energiegefäß seine Integrität verloren. Es sieht aus wie Schweizer

Käse und verliert Energie wie ein Sieb. Grenzen sind nicht vorhanden und Sie fühlen sich vermutlich ausgeliefert, schwach und verletzlich.

Wenn Ihr Energiegefäß nicht dicht ist, lassen Sie entweder lebenswichtige Energien in den Äther entweichen oder schädliche Energien, die von anderen Menschen oder Ihrer Umgebung ausgehen, in Ihren Raum hinein. Oder beides. Undichtigkeiten äußern sich in verschiedensten ungesunden Verhaltensweisen. Dazu gehören zum Beispiel schwammige Grenzen, der entmächtigende Umgang mit Geld, co-abhängige Beziehungen, die Tatsache, dass Sie Probleme auf sich nehmen, die nicht Ihre Probleme sind, Ihre Wahrheit nicht aussprechen, Ihr authentisches Selbst unterdrücken, sich für die Emotionen anderer Menschen verantwortlich fühlen oder sich von anderen Menschen ausnutzen lassen. Und wenn es in einem Bereich Ihres Lebens eine undichte Stelle gibt, werden Sie in der Regel feststellen, dass es vermutlich auch in anderen Lebensbereichen eine Undichtigkeit gibt.

Wie ich bereits erwähnt habe, ist unser Energiefeld unaufhörlich im Fluss, während wir auf alle Reize, denen wir tagtäglich begegnen, reagieren und sie verarbeiten. Ich bin sicher, dass Sie sich an eine Zeit erinnern können, in der Sie sich in einem Moment gut, glücklich und kraftvoll gefühlt haben, nur um sich im nächsten Moment von einer schlechten Nachricht vollkommen den Wind aus den Segeln nehmen zu lassen. Unser Seinszustand (und damit unser Energiefeld) kann sich in Sekundenschnelle verändern. Es gehört zu Ihrem spirituellen und emotionalen Reifeprozess, dass Sie lernen, sich in Ihr Energiefeld einzufühlen, mit ihm umzugehen, gut für es zu sorgen und es mithilfe geeigneter Praktiken möglichst stabil zu halten.

Mit ein wenig Aufmerksamkeit und Übung können Sie Ihr Energiegefäß auf längere Sicht intakt halten und die Fähigkeiten entwickeln, die Sie brauchen, um das Gleichgewicht wiederherzustellen (Energielecks zu stopfen), Ihr Energiefeld von ungewollten oder ungünstigen Einflüssen zu reinigen und es nach einem destabilisierenden Schlag rascher wieder zu stabilisieren. In Kapitel 8, das sich ausführlich mit Grenzen befasst, gehe ich näher auf das Thema von Energielecks ein.

TÄGLICHE PRAKTIKEN FÜR DEN UMGANG MIT IHREM ENERGIEFELD

Es gibt einfache tägliche Praktiken, die enorm viel bewirken können, wenn es darum geht, sich in Ihr Energiegefäß einzuspüren und mit ihm umzugehen. Dazu gehören die Überprüfung und Klärung Ihres Energiefeldes. Eigentlich geht es bei der Überprüfung darum, Bewusstsein zu entwickeln. Bewusstsein ist immer der erste und wichtigste Schritt, um eine wichtige Veränderung vorzunehmen, denn was Ihnen nicht bewusst ist, können Sie nicht ändern. Die Klärung Ihres Energiefeldes gehört zur täglichen Pflege. Sehen Sie es ebenso als eine Priorität wie Essen, Trinken und Schlafen Wenn Sie merken, dass es Ihnen schwerfällt, daran zu denken, lassen Sie sich von Ihrer Uhr oder von Ihrem Telefon daran erinnern.

Für unser Wohlbefinden ist es überaus wichtig, dass wir uns – täglich – die Möglichkeit geben, unser Nervensystem von dem Chaos zu reinigen, dem wir den ganzen Tag über ausgesetzt waren. Die Klingel- und Pieptöne elektronischer Geräte, der Lärm von Autos, Motoren oder Maschinen, das ständige Dröhnen von Hintergrundgesprächen, die schädlichen Schwingungen elektromagnetischer Frequenzen, anstrengende Diskussionen – die Quelle spielt keine Rolle. Wenn wir uns nicht von diesen Energien befreien können, ist Stress die Folge. Noch wichtiger ist, dass diese Belastungen sich in unserem Energiekörper aufbauen und sich im Laufe der Zeit in unserem physischen Körper festsetzen können. Eine gründliche oder ausgedehnte Reinigung in regelmäßigen Abständen ist deshalb sehr empfehlenswert, um uns von diesem hartnäckigen Stress zu befreien und unsere natürlichen Biorhythmen wiederherzustellen.

Die Überprüfung Ihres Energiefeldes

Die wichtigste Gewohnheit, die Sie entwickeln sollten, besteht darin, sich selbst zu überprüfen. Es nimmt nur wenige Minuten in Anspruch und ich rate Ihnen, es mehrmals täglich und vor allem vor dem Schlafengehen zu tun. Es bedeutet, dass Sie sich einen Augenblick Zeit nehmen, um Ihren körperlichen, mentalen, emotionalen und energetischen Zustand zu beurteilen und anschließend die erforderlichen Anpassungen vorzunehmen.

Nehmen Sie bei der Beurteilung Ihres körperlichen Zustandes wahr, wie Ihr Körper sich anfühlt. Sind Ihre Schultern angespannt oder hochgezogen? Ist Ihre Atmung flach? Ist Ihr Magen verkrampft? Haben Sie irgendwo Schmerzen oder Beschwerden? Haben Sie eine krumme oder gebeugte Haltung? Sind Sie in Ihrem Körper präsent? Alle diese Symptome können Hinweise sein, die Sie erkennen lassen, was Sie zu einem bestimmten Zeitpunkt fühlen, denken oder verarbeiten. Unser Körper macht unsere Ängste und Glaubensmuster auf der physischen Ebene sichtbar. Wenn wir auf ihn hören, liefert er uns alle Beweise, die wir brauchen, um zu erkennen, wann wir uns mit etwas befassen oder etwas aufarbeiten müssen. Einige tiefe, langsame Atemzüge können anschließend als Resetknopf wirken.

Wenn Sie nun Ihre mentale und emotionale Verfassung beurteilen, achten Sie darauf, was Sie denken und fühlen. Die Überprüfung Ihres Körpers hat Ihnen wahrscheinlich bereits einen Hinweis auf Ihren emotionalen/mentalen Zustand gegeben, da er ihn widerspiegelt. Fühlen Sie sich ermächtigt oder entmächtigt? Klar oder verwirrt? Überfordert oder voller Tatendrang? Gibt Ihr innerer Dialog Ihnen ermutigende Botschaften oder übt er vernichtende Kritik? Spielen Sie alte Streitigkeiten in Gedanken immer wieder durch? Sind Sie in der Zukunft, planen Ihren Tag oder machen eine Einkaufsliste? Haben Sie sich von jemand anderem abkanzeln lassen? Haben Sie etwas gesagt oder getan, das Sie bedauern? Will etwas Ihre Aufmerksamkeit erlangen, das Sie ignorieren?

Bei der Überprüfung Ihres Energiegefäßes gehen Sie der Frage nach, was und wer sich in Ihrem Energiefeld befindet, dort aber nichts verloren hat. Wenn Sie Ihre mentale und emotionale Verfassung bereits untersucht haben, wissen Sie vermutlich, ob Sie zugelassen haben, dass sich schädliche Einflüsse in Ihr Feld einschleichen, weil Ihre Emotionen und Ihr innerer Dialog Sie wahrscheinlich darauf hingewiesen haben. Der nächste Schritt besteht darin, Ihr Energiefeld von den Dingen zu reinigen, die Ihnen nicht dienlich sind. Im nachstehenden Abschnitt „Ihr Energiefeld klären" finden Sie einige Reinigungstechniken, die Sie anwenden können.

Die Überprüfung Ihres Energiefeldes soll Ihnen die Möglichkeit geben, Ihre Muster zu erkennen und notwendige Anpassungen vorzunehmen. Dazu gehört für mich auch immer die tiefe Atmung. Ich setze meinen Atem oft als Werkzeug ein, um Energie zu bewegen. Tatsächlich ist er sogar das mächtigste

Werkzeug, das ich habe, um Energie zu lenken. Das geschieht mittlerweile so automatisch, dass mein Körper im Laufe des Tages oft ganz von selbst innehält und einen tiefen, klärenden Atemzug macht.

Die tägliche Überprüfung ist außerdem wichtig, um die Gewohnheiten und Muster zu erkennen, die Ihnen Hinweise darauf geben, wo Sie vielleicht tiefere innere Arbeit zu leisten haben. Es ist unerlässlich, dass wir nicht nur als Empath, sondern als *Mensch* regelmäßig auf unserer körperliche, emotionale, mentale und energetische Verfassung achten. Das verhindert, dass ungelöste Probleme, Verletzungen, Traumen und tagtägliche Häufungen an uns nagen und sich zu Krankheiten, Groll, Verbitterung, einer Haltung der Unnachgiebigkeit, Wut und Opfergefühlen verstärken.

Ihr Energiefeld klären

Stellen Sie sich die Reinigung Ihres Energiefeldes wie das Zähneputzen vor: Sie können das Zähneputzen ausfallen lassen, ohne dass Sie daran sterben, haben aber einen äußerst unangenehmen Film und Geschmack im Mund und wenn Sie Ihre Zahnpflege längere Zeit vernachlässigen, sind Zahnfleischentzündungen und zahlreiche andere Probleme die Folge. Genauso ist es mit dem Energiefeld. Krankheit beginnt, wie bereits gesagt, im Energiekörper und wenn wir uns nicht mit ihr befassen, sinkt ihre Schwingungsfrequenz, bis sie sich irgendwann auf der körperlichen Ebene manifestiert.

Wenn Sie sich erst einmal auf Ihren energetischen Zustand eingestimmt haben, merken Sie sofort, wann eine Reinigung notwendig ist. Da es sehr viele Methoden gibt, um Energien zu klären, ist die folgende Liste nicht vollständig. Sie bietet aber eine große Vielfalt, aus der Sie abhängig von Ihrer persönlichen Vorliebe, der Verfügbarkeit von Materialien und der Umgebung, in der Sie sich aufhalten, auswählen können.

Methode 1: Tiefe Atmung

Der Atem gehört zu den mächtigsten Werkzeugen, die wir haben, um Energie zu bewegen, und er kostet keinen Cent. Wir besitzen dieses Werkzeug bereits. Es geht nur darum, es bewusst anzuwenden.

Mehrmals im Laufe des Tages und besonders vor und nach der Arbeit mit einem Klienten atme ich wiederholt tief ein und aus, um mich zu klären und zu zentrieren. Ich stelle mir vor, dass der Ausatem mein Energiefeld durchkämmt wie der Rechen, der durch eine selbstreinigende Katzentoilette läuft, dabei alle „Abfallprodukte“ aufnimmt und an die Erde abgibt.

Atmen Sie langsam und bewusst tief ein, halten den Atem einige Sekunden an und atmen dann langsam und bewusst wieder aus, wobei Sie den Atemstrom gezielt lenken, statt ihn willkürlich fließen zu lassen. Wenn ich Energie mithilfe meines Atems bewege, kann ich hören, wie sich die Luft bewegt, und es kommt nicht selten vor, dass mich ein Schauder überläuft, ich ein Kribbeln spüre oder andere körperliche Reaktionen wahrnehme, während mein Energiefeld geklärt wird.

Es gibt viele Visualisierungen, die Sie in Verbindung mit der tiefen Atmung einsetzen können. So können Sie beispielsweise durch den Scheitel einatmen und durch die Füße ausatmen. Sie können eine Farbe einatmen, sie in die engen oder schweren Bereiche Ihres Energiefeldes senden und die Abfallprodukte als graue oder schwarze Farbe wieder ausatmen. Sie können den Einatem auch zu jedem der sieben Chakras lenken, um sie nacheinander zu reinigen. Probieren Sie die verschiedenen Möglichkeiten aus und entscheiden Sie sich für das, was für Sie am besten funktioniert.

Methode 2: Räuchern

Wenn Sie räuchern, zünden Sie natürliches Räucherwerk an wie beispielsweise Salbei, Süßgras oder Palo Santo. Ich benutze alle drei Pflanzen regelmäßig und verwende einen (meist aus Federn hergestellten) Räucherfächer, um den Rauch in meinem gesamten Energiefeld zu verteilen. Ich benutze den Räucherfächer auch als Werkzeug, um meinen physischen Körper von Blockaden zu befreien. Räuchern ist eine wunderbare Technik, um einen Raum, ein heiliges Objekt, Ihr Büro oder das gesamte Haus zu reinigen. Zu fast jedem meiner Workshops und Programme gehört das gemeinsame Räuchern mit den Teilnehmern, bevor wir beginnen. Ich liebe Zeremonien und das zeremonielle Verbrennen von Salbei, um den Raum zu weihen, das Feld zu klären und die unterstützenden Energien herbeizurufen. Sie müssen nicht so weit ins Detail gehen, aber ich biete es als zusätzliche Praxis an.

Methode 3: Abstreichen

Diese praktische Methode können Sie einsetzen, wenn Sie unterwegs sind oder nicht auf Ihre Reinigungswerkzeuge zugreifen können. Sie können einfach mit den Händen über Ihren Körper streichen, bewusst atmen und dann Ihre Hände ausschütteln, um das loszulassen, was Sie abgelöst haben. Sie können mit einer Hand auch Ihr Herz (oder andere Bereiche, in denen sich verdichtete Energien angesammelt haben) ausschöpfen oder Energien von Ihrem Körper abzupfen, so wie Sie beispielsweise Kletten aus dem Fell eines Hundes zupfen würden. Einige Menschen stellen sich ihre Fingerspitzen gerne als Pinsel vor und streichen mit den Händen um den Rand ihres Aurafeldes, um ihn abzustreichen, zu reinigen und zu klären.

Methode 4: Affirmationen und Intentionen setzen

Affirmationen sind eine Möglichkeit, um Ihr Feld bewusst von unerwünschten Energien zu befreien und durch die Wiederholung eines Satzes eine höhere, unterstützende Frequenz auf den Plan zu rufen. Ich begleite Affirmationen ganz automatisch mit meinem Atem. Eine Affirmation, die ich regelmäßig benutze, sobald ich im Bett liege, lautet: „Ich lasse alles los, was nicht zu mir gehört." Ich wiederhole diesen Satz dreimal, während ich tief ein- und ausatme. Dann stelle ich mir vor, dass ich auf allen Seiten von meinen geistigen Führern umgeben bin, die meine Aura mit Flügeln ausstreichen, um alles zu beseitigen, was ich aufgenommen habe.

Ähnlich wie Affirmationen errichten auch Intentionen ein bewusstes Feld, eine Erinnerung an das, was man anstrebt. Das mag offensichtlich erscheinen, aber es kann dennoch leicht passieren, dass wir morgens nach dem Aufstehen sofort voll durchstarten und vergessen, einen Augenblick lang innezuhalten, zu beten, dankbar zu sein oder Intentionen zu setzen. Wenn ich daran arbeite, mir eine neue Gewohnheit, eine neue Verhaltensweise oder eine neue Denkweise anzueignen, schreibe ich meine Intentionen nieder und lese sie jeden Morgen, damit sie in meinem Bewusstsein präsent bleiben.

Setzen Sie jeden Tag die Intention, nicht die Probleme, Emotionen oder Energien anderer Menschen zu übernehmen. Achten Sie jedoch darauf, diese Absicht positiv zu formulieren. Ihre Intention kann beispielsweise lauten: „Mein Energiegefäß ist stabil und intakt." „Ich entscheide, wen ich in mein

Energiefeld hineinlasse." „Ich bin ein eigenständiges Wesen." Sie können die Intentionen, die Sie fassen, wie Affirmationen verwenden und sie im Laufe des Tages immer wiederholen. Wenn Sie sie aufschreiben, platzieren Sie den Zettel dort, wo Sie ihn sehen. Einer meiner Lieblingsorte ist beispielsweise der Spiegel in meinem Badezimmer.

Methode 5: Bittersalzbäder

Bittersalz ist dafür bekannt, dass es Giftstoffe aus dem Körper aufnimmt, das Nervensystem beruhigt, Schwellungen reduziert und zur Muskelentspannung beiträgt. Sie können die klärende und beruhigende Wirkung verstärken, indem Sie dem Badewasser ätherische Öle, Teeblätter oder getrocknete Blüten Ihrer Wahl zugeben. Wenn Sie nicht gerne baden, können Sie Bittersalz in die Wanne geben und den Abfluss verschließen, sodass sich die Wanne mit Wasser füllt, während Sie duschen. Auch wenn das Salz dann nur mit Ihren Füßen und Ihren Unterschenkeln in Kontakt kommt, können Sie die bewusste Absicht fassen, die Giftstoffe über die Füße ins Wasser abzugeben.

Wasser selbst besitzt eine enorm große Heilwirkung, sodass ein Bad in der Wanne (oder in einem Fluss, einem See, dem Meer oder einem Pool) und der bewusste Kontakt mit Wasser – ob mit oder ohne Bittersalze – wahre Wunder bewirken können.

Methode 6: Kristalle und Steine

Auch wenn dies eine eher passive Methode ist, liebe ich die Unterstützung, die uns das Reich der Mineralien bietet. Sie können Kristalle in die Tasche stecken, als Schmuck tragen oder im Haus, im Büro, im Auto oder auf dem Schreibtisch platzieren. Ich habe Steine überall im Haus und im Büro verteilt und besitze sehr viel Schmuck. Wichtig ist, daran zu denken, dass diese Steine Ihnen dienen, und sie deshalb regelmäßig zu reinigen. Es gibt verschiedene Möglichkeiten, Steine und Kristalle zu reinigen. Sie können sie beispielsweise in die Sonne oder in den Vollmond legen, sie in der Erde vergraben, sie in Salz legen, sie räuchern oder sie unter fließendes Wasser halten (wobei Sie aber darauf achten sollten, dass die Zusammensetzung des Steins im Wasser stabil bleibt). Für den Fall, dass Sie mit einer bestimmten Energie oder einem bestimmten Stein arbeiten wollen, aber nicht wissen, für welchen Stein Sie sich entscheiden sollen, finden Sie auf dem Markt eine wahre Flut an Literatur, die Ihnen die Eigenschaften und den Nutzen vieler Kristalle erklärt.

Methode 7: Ätherische Öle

Das Pflanzenreich ist ebenso bereit, uns zu dienen, wie das Reich der Mineralien. Sie können aus Pflanzen gewonnene Öle beispielsweise direkt auf Ihren Körper auftragen, sie in einen Diffuser oder ins Badewasser geben, sie (je nach Art und Reinheit) essen oder mit ihnen kochen. Wie Kristalle und Steine erhöhen auch sie die Schwingung Ihrer Umgebung, bekämpfen bestimmte Krankheiten und helfen Ihnen, Ihr Energiefeld zu klären.

Methode 8: Gebete und Anrufungen

Einige Menschen praktizieren tägliche Anrufungen, die alles von Gebeten über gesprochene Mantras bis hin zu Intentionen umfassen können. Es handelt sich dabei um ähnliche Werkzeuge, deren wichtigste Gemeinsamkeit darin besteht, dass sie bewusst eingesetzt werden. Anrufungen, Mantras oder wiederholte Sätze – die oft in fremden Sprachen (wie Sanskrit oder Quechua) gesprochen werden – können mächtige Werkzeuge sein, um Ihr Energiefeld zu klären, eine schützende Grenze zu ziehen, in schwierigen Situationen, die für Ihre Grenzen eine Herausforderung darstellen, um Führung und generell um alles zu bitten, was Ihnen hilft, von anderen Menschen getrennt zu bleiben. Ich wende mich in meinen Gebeten häufig an meine geistigen Helfer, meine Krafttiere oder mein höheres Selbst und bitte sie, mich zu unterstützen.

IHR ENERGIEGEFÄSS AUFBAUEN

Wenn Sie Ihr Energiegefäß aufbauen, entwickeln Sie die Fähigkeit, Raum für sich selbst – für alles, was Sie ausmacht – zu halten. Um Ihnen ein Verständnis dafür zu vermitteln, was es heißt, Raum für sich selbst zu halten, möchte ich zuerst das Gegenteil veranschaulichen. Dazu ist es hilfreich, sich Ihr Energiegefäß als einen soliden Gegenstand – beispielsweise einen Krug – vorzustellen. Wenn Sie Sand oder Wasser in einen Krug einfüllen, der Löcher hat, kann er dann seinen Inhalt halten? Nein. Er läuft aus. Sie können den Krug nicht bis zum Rand füllen, ganz gleich, wie viel Sie hineingießen.

Die Vorstellung unseres Energiegefäßes – konkret von dem, was wir halten können – ist dem sehr ähnlich. Wie gelingt es Ihnen, die Größe Ihrer Träume zu bewahren, zu empfangen oder Freude aufrechtzuerhalten? Begeistern Sie sich für große Ideen und sind dann innerhalb weniger Tage ernüchtert und mutlos? Wenn Ihnen jemand seine Liebe oder Unterstützung anbietet, können Sie sie aus tiefstem Herzen empfangen oder weisen Sie sie zurück? Wie lange können Sie positive Gefühle aufrechterhalten?

Die Antwort auf alle diese Fragen verweist auf die Unversehrtheit Ihres Energiegefäßes als maßgebliche Ursache. Wenn Ihr Traumgefäß löchrig ist, wird es schwierig, einen Traum bis zu seiner Manifestation aufrechtzuerhalten. Wenn Ihr Energiegefäß undicht ist, sind Freude und Glück flüchtige Erfahrungen, weil Ihre Fähigkeit, Raum für Ihr eigenes Glück zu halten, herabgesetzt ist. Wenn es Ihnen schwerfällt, zu empfangen, können Sie das Geschenk eines Kompliments, einer Überraschungsgabe oder emotionaler Unterstützung nicht voll und ganz annehmen. Alle diese Dinge weisen auf Undichtigkeiten in Ihrem Energiegefäß hin (und auf innere Arbeit, die Sie zu leisten haben).

Der Aufbau unseres Energiegefäßes lässt sich durchaus mit dem Aufbau eines Muskels vergleichen, da beides regelmäßige Übung und Praxis erfordert. Viele Empathen sind daran gewöhnt, sich klein zu machen. Wir tragen Masken und geben vor, jemand zu sein, der wir nicht sind, um uns anzupassen und um akzeptiert und geliebt zu werden. Die meisten Empathen haben nur sehr wenig Erfahrung darin, ein großes Energiegefäß für sich selbst aufzubauen, dafür aber sehr viel Erfahrung darin, ein kleines, instabiles oder beschädigtes Energiegefäß zu halten.

Aufgrund der Unterdrückung, die Frauen seit Jahrtausenden erleiden, fällt es vor allem ihnen schwer, ein größeres Energiegefäß für sich selbst zu halten. Wir sind darauf programmiert, uns anzupassen, klein zu blieben, unseren Willen dem Willen anderer Menschen unterzuordnen und zu schweigen, und man hat uns erklärt, dass wir weniger intelligent, fähig, qualifiziert und abgehärtet seien als Männer. Wenn Sie sich regelmäßig selbst sabotieren, um klein zu bleiben, sollten Sie weiter schauen als nur auf die Botschaften Ihrer Erziehung. Fast jede Frau trägt Einflüsse aus dem kollektiven Feld in ihrem Bewusstsein, die ihr stillschweigend erklären, dass sie es nicht schaffen wird, was immer „es" auch sein mag.

Übungen zum Aufbau Ihres Energiegefäßes

Die Arbeit am Aufbau des Energiegefäßes gehört zu den eher fortgeschrittenen Maßnahmen und ich rate Ihnen, sie erst dann in Ihr Programm aufzunehmen, wenn Sie bereits geübt haben, Ihr Energiefeld regelmäßig zu überprüfen und zu reinigen. Ich nehme sie an dieser Stelle auf, weil Sie schon jetzt damit beginnen können, Ihr Energiegefäß aufzubauen, auch wenn Sie sich gerade erst mit Ihrem Energiefeld vertraut machen. Der Aufbau des Energiegefäßes ist außerdem eine natürliche Folge der Arbeit mit Ihrem Energiefeld und der Entwicklung des in diesem Buch vermittelten Bewusstseins.

◎ *Widmen Sie Ihrem Energiegefäß regelmäßig Aufmerksamkeit*

Diese Übung können Sie mit der täglichen Kontrolle Ihres Energiefeldes kombinieren. Bitten Sie zu diesem Zweck Ihre Psyche um eine Visualisierung. Wenn Sie kein visueller Mensch sind, können Sie auch um Eindrücke oder Gefühle bitten. Untersuchen Sie mit der für Sie am besten geeigneten Methode mehrere Aspekte Ihres Energiegefäßes. Ist es dicht oder weist es Lecks auf? Macht es einen starken oder schwachen Eindruck? Fühlt es sich beschwingt oder ernüchtert an? Weist es Löcher auf? Gibt es etwas, das Sie festhalten wollten, das Ihnen aber bereits entgleitet und an Schwung oder Kraft verliert (wie etwa ein gutes Gefühl oder eine kreative Idee)? Wie lange können Sie an positiven oder lebensbejahenden Gefühlen oder Ideen festhalten?

Achten Sie auf bestimmte Muster. Fühlt Ihr Energiegefäß sich morgens stark und dicht an, wird aber im Laufe des Tages schwächer? Fühlt es sich allgemein stark und dicht an, wird in bestimmten Situationen oder in Anwesenheit bestimmter Menschen aber löchrig wie Schweizer Käse? Sie können sogar Tagebuch darüber führen und sich folgende Fragen stellen: „Was wirft mich aus meiner Mitte?" „Wann fühle ich mich stark und wann fühle ich mich schwach?" „Welche Energien kann ich über längere Zeit halten und welche Energien verflüchtigen sich sofort wieder, sobald sie entstehen?" Mithilfe der Aufzeichnungen in Ihrem Tagebuch können Sie Ihr Bewusstsein für die Umstände schärfen, in denen es Ihnen besonders schwerfällt, die Unversehrtheit Ihres Energiegefäßes aufrechtzuerhalten.

◎ *Erlauben Sie sich, positive Gefühle über einen längeren Zeitraum zu halten*
Setzen Sie die Intention, über einen längeren Zeitraum an Freude, Vergnügen, Fülle oder einer anderen Form positiver oder erweiternder Energie festzuhalten, und üben Sie sich darin. Nehmen Sie sich nicht zu viele Gefühle auf einmal vor. Wählen Sie zu Beginn ein Gefühl, damit Sie klar unterscheiden können, wann Sie die Integrität Ihres Energiegefäßes aufrechterhalten und wann nicht.

Nehmen wir zum Beispiel die Freude. Sie erweitern Ihr Energiegefäß, indem Sie sich erlauben, uneingeschränkt Freude zu empfinden. Immer wenn etwas geschieht, das Ihnen Freude bereitet, nehmen Sie sie in jeder Zelle und mit allen Sinnen wahr. Seien Sie vollkommen präsent. Sagen Sie sich: „Ich habe sie verdient. Ich liebe sie. Sie macht mich glücklich. Danke." Lassen Sie sich von ihr erfüllen.

Achten Sie im Laufe des Tages darauf, welche äußeren oder inneren Ereignisse Ihre Freude trüben. Zu meinen größten Feinden gehört mein innerer Kritiker. Wenn Sie feststellen, dass Ihre Freude einen Dämpfer erfahren hat, gehen Sie behutsam mit sich um und geißeln Sie sich nicht. Seien Sie mitfühlend mit sich selbst, wenn Sie sich fragen: „Was hat meine Freude gerade getrübt? Warum habe ich zugelassen, dass es mich beeinflusst? Was sage ich mir selbst darüber?" Verbinden Sie sich anschließend wieder mit einem Ereignis, das Ihnen kürzlich Freude bereitet hat, oder finden Sie im gegenwärtigen Augenblick etwas, das Sie erfüllen kann, und wenn es nur ein Schritt nach draußen ist, um die Sonne auf Ihrem Gesicht zu spüren oder die Schönheit einer Blume zu betrachten.

Wenn Sie ein wenig Übung gewonnen haben, können Sie Ihr Energiegefäß weiter aufbauen. Wie Krafttraining verlangt auch diese Aufgabe, dass Sie sich ihr regelmäßig widmen, wenn Sie Resultate erzielen wollen. Dies ist kein einmaliges Unterfangen. Die Sorge für Ihr Energiegefäß ist eine lebenslange Praxis. Erinnern Sie sich an den Satz des American-Football-Trainers Vince Lombardi: „Es kommt nicht darauf an, ob du zu Boden gehst, sondern darauf, ob du wieder aufstehst." Sie werden bei der Sorge für Ihr Energiegefäß viele Male „zu Boden gehen" (einen Dämpfer erleiden). Stehen Sie einfach immer wieder auf. So bauen Sie Kraft auf.

◎ *Erweitern Sie Ihre Fähigkeit zur Wertschätzung*

Wertschätzung ist eine erweiternde Energie und die Wirksamkeit von Dankbarkeit ist gut dokumentiert. Eine der einfachsten Methoden, sich darin zu üben, besteht darin, ein Tagebuch der Dankbarkeit zu führen. Legen Sie ein Notizbuch neben Ihr Bett oder auf Ihren Schreibtisch – an einen Ort, an dem Sie sich jeden Tag zur gleichen Zeit (die Tageszeit spielt keine Rolle) aufhalten – und machen Sie es sich zur Gewohnheit, fünf oder zehn Dinge zu notieren, für die Sie dankbar sind.

Wenn Sie zu den Menschen gehören, die täglich beten, können Sie alternativ zu einem Dankbarkeitstagebuch die Dinge, für die Sie dankbar sind, auch während Ihrer Gebetszeit zum Ausdruck bringen. Legen Sie auch hier eine Zahl – fünf oder zehn – an Punkten fest, die Sie erreichen wollen.

◎ *Sich selbst im Spiegel lieben*

Für manche Menschen gehört der Blick in den Spiegel zu den schwierigsten Dingen, die sie jemals getan haben. Und damit meine ich nicht den flüchtigen Blick, mit dem Sie morgens kontrollieren, ob Ihr äußeres Erscheinungsbild in Ordnung ist. Damit meine ich, dass Sie sich tief in die Augen schauen, sich wahrnehmen und laut mit sich selbst sprechen.

Es gibt drei Ebenen der Spiegelarbeit. Probieren Sie sie aus.

Spiegelübung 1: Stellen Sie sich vor einen Spiegel, in dem Sie sich von Kopf bis Fuß betrachten können, und nehmen Sie jeden Aspekt von sich wahr, den Sie sehen. Betrachten Sie nach Möglichkeit auch Ihre Rückseite. Sagen Sie sich bei jedem Körperteil: „Ich liebe mein/meine/meinen (Körperteil)." „Ich danke dir, (Körperteil), für ___________ ." Berühren Sie jeden Teil, wenn sie über ihn sprechen.

Spiegelübung 2: Führen Sie Übung 1 nackt durch.

Spiegelübung 3: Stellen Sie sich vor einen Spiegel und schauen Sie sich tief in die Augen. Lernen Sie den Menschen kennen, der Sie aus dem Spiegel ansieht. Erlauben Sie sich, verletzlich zu sein und gesehen zu werden. Nehmen Sie sich so wahr, als ob Sie sich noch nie gesehen hätten. Sagen Sie dann

zehn Mal laut: „Ich liebe dich." In der fortgeschrittenen Version wiederholen Sie diese Übung eine Woche lang jeden Tag.

SELBSTSCHUTZ

Dies ist ein heikles Thema, denn es gibt viele verschiedene Ansichten darüber, wie Sie sich schützen sollten und weshalb Sie sich schützen müssen, und noch mehr Methoden, wie Sie die jeweiligen Schutzmechanismen anwenden können. Manche Menschen glauben, dass sie für übernatürliche Angriffe anfällig sind oder dunkle Energien anziehen. Manche glauben, dass Intention der wichtigste Faktor ist. Manche leben so, als sei dauernd etwas darauf aus, ihrer habhaft zu werden. Es gibt ein ganzes Spektrum an Überzeugungen und daraus folgenden Praktiken, wenn es um die Notwendigkeit von Schutz, die Frage, wovor wir uns schützen, und die beste Vorgehensweise geht.

Ich möchte klarstellen, dass ich Ihnen keine Spezialtechnik anbieten kann, die in allen Situationen wirkt. Ich gehöre nicht zu den Menschen, die glauben, dass es nur einen Weg gibt. Es kommt darauf an. Sie haben vermutlich bereits gemerkt, dass ich es vorziehe, Ihnen eine Vielzahl von Werkzeugen anzubieten, und es Ihrer inneren Weisheit überlasse, sich für das Werkzeug zu entscheiden, das in der jeweiligen Situation am sinnvollsten und hilfreichsten ist. Und meine Philosophie berücksichtigt immer auch Ihr Glaubenssystem und die Brille, durch die Sie die Welt sehen.

Auch wenn ich nicht in großer Ausführlichkeit auf dieses Thema eingehe, ist es dennoch wichtig, darüber zu sprechen, weil es uns einmal mehr erkennen lässt, dass wir für unsere eigene Energie verantwortlich sind. Wir können nicht kontrollieren, was außerhalb von uns geschieht, aber wir können kontrollieren, wie wir darauf reagieren. Das schließt sowohl offensive (vorbereitende) als auch defensive (im jeweiligen Moment eingesetzte) Maßnahmen ein. Unser Umgang mit der Frage, wie wir uns schützen, ist von mehreren Faktoren abhängig, zu denen unsere Überzeugungen ebenso gehören wie die Menschen, mit denen wir es zu tun haben, die Energien, die in unserem Umfeld vorhanden sind, und die Werkzeuge, die wir zur Verfügung haben, um für unser eigenes Energiefeld zu sorgen.

Glaubenssysteme

Es mag auf den ersten Blick nicht offensichtlich sein, dass es zwischen unserem Glaubenssystem und dem Schutz unseres Energiefeldes einen Zusammenhang gibt, aber für mich ist klar, dass sie einander nähren. Unsere Wahrnehmungen färben unsere Wirklichkeit und wir können den Einfluss unserer Überzeugungen nicht außer Acht lassen, wenn es darum geht, wie wir die Welt sehen und für wie gefährlich wir diese Welt daraufhin halten.

Einer der wichtigsten Aspekte, die es zu berücksichtigen gilt, ist das, was Ihnen von Kindheit an vermittelt wurde. Einige Menschen sind beispielsweise in einem von Chaos, Unberechenbarkeit und Grenzverletzungen geprägten Umfeld aufgewachsen. Die Gründe können Alkoholismus, sexueller oder körperlicher Missbrauch oder Eltern sein, die keine Vorstellung von Privatsphäre, Respekt oder persönlichem Freiraum haben. Dieses Umfeld wird dann zur Schablone für das Leben der Kinder und als Erwachsene ziehen sie weiterhin Chaos, Dramen, Respektlosigkeit und Menschen an, die ihre Grenzen verletzen. Das ist die Brille, durch die sie die Welt sehen, und das sind die Erfahrungen, die sie nach wie vor anziehen. Es ist ungesund, aber bekannt und vertraut. Und es bringt zweifellos ein Glaubenssystem hervor, das sich unablässig mit dem Bedürfnis nach Schutz beschäftigt. So gestalten wir für gewöhnlich unsere Welt, ehe wir „erwachen". Wir wiederholen alte Muster und Gewohnheiten und erkennen nicht, dass sie uns nicht die gewünschten Ergebnisse bringen. Wir können das Gefühl haben, dass die Ereignisse der Welt „uns angetan" wurden, und das hat zur Folge, dass wir uns als Opfer fühlen.

Wenn Sie in dem Glauben verwurzelt sind, dass jeder darauf aus ist, Ihnen zu schaden, dann ist die Wahrscheinlichkeit groß, dass Sie alles in Ihrem Leben mit Misstrauen und Argwohn betrachten und sich fragen, wie und wann genau Sie hintergangen werden. Das ist die „Verknüpfung" von Ursache und Wirkung, die im Laufe unserer Entwicklung in unserem Gehirn festgelegt wird. Wir sehen die Welt durch die Brille, die man uns gegeben hat, bis wir erkennen, dass sie vielleicht defekt ist, und uns daranmachen, eine neue Brille zu erschaffen. Das ist Teil des Erwachens.

Es wird uns jedoch nicht gelingen, unsere Überzeugungen einfach dadurch zu ändern, dass wir jeden Morgen einige Affirmationen „herunterbeten" oder einige unserer Gewohnheiten ändern. Glaubenssysteme sind heimtückisch und vielschichtig und es erfordert Arbeit, sie zu transformieren. Trotzdem kann das Bekenntnis zu einer neuen Überzeugung zu den machtvollsten Entscheidungen gehören, die ein Mensch treffen kann. Ich habe viele Menschen erlebt, die ein anderes Verhältnis zu ihrem *Bedürfnis nach Schutz* gefunden haben, weil sie ihre innere Arbeit geleistet haben. Sie treten in ihrem Leben weniger defensiv auf. Diese Art von innerer Arbeit hilft Menschen fast immer, ihre persönliche Macht zurückzugewinnen, ihre Opfermentalität loszulassen und zu verstehen, dass sie in jedem Moment eine Wahl haben. Alle diese Veränderungen geben den Menschen ein Gefühl größerer Ganzheit und sie verändern maßgeblich ihr Verhältnis zur Welt sowie den Blick auf und den Umgang mit ihrem Bedürfnis nach Schutz.

Die menschliche Natur

Menschen sind nicht von Natur aus schlecht oder böswillig und werden nicht so geboren. Unbewusste Menschen sind sich ihres Energiefeldes jedoch nur selten bewusst und übernehmen deshalb keine Verantwortung für seinen Zustand. Sie treten in allen Schattierungen auf: als Strippenzieher, Energievampire, Nörgler, Schwarzmaler (denken Sie an die Figur des „Kummers" in dem Film *Alles steht Kopf*), Großmäuler, Klatschmäuler, ständige Kritiker, Menschen, die ihr gesamtes emotionales Gepäck bei Ihnen abladen. Die Liste ließe sich beliebig fortsetzen. Und was Sie stört, stört den Menschen neben Ihnen vielleicht nicht, und was Sie heute stört, stört Sie morgen vielleicht nicht mehr. Die Methoden, derer Sie sich bedienen, um Ihr Energiefeld zu schützen, ändern sich immer abhängig von der Situation, in der Sie sich befinden.

Machen Sie sich bewusst, dass Sie andere Menschen nicht kontrollieren können. Sie können nur sich selbst kontrollieren. Können Sie die Umgebung und die Umstände kontrollieren, denen Sie sich aussetzen? Auf jeden Fall. Nur Sie können entscheiden, wann, wo und unter welchen Umständen Sie sich sicher fühlen. Die Verantwortung für Ihr Energiefeld und Ihre energetische Umgebung schließt definitiv auch die Entscheidung ein, wem oder was Sie sich aussetzen. Manchmal ist Schutz auch gleichbedeutend mit Vermeidung – Sie gehen einer Person, einer Umgebung oder einer Situation aus dem Weg. In allen Fällen ist es unerlässlich, regelmäßig und entschieden Ihr Energiefeld zu klären und Grenzen zu ziehen. Das sollte nicht nur Sie selbst, sondern auch Ihr Büro, Ihr häusliches Umfeld und Ihr Auto einschließen.

Physikalische Einflüsse

Es gibt konkrete, messbare physikalische Einflüsse auf der Welt, denen unser Energiefeld tagtäglich ausgesetzt ist. Dazu gehören beispielsweise bestimmte elektromagnetische Frequenzen, chemische Ausdünstungen, Lärmbelästigung oder Sonneneruptionen. Es sind Dinge, die in unserer Umgebung physikalisch vorhanden sind, die wir sehen, riechen oder berühren und die wir in irgendeiner Weise messen können. Ich greife bei solchen Dingen oft auf Hilfe aus dem Reich der Mineralien zurück. So habe ich zum Beispiel immer einen Pyrit neben dem Computer, dem Laptop oder dem Fernseher liegen, um mich vor schädlichen elektromagnetischen Frequenzen zu schützen.

Die Liste der täglichen Übeltäter in unserer Umgebung ist ebenso lang wie die Liste möglicher Abhilfemaßnahmen. Gerüche, Kunststoffe, Reinigungsmittel, Kraftwerke, Stromleitungen, Ölraffinieren oder Pestizide haben ganz erhebliche Auswirkungen auf die Menschen. Der beste Schutz ist Vermeidung, aber das ist nicht immer möglich. Ich verweise Sie auf die unterschiedlichen Möglichkeiten der Selbstreinigung, die ich in diesem Kapitel anbiete, da viele unserer Helfer aus der Natur (Mineralien, ätherische Öle usw.) neben der Reinigung auch eine offensive oder schützende Wirkung haben können.

Schädliche Wesenheiten

Auch wenn ich in diesem Bereich kaum direkte Erfahrung habe, weiß ich, dass dunkle Kräfte existieren. Es gibt Menschen, die schwarze Magie oder dunkle Künste praktizieren und auf Ihren Wunsch gerne ein Familienmitglied mit einem Fluch belegen. Es gibt körperlose Wesenheiten, die verloren und verwirrt sind und die vielleicht nach einem Menschen suchen, den sie quälen oder um Hilfe anflehen können. Es gibt eine ganze Welt an paranormalen und unerklärlichen Aktivitäten. Denn Menschen, die mit dem „Licht" arbeiten und sich regelmäßig als Kanal oder Portal für höhere Frequenzen öffnen, können unabsichtlich auch Energien, deren Absichten alles andere als „rein" sind, dazu einladen, sich durch sie zu äußern.

Als Schamanin habe ich konkrete Techniken gelernt, um mit Anhaftungen zu arbeiten und Menschen zu befreien. Diese Techniken sind zu komplex, um hier näher darauf einzugehen, und ihre Anwendung würde eine schamanische Ausbildung erfordern. Das heißt aber nicht, dass Sie Pech haben, denn Energien, die an uns „kleben", weisen manchmal auch auf eine innere Anhaftung – ein Glaubenssystem, eine Erwartung, Groll, eine Sucht – und nicht auf eine dunkle Wesenheit hin. Sollten Sie jemals feststellen, dass Ihre persönliche Energiepraxis nicht ausreicht, um das Problem zu lösen, mit dem Sie es zu tun haben, wenden Sie sich an einen Therapeuten, von dem Sie sich angesprochen fühlen und der Ihnen helfen kann. Egal wie bewusst wir sind, wie lange wir diese Arbeit bereits leisten oder wie umfangreich unser Werkzeugsatz ist – wir alle brauchen Hilfe, auch ich selbst. Wir alle brauchen Unterstützung, um unsere Schwachstellen zu finden.

Schutzwerkzeuge

Das wichtigste Schutzwerkzeug ist Bewusstsein. Sie müssen tagtäglich bewusst bleiben, Ihr Energiegefäß überprüfen, Ihr Energiefeld reinigen und Ihre Grenzen setzen, denn wenn Ihnen nicht bewusst ist, dass Sie von jemandem oder etwas beeinflusst werden, spielt es keine Rolle, wie viele Werkzeuge Sie zur Verfügung haben, um sich zu schützen. Die Entwicklung einer Bewusstseinspraxis ist, wie bereits erwähnt, von zentraler Bedeutung. Sobald Sie sich einer Sache bewusst werden, können Sie eine Entscheidung darüber treffen, wie Sie mit der Situation umgehen wollen. Ich unterteile die Möglichkeiten in zwei Kategorien: offensiv und defensiv.

Eine offensive Strategie bedeutet nichts anderes, als dass Sie voraussehen, was Sie möglicherweise brauchen, und sich im Vorfeld vorbereiten. Man könnte es als Vorausplanung bezeichnen. Mein Mann und ich scherzen immer: „Schilde hoch!", wenn wir in einen bestimmten Supermarkt gehen wollen. Wenn ich mir kurz Zeit nehme, um mich vorzubereiten, mein Feld kläre, seine Unversehrtheit überprüfe, die Ränder stabilisiere, in meiner Mitte bleibe und mit einem Lächeln hineingehe (statt mich auf einen Kampf einzustellen), dann komme ich meist wesentlich besser zurecht, als wenn ich hineingehe, ohne vorher einen Moment innezuhalten und mein Energiefeld vorzubereiten.

Vorausplanung kann auch längerfristige Schutzmaßnahmen einbeziehen, indem Sie beispielsweise Kristalle rund um Ihr Haus oder Ihr Büro auslegen, ein energetisches oder physisches Gitter errichten, Symbole zeichnen, bestimmte Schmuckstücke tragen oder Ihrer täglichen spirituellen Praxis nachkommen. Der offensive Schutz beinhaltet alles, was Sie *im Vorfeld* tun, unabhängig davon, ob es einem einmaligen Zweck oder einer langfristigen Notwendigkeit dient. Und unterschätzen Sie nicht, wie wichtig es ist, Ihr Energiefeld mehrmals täglich zu klären.

Eine defensive Strategie ist das, was Sie *im jeweiligen Moment* tun, um auf eine „Bedrohung" zu reagieren. Die störende Energie kann eine Person, lauter Lärm, eine elektromagnetische Frequenz, eine große Menschenmenge oder ein beliebiger anderer äußerer Umstand sein. Vergessen Sie nicht, dass auch innere Ereignisse sich auf unser Energiegefäß auswirken und es erforderlich machen können, dass wir unser Feld stärken. Ereignisse, die einen bestimmten Reiz in uns auslösen (und möglicherweise zu regressivem Verhalten führen), ein Abfall des Blutzuckerspiegels oder Überforderung können zusätzliche Unterstützung erforderlich machen, damit wir in unserer Mitte bleiben und unsere mentalen Fähigkeiten bewahren.

Schutzmaßnahmen, die Sie im jeweiligen Moment anwenden können, sind beispielsweise: weggehen, Ihr Feld klären, tief ein- und ausatmen, nein sagen, etwas Nahrhaftes essen oder trinken, sich einige Momente allein zurückziehen oder nach draußen gehen, um sich mit der Natur zu verbinden.

Bei langfristigen Störfaktoren – zum Beispiel ein bestimmter Kollege, eine ungesunde Beziehung oder ein dysfunktionales Glaubenssystem – sollten Sie in Erwägung ziehen, sich an einen Therapeuten, Schamanen, Energieheiler oder vertrauenswürdigen Lehrer zu wenden, der Sie darin unterstützt, eine Strategie zu erarbeiten und die innere Arbeit zu leisten, die mit Ihrem Reizauslöser zu tun hat.

ES BEGINNT – UND ENDET – MIT BEWUSSTSEIN

Ihr Energiefeld ist ein komplizierter und komplexer lebender Organismus. Es ist intelligent und kommunikativ. Es ist unaufhörlich im Fluss und passt sich Ihrer Stimmung, Ihrer körperlichen Verfassung, Ihrem Umfeld, Ihrem inneren Dialog und den Menschen an, mit denen Sie in Kontakt stehen. Das grundlegende und wichtigste Werkzeug für die Arbeit mit Ihrem Energiefeld ist Bewusstsein, das durch einfache wiederholte Übung entsteht. Sich bewusst zu sein, wie Sie sich fühlen und welche Wirkung etwas auf Sie hat, ist der erste Schritt. Veränderung ist nicht ohne die bewusste Wahrnehmung dessen möglich, was im Augenblick geschieht. Danach können Sie entscheiden, wie Sie Ihr Feld klären oder wieder ins Gleichgewicht bringen und wie Sie auf äußere Faktoren reagieren wollen. Es ist eine tägliche – wenn nicht gar stündliche – Praxis, die Sie in die Lage versetzt, früher und häufiger zu bemerken, wenn etwas Ihr Energiefeld beeinflusst. Die Macht liegt immer im Bewusstsein.

8

Grenzen: Wir sind eins, aber wir sind nicht gleich

Das Thema Grenzen ist so umfangreich und von so grundlegender Bedeutung, dass ich Bände damit füllen könnte, alle Aspekte zu beleuchten. In diesem Buch möchte ich erklären, warum Grenzen so wichtig sind und in welcher Beziehung sie zu Ihrem Energiefeld stehen, und ich möchte Ihnen Werkzeuge an die Hand geben, um Ihre Grenzen zu stärken und durchzusetzen.

Grenzen helfen Ihnen, Sicherheit zu schaffen, nein zu sagen und um das zu bitten, was Sie brauchen. Sie helfen Ihnen, sich darüber klar zu werden, was zu Ihnen gehört und was nicht, und unterstützen Sie darin, in Ihrer Mitte geerdet zu bleiben. Grenzen helfen Ihnen, nicht in Co-Abhängigkeit, Überforderung und Verwirrung zu verfallen und in Ihrem Umgang mit anderen Menschen „sauber" zu bleiben. Grenzen sorgen dafür, dass Sie bequem in sich selbst geborgen sind, schaffen eine Basis – einen Ort, an den Sie jederzeit zurückkehren können – und geben Ihnen die Möglichkeit, in Ihrem authentischen Selbst zu ruhen. Für Ihre energetische, emotionale, geistige und auch körperliche Gesundheit ist es von entscheidender Bedeutung, dass Sie Übung darin erlangen, Grenzen zu ziehen und aufrechtzuerhalten.

Die Überschrift des Kapitels deutet bereits an, dass wir – aus der höchsten, kosmischen Perspektive betrachtet – alle eins sind. Wir kommen alle aus einer Quelle und sind individuelle Manifestationen des höchsten Schöpfers. Unsere physischen Körper sind aus dem gleichen Stoff gemacht und wir besitzen ein gemeinsames Bewusstsein – was einem von uns widerfährt, hat Auswirkungen auf alle.

Doch auf einer menschlichen, alltäglichen Ebene sind wir nicht gleich. Wir unterscheiden uns in unserem Energiefeld, in unserer Sensitivität, in unseren Vorlieben, Werten, Fähigkeiten und Überzeugungen, in unserem körperlichen Aussehen, in unserer Toleranz, in unseren Stärken und Fehlern. Wir haben eine persönliche Frequenz, die eine Verschmelzung unserer individuellen Anteile zu einer eindeutigen, unverwechselbaren energetischen Signatur ist. Wenn wir mit anderen eindeutigen Frequenzen in Kontakt kommen, sind manche in Resonanz mit uns und manche nicht. Auf einer individuellen Ebene wollen wir nicht jeden Menschen in unseren Raum lassen, nicht mit jedem Menschen befreundet sein und noch nicht einmal mit jedem Menschen reden. Und das ist vollkommen in Ordnung.

Sorge für unsere Bedürfnisse als Menschen – und vor allem als Empathen – zu tragen, bedeutet, Grenzen zu ziehen, die klar machen, wo wir aufhören und wo andere Menschen beginnen. Grenzen verlangen, dass wir uns selbst kennen, dass wir wissen, was wir wollen, brauchen, denken und fühlen, und dann auf der Grundlage dieses Wissens handeln. Für Menschen, die von Natur aus darauf angelegt sind, mit anderen Menschen zu verschmelzen, kann der Versuch, die eigenen Grenzen zu finden, sich ebenso fremd anfühlen wie der Versuch, mit den Zehen zu essen!

Grenzen können besonders dann eine verwirrende Vorstellung sein, wenn ein Teil von uns sich daran erinnert, wie es ist, auf der geistigen Ebene zu leben, auf der es diese Unterscheidung nicht gibt. In Kapitel 1 habe ich bereits erklärt, dass die menschlichen Gedankengebäude der Trennung, der Getrenntheit und des Bedürfnisses nach Schutz auf der geistigen Ebene nicht existieren. Wir sind in dem Wissen verwurzelt, dass wir aus derselben Quelle kommen, und nehmen daher die Energie einer anderen Seele nicht als Bedrohung wahr. Ebenso wenig brauchen wir uns Gedanken darüber zu machen, dass unser Energiefeld sauber bleibt oder dass wir überfordert werden oder auf ungesunde Weise mit anderen Menschen verschmelzen könnten. Das sind äußere Zeichen der menschlichen Erfahrung.

Die Wahrheit zu erkennen, dass wir sowohl reiner Geist als auch Materie sind, kann sehr verwirrend und äußerst schwierig sein. Vielen Menschen fällt es leichter, sich mit einer der beiden Seiten zu identifizieren („Ich bin Geist" oder „Ich bin Materie"), weil wir in einer Welt der Polaritäten leben. Fast alle Dinge in unserer Umgebung fordern uns auf, eine Entscheidung zu treffen.

Das eine ist gut und das andere ist schlecht, das ist fortschrittlicher oder besser (oder hat eine andere Eigenschaft, die wir ihm zuweisen und die eine Spaltung zwischen den beiden Gegensätzen erzeugt). Die Vorstellung, dass wir „sowohl als auch“ sein können, ist noch immer im Entstehen begriffen. Selbst wenn wir erkennen und uns dazu bekennen, dass wir sowohl eine körperliche, menschliche Existenz als auch eine multidimensionale Existenz (auf der Ebene von Geist, Energie und Bewusstsein) haben, erfordert es Kompetenz und Übung, gleichzeitig in beiden Welten zu wandern.

Unsere Grenzen können aus einer Reihe von Gründen schwammig oder nichtexistent sein. Manche von uns haben unterbewusst in dem Glauben gelebt, dass sie Opfer sind, hatten kein Vorbild dafür, wie man gesunde Grenzen zieht, oder haben einfach niemals bewusst darüber nachgedacht. Wenn es in unserem Leben nie jemanden gab, der uns Grenzen aufgezeigt hat, wie sollen wir dann wissen, was Grenzen sind oder dass es sie überhaupt gibt? Viele von uns haben gehofft, dass andere Menschen sie retten oder für sie eintreten würden. Oder wir haben versucht, vor unangenehmen Situationen davonzulaufen und unseren Kopf in den Sand zu stecken. Oder wir haben verbissen durchgehalten und dabei zugelassen, dass unser eigenes Energiefeld stark geschwächt wird. Unabhängig von der Ursache erkennen wir jetzt, dass keine dieser Optionen wirklich gesund oder selbstermächtigend ist.

Das Ziehen von Grenzen erfordert Übung. Sie werden nicht sofort Meister darin sein, insbesondere dann nicht, wenn Sie nahezu Ihr gesamtes Leben mit schwammigen Grenzen oder vollkommen ohne Grenzen gelebt haben. Solange Ihnen nicht bewusst ist, dass Sie ein Empath sind, kann es Ihnen nicht gelingen, gesunde Grenzen zu setzen. Es bedarf bewusster Anstrengung und Zeit, um zu lernen, wie Sie sich entschlossen zu Ihren empathischen Fähigkeiten bekennen und gleichzeitig gesunde Grenzen aufrechterhalten können („sowohl als auch“). Erteilen Sie sich die Erlaubnis, dass dieses Unterfangen chaotisch aussehen darf, dass Sie Fehler machen dürfen und vor allem, dass Sie Erwartungen loslassen dürfen.

Denken Sie an ein Kind, das laufen lernt. Schimpfen Sie es jedes Mal aus, wenn es hinfällt? Nein. Erwarten Sie von ihm, dass es gleich beim ersten (oder beim vierzigsten) Mal perfekt laufen kann? Nein. Es steht wieder auf, versucht es noch einmal und erlangt mit zunehmender Übung ganz von selbst größere Kraft und mehr Geschick. Es braucht Sie nur, damit Sie es ermutigen, ihm

Raum für seine Versuche lassen und für seine Sicherheit sorgen. Diese Rolle müssen Sie auch für sich selbst übernehmen, während Sie lernen, in Ihrem Leben klare Grenzen zu ziehen und aufrechtzuerhalten.

ENERGIELECKS – AUSBRÜCHE UND EINBRÜCHE

Wenn wir über das Konzept von Grenzen sprechen, ist es hilfreich, sich noch einmal in Erinnerung zu rufen, was Ihr Energiefeld ist, wie Sie mit ihm umgehen und wie Sie die Ränder Ihres Energiegefäßes bestimmen können. Grenzen sind sehr eng mit Ihrem Energiefeld verbunden und ich werde bei ihrer Erläuterung häufig auf Kapitel 7 verweisen.

Stellen Sie sich Ihr Energiefeld als halbdurchlässige Membran vor. Es gibt zwei Richtungen, in die Energie fließen kann: zu Ihnen hin und von Ihnen fort, in Ihr Energiegefäß hinein und aus Ihrem Energiegefäß heraus. Ich bezeichne sie der Einfachheit halber als *Einbrüche* und *Ausbrüche*. Ihr Energiefeld ist intelligent und kommuniziert ohne Unterbrechung mit Ihnen. Manchmal sind Sie sich der Dinge bewusst, die Sie aufnehmen oder aussenden, und manchmal sind Sie es nicht. Je besser es Ihnen gelingt, bewusst mit Ihrem Energiefeld umzugehen und seine Botschaften zu erkennen, umso besser gelingt es Ihnen auch, Grenzen zu verstehen und einzusetzen. Beides geht Hand in Hand.

Muster, die aus einem unbewussten Umgang mit Ihrer Energie resultieren, zeigen sich in Form von Energielecks. Ein Leck ist ein unbewusster, ungesunder Energiestrom (normalerweise ein Muster und kein zufälliges Ereignis) und kann in beide Richtungen auftreten. Energielecks sind unproduktiv, ungesund und oft schädlich.

Wie tritt ein nach außen gerichtetes Energieleck – ein *Ausbruch* – im Alltag also in Erscheinung? Die folgenden Beispiele für Energieausbrüche sind weder angemessen noch gesund:

- **Sie unterbrechen andere Menschen, reden über sie hinweg oder müssen immer das letzte Wort haben.**
- **Sie denken darüber nach, was Sie antworten wollen, statt zuzuhören und präsent zu sein.**

- Sie müssen alles kommentieren, was andere sagen, schneiden Grimassen, lachen darüber oder geben andere Laute von sich.
- Sie sind aufdringlich, gehen auf Tuchfühlung zu anderen Menschen und kommen ihnen zu nahe.
- Sie berühren andere Menschen oder dringen in ihr Energiefeld ein, ohne ihre Erlaubnis zu haben oder ihre Antwort abzuwarten.
- Sie sagen alles, was Ihnen in den Sinn kommt, ohne Filter, ohne Zensur und ohne Rücksicht auf Ihren Gesprächspartner.
- Sie teilen jede Erfahrung, jede Unterhaltung und jede Krise, die Sie haben, mit jedem, den Sie kennen (Ihrem Frisör, Ihrem Massagetherapeuten, den Nachbarn, der Kosmetikerin ... nur nicht mit dem Menschen, mit dem Sie über die Situation sprechen müssen).
- Sie wollen jemanden übermäßig beschützen (stellen Sie sich energetische Klauen vor, die nach ihm greifen).
- Sie haben Wutanfälle, Gewaltausbrüche oder stellen Forderungen.
- Sie nehmen anderen Menschen die Luft zum Atmen oder klammern sich an sie (weichen ihnen nicht von der Seite, geben ständig Ratschläge oder Anweisungen, die weder gebraucht noch erbeten werden, lassen sie nicht in Ruhe).
- Sie sind besessen – von einem Menschen, einer Sache, einer Aktivität oder einem Glaubenssystem.
- Sie gestehen einem anderen Menschen nicht seinen eigenen Prozess und seinen eigenen Raum zu. (Sie können Ihr Bedürfnis nicht kontrollieren, ihn zu beruhigen, ihm ein Taschentuch zu reichen, ihm einen Rat zu geben, ihn zu ermutigen, zu berühren, zu umarmen oder anderweitig in seinen Raum einzudringen und sich in seinen Prozess einzumischen.) Dieses Verhalten zeigt Ihre **eigene** Unsicherheit.
- Sie setzen sexuelle Energie frei, indem Sie in unangemessener Weise mit einem anderen Menschen flirten, ihn manipulieren oder ihn verführen. (Die unverhohlene Freisetzung von sexueller Energie äußert sich in Form von One-Night-Stands, in der Suche nach Sex als Fluchtmöglichkeit und in Form von sexueller Belästigung.)
- Ein Energieleck zeigt sich in allem, was andere Menschen dazu veranlassen könnte, Ihnen eine Grenze zu setzen.

Stellen Sie sich bei der Betrachtung dieser Beispiele vor, dass Ihre Energie wie Wasser aus einem auf dem Boden aufgestellten undichten Swimmingpool entweicht. Sie halten in diesen Situationen Ihre Energie ebenso wenig, wie der Pool das Wasser hält. Sie achten nicht bewusst darauf, was Sie sagen, wie Sie sich verhalten oder was Sie denken. Sie überfluten andere Menschen mit der Energie, die Sie (in Form von Worten, Verhaltensweisen oder Taten) verlieren, und Sie übernehmen keine Verantwortung für ihre Auswirkungen oder für ihre Konsequenzen.

Die folgenden Beispiele zeigen, wie ein nach innen gerichtetes Energieleck – ein *Einbruch* – in nicht angemessener oder ungesunder Weise in Erscheinung treten kann:

- Sie tolerieren Klatsch und Tratsch oder abfällige Bemerkungen über andere Menschen.
- Sie lassen sich von anderen Menschen durch Schuldgefühle, Erpressung, Nötigung, Schikane oder Einschüchterung dazu bringen, etwas zu tun, das Sie nicht tun wollen.
- Sie lassen Menschen und Situationen in Ihr Leben, die Sie herunterziehen, Ihnen die Energie rauben und nur nehmen, aber nicht geben. (Denken Sie an Freunde, Verwandte, Kollegen oder andere Menschen in Ihrem Leben, die Sie herunterziehen.)
- Sie lassen zu, dass andere Menschen Sie ausnutzen.
- Sie stehen nicht für sich selbst ein oder vertreten Ihren Standpunkt oder Ihre Meinung nicht. (Sie unterwerfen sich der Entscheidung, den Gefühlen oder der Meinung anderer im Wesentlichen dadurch, dass Sie Ihre eigene Wahrheit nicht aussprechen.)
- Sie bitten nicht um das, was Sie brauchen, wollen oder sich wünschen.
- Sie ziehen eine Grenze, geben dann aber nach, zaudern oder ändern Ihre Meinung darüber.
- Sie lassen zu, dass andere Menschen definieren, wer Sie sind.
- Sie lassen zu, dass Sie von anderen Menschen missbraucht werden.
- Sie sind allgemein passiv.
- Sie sind ein heimlicher Energievampir. (Sie suchen die Nähe bestimmter Menschen oder Gruppen, weil Sie sich dann gut fühlen oder weil Sie nicht imstande sind, Ihr eigenes Wert- oder Geltungsgefühl aufrechtzuerhalten,

und „saugen" deren Energie in sich auf.) Dies ist ein heikler Punkt, der auf beide Kategorien (die Aufnahme und Freisetzung von Energie) zutreffen kann.

Stellen Sie sich bei der Betrachtung dieser Beispiele Ihr Energiegefäß als Boot vor, das Lecks in Form von Löchern aufweist, durch die Wasser eindringt. Die Bedürfnisse, Forderungen, Erwartungen oder unbewussten Gedanken und Handlungen anderer Menschen strömen in Ihr Energiegefäß ein, überfordern Ihr eigenes autonomes Energiefeld und lassen es zusammenbrechen (indem sie dafür sorgen, dass es einsinkt oder einbricht).

Energielecks können in beide Richtungen auftreten und jede Dysfunktion hat ihre eigenen Folgen und erfordert ein anderes Heilmittel. Meist ist ein nach außen gerichtetes Energieleck aber mit einer *Explosion* vergleichbar und deutet darauf hin, dass eine angemessene Form der *Zurückhaltung* nötig ist. Ein nach innen gerichtetes Energieleck ist mit einer *Implosion* vergleichbar und deutet darauf hin, dass eine *Verstärkung* nötig ist.

Zurückhaltung bei nach außen gerichteten Energielecks

Wenn es sich bei Ihren Energielecks mehrheitlich um Ausbrüche handelt, muss Ihre Praxis darauf ausgerichtet sein, ein gewisses Maß an Selbstzurückhaltung zu entwickeln. Zurückhaltung heißt, dass Sie bewusste Beherrschung üben. Das ist kein negatives Konzept, wie es vielleicht die Mahnung Ihrer Eltern gewesen sein mag: „Stephanie, halte dich zurück!" Zurückhaltung heißt nicht, dass Sie ein schlechter Mensch sind, Unrecht haben oder sich einsperren lassen müssen. Es geht nicht darum, dass Sie Ihre Lebensenergie abschalten, sich zum Schweigen verurteilen oder Ihre Gefühle verbergen. Es geht darum, dass Sie Ihre Energie bei sich behalten, dort, wo sie hingehört, statt sie allen anderen Menschen ins Gesicht zu schleudern. Selbstzurückhaltung heißt, sich zu fragen, warum Sie den Drang spüren, andere Menschen zu unterbrechen, in ihren Raum einzudringen, das Gespräch (oder den Raum) an sich zu reißen, ihnen die Luft zum Atmen zu nehmen, sie mit Ihrer Fürsorge zu ersticken, zu flirten oder ständig irgendetwas zu tun.

Meine Kollegin und liebe Freundin Rima Bonario sagt in ihren Kursen oft: „Hören Sie von hier aus zu, nicht von dort drüben." Bleiben Sie bei sich. Es gibt keinen Grund, Ihren eigenen Körper zu verlassen und den Raum eines anderen Menschen zu besetzen. Alles, was Sie sagen, vermitteln oder erreichen wollen, können Sie sicher aus Ihrem eigenen Energiefeld heraus tun. Als Empathen ist uns oft gar nicht bewusst, dass unsere Energie unkontrolliert durch den Raum strömt und das Energiefeld anderer Menschen überrollt. Wir haben kein Gefühl dafür, wie es ist, bei uns selbst zu sein oder zu wissen, wer wir ohne andere Menschen sind. Unsere (dysfunktionale) Komfortzone hat darin bestanden, mit anderen Menschen zu verschmelzen.

Menschen, deren Energielecks nach außen gerichtet sind, benutzen diese (und andere) Verhaltensweisen mitunter, um Energie abzulassen, weil sie nicht gelernt haben, Raum für sich selbst zu halten oder ihr Energiegefäß zu stärken. Der Prozess, in dem wir lernen, unser eigenes Energiegefäß zu halten, lässt sich mit dem Aufbau eines Muskels vergleichen. Unsere Lebensenergie besitzt – wie Elektrizität – eine Ladung. Energie kann sich aufbauen wie Druck in einem fest verschlossenen Topf. Sie ist im wahrsten Sinne des Wortes eine Kraft. Wenn wir an diesen Druck (der in diesem Fall nicht negativ ist) nicht gewöhnt sind, dann tun wir alles, was wir können, um uns von diesem unangenehmen Gefühl zu befreien. Aus einer Vielzahl von Gründen haben wir in unserer Entwicklung nie gelernt, unsere Energie zu halten, unsere Lebenskraft zurückzuhalten oder zu lenken oder überhaupt zu erkennen, dass wir uns von anderen Menschen unterscheiden. Wenn wir spüren, dass unsere Energie sich aufbaut, dass unsere Lebenskraft zunimmt, kann das damit verbundene intensive und übermächtige Gefühl uns deshalb dazu bringen, diese Energie schnellstmöglich freizusetzen. Das kann in Form von sexueller Energie, Freude, Zorn, Trauer oder langfristigen Träumen erfolgen.

Häufige Begleiter dieses nach außen gerichteten energetischen Musters sind die Unfähigkeit, Dinge zu manifestieren, und die Schwierigkeit, Dinge zum Abschluss zu bringen, sich zu konzentrieren, das Unbehagen anderer Menschen – oder das eigene Unbehagen – auszuhalten und in angemessener Weise über unsere Gefühle zu sprechen, statt zu explodieren. Klingt das logisch? Wenn Sie unfähig sind, Ihre Lebensenergie zurückzuhalten, zu beherrschen oder zu lenken, dann leuchtet ein, dass es Ihnen ebenso schwerfällt, Ihre Selbstzurückhaltung lange genug aufrechtzuerhalten, um Ihre Lebensenergie auf ein bestimmtes Ziel auszurichten. Menschen, die in diese Kategorie gehören, lassen sich gut durch einen Spruch beschreiben, den die Piloten in der Air Force zu sagen pflegten: „Voller Schub und kein Vektor."

Die einfachste Methode, die Sie anwenden können, um ein höheres Maß an Selbstzurückhaltung aufzubauen, besteht darin, dass Sie innehalten. Halten Sie immer wieder inne, ehe Sie etwas sagen oder tun. Fragen Sie sich: „Warum tue ich das?" Führen Sie Tagebuch darüber, denken Sie darüber nach und holen Sie sich professionelle Unterstützung, wenn Sie sie brauchen. Die unbewussten Verhaltensweisen, mit denen Sie Energie nach außen austreten lassen, weisen nahezu sicher auf unbewusste Verletzungen und darauf hin, dass Sie bestimmte Filter, Erkenntnisse oder Kompetenzen nicht entwickelt haben. Sie können auch auf die in Kapitel 7 enthaltene Übung „Erlauben Sie sich, positive Gefühle über einen längeren Zeitraum zu halten" zurückgreifen.

Die Menschen, deren Energielecks nach außen gerichtet sind, müssen sich außerdem darin üben, Geduld zu haben und ihr Tempo zu steuern. Sie sind die Sprinter. Sie rufen ihre Lebensenergie schubweise ab. Ihr Tempo steuern heißt, dass sie diese Lebensenergie über einen längeren Zeitraum in kleineren Dosen einsetzen müssen, um ein Gefühl, ein Anliegen oder einen Traum am Leben zu erhalten.

Verstärkung bei nach innen gerichteten Energielecks

Menschen mit nach innen gerichteten Energielecks (Einbrüchen) ziehen Nutzen aus Praktiken, die ihr Energiefeld verstärken, aber auf andere Weise. In diesem Fall geht es bei der Verstärkung Ihres Energiefeldes darum, es zu stabilisieren, so wie man ein einsturzgefährdetes Gebäude durch Stützstreben stabilisiert. Die Verstärkung Ihres Energiefeldes trägt dazu bei, es zu festigen, sodass der Druck der auf Sie einwirkenden Energien, Erwartungen und Meinungen es nicht in sich zusammenfallen lässt. Menschen mit nach innen gerichteten Energielecks neigen zur Implosion. Die äußeren Einflüsse, die sie spüren, werden in Gewicht umgewandelt, und dieses Gewicht überfordert ihr zerbrechliches Energiegefäß und führt dazu, dass es zusammenbricht.

Menschen, die implodieren, müssen ihre Verhaltensweisen und Reaktionen ebenso hinterfragen wie die Menschen, die explodieren. Ihr Energiegefäß wird durch Selbstbeobachtung und durch das Verstehen ihrer Beweggründe gestärkt. Das bedeutet, dass sie sich fragen müssen, warum sie zulassen, dass andere sie ausnutzen, warum sie Missbrauch, Ungleichheit oder Ungerechtigkeit dulden und warum es ihnen so schwerfällt, um das zu bitten, was sie brauchen, oder für sich selbst einzustehen.

Wie für Menschen, die zu Ausbrüchen neigen, kann es auch für sie hilfreich sein, wenn sie lernen, ihre eigene Lebenskraft zu halten, allerdings mit einem anderen Schwerpunkt. Menschen, deren Energie nach außen entweicht oder die sich übertrieben ausdrücken, müssen ihre Energie zurückhalten und sich damit vertraut machen, ihre Lebensenergie zu fühlen und den Raum für sie zu halten. Menschen, die nach innen gerichtete Leckstellen haben oder sich unzureichend ausdrücken, können kaum genug Lebensenergie erzeugen, um die Luft in ihrem Ballon zu halten. Sie müssen ihr Feld stärken, damit sie anfangen können, ihre Lebenskraft – wie den Druck in einem Reifen – aufzubauen, um zu verhindern, dass äußere Kräfte sie schwächen.

Sie können sich den Unterschied zwischen beiden Arten von Energielecks auch so vorstellen: Menschen, deren Energielecks nach außen gerichtet sind, müssen sich auf die *Innenwand* ihres Energiegefäßes konzentrieren. Sie müssen den Schwerpunkt darauf legen, das zu kontrollieren, was aus ihrem Energiegefäß *herausfließt*, indem sie Filter einrichten, sich in bewusster Beherrschung üben und ihr Tempo steuern. Menschen, deren Energielecks sich nach innen richten, müssen sich auf die *Außenwand* ihres Energiegefäßes konzentrieren. Sie müssen den Schwerpunkt darauf legen, ihr Gefäß zu stärken, damit ihre Lebensenergie ein ausreichend hohes Maß an Ladung und Substanz aufbauen und sie in die Lage versetzen kann, ihre Wahrheit auszusprechen, ihre Mitte zu halten und für sich selbst einzutreten.

Häufige Begleiter dieses nach innen gerichteten energetischen Musters sind viele Aspekte, die auch für nach außen gerichtete Energielecks gelten: die Unfähigkeit, Dinge zu manifestieren, und die Schwierigkeit, Dinge zum Abschluss zu bringen, sich zu konzentrieren, das Unbehagen anderer Menschen – oder das eigene Unbehagen – auszuhalten und über ihre Gefühle zu sprechen. Sie treten jedoch *aus anderen Gründen* auf und erfordern deshalb andere Maßnahmen. Eine weitere Begleiterscheinung ist Vermeidungsverhalten: Wo Menschen mit nach außen gerichteten Energielecks zur Konfrontation neigen, dort danken die Menschen, deren Energielecks nach innen gerichtet sind, ab. Niemand sitzt auf dem Thron, der ihren unabhängigen Staat regiert. Somit kann jeder, der zufällig des Weges kommt, das Königreich einnehmen.

Für Menschen, deren Energielecks sich nach innen richten, sind Übungen, die ihnen helfen, geerdet, präsent und im Körper zu bleiben, besonders wichtig (siehe Kapitel 13 zum Thema Verkörperung). Sie neigen dazu, ihren Körper zu verlassen, wenn sie mit Schwierigkeiten oder Herausforderungen konfrontiert werden.

Sitzungen bei einem Therapeuten ihres Vertrauens, die in einer geschützten Umgebung stattfinden, können diesen Menschen helfen, ihre Verletzungen zu verarbeiten, und sie können lernen, für sich selbst einzustehen. Diese Arbeit ist notwendig und wichtig, wenn sie ihren inneren Thron zurückgewinnen und die „Außenseite" ihres Energiegefäßes verstärken wollen, um zukünftige Lecks zu verhindern.

Auch wenn ich hier zwei sich klar voneinander unterscheidende Arten von Energielecks beschreibe, sind sie bei den meisten Menschen nicht grundsätzlich entweder nach außen oder nach innen gerichtet. Jeder Mensch hat zwar ein primäres Muster, macht im Laufe seines Leben aber fast immer die Erfahrung, dass Lecks in beide Richtungen auftreten.

ENERGIELECKS NÄHREN MISSTRAUEN GEGENÜBER UNS SELBST

Mit wie vielen der in den obigen Listen beschriebenen Energielecks konnten Sie sich identifizieren? Es waren mit Sicherheit einige. Das macht Sie nicht zu einem schlechten Menschen. Es macht Sie nur menschlich. Je mehr Bewusstsein und Bewusstheit Sie entwickeln, umso mehr werden Ihre Energielecks abnehmen. Aber zuerst müssen Sie eine grundlegende Folge der jahrelangen unbewussten Energielecks erkennen und verstehen.

Unabhängig davon, ob es sich bei unseren Energielecks um Ausbrüche oder Einbrüche handelt, leisten wir damit einem Verhalten unbewusst Vorschub, das unserem Wohlbefinden und der Gesundheit unserer Beziehungen schadet. Wir werden unwissentlich selbst zum Täter und erhalten bestimmte energetische Denk- und Verhaltensmuster am Leben. Energielecks können alle nur denkbaren unerwünschten Folgen haben: den Verlust von Freundschaften, die Zerstörung von Beziehungen, Missverständnisse, Groll, schlechte Leistungen im Beruf, dass andere Menschen uns nicht mögen oder uns nicht vertrauen oder dass wir uns selbst daran hindern, unsere Ziele und Träume zu verwirklichen. Alle diese Dinge lassen sich jedoch auf einen gemeinsamen Kern zurückführen: den Verlust des Vertrauens in uns selbst.

Wenn wir beispielsweise nicht für uns einstehen, wenn wir in den Raum eines anderen Menschen eindringen oder ihn unterbrechen, weil wir es nicht erwarten können, selbst zu sprechen, wenn wir zulassen, dass die Erwartungen anderer Menschen unsere eigene Wahrheit verschleiern, oder beliebige andere auf Energielecks zurückzuführende Verhaltensmuster an den Tag legen, dann verlieren wir das Vertrauen in uns selbst. Auf einer bestimmten – meist einer unbewussten – Ebene erkennen wir, dass unser Verhalten nicht mit unserem wahren, authentischen Selbst in Übereinstimmung ist. Die falsche Ausrichtung erzeugt einen inneren Riss in Form von Vertrauensverlust. Unser Vertrauen in uns selbst nimmt immer weiter ab, je länger wir das durch unsere Energielecks gesteuerte Verhalten fortsetzen.

Falls der Zusammenhang zwischen Ihren Energielecks und Ihrem Vertrauen in sich selbst nicht klar ist, lassen Sie mich ihn so veranschaulichen: Stellen Sie sich vor, dass das fragliche Verhalten (wählen Sie ein Verhalten aus der obigen Liste, mit dem Sie in Resonanz gehen) von einem anderen Menschen ausagiert wird. Diese Methode wird als Externalisierung bezeichnet. Sie verlagern innere Qualitäten nach außen und stellen sich vor, dass jemand anderer diese Dinge tut oder sagt. Das macht es viel einfacher, Ihre Reaktion auf die Auswirkungen dieser Handlungen oder Worte klar zu erkennen. Tun Sie so, als würde jemand anderer nicht für Sie einstehen. Tun Sie so, als würde jemand anderer in Ihren persönlichen Raum eindringen oder Sie unterbrechen. Tun Sie so, als würden Sie beobachten, dass jemand anderer aufgrund der Einschüchterungen oder der Erwartungen außenstehender Menschen seine authentische Reaktion im Keim erstickt. Würde es Ihnen nicht schwerfallen, dem betreffenden Menschen zu vertrauen?

Wir haben uns an unseren eigenen inneren Dialog und an unsere Reaktion darauf gewöhnt, sodass wir, wenn dieser Dialog in uns stattfindet, Ursache und Wirkung nicht klar erkennen können. Wir können nicht erkennen, dass unser eigenes Verhalten eine destruktive Wirkung auf uns hat. Wir sehen und spüren die Auswirkungen nicht, sondern halten sie einfach für den normalen Zustand. Wenn wir aber so tun, als würde jemand anderer uns oder eine andere Person so behandeln, wie wir uns selbst behandeln, können wir unsere

Reaktion viel leichter erkennen und so die Verbindung dazu herstellen, wie unser Mangel an Authentizität das Misstrauen gegen uns selbst nährt.

Er schadet bis zu einem gewissen Grad zweifellos der Beziehung, die Sie zu sich selbst haben (denn anderenfalls wären Sie kein Mensch). Aber es gibt gute Nachrichten. Die Wiederherstellung des Vertrauens zu sich selbst findet nicht im Verhältnis von 1:1 statt. Sie müssen also nicht für jede Handlung, die dieses Vertrauen zerstört hat, eine Handlung vornehmen, um es wiederherzustellen. Bereits wenige vertrauensbildende Maßnahmen können enorm dazu beitragen, Ihr Vertrauen in sich selbst und damit Ihr Selbstvertrauen zurückzugewinnen, Ihr Energiegefäß zu stärken und infolgedessen konsequenter Grenzen zu ziehen und aufrechtzuerhalten.

Zu diesen vertrauensbildenden Maßnahmen gehört es, nein zu sagen, um das zu bitten, was Sie brauchen, Ihre Wahrheit auszusprechen und Sicherheit zu schaffen. Wenn Sie beispielsweise die Bitte Ihres Nachbarschaftsvereins, den Posten des Schatzmeisters zu übernehmen, ablehnen (der Sie vorher vielleicht zugestimmt hätten, obwohl Sie nicht wollten), dann bauen Sie Vertrauen in sich selbst auf. Wenn Sie Ihren Partner darum bitten, die Hausarbeit gleichmäßiger aufzuteilen, weil die Abendschule Ihre ganze Zeit in Anspruch nimmt, bauen Sie Vertrauen in sich selbst auf, weil Sie um das gebeten haben, was Sie brauchen. Wenn Sie Ihrem erwachsenen Sohn sagen, dass er zurückkommen und für eine Weile wieder zu Hause wohnen kann, aber Miete zahlen muss, dann bauen Sie Vertrauen in sich selbst auf, weil Sie – anders, als Sie es früher vielleicht getan hätten – nicht zulassen, dass er Sie ausnutzt.

Eine andere Möglichkeit, Vertrauen wiederherzustellen, besteht darin, auf die Bedürfnisse Ihres inneren Kindes zu hören. Oft sind unsere destruktiven und unfruchtbaren Verhaltensweisen eine Folge der Verletzungen unseres inneren Kindes. Wenn Sie als Kind gelernt haben, dass Kinder zwar zu sehen, aber nicht zu hören sein sollen, hat eine Verletzung Ihres inneren Kindes vermutlich damit zu tun, dass es nicht gehört wurde. Das kann Sie zu der Überzeugung bringen, dass das, was Sie denken, wünschen oder glauben, keine Gültigkeit oder keinen Wert hat, dass die Menschen Ihnen nicht zuhören oder dass das, was andere sagen, wichtiger ist. Die Botschaften unserer Kindheit steuern unser Verhalten unabhängig davon, wie wir verinnerlichen, so lange, bis sie uns bewusst werden (das heißt, bis wir sie erkennen und daran arbeiten, sie zu verstehen und zu heilen). Oftmals treffen wir genau von diesem unbewussten, verwundeten Ort aus die Entscheidungen, die zur Entstehung unserer wesentlichen Energielecks beitragen.

Eine oft überraschende, aber gewinnbringende Begleiterscheinung dieser vertrauensbildenden Maßnahmen ist der Abbau von Groll. Wenn Sie nicht um das bitten, was Sie brauchen, keine Grenzen ziehen oder nicht nein sagen, baut sich innerer Groll auf. Dieser Groll steigert sich oft zu Ärger, Gereiztheit, passiver Aggression und einer ganzen Reihe anderer unfreundlicher Verhaltensweisen, die Ihre Freunde und Menschen, die Sie lieben, zutiefst irritieren und abstoßen. Wenn Sie anfangen, das Vertrauen in sich selbst wieder aufzubauen, werden Sie im Laufe der Zeit jedoch feststellen, dass sich der Ärger, die Gereiztheit und andere Verhaltensweisen auflösen. Der Aufbau von Vertrauen in sich selbst ist ein ganz wesentliches Element, wenn es darum geht, Grenzen zu ziehen und durchzusetzen.

Projektionen als Werkzeug

Die unbequeme, aber äußerst aufschlussreiche Praxis, die eigenen Projektionen anzuerkennen, kann Ihnen zeigen, wo Sie für sich selbst einstehen oder wo Sie Ihre Wahrheit aussprechen müssen. Die Wahrnehmung Ihrer Projektionen kann Ihnen tatsächlich helfen, das Vertrauen in sich selbst wiederherzustellen. Wenn Sie sich zum Beispiel bei der Frage ertappen: „Warum gönnt mir denn niemand eine Pause? Es wird immer mehr von mir verlangt und ich kann nicht alles allein bewältigen!“, dann ist es an der Zeit, sich anzuschauen, wo *Sie* sich keine Pause gönnen und warum *Sie* nicht nein sagen können. Wenn Sie sich bei dem Satz ertappen: „Niemand hört mir zu. Ich bitte um Hilfe und ich sage nein, wenn es nötig ist, aber die Leute lassen mich einfach abblitzen!“, dann ist es an der Zeit, sich anzuschauen, wo Sie sich selbst abblitzen lassen. Vielleicht entscheiden Sie tatsächlich, was Sie wollen und brauchen, aber wenn Sie nicht daran glauben, dass Sie es verdient haben, dann machen Sie einen Rückzieher und Ihre Bitten haben kein Gewicht. Andere Menschen sind für uns der perfekte Spiegel. Wenn sie Ihnen nicht zuhören, dann sollten Sie sich anschauen, wo *Sie* sich selbst nicht zuhören.

Andere Menschen spiegeln uns ständig unseren Seinszustand zurück. Und das geschieht auf einer meist unbewussten Ebene. Sie denken nicht: „Ich glaube ihr nicht, wenn sie sagt, dass sie es satt hat, ständig zu kochen, also ignoriere ich ihre Bitte um Hilfe einfach.“ Aber auf einer energetischen Ebene analysiert und entschlüsselt ihr System die Signale, die Sie unbewusst aussenden. Sie denken auch nicht bewusst: „Ich habe es satt, ständig zu kochen. Also bitte ich um Hilfe. Das Problem ist nur, dass ich nicht wirklich glaube, dass ich Hilfe verdient habe. Außerdem bin ich kontrollsüchtig und mache es lieber selbst. Es gibt mir das Gefühl, meinen Unterhalt zu verdienen.“ Das sind die in unserem Energiefeld kodierten Botschaften und unsere Systeme sind hochempfindliche Empfänger. Dies gilt übrigens nicht nur für Empathen, sondern für alle Menschen. Deshalb ist Ihre innere Heilungsarbeit so wichtig.

Was es für Auswirkungen hat, wenn Sie Grenzen setzen

Wenn Sie anfangen, die vielen Möglichkeiten einzusetzen, die Sie haben, um Grenzen zu ziehen, werden Sie feststellen, dass Ihr Groll gegenüber anderen Menschen abnimmt, Ihr Vertrauen in sich selbst zunimmt und Ihr Energiegefäß entsprechend gestärkt wird. Denken Sie daran, dass dies eine lebenslange Praxis ist und dass Ihr Energiefeld dynamisch ist und sich ständig verändert. Das heißt, dass das Setzen von Grenzen ein Weg und kein Ziel für Sie ist.

Denken Sie auch daran, dass der Schlüssel zu jeder Verhaltensänderung in dem zentralen Moment liegt, in dem Ihnen bewusst wird, dass Sie das Muster ausagieren. Dann können Sie eine neue Entscheidung treffen. Die Macht liegt stets in der Entscheidung. Sobald Ihnen bewusst geworden ist, dass Sie in das alte Muster verfallen sind, können Sie innehalten und eine neue Entscheidung treffen. Entscheide ich mich dafür, das Muster fortzusetzen, oder entscheide ich mich dafür, eine neue Grenze zu ziehen? Sie können Ihrem Unterbewusstsein den Auftrag erteilen, Sie darauf hinzuweisen, wenn Sie ein Muster ausagieren, das mit auf Energielecks basierendem Verhalten oder schwammigen Grenzen zusammenhängt. Wie bei jeder Verhaltensänderung gilt auch hier: Je mehr Sie sich darin üben, umso früher und häufiger können Sie erkennen, wann Sie in ein Muster verfallen sind.

DIE ROLLE DES MÄNNLICHEN BEI DER SCHAFFUNG VON SICHERHEIT

Eine der wichtigsten Folgen guter und gesunder Grenzen ist die Schaffung von Sicherheit. Bezogen auf die Archetypen des Männlichen und des Weiblichen ist das Männliche dafür verantwortlich, Sicherheit zu schaffen. Um zu verstehen, wie man Sicherheit schafft, indem man Grenzen setzt, müssen wir sowohl die Rolle des Männlichen als auch seine vielen Formen erforschen. Kapitel 10 geht sehr ausführlich auf das Männliche (und das Weibliche) ein. Wenn Sie es gelesen haben, sollten Sie vielleicht zum nachstehenden Abschnitt zurückkehren und auch ihn noch einmal lesen.

Das persönliche Männliche, das archetypische Männliche, das göttliche Männliche und der Einfluss der Kultur

Das Männliche nimmt viele Formen an und ich möchte an dieser Stelle einige Begriffe unterscheiden, um keine Verwirrung aufkommen zu lassen. Wir wollen einen kurzen Blick auf das *persönliche Männliche*, das *archetypische Männliche* und schließlich das *göttliche Männliche* werfen. Sie sollten wissen, wie diese drei Aspekte zueinander in Beziehung stehen, damit Sie erkennen können, mit welchem Aspekt Sie jeweils arbeiten und wie er Ihr Leben beeinflusst. Ebenso wichtig ist es, die Korrumpierung und die Verzerrung des männlichen Prinzips zu verstehen, die im Laufe eines jahrtausendelangen patriarchalischen Einflusses stattgefunden haben.

Das persönliche Männliche

Das persönliche, innere Männliche wird geformt durch unsere Interpretation aller Rollenbilder, die wir als Kind beobachtet haben. Aus diesem Grund wird es als *persönlich* bezeichnet. Es ist wichtig zu wissen, dass Ihr inneres Männliches eine Verschmelzung der männlichen *und* weiblichen Einflüsse in Ihrem Leben ist. Es mag zwar den Anschein haben, dass Ihr persönliches Männliches Ihrem Vater und anderen männlichen Einflüssen in Ihrem Leben nachgebildet ist, aber auch die Einflüsse Ihrer Mutter und anderer weiblicher Personen haben erheblich zur Entwicklung Ihres inneren Männlichen beigetragen. Sie haben die *Reaktionen* aller Ihrer weiblichen Rollenbilder auf männliche Energie in sich aufgenommen, und das hat wiederum zur Gesamtheit des Ausdrucks Ihres inneren Männlichen beigetragen.

Ihr persönliches inneres Männliches ist der Ausdruck des Männlichen, der ausschließlich Ihnen eigen ist. Ihr inneres Männliches ist eine „menschliche" Personenbeschreibung. Es hat wie ein Mensch eine konkrete Persönlichkeit. Sie haben eine Beziehung zu Ihrem persönlichen inneren Männlichen (ob Sie sich dessen bewusst sind oder nicht) und es beeinflusst Ihre Entscheidungen, Ihr Verhalten, Ihre Gedanken und Ihr Handeln. Somit wirkt das persönliche innere Männliche in der physischen, manifestierten Welt, weil sein Einfluss sich daran zeigt, wie Sie Ihr Leben leben.

Das archetypische Männliche

Das archetypische – oder transpersonale – Männliche besteht aus einer Reihe von Qualitäten und definiert nach allgemeiner Auffassung das männliche Vorbild oder die männliche Norm. Es definiert nicht, was ein *Mann* sein sollte, sondern es definiert das männliche *Prinzip*. Es beschreibt nicht die unverwechselbaren Merkmale eines Einzelnen, sondern ist vielmehr eine Vorstellung im kollektiven menschlichen Bewusstsein.

Ich gehe in Kapitel 10 ausführlicher auf diese Merkmale ein, möchte sie an dieser Stelle aber schon einmal kurz benennen. Das männliche Prinzip wird in der Regel mit folgenden Eigenschaften verbunden:

- **Direktheit**
- **Logik**
- **Handeln**
- **Grenzen definieren**
- **Durchsetzungsfähigkeit**
- **Details und Planung**
- **Lineares oder sequenzielles Denken**
- **Ergebnisorientiertheit**
- **Konkurrenzdenken**
- **Umgang mit dem Konkreten oder Greifbaren**
- **Struktur und Sicherheit schaffen**

Das männliche Prinzip wird mit der linken Gehirnhälfte (und das weibliche Prinzip entsprechend mit der rechten Gehirnhälfte) assoziiert. In ihrem Buch *Mit einem Schlag* weist die Neurowissenschaftlerin Dr. Jill Bolte Taylor der linken Gehirnhälfte die folgenden Eigenschaften zu:

- Sie nimmt Dinge als fest und massiv wahr.
- Sie hilft uns, persönliche physische Grenzen zu erkennen.
- Sie ist hinreichend konkret, um auf einem einmal eingeschlagenen Weg zu bleiben.
- Sie definiert Grenzen.
- Sie hat die Aufgabe, alle von der rechten Gehirnhälfte wahrgenommenen Energien, Informationen über den gegenwärtigen Moment und glänzenden Möglichkeiten zu etwas zu formen, mit dem wir umgehen können.
- Sie ist das Werkzeug, das zur Kommunikation mit der Außenwelt benutzt wird.
- Sie glaubt, dass alles einen Platz hat und dass alles an seinen Platz gehört.
- Sie konzentriert sich auf Unterschiede und Unterscheidungsmerkmale.
- Sie nimmt kürzere Lichtwellenlängen wahr, was ihre Fähigkeit verbessert, scharfe Grenzen klar zu bestimmen (deshalb ist sie biologisch in der Lage, Trennlinien zwischen angrenzenden Bereichen zu erkennen).[1]

Diese beiden Listen zeigen, dass die Qualitäten, die wir brauchen, um gute Grenzen zu bestimmen und aufrechtzuerhalten, auch in der linken Gehirnhälfte und damit im Männlichen zu finden sind.

Das archetypische Männliche ist weder gut noch schlecht, sondern besteht ganz einfach aus einer Reihe von Qualitäten, die als neutral betrachtet werden können. Werden diese Qualitäten übertrieben oder unzureichend ausgedrückt, können sie zweifelsohne eine schädliche Wirkung entfalten und nicht nur einen Einzelnen, sondern eine ganze Gesellschaft aus dem Gleichgewicht bringen. Doch in ihrer „reinen“ neutralen Form haben die männlichen Merkmale und die Merkmale der linken Gehirnhälfte sehr wichtige und notwendige Aufgaben zu erfüllen.

Das göttliche Männliche

Schließlich gibt es noch das göttliche Männliche. Das göttliche Männliche ist die Blaupause beziehungsweise die Idealform männlicher Energien. Es ist ebenfalls im archetypischen Bereich angesiedelt, ist aber insofern anders, als dass es kein „menschengemachtes" Stereotyp ist. Es wird nicht durch die Kultur beeinflusst, wohl aber – um genau zu sein – durch Bewusstsein und durch das Verständnis der Menschheit für hochgradig konzeptuelle Vorstellungen, das abhängig davon ist, an welchem Punkt im Zyklus von Aufstieg und Abstieg wir uns befinden. Das göttliche Männliche ist ein im Entstehen begriffenes Konzept. Es ist das, worauf wir uns hin entwickeln. Es birgt eine Reihe von Mustern mit hoher Frequenz in sich: Sicherheit zu schaffen, den Raum zu halten und urteilsfrei zu beobachten gehören dazu.

Das bedeutet nicht, dass die zuvor bereits genannten anderen Qualitäten des männlichen Prinzips verworfen werden oder überholt sind. Sie sind nach wie vor vorhanden, ordnen sich aber neu auf einen anderen Fokus und Ausdruck hin. Wenn die Konzepte der heiligen Ehe und der bewussten gleichberechtigten Partnerschaft sich daran machen, die kollektiven Energien zu verändern, wird das Männliche auf andere Weise *in Erscheinung treten*. Wenn es das Weibliche nicht länger retten oder „vervollständigen" muss, wenn es nicht länger darauf bedacht ist, zu beherrschen oder zu verteidigen, dann ist es frei, sich in seiner ganzen Eigenständigkeit zu zeigen und sich mit dem Weiblichen in dessen ganzer Eigenständigkeit partnerschaftlich zu verbinden. Die Qualitäten des Männlichen und der linken Gehirnhälfte dienen (ebenso wie die Qualitäten des Weiblichen und der rechten Gehirnhälfte) nach wie vor einem Zweck, sind aber nicht länger in den gegenwärtigen Stereotypen gefangen, die in einem Mangel an inhärenter Ganzheit gründen.

Der Einfluss der Kultur auf das männliche Prinzip

Die Mythen der westlichen Kultur haben das archetypische Männliche verzerrt und seine Lautstärke erhöht, sodass die ursprünglich neutralen Merkmale nun überlaut in unseren Ohren dröhnen. Und wenn wir den Einfluss der Kultur auf das männliche Prinzip betrachten, dann müssen wir auch das weibliche Prinzip einbeziehen, da beide Pole untrennbar miteinander verbunden sind. Was dem einen widerfährt, beeinflusst das andere.

Die Faktoren, die zur Verzerrung des männlichen (und weiblichen) Prinzips beigetragen haben, sind zu zahlreich, um hier näher darauf einzugehen. Klar ist aber, dass anstelle einer bewussten gleichberechtigten Partnerschaft zwischen dem männlichen und weiblichen Prinzip ein enorm großes Ungleichgewicht in der Art und Weise besteht, wie die beiden Archetypen in unserem kollektiven Bewusstsein dargestellt werden. Der Einfluss des Patriarchats in der westlichen Gesellschaft hat die archetypischen männlichen Qualitäten entstellt, aufgebläht und dann auf die Männer in unserer Kultur projiziert. Wir erwarten von unseren Männern, dass sie Retter, Ritter in glänzender Rüstung, Versorger und Helden sind. Dass sie übermenschlich sind und nur aus Muskeln bestehen. Dass sie keine Schwäche zeigen und alles erobern. Neben diesen unrealistischen Erwartungen haben wir Werte am Leben erhalten, die dieselbe Ungleichheit widerspiegeln: Männer sind klüger als Frauen, Männer arbeiten und Frauen erziehen die Kinder, Männer übernehmen Führungsrollen, Frauen sind zu emotional und können mit stressigen Situationen nicht umgehen, nur Männer dürfen ins Militär, Frauen sind Sexobjekte. Das alles sind Beispiele für die Mythen, die unsere Kultur nach wie vor aufrechterhält.

Das enorm große Ungleichgewicht zwischen dem männlichen und dem weiblichen Prinzip auf der archetypischen Ebene hat auch ihren Ausdruck auf der menschlichen Ebene durchdrungen. Alles, was mit dem männlichen Prinzip in Zusammenhang steht, wird aufgewertet und alles, was mit dem weiblichen Prinzip in Zusammenhang steht, wird abgewertet. Männliche Qualitäten werden hochgehalten und angepriesen. Weibliche Qualitäten werden verunglimpft und abgelehnt.

Diese Verzerrung des männlichen Prinzips und seine daraus resultierende Beziehung zum weiblichen Prinzip fließen in den persönlichen Ausdruck Ihres eigenen persönlichen inneren Männlichen ein und tragen zu seiner Entstehung bei. Ihr inneres Männliches wurde aus einer Kombination von Einflüssen heraus geschaffen, zu denen Eltern, Religion, Schule, soziale Strukturen, die Medien und die Gesellschaft insgesamt gehören. Jede dieser Einflusskräfte verstärkt – fast im Gleichschritt – die gleichen Erwartungen, Stereotype und Botschaften. Diese Botschaften sind allgegenwärtig, manchmal unverhohlen, manchmal täuschend subtil. Auch wenn uns nicht immer bewusst ist, worin sie bestehen, üben diese Botschaften unstreitig einen Einfluss auf uns aus.

Das göttliche Männliche anrufen

Irgendwann gelangen Sie bei Ihrer inneren Arbeit an einen Punkt, an dem Sie die männlichen und weiblichen Archetypen anschauen und sich fragen müssen, in welcher Form sie in Ihrem Leben zum Ausdruck kommen. Wenn Sie Grenzen verstehen und lernen wollen, sie zu setzen und aufrechtzuerhalten, müssen Sie den Einfluss des Männlichen (und des Weiblichen) auf allen Ebenen erkennen. Ich habe mich an dieser Stelle auf das Männliche konzentriert, weil das Ziehen von Grenzen mit dem männlichen Prinzip assoziiert ist. Unabhängig davon, ob Sie mit den unterschiedlichen Aspekten des Männlichen vertraut sind oder zum ersten Mal darüber lesen, gibt es hilfreiche Werkzeuge, die Sie sofort einsetzen können, um Grenzen festzulegen.

Eine Möglichkeit, mit dem Konzept des göttlichen Männlichen umzugehen, besteht darin, uns vorzustellen, dass es die Blaupause ist, die wir in unseren Schaltkreis herunterladen, um als neue Vorlage für unser persönliches inneres Männliches zu dienen. Das heißt nicht, dass unser inneres Männliches schlecht ist, dass etwas mit ihm nicht stimmt oder dass es abgetötet werden muss. Ich gehe einmal davon aus, dass Sie, wenn Sie anfangen, Ihr inneres Männliches zu erforschen, in Ihrer Beziehung zu ihm Qualitäten entdecken werden, die Ihnen nicht dienlich sind. Zunächst ist es wichtig, sich darüber klar zu werden, *was Sie nicht wollen*. Manchmal ist es jedoch schwieriger, sich darüber klar zu werden, *was Sie wollen*. Erlauben Sie dem göttlichen Männlichen, als Blaupause für das zu dienen, was Sie wollen. Wenn Ihr persönliches inneres Männliches in einem alten Muster gefangen ist, können Sie es sanft an die neue Rolle erinnern, die es anstelle der alten Rolle spielen soll. Das Männliche ist ein Handlungsprinzip. Es möchte eine Aufgabe haben.

Wenn es an der Zeit ist, eine Grenze zu ziehen, indem Sie zum Beispiel nein sagen, um das bitten, was Sie brauchen, oder eine Vereinbarung treffen, bitten Sie das göttliche Männliche um Unterstützung. Das mag anfangs eine neuartige Vorstellung sein und sich vielleicht sogar unangenehm anfühlen. Wenn es vor allem Männer waren, die Ihnen übelwollten, die Sie missbraucht oder verlassen haben, dürfte es Ihnen äußerst schwerfallen, an etwas zu appellieren, das auch nur entfernt mit einem Mann zu tun hat, und es zu bitten, für Ihre Sicherheit zu sorgen. Denken Sie jedoch daran, dass Sie sich nicht an einen *Mann* wenden, sondern an das göttliche männliche Prinzip, das archetypische *Ideal*. Wenn Sie mit männlichen Gottheiten, Engeln oder Führern arbeiten, bitten Sie auch sie um Hilfe. Dadurch, dass Sie an das göttliche Männliche appellieren, erzeugen Sie ein energetisches Feld. Dieses Feld birgt das Muster, das Sicherheit schafft. Öffnen Sie sich für diese Unterstützung.

Vor allem dann, wenn das Konzept neu für Sie ist, ermutige ich Sie, einen heiligen Gegenstand zu finden, der die göttlichen männlichen archetypischen Energien verkörpert und in sich birgt. Ich empfinde es als äußerst hilfreich, mit greifbaren Objekten zu arbeiten, die für nicht greifbare Konzepte oder Energien stehen. Ich besitze einen großen Altar und benutze viele Medizingegenstände. Ein großer Shiva-Lingam-Stein birgt die Energie des göttlichen Männlichen und eine Reihe kleinerer Gegenstände, die ich zusammengestellt habe, verkörpern unterschiedliche Aspekte des männlichen Prinzips. Tragen Sie Ihren Gegenstand nach Möglichkeit bei sich. Platzieren Sie ihn dort, wo Sie ihn jeden Tag sehen und mit ihm in Kontakt treten können. Wenn Sie ihn berühren, kann er Sie daran erinnern, dass Sie jederzeit Zugang zu der Kraft haben, die Sie fest und unbeirrt in Ihrem eigenen Raum stehen lässt.

Eine weitere Möglichkeit, mit der männlichen Energie zu arbeiten, besteht darin, Ihr persönliches Verhältnis zu Ihrem inneren Männlichen zu ergründen. Nehmen Sie sich Zeit, um nicht nur die Beziehung zu ihm anzuschauen, sondern auch die Einflüsse, die es geformt haben, denn es offenbart sehr viel über Ihre Überzeugungen, Ihre Entscheidungen und Ihr Handeln in der Welt. Vielleicht vertrauen Sie ihm nicht. Vielleicht glauben Sie, dass es Sie im Stich gelassen hat. Vielleicht haben Sie es nie anerkannt oder eine Beziehung zu ihm entwickelt. Wie sehr wurde es durch das kollektive Bewusstsein beeinflusst? Mit wie vielen seiner Glaubenssätze sind Sie einverstanden oder nicht einverstanden? Es spielt keine Rolle, wo Sie in Ihrer Beziehung zu Ihrem inneren Männlichen stehen. Nehmen Sie einfach den Dialog auf.

Zusätzlich können Sie in einem nächsten Schritt oder in Verbindung mit der obigen Frage das Gleichgewicht zwischen Ihrem inneren männlichen und Ihrem inneren weiblichen Prinzip ergründen. Seien Sie aber vorgewarnt, denn dieser Prozess kann eine qualvolle, mit viel Zähneknirschen verbundene Reise sein, auf der Sie vielleicht mit einem Coach oder Lehrer zusammenarbeiten sollten. Wenn Sie anfangen, nach innen zu schauen, können die einzelnen Bereiche sehr rasch verwickelt und unübersichtlich werden. Die Tatsache, dass wir schon so lange in einer patriarchalischen Gesellschaft leben, hat ein verworrenes Netz entstehen lassen, in dem die meisten Menschen ihr ganzes Leben lang gefangen bleiben. Es ist schwierig genug, die Beziehung zu Ihrem persönlichen inneren Männlichen zu verstehen. Der Blick auf den Ausdruck des inneren Männlichen und inneren Weiblichen erfordert den Blick auf familiäre und gesellschaftliche Einflüsse und das bedeutet, das innere Patriarchat aufzulösen. Das ist kein geringes, aber ein lohnenswertes Unterfangen. Und es ist ganz zweifellos ein erwähnenswertes Unterfangen, wenn wir lernen, nicht nur unsere Autorität zurückzugewinnen, sondern auch die Fähigkeit, für unsere eigene Sicherheit zu sorgen und klare Grenzen zu ziehen.

9

Grenzen: Die Anwendung im dreidimensionalen Raum

Eines der größten Geschenke, die evolutionäre Empathen der Welt machen, ist ein offenes, liebendes Herz. Wir fühlen uns zutiefst verpflichtet, die Schwingung der Liebe und Herzzentriertheit auf der Erde zu halten, oft zu unserem eigenen Schaden, wenn wir den Weg unbewusst gehen. Das Ziel besteht darin, nicht das Herz zu verschließen, sondern das Vertrauen in uns selbst zu entwickeln, das es uns erlaubt, die Werkzeuge anzuwenden, die notwendig sind, um Sicherheit zu schaffen und Grenzen zu ziehen. So können wir, wenn wir uns verletzlich fühlen oder aus unserer Mitte geworfen werden, die Situation bereinigen, aber unser Herz dennoch offenhalten.

In den ersten, unbewussten Lebensjahren projizieren wir unser Bedürfnis nach Sicherheit und Schutz oft auf andere Menschen. Und es ist auch durchaus richtig und normal, von unseren Eltern zu erwarten, dass sie uns beschützen. Da sie aber auch nur Menschen sind und eigene Verletzungen, ungelöste Probleme und unerfüllte Bedürfnisse in sich tragen, haben sie unweigerlich einige Fehler gemacht, die erhebliche Auswirkungen auf uns hatten. Niemand von uns schafft es mit heiler Haut bis ins Erwachsenenalter. Dann fließen unsere Verletzungen in die Bewältigungsmechanismen und -strategien ein, die wir einsetzen und die wiederum in unser Energiegefäß einfließen und anschließend unsere Fähigkeit beeinflussen, Sicherheit zu schaffen, um das zu bitten, was wir brauchen, unsere Wahrheit auszusprechen und Grenzen zu ziehen.

Wir können die Einflüsse unserer Kindheit überwinden. Tatsächlich ist es – ob Empath oder nicht – Teil unseres geistigen Reifeprozesses als erwachsener Mensch. Die Fähigkeit, Grenzen zu setzen, kann jeder lernen. Es braucht jedoch Zeit. Sie werden diese Fähigkeit für den Rest Ihres Lebens verfeinern. Zweifeln Sie aber nicht daran, dass die Meisterschaft auf diesem Gebiet nicht nur für Ihr eigenes Wohlbefinden von entscheidender Bedeutung ist, sondern auch dafür, den nach Ihnen kommenden Generationen den Weg zu weisen. Sie haben auf einer Seelenebene entschieden, eine Führungsrolle im Leben zu übernehmen, und das heißt auch, dass Sie in Ihrer Familie, bei Freunden, im Beruf und in Ihrer Gemeinschaft mit gutem Beispiel vorangehen.

Eine der schwierigsten Herausforderungen für jede Seele besteht darin, im dreidimensionalen Raum zu leben. Wir sind grenzenlose Geschöpfe! Wir sind dimensionslos, zeitlos und formlos. *Bums!* Und nun sind wir in einen physischen Körper mit Begrenzungen, linearer Zeit und materiellen Objekten eingepfercht, denen wir aus dem Weg gehen müssen. Das Leben auf der Erde ist schwerfällig und verwirrend. Und doch sind wir genau aus diesem Grund hier. Um das Leben in menschlicher Form zu erfahren und zur Evolution der Menschheit im Kosmos beizutragen.

DIE ENERGETISCHE WIRKUNG VON GRENZEN

Was passiert also auf einer energetischen Ebene, wenn Sie Grenzen ziehen? Sie verändern dadurch im Grunde einen Aspekt Ihrer Beziehung zu einem anderen Menschen. Sie treten anders auf. Das zeigt sich in Ihrem Energiefeld und wird vom Energiefeld des betreffenden Menschen wahrgenommen. Die Veränderung kann beispielsweise einfach darin bestehen, dass Sie zu Ihrem Partner sagen: „Ich lege ab sofort deine Hemden nicht mehr zusammen und räume sie weg, weil …" Ebenso gut können Sie aber auch sagen: „Wenn du nicht nüchtern wirst, beende ich die Beziehung." „Ich erlaube dir nicht länger, so mit mir zu reden. Wenn du es trotzdem tust, lege ich auf oder verlasse den Raum, und wenn du weitermachst, beende ich die Beziehung."

Wenn Sie Ihr Verhalten ändern, zu einer anderen Überzeugung gelangen, eine neue Entscheidung treffen oder sich zu einer bestimmten Handlungsweise entschließen, dann verändert sich Ihre energetische Signatur. Ihre persönliche Schwingung verändert sich messbar. Messbar durch wen? Durch die Menschen, mit denen Sie es zu tun haben, und vor allem durch die Menschen, an die sich die Veränderungen richten.

Klienten berichten mir immer wieder von ähnlichen Resultaten, wenn sie eine klare Grenze ziehen und durchsetzen. Die Abnabelung von einem früheren Partner hatte oft zur Folge, dass er unerwartet Kontakt aufnahm, meist mit den scheinbar zufällig klingenden Worten: „Hallo, ich habe gerade an dich gedacht." Manchmal führte die Abnabelung auch zur Verstärkung des manipulativen oder co-abhängigen Verhaltens. So rief die Abnabelung einer Klientin von ihrer (sehr manipulativen) Mutter eine starke Reaktion bei der Mutter hervor, weil sie auf einer unbewussten Ebene spürte, dass sie keinen Einfluss mehr auf ihre Tochter nehmen konnte und die Kontrolle über sie verlor.

In einem anderen Fall entschied sich eine Klientin dafür, das Verhalten ihres Mannes nicht länger zu fördern. Ich warnte sie, dass er vermutlich in kindliche Verhaltensmuster zurückfallen und ihr alles entgegenschleudern würde, was er hatte, um sie zu manipulieren und wieder in ihr früheres Verhalten zu zwingen. Genau das geschah, aber weil sie darauf vorbereitet war, war es ihr möglich, liebevoll damit umzugehen, während ihr Mann sich auf diese neue Dynamik in ihrer Beziehung einstellen musste.

Um Grenzen zu ziehen, benutzen wir Worte, werden aktiv oder bedienen uns einer Visualisierung. Auch wenn dies in der feinstofflichen, nicht greifbaren Sphäre geschieht, hat es durchaus greifbare Folgen. Sie sollten sich unbedingt darüber klar sein, dass es Auswirkungen auf die Menschen in Ihrem Umfeld hat, wenn Sie anfangen, Grenzen zu ziehen, und dass es Ihnen nicht immer gelingen wird, ihre Reaktionen vorherzusagen. Denken Sie daran, dass andere Menschen das, was Sie tun, auf der Ebene ihres Energiefeldes, aber nur selten auf einer bewussten Ebene registrieren. Und das heißt, dass sie, wenn sie auf Ihre neue Grenze reagieren, genau das tun – sie *reagieren*. Nur jemand mit einem sehr hohen Maß an Bewusstsein und Erfahrung erkennt den Reizauslöser und kann rational darauf antworten. Wenn Sie eine Grenze setzen, haben Sie es meist mit unbewussten, reizgesteuerten Reaktionen zu tun.

Dazu gehört häufig Widerstand (oft in Form von Wut), der dann sofort zu einer manipulativen Strategie führt, die Sie dazu bringen soll, das, was Sie getan haben, rückgängig zu machen: Anschuldigungen, Projektionen, Wutausbrüche,

Schuld, Rückzug. Denken Sie daran, wie es ist, ein Kind zur Disziplin zu erziehen und ihm Grenzen zu setzen. Es möchte noch eine halbe Stunde aufbleiben und fernsehen, aber Sie lehnen ab und sagen ihm, dass es Zeit ist, ins Bett zu gehen. Das ist eine klare Grenze. Dem Kind gefällt die Grenze nicht und es leistet Ihnen Widerstand. Es jammert, fleht, schreit, weint oder stampft mit den Füßen auf, während es nach oben geht, aber wenn Sie auf seine Reaktion vorbereitet sind, lassen Sie sich nicht dazu verleiten, mit einer eigenen Reaktion zu kontern. Sie werden nicht wütend. Sie flehen und betteln nicht. Sie bleiben neutral, rücken nicht von Ihrem Standpunkt ab und überstehen den kurzlebigen Wutausbruch. Sie wissen, dass es darüber hinwegkommen wird.

Es läuft nicht immer so einfach und vorhersehbar ab, wenn Sie eine Grenze setzen, aber das Beispiel veranschaulicht, mit welchem Widerstand Sie rechnen müssen und wie wichtig es ist, *dass Sie auf die Reaktion des anderen Menschen vorbereitet sind.* Diese Vorbereitung ist unerlässlich, wenn Sie Grenzen ziehen, ganz besonders dann, wenn es sich um wichtige Grenzen handelt. Seien Sie sich bewusst, dass die Menschen bestimmte Verhaltensweisen von Ihnen gewöhnt sind. Ihr Handeln ist zuverlässig vorhersagbar, und das ist eine Beruhigung für alle, mit denen Sie es regelmäßig zu tun haben. *Wenn ich das sage, sagt er das. Wenn ich das tue, tut sie es auch. Er sagt immer ja, wenn der Nachbar sich etwas von ihm leihen möchte. Sie erledigt immer die Einkäufe. Er wird nicht so schnell wütend. Sie lässt mich alles tun, was ich will.* Erwartungen entstehen. Muster verfestigen sich.

Es liegt in der menschlichen Natur, dass wir uns gegenseitig in bestimmte Schubladen stecken, weil wir instinktiv versuchen, unsere Umgebung in Zahlen und messbaren Größen auszudrücken. Es ist Teil der Strategie unserer Psyche, für unsere Sicherheit zu sorgen. Beständigkeit, Zuverlässigkeit, Regelmäßigkeit, Vorhersagbarkeit – alle diese Dinge tragen dazu bei, dass wir uns sicher fühlen. Auf einer transzendenten Ebene könnten wir sagen, dass sie uns eine *Illusion* von Sicherheit vermitteln, aber das Reptiliengehirn ist so „verdrahtet", dass wir sie als äußerst real erleben.

Wenn Sie Grenzen ziehen, vergessen Sie also nicht, sich auf die möglichen Reaktionen vorzubereiten. So werden Sie nicht auf dem falschen Fuß erwischt. Insbesondere dann, wenn Sie hochsensibel sind, kann der Angriff eines anderen Menschen Sie dazu bringen, in Ihr altes Verhalten zurückzufallen, und damit seinen Zweck erfüllen, wenn Sie nicht darauf vorbereitet sind, Ihren

Standpunkt zu behaupten. Wie bei einem Kind ist es auch hier wichtig, die Konsequenzen für eine Übertretung oder mangelnde Achtung vor Grenzen aufzuzeigen. Keine Strafe, aber Konsequenzen.

Konsequenzen sind sachliche Möglichkeiten und können zusammen mit der Grenze aufgezeigt werden. Ein Beispiel: „Seit über einem halben Jahr erlaube ich dir und deinen beiden Kindern, hier zu wohnen, ohne dass du Miete zahlst. Als du kamst, hast du gesagt, es wäre nur für wenige Monate, bis du wieder auf die Füße gekommen bist. Du hast dich weder an der Miete noch an den Neben- oder Lebenshaltungskosten beteiligt und erwartest von mir, dass ich dich auch weiterhin unterstütze. Ich liebe dich, aber ich lasse nicht mehr zu, dass du mich ausnutzt. Ich gebe dir dreißig Tage Zeit, um auszuziehen. Wenn du es nicht tust, wechsle ich die Schlösser aus, stelle deine Siebensachen in den Hof und rufe, wenn es nötig sein sollte, die Polizei."

Wenn Sie sich auf die Reaktion des betreffenden Menschen vorbereiten, sollten Sie auch damit rechnen, dass er Zeit brauchen wird, um Ihre Aussage zu verarbeiten und abhängig von den Umständen zu entscheiden, wie er darauf reagieren will. Wenn Sie einem zwölfjährigen Jungen sagen, dass es an der Zeit ist, sein Zimmer aufzuräumen, findet keine Verhandlung statt und er kann nicht entscheiden, ob er es tun will oder nicht. Er kann sich dagegen auflehnen, aber Sie haben die Konsequenzen bereits festgelegt und sind bereit, sie anzuwenden. Wenn Sie einem Erwachsenen eine Grenze setzen, braucht er meist Zeit, um sie anzunehmen und sich darauf einzustellen.

Wenn Sie sich mithilfe einer Visualisierung oder einer mentalen Technik darauf vorbereiten, eine Grenze zu setzen, dann schließt das nicht nur die Frage ein, worin die Grenze besteht. Es gehört auch dazu, dass Sie festlegen, welche Konsequenzen Sie ziehen wollen, wenn die betreffende Person sich nicht dafür entscheidet, auf die neuen Rahmenbedingungen Ihrer Beziehung einzugehen. Die schmerzhafteste Folge könnte unter Umständen sogar darin bestehen, dass Sie die Beziehung – zu Ihrem Partner, Ihrem Arbeitgeber, einem Elternteil oder einem Freund – beenden. Iyanla Vanzant hat es in ihrer Fernsehsendung *Iyanla: Fix My Life* einmal so ausgedrückt: „Sie müssen bereit sein, alles zu verlieren, um sich selbst zu gewinnen."

Mir ist bewusst, dass das eine trostlose, je nach Ihren Lebensumständen aber durchaus reale Möglichkeit ist. Wenn wir den größten Teil unseres Lebens als Fußabtreter zugebracht, uns um die Bedürfnisse aller anderen Menschen gekümmert, co-abhängig ihre Emotionen und Probleme übernommen, jeden Ärger vermieden und unsere eigenen Wünsche und Bedürfnisse tief vergraben haben, kann es uns unmöglich erscheinen, selbst eine kleine Grenze zu setzen. Wir wollten uns nicht in solche Beziehungen und Dynamiken verstricken, aber manchmal lautet die extreme Antwort dennoch, *dass wir uns daraus befreien müssen – und zwar sofort.*

Niemand ist dafür verantwortlich, Ihre Bedürfnisse zu erfüllen

Es gibt noch eine weitere sehr wichtige Tatsache, die Sie bedenken sollten und die zu akzeptieren Ihnen vermutlich besonders schwerfallen dürfte: Nur weil Sie eine Grenze setzen, muss der andere nicht damit einverstanden sein. Es gehört zu unserer menschlichen Ausstattung, dass wir einen freien Willen haben und ihn ausüben können. Und es ist eine Möglichkeit, auf die Sie auch vorbereitet sein sollten. *Sie sind dafür verantwortlich, um das zu bitten, was Sie brauchen, aber niemand ist dafür verantwortlich, Ihre Bedürfnisse zu erfüllen.* Das ist eine harte Wahrheit, die Sie möglichst rasch akzeptieren sollten. In den folgenden Abschnitten dieses Kapitels gebe ich Ihnen Werkzeuge und Methoden für diese Vorbereitung an die Hand.

NEIN SAGEN

Wenn Sie es Ihr Leben lang allen anderen Menschen recht machen wollten, ist Neinsagen für Sie eine besonders furchteinflößende Vorstellung. Wenn Sie Ihr Leben lang mit anderen Menschen verschmolzen sind, alle anderen an die erste Stelle gesetzt oder jeden Ärger vermieden haben, kann die Vorstellung, nein zu sagen, Ihnen das Gefühl vermitteln, nackt vor einem Erschießungskommando zu stehen. „Nein!“ ist eine machtvolle Aussage, die dafür sorgt, dass Sie bemerkt werden. William Ury, der Autor des Buchs *Nein sagen und trotzdem erfolgreich verhandeln*, erklärt: „Nein ist das Spannungsfeld zwischen der Ausübung Ihrer Macht und der Sorge für Ihre Beziehung.“[1]

Wir müssen andere Menschen einbeziehen, wenn wir über unsere Antwort auf ihre Bitte nachdenken. Sowohl ein Ja als auch ein Nein haben Konsequenzen. Für Empathen stellt dies oft eine besonders große Herausforderung dar, weil wir – unbewusst – dazu neigen, den Standpunkt anderer Menschen überschnell als berechtigt anzuerkennen. Wir fühlen, was sie von uns wollen, und es kann äußerst schwierig sein, unser Energiefeld von ihrem Einfluss zu befreien, damit wir unsere eigene Antwort abschätzen können und uns nicht von ihrem Wunsch nach einem Ja unter Druck gesetzt fühlen. Das wirkungsvollste Werkzeug, das ich bislang gefunden habe, um den ausschlaggebenden Moment der Trennung herbeizuführen, ist das Innehalten.

Die Kraft des Innehaltens

Als jemand, der es allen recht machen wollte, spürte ich den Druck, der von der Bitte eines anderen Menschen ausging, so intensiv, dass ich mich gezwungen fühlte, sofort darauf zu reagieren. Es kam mir nie in den Sinn, dass ich auch das Recht hatte, zu sagen: „Lass mich darüber nachdenken. Ich komme auf dich zu." Das galt vor allem für Beziehungen, die mir sehr wichtig waren, beispielsweise zu einem Partner oder einem Vorgesetzten. Und in diesen Beziehungen verlor ich mich selbst und legte meine Autorität in die Hände der betreffenden Person. Es war mir vor allem wichtig, sie zufriedenzustellen, damit ich Liebe, Akzeptanz und Sicherheit nicht verlor.

Als ich die Kraft des Innehaltens entdeckte, änderte sich alles. Ich konnte meine Mitte zurückgewinnen und aus meiner authentischen Wahrheit heraus antworten.

Innehalten ist gleichbedeutend mit dem Moment, der zwischen der Bitte eines anderen Menschen und Ihrer Antwort darauf liegt. Das Innehalten ist für mich immer mit einem tiefen Atemzug verbunden. In diesem entscheidenden Moment kann mein Beobachterbewusstsein aktiv werden und mich erinnern, dass ich nicht sofort eine endgültige Antwort geben muss. Das schenkt mir die wenigen kostbaren Sekunden, in denen ich meine co-abhängigen Energien – die bereits vorgeprescht waren, um dafür zu sorgen, dass der andere sich besser fühlt – zurückrufen und an einem neutralen Ort in mir selbst zentriert bleiben kann.

Innehalten – selbst wenn es nur wenige Sekunden dauert – gibt Ihnen Zeit, sich zu sammeln und sich für eine Antwort zu entscheiden, statt unbewusst zu reagieren. Reaktionen gehen oft von einem Ort der Angst aus. Antworten gehen von einem Ort sorgfältiger Abwägung aus.

Wenn Sie darüber nachdenken, wie Sie dem betreffenden Menschen in der

Situation antworten wollen, machen Sie sich bewusst, dass „nein" nicht immer „niemals" bedeutet. Nein kann auch bedeuten:

- **Nicht jetzt.**
- **Es fühlt sich für mich im Moment nicht richtig an, aber ich halte es mir für die Zukunft offen.**
- **Ich würde Sie gerne bei dem unterstützen, worum Sie mich bitten, kann es aber nicht in der von Ihnen erbetenen Weise tun. Würden Sie mir erlauben, Sie auf andere Weise zu unterstützen?**
- **Ich brauche Zeit, um darüber nachzudenken.**
- **Ich habe andere wichtige Dinge, um die ich mich kümmern muss. Wäre es für Sie akzeptabel, wenn ich die Angelegenheit in der kommenden Woche statt morgen erledige?**
- **Ich habe leider keine Zeit, um Ihr Anliegen zu unterstützen. Würden Sie mir erlauben, stattdessen Geld zu spenden?**

Wenn es Ihnen schwerfällt, einen inneren Zugang zu solchen Antworten zu finden, können Sie einige Standardsätze formulieren und sie für solche Anlässe in Ihrer geistigen Gesäßtasche speichern. Sie sind hilfreich, wenn Sie überrascht werden, wenn Ihr Gesprächspartner es eilig hat oder verwirrt ist oder wenn Sie wenig Energie haben oder sehr erschöpft sind. Da wir als Empathen immer am Rande der Überforderung stehen, ist Nein ein sehr wichtiges Werkzeug für den Umgang mit unserem Energiefeld.

Wenn Sie es als fast unmöglich empfinden, nein zu sagen, rate ich Ihnen, mit einfachen Dingen zu beginnen – also mit Dingen, die keine großen Folgen haben, wenn Sie nicht zustimmen: Willst du noch eine Portion? „Nein, danke. Ich bin satt." Möchtest du die XYZ-Sendung im Fernsehen sehen? „Nein, aber es macht mir nichts aus, wenn du sie anschaust. Ich lese mein Buch." Sie können auch erwidern: „Nein, können wir sie aufzeichnen und uns stattdessen die ABC-Sendung anschauen?" Statt zu sagen, dass es Ihnen egal ist, wenn Ihr Partner fragt, wo Sie essen möchten, hören Sie in sich hinein, um herauszufinden, was für Sie wahr ist, und versuchen Sie Ihre Antwort zu erspüren. Vielleicht möchten Sie mexikanisch essen, wollen den Rest der Familie aber nicht verärgern. Gehen Sie ein kleines Risiko ein und antworten Sie: „Ich würde heute Abend sehr gerne mexikanisch essen gehen."

Diese Beispiele mögen albern klingen, aber es gibt tatsächlich Menschen, die nur darauf warten, dass die Falltür sich öffnet und sie verschluckt, wenn sie in irgendeiner Form nein sagen. Wagen Sie sich bis an Ihre persönliche Grenze vor, aber tun Sie es in winzig kleinen Schritten. Ihr Mut und Ihr Selbstvertrauen werden wachsen.

Auf einer fortgeschrittenen Ebene kann Neinsagen für Klarheit und Fokus sorgen. Wenn Sie eine Entscheidung treffen, Ihr Unternehmen vergrößern, sich über den nächsten Schritt im Leben klar werden oder ein anderes Unterfangen in Angriff nehmen wollen, bei dem Sie zu einem Schluss kommen müssen, nach dem Sie handeln können, dann brauchen Sie Ihr Nein. Ein Nein schafft Raum. Es schließt die Möglichkeiten aus, zu denen Sie nicht in Resonanz gehen, und lässt Ihnen Raum, die Möglichkeiten klarer zu erkennen, zu denen Sie in Resonanz gehen, denn Ihr Sichtfeld ist nicht mit allen möglichen Alternativen vollgepackt, weil Sie Angst haben, sich festzulegen.

Einer meiner Lehrer hat mich etwas sehr Wichtiges über das Nein gelehrt, das ich schon viele Male angewendet habe: *Manchmal muss man nein zu etwas sagen, das man mag, um ja zu etwas zu sagen, das man liebt.* Es ist viel leichter, nein zu etwas zu sagen, das man nicht mag oder nicht ausstehen kann oder zu dem man nicht in Resonanz geht. Es ist schwer und sogar schmerzhaft, nein zu etwas zu sagen, das man mag, aber es kann genau das chirurgische Instrument sein, das nötig ist, um der eigenen Glückseligkeit näher zu kommen.

Nein sagen, nachdem man ja gesagt hat

Es ist möglich, nein zu sagen, nachdem Sie ja gesagt haben! Manchmal glauben wir uns in eine ausweglose Lage manövriert zu haben und erkennen nicht, dass wir die Möglichkeit haben, unsere Meinung zu ändern. Es ist in Ordnung, nein zu sagen, nachdem Sie ja gesagt haben. Ihr Gegenüber wird es überleben. Und ich verspreche Ihnen, dass es irgendwann passieren wird.

Es erfordert Übung, nein zu sagen. Die folgenden Beispiele zeigen, wie es klingen könnte, und enthalten Gegenvorschläge, die Sie einbeziehen können, wenn Sie dazu in Resonanz gehen:

- **Ich muss mich bei Ihnen entschuldigen. Ich habe Ihrer Bitte zugestimmt, aber als ich darüber nachgedacht habe, ist mir klar geworden, dass ich für** die Arbeit nicht geeignet bin (oder) dass ich nicht die Zeit dafür habe (oder) dass ich Sie nicht enttäuschen wollte, weil ich gespürt habe, wie sehr Sie auf meine Hilfe gehofft haben.

- Ein Blick in meinen Kalender hat mir gezeigt, dass ich völlig überbucht bin. Können wir den Termin auf den__________ verschieben?
- Ich weiß, dass es Ihnen wichtig ist, aber es wird mir leider nicht möglich sein, Sie bei dem gesamten Projekt zu unterstützen. Ich habe nur Zeit für __________. Würden Sie mir sagen, welche Prioritäten Sie hier setzen? Dann kann ich Ihnen bei der wichtigsten Aufgabe helfen.
- Meine Familie verbringt wirklich sehr gerne Zeit mit deiner Familie, aber der Besuch eines großen Vergnügungsparks ist für mich sehr schwierig und sehr anstrengend. Statt mit euch zu kommen, würde ich gerne einen Tag planen, an dem wir uns entweder bei uns oder bei euch zu Hause zu einer Grillparty treffen.
- Ich erledige das sehr gerne für Sie, wenn Sie drei Wochen darauf warten können.
- Ich kann zwei Stunden erübrigen, um__________, aber ich habe leider nicht die Zeit, alles zu erledigen, worum Sie mich bitten.
- Ich kann dich leider nicht zum Flughafen bringen, kenne aber jemanden, der es tun kann.

Nein zu sagen, nachdem Sie ja gesagt haben, bedeutet auch, sich auf die Reaktion Ihres Gegenübers vorzubereiten. Sie kann in Enttäuschung, Frustration, Wut oder sogar Projektionen und Schuldzuweisungen bestehen. An dieser Stelle ist es sehr wichtig, gut zu überlegen, ob Sie willens und in der Lage sind, einen Gegenvorschlag oder einen alternativen Plan anzubieten. Falls nicht, muss Ihre Aussage möglicherweise einfach lauten: „Ich habe ja gesagt, aber ich hätte nein sagen sollen.“ Und auch dieses Nein kann Konsequenzen haben, die Sie in Ihren Entscheidungsprozess hoffentlich einbezogen haben.

Die wichtigste Erkenntnis, die Sie daraus ziehen können, lautet, dass Sie nie feststecken. Auch wenn Sie ursprünglich ja gesagt haben, stehen Ihnen andere Optionen offen. Sie haben immer eine Wahl.

UM DAS BITTEN, WAS SIE BRAUCHEN

Wenn Sie sich damit vertraut gemacht haben, nein zu sagen, folgt die nächste Entwicklungsphase, die darin besteht, um das zu bitten, was Sie brauchen, auch wenn beide sich bis zu einem gewissen Grad zeitgleich weiterentwickeln. Damit Sie um das bitten können, was Sie brauchen, müssen Sie aber zunächst einmal *wissen*, was Sie brauchen!

Viele Empathen haben ihr internes Kommunikationsnetz abgeschaltet. Wie im ersten Teil des Buches bereits erläutert, gibt es viele Gründe dafür, weshalb wir die Verbindung zu uns selbst verloren haben. In der Kindheit wurde uns die Botschaft vermittelt, dass unsere Sensitivität nicht wertgeschätzt und deshalb nicht ernst genommen wurde. Wir haben uns für unsere Gaben geschämt. Wir wurden sehr oft abgelehnt oder verspottet und unsere Bewältigungsstrategie bestand schließlich darin, einfach nichts mehr von uns preiszugeben. Wir sind in so hohem Maße mit anderen Menschen verschmolzen, dass wir ihre Wünsche und Bedürfnisse für unsere Wünsche und Bedürfnisse hielten und deshalb gar nicht wussten, worin unsere Wünsche und Bedürfnisse bestanden. Ungeachtet der Gründe besteht das Ergebnis darin, dass wir die Verbindung zwischen dem Erkennen unserer Bedürfnisse und unserer Fähigkeit, sie zu äußern, durchtrennt haben.

Außerdem sind wir als Frauen in der Regel zusätzlich darauf programmiert, unsere eigenen Bedürfnisse zu unterdrücken und hinter die Bedürfnisse anderer Menschen zurückzustellen. Man lehrt uns, dass unsere Bedürfnisse keine Rolle spielen oder nicht so wichtig sind wie die Bedürfnisse unseres Ehemannes, der Familie, der Kirche oder der Gemeinschaft. Dieser Einfluss darf nicht übersehen werden. Nicht nur Empathen tun sich schwer, ihre Bedürfnisse zu erkennen und zu äußern.

Zu Beginn meines spirituellen Erwachens konnte ich nicht erkennen, was ich wollte. Ich hatte noch nicht einmal ein Leitbild dafür. Meine Mutter war ein Leitbild für Unterdrückung, Heimlichtuerei und Verleugnung, aber ganz gewiss nicht dafür, für mich selbst einzustehen. Dem am anderen Ende des Spektrums angesiedelten Leitbild meines Vaters zufolge trat man für sich selbst ein, indem man fluchend mit der Faust auf den Esstisch schlug und sich ständig über die mangelnde Anerkennung durch „den Boss“ beklagte. Mein Vater hatte jedoch einen Hang zu großem Getöse und zur Großtuerei und keiner von beiden bewies während meiner Kindheit ein hohes Maß an emotionaler Reife. Folglich hatte ich auf meinem Weg ins Erwachsenenleben nur wenig gesunde Kompetenzen entwickelt.

Ich brauchte Mentoren und Lehrer, um mir zu zeigen, wie ich um das bitten konnte, was ich brauchte. Um mir einen Bezugsrahmen zu vermitteln und mir zu zeigen, dass es einen anderen Weg gab. Um mich erkennen zu lassen, wie co-abhängig ich war und wie sehr ich mich aufgegeben hatte. Davor wusste ich noch nicht einmal, dass ich die Sätze, die ich Ihnen als Beispiele genannt habe, überhaupt sagen konnte! Und glauben Sie mir, der Weg bis hierher war alles andere als leicht. Es war sehr beschämend und frustrierend, eine dreißigjährige erwachsene Frau mit der emotionalen Kompetenz eines zwölfjährigen Kindes zu sein.

Wenn Sie lernen, um das zu bitten, was Sie brauchen, besteht die größte Aufgabe darin, wieder mit den eigenen Bedürfnissen, Vorlieben und Wünschen und mit der eigenen Persönlichkeit in Berührung zu kommen. Wenn Sie sich als stärker erleben, indem Sie nein sagen, Ihr Männliches aktivieren, um Sicherheit zu schaffen, für sich selbst eintreten und Ihre Wahrheit aussprechen, bauen Sie Ihre interne Kommunikationsstruktur wieder auf. Sie können leichter erkennen, wann Sie etwas brauchen oder wollen. Der nächste Schritt besteht darin, dass Sie den Mut aufbringen, es auszusprechen. Auch das erfordert Zeit und Übung. Es gibt keinen richtigen Ausgangspunkt, um mit der Arbeit zu beginnen. Fangen Sie einfach an.

Die gellende Stille

Auch unser Auftreten spielt eine große Rolle, wenn wir um das bitten, was wir brauchen. Es kann sehr beängstigend sein, die eigene Wahrheit auszusprechen und dann zu schweigen. Die Stille kann qualvoll sein. Wenn wir einem anderen Menschen etwas zu sagen haben und befürchten, dass er es nicht gut aufnimmt oder dass es einen Konflikt auslösen könnte, oder wenn das, was wir zu sagen haben, sehr persönlich ist und uns das Gefühl gibt, verletzlich zu sein, versuchen wir unbewusst, die Wirkung zu verschleiern.

Die nachfolgenden Beispiele zeigen, mit welchen Mitteln wir die Wirkung unserer Worte verschleiern und unsere eigene Macht untergaben:

- Wir benutzen Füllwörter wie „irgendwie", „ziemlich", „ein wenig", „naja" oder „manchmal".
- Wir lachen oder kichern, wenn wir gesagt haben, was wir zu sagen hatten, um die Wirkung unserer Worte abzumildern und ihnen den Nachdruck zu nehmen. Damit geben wir zu verstehen, dass unsere Worte nicht ernst zu nehmen sind.
- Wir geben Geräusche von uns oder schneiden sogar Grimassen, die dem widersprechen, was wir mit unseren Worten vermitteln.
- Wir geben unserem Gegenüber keine Möglichkeit, über unsere Botschaft nachzudenken. Nachdem wir sie übermittelt haben, sagen wir rasch noch etwas, um die unbehagliche Stille nicht ertragen zu müssen, in der unsere Worte noch im Raum stehen. Was wir sagen, widerspricht der Botschaft oft, die wir gerade vermittelt haben, schwächt sie ab oder negiert sie. Ein Beispiel: „Ich gehe nicht gern mit deinen Freunden zum Rennen. Der Lärm und die Gerüche verursachen mir Übelkeit und heftige Kopfschmerzen. Ich liebe dich, aber ich gehe nicht mehr mit ... **es sei denn, dass du es wirklich willst. Dann komme ich trotzdem mit.**"
- Manchmal heben wir am Ende eines Satzes unsere Stimme (wie bei einer Frage), weil wir uns unserer selbst nicht sicher sind.
- Wir schauen unserem Gegenüber nicht in die Augen.
- Wir sprechen so leise, dass man uns kaum verstehen kann.
- Wir kümmern uns nicht um unser Energiefeld, bevor wir das Gespräch führen, sodass wir nicht zentriert und geerdet sind.
- Wir sprechen nicht mit unserer „erwachsenen" Stimme, sondern mit einer kindlichen Stimme.

Wir tun alle diese Dinge, weil wir Angst haben. Wir haben Angst davor, wie unsere Worte ankommen. Wir haben Angst davor, zurückgewiesen, verspottet, ausgegrenzt oder alleingelassen zu werden. Deshalb versuchen wir, die Wirkung unserer Worte auf unseren Gesprächspartner abzumildern. Wir alle setzen bis zu einem gewissen Grad mindestens eine dieser Ausweichstrategien ein und es erfordert ein enorm hohes Maß an Bewusstheit und Übung, um uns von diesen Verhaltensweisen in unseren Kommunikationsmustern zu befreien. Achten Sie darauf, welche dieser Verhaltensweisen Sie an den Tag legen, und üben Sie sich in einer klaren und prägnanten Sprache, ohne die Intensität oder die Bedeutung Ihrer Botschaft verbergen zu wollen.

Wenn Sie Ihre Wahrheit aussprechen und um das bitten, was Sie brauchen, ist Vorbereitung von grundlegender Bedeutung. Führen Sie Ihre Energiearbeit durch, klären Sie Ihr Feld, erden Sie sich, kommen Sie in Ihre Mitte und bereiten Sie sich emotional und mental auf die mögliche Reaktion vor. Weil wir nervös sind und es hinter uns bringen wollen, handeln wir manchmal vorschnell. In unserer Verwirrung ringen wir um Worte, verwässern die Botschaft, widerlegen uns selbst und sind letztlich völlig ineffektiv.

Wenn Sie besonders furchtsam sind oder sogar vergessen, was Sie sagen wollten, wenn es soweit ist, um das zu bitten, was Sie brauchen, dann schreiben Sie es auf. Das ist kein Betrug, sondern eine Übung, um Vertrauen zu sich selbst aufzubauen und sich weiterzuentwickeln. Sie können Ihrem Gesprächspartner sagen: „Wenn es darum geht, Dinge zu sagen, die wirklich wichtig für mich sind, kann es passieren, dass ich vergesse, was ich sagen wollte. Ich habe das, was ich dir sagen will, aufgeschrieben, weil meine Beziehung zu dir mir so wichtig ist, dass ich sichergehen möchte, dass du meine Gefühle kennst." Es würde Ihnen nicht schwerfallen, wenn es Ihnen nicht am Herzen läge, nicht wahr? Und falls Sie in Versuchung kommen sollten: Ich rate Ihnen davon ab, dem anderen Ihren Brief oder Ihre Notizen einfach in die Hand zu drücken. Das ist ein Verzicht auf Ihre Macht und es ist in gewisser Weise ein Rückzieher. Auch wenn es Ihnen noch so schwerfällt, müssen Sie das, was Sie geschrieben haben, selbst lesen. Es ist unerlässlich, wenn Sie die Fähigkeit entwickeln wollen, um das zu bitten, was Sie brauchen.

Wie Sie sich selbst hören können

Manchmal finden wir leichter heraus, was wir wollen, wenn jemand anderer uns Optionen an die Hand gibt, auf die wir reagieren können. Eine unbegrenzte Auswahl kann uns rasch überfordern. Das passiert mir oft. Ich kann viel leichter eine Entscheidung treffen, wenn ich eine kleine Auswahl an Möglichkeiten habe. Wenn Sie sagen, dass mir die ganze Welt offensteht, bekomme ich den Mund nicht mehr auf.

Die einfache Frage „Wo sollen wir heute Abend essen gehen?" kann uns in Angst und Schrecken versetzen. Mir fällt es oft schwer, eine Entscheidung zu treffen, wenn ich „alle“ Möglichkeiten habe. Wenn jemand mir dagegen immer nur eine Möglichkeit nennt, kann ich die Reaktion meines Körpers auf diese eine Option messen. „Italienisch?“ Hm … nein. „Mexikanisch?“ Äh … nein. „Indisch?“ Hm … nein. „Barbecue?“ Ah … ja!

Beziehen Sie Ihren Ehepartner, Ihre Kinder und Ihre Freunde ein. Teilen Sie ihnen mit, dass Sie lernen wollen, das zu hören, was für Sie wahr ist, und auf das zu hören, was Ihr Körper will. Finden Sie einfache Möglichkeiten, sie um ihre Mithilfe zu bitten, wie etwa die obige Liste an Restaurants. Es wird nicht lange dauern, bis Sie in der Lage sind, eigene Listen zu erstellen, auf die Sie reagieren können, und irgendwann werden Sie Ihre eigenen Bedürfnisse, Wünsche und Sehnsüchte klar hören können. Unsere Wünsche können auch mit feiner, leiser Stimme sprechen. Wenn Sie lernen, sich selbst zu hören, müssen Sie sich also auch den Raum und die Ruhe geben, die Sie brauchen, um überhaupt hören zu können. Scheuen Sie sich nicht, Ihre Familie und Ihre Freunde um diesen Raum und diese Ruhe zu bitten.

SICH IN BEZIEHUNGEN VERLIEREN

In einem Kapitel, das von Grenzen handelt, müssen wir auch darüber sprechen, dass Empathen sich sehr oft in Beziehungen verlieren. Wenn wir eine Grenze ziehen wollen, dann besteht der erste Schritt – eigentlich die Vorstufe – darin, uns aus dem Energiefeld des anderen zu lösen. Weil es in unserer Natur liegt, mit anderen Menschen zu verschmelzen und ihre Energie aufzunehmen, müssen wir ein scharfes Bewusstsein entwickeln, damit wir von nun an genau wissen, wo die Ränder unseres eigenen Energiefeldes liegen. Das heißt, dass wir wissen müssen, wo wir enden und wo der andere beginnt. Bis zu diesem Augenblick haben die meisten von uns diese Erfahrung noch nie gemacht. Sie und ich sind verschieden? Nie und nimmer. Es gibt nur uns. Und ehe Sie sich versehen, sind Sie verschwunden. Jeder Anflug Ihrer eigenen Persönlichkeit, Ihrer individuellen Neigungen und Wertvorstellungen ist von der Einheit namens „wir“ aufgesogen worden.

Es ist nicht einfach, in Beziehungen – und vor allem in Liebesbeziehungen – unsere Eigenständigkeit zu wahren. Ich kann nur immer wieder betonen, dass es Übung erfordert, diese Fähigkeiten zu erwerben, und dass Sie sie nicht über

Nacht entwickeln können. Aber Sie werden Sie entwickeln! Letztlich ist jeder für sein eigenes Energiefeld verantwortlich. Die romantische Vorstellung, dass ein anderer Mensch uns „vervollständigt“ und dass wir von unserer wahren Liebe gerettet werden, ist – leider – falsch und irreführend. Sie erhält den Mythos am Leben, dass Sie nicht genug sind, dass Sie nicht heil und vollständig sind, dass es Ihnen an etwas mangelt und dass Sie den anderen brauchen, um Ihnen etwas zu geben, das Sie sich selbst nicht geben können.

Das heißt nicht, dass wir am Ende unserer „Entwicklung“ keine Beziehung mehr wollen oder brauchen. Das ist nicht wahr. Aber wenn wir zeigen können, dass wir uns selbst genug sind, können wir unsere Beziehungen, Liebe, Sex und Nähe auf vollkommen neue Weise erfahren. Wenn wir unsere unbeanspruchten Selbstanteile nicht auf unseren Partner projizieren, kann er der sein, der er ist, statt den Druck zu spüren, der sein zu müssen, der er nach unserem Willen sein soll. Wir können uns an der Einzigartigkeit und der Individualität eines anderen Menschen freuen, ohne dass wir das Gefühl haben, ihn ändern zu müssen. Wir erwarten nicht mehr, dass er uns heilt, uns repariert, das wiedergutmacht, was unsere Mutter oder unser Vater getan oder nicht getan haben, oder uns für die Fehler unseres letzten Partners entschädigt.

Alle diese Praktiken – nein zu sagen, um das zu bitten, was Sie brauchen, und Ihre Wahrheit auszusprechen – helfen Ihnen, sich aus dem Abgrund der Fremdidentifikation zu befreien. Bis zu diesem Zeitpunkt haben Sie vermutlich in Abwesenheit über Ihr eigenes Reich geherrscht. Wenn Sie Ihre eigene Mitte zurückgewinnen, auf Ihrem eigenen Thron sitzen und Ihr Königreich aus Ihrem eigenen Energiefeld heraus beherrschen können, wird sich Ihnen eine gänzlich neue Beziehungserfahrung erschließen.

Für manche Menschen ist es einfacher, ihre Beziehungsarbeit zu leisten, wenn sie Single sind oder zwischen zwei Beziehungen stehen. Dadurch kann ein Raum entstehen, in dem sie sich – und nur sich – selbst ohne Versuchung oder Ablenkung durch einen Partner kennenlernen können. Andere sind besser darin, ihre Probleme im direkten Umfeld einer Beziehung aufzuarbeiten. Kein Weg ist besser oder schlechter und beide haben ihre Herausforderungen. Die Tatsache, dass Sie ein evolutionärer Empath sind, veranlasst Ihre Seele unabhängig von Ihrem Beziehungsstatus dazu, Sie wegen Ihres „Krams“ zur Rede zu stellen. Es ist als Empath viel leichter, im luftleeren Raum zu leben, aber dann können Sie auch als Mönch in einer Höhle leben. Wenn Sie hier sind, um die Erfahrung einer körperlichen Existenz zu machen, können Sie anderen Menschen nicht aus dem Weg gehen und müssen Ihre innere Beziehungsarbeit leisten.

Auch wenn meine Ausführungen auf Liebesbeziehungen bezogen waren, verschmelzen wir ebenso mit Eltern, Kindern, Geschwistern, Vorgesetzten oder Klienten. Alles, was ich diesbezüglich gesagt habe, trifft auch hier zu. Deshalb umfasst Ihre Beziehungsarbeit also nicht nur Ihren Liebespartner, sondern jede wichtige Beziehung, die Sie haben. Sie sollten sich aber nicht zu viel auf einmal zumuten. Gehen Sie Schritt für Schritt vor. Ersticken Sie nicht an übertriebenem Ehrgeiz. Veränderungen in Beziehungen brauchen Zeit und auch die Menschen brauchen Zeit, um sich darauf einzustellen.

Zusammenfassend kann man sagen, dass die Fähigkeiten, nein zu sagen, um das zu bitten, was Sie wollen, Grenzen zu ziehen und für Ihre Sicherheit zu sorgen, grundlegend wichtige Werkzeuge im Werkzeugsatz des evolutionären Empathen sind. Es sind Kompetenzen, an denen Sie für den Rest Ihres Lebens arbeiten werden. Lassen Sie sich nicht entmutigen. Bewusstsein ist immer der erste Schritt. Sobald Sie sich Ihrer ungesunden Muster bewusst geworden sind, können Sie damit beginnen, sie zu transformieren. Denken Sie auch daran, dass in dieser beschleunigten Zeit viele von uns diese Arbeit nicht nur für sich selbst leisten, sondern Muster für unsere Familien, Gemeinschaften, Erblinien und die Erde transformieren (und transmutieren!). *Wie der eine, so die vielen; wie die vielen, so der eine*. Ihre Selbstbestimmung als Empath trägt zu weit mehr als nur zu Ihrem eigenen persönlichen Wachstum bei.

10

Das göttliche Männliche und das göttliche Weibliche als bewusste gleichberechtigte Partner annehmen

Die Zeit des Patriarchats geht zu Ende. Gesellschaftssysteme, in denen die Macht in den Händen der Männer liegt und somit den Frauen vorenthalten wird, haben ausgedient. Sie kämpfen um ihren letzten Atemzug. Auch ein Tier in der Wildnis, das von einem Beutegreifer getötet wird, ist nie lebendiger als im Moment des bevorstehenden Todes. Es wendet seine gesamte Lebenskraft dafür auf, am Leben zu bleiben, obwohl sein Bewusstsein auf einer bestimmten Ebene weiß, dass der Tod unausweichlich ist. Lassen Sie sich von den äußeren Erscheinungen der Welt nicht zum Narren halten. Das Patriarchat ringt mit dem Tod. Um uns als Spezies weiterzuentwickeln, müssen wir für unsere Kommunikation, unsere Beziehungen, unsere Werte und unsere gesellschaftlichen Strukturen ein neues Modell finden, das uns das Patriarchat nicht geben kann.

Doch auch das Matriarchat kann uns dieses Modell nicht geben, wenn wir annehmen, dass es der polare Gegensatz des Patriarchats ist. Manche glauben fälschlich, die Erneuerung des göttlichen Weiblichen sei gleichbedeutend damit, dass das Pendel gnädig zur anderen Seite ausschlägt, die Frauen an die Macht kommen und die Männer verunglimpft und an den Rand gedrängt werden. In dieser Welt der Dualität werden uns weder die männlich dominierten noch die weiblich dominierten Beziehungsmodelle voranbringen. (Es ist interessant, dass das Matriarchat laut Wörterbuchdefinition eine Form der Regierung oder der gesellschaftlichen Organisation ist, in der eine Frau das

Oberhaupt stellt und die Erbfolge über die Abstammung der weiblichen Linie geregelt wird, während die Erforschung matriarchalischer Kulturen zeigt, dass in Wirklichkeit oftmals ein Gleichgewicht zwischen den männlichen und weiblichen Energien praktiziert wurde.)

Wir bewegen uns in eine vollkommen neue Dimension hinein, die Dualität überschreitet und Einheit fördert. Wenn wir in unserem Bewusstsein den Raum für „sowohl als auch" schaffen (für das Männliche *und* das Weibliche, statt uns für das eine oder das andere zu entscheiden oder dem einen oder anderen eine Vormachtstellung einzuräumen), fangen wir an, die „Gegensätze" aufzulösen. Das Bewusstsein der Einheit läutet die Zeit einer *bewussten gleichberechtigten Partnerschaft* zwischen dem Männlichen und dem Weiblichen ein. Es erkennt, dass sie friedlich nebeneinander bestehen können und keine Gegenspieler sind. Das ist das neue Modell, in dem das Männliche und das Weibliche Hand in Hand gehen, gleichberechtigte Mitschöpfer sind und ihre Unterschiede ehren und wertschätzen.

Was bedeutet das für uns als Empathen?

Um diese Frage zu beantworten, müssen wir zunächst die Grundzüge der männlichen und weiblichen Archetypen verstehen, damit wir eine gemeinsame Ausgangsbasis schaffen können. Wie ich in Kapitel 8 erwähnt habe, können wir die Begriffe *linke Gehirnhälfte* und *rechte Gehirnhälfte* benutzen, wenn wir über das männliche und das weibliche Prinzip sprechen. Vielleicht erinnern Sie sich aus dem naturwissenschaftlichen Unterricht daran, dass die linke Gehirnhälfte die rechte Körperseite und die rechte Gehirnhälfte die linke Körperseite steuert. Die rechte Körperseite wird mit dem Männlichen und demzufolge mit der linken Gehirnhälfte und folgenden Merkmalen assoziiert:

- **Direktheit**
- **Praktisches Denken**
- **Logik**
- **Handeln**
- **Grenzen**
- **Verstandesbewusstsein**
- **Zentrum des Egos**
- **Durchsetzungsfähigkeit**
- **Details und Planung**

- Beurteilung von gut/schlecht oder richtig/falsch
- Lineares oder sequenzielles Denken
- Ergebnisorientiertheit
- Konkurrenzdenken
- Umgang mit dem Konkreten oder Greifbaren
- Struktur und Sicherheit schaffen

Weibliche Energien werden mit der linken Körperseite, der rechten Gehirnhälfte und folgenden Merkmalen assoziiert:

- Intuition
- Kreativität
- Sensibilität
- Flexibilität und Fluidität
- Das instinktive Bewusstsein des Körpers
- Unvoreingenommenheit
- Relativität (im Gegensatz zum Absoluten)
- Abstraktes oder nichtlineares Denken
- Zuwendung und Fürsorge
- Bewusstsein des gegenwärtigen Augenblicks
- Mitgefühl und Zusammenarbeit
- Empfänglichkeit und die Fähigkeit zuzuhören
- Wahrnehmung feinstofflicher Energien und nonverbaler Kommunikation

Wenn man diese Konzepte in nur zwei Vorstellungen bündeln müsste, ist die männliche Energie mit dem *Intellekt* oder dem *Kopf* verknüpft und hat mit dem *Tun* zu tun, während die weibliche Energie mit den *Gefühlen* und mit dem *Herzen* verknüpft ist und mit dem *Sein* zu tun hat.

Sie erkennen möglicherweise also bereits einen Zusammenhang zwischen unseren empathischen Merkmalen und der Liste weiblicher Qualitäten. Und weil das Weibliche viele tausend Jahre lang seines Wertes beraubt wurde, wurde mit ihm gleichzeitig auch jede Qualität, die uns als Empathen definiert, ihres Wertes beraubt.

Das Bekenntnis zu unserer empathischen Natur ist genau genommen also untrennbar mit dem Bekenntnis zum Weiblichen und mit seiner Rückgewinnung verbunden! Mit unserer Entscheidung, auf der Erde zu inkarnieren, verkörpern und verankern wir den neuen menschlichen Bauplan auf mehreren Ebenen. Auf einer übergeordneten Ebene leben wir die besten Seiten des Weiblichen vor: Wir hören zu, leben in Harmonie mit allen Lebewesen, achten die natürlichen Rhythmen und Zyklen der Natur und unseres eigenen Körpers, verbinden uns mit und bekennen uns zu den unsichtbaren Sphären und haben ein Verständnis für feinstoffliche Energien. Außerdem besitzen wir Eigenschaften wie Mitgefühl, Intuition, Kreativität, friedliche Lösungen, Zusammenarbeit, Empfänglichkeit, Gewaltlosigkeit und Vertrauen.

Die Menschheit bewegt sich zurzeit ins Bewusstsein des vierten Chakras hinein, das der Sitz des Herzens ist. Die Rückkehr des göttlichen Weiblichen und der Weg ins vierte Chakra beziehungsweise in ein herzzentriertes Bewusstsein hinein drücken mit unterschiedlichen Worten dasselbe aus. Auch wenn es mit großem Widerstand verbunden ist, machen wir allmählich dennoch Fortschritte darin, nicht mehr vornehmlich aus dem Kopf, sondern immer stärker aus dem Herzen heraus zu leben und zu handeln. Ein Sprichwort lautet: „Keine Reise ist länger als die Reise vom Kopf zum Herzen." Das bedeutet nicht, dass wir den Intellekt aufgeben. Wir brauchen linke Gehirnhälfte und ihre Funktionen nach wie vor. Wir lernen jedoch, beide wieder gleichberechtigt wertzuschätzen und zu achten. Gleichberechtigung zwischen dem Männlichen und dem Weiblichen bedeutet, dass der Kopf und das Herz in einer bewussten Partnerschaft leben. Der Kopf (der Intellekt) soll dienen und nicht führen. Wir sind enorm aus dem Gleichgewicht geraten, wenn es um die Autorität und die Glaubwürdigkeit geht, die wir dem Intellekt und den männlichen Qualitäten der linken Gehirnhälfte einräumen. Robin Sharma schreibt: „Der Verstand ist ein wunderbarer Diener, aber ein furchtbarer Meister."[1]

Das vierte Chakra befindet sich außerdem im Zentrum des traditionellen Chakra-Systems mit drei darunter und drei darüber liegenden Chakras. Somit ist das vierte Chakra damit vertraut, den Raum für „entgegengesetzte Energien" beziehungsweise Polaritäten zu halten. Und das Herzchakra hält nicht nur den Raum, sondern wird zum alchemistischen Schmelzofen, in dem die Gegensätze zu Partnern transformiert werden, die einander in Harmonie ausgleichen, statt im Widerstreit zueinander zu stehen. Aus dieser Neuausrichtung der Sichtweise erwächst die Fähigkeit, nun den Wert und die Bedeutung dieser Gegensätze als gleichberechtigte Mitwirkende zu erkennen. Transzendenz und Verkörperung, männlich und weiblich, Schatten und Licht, Geist und Materie – sie alle werden zu unverzichtbaren und geschätzten Partnern, ebenbürtig in ihren Ansichten und in dem unverwechselbaren Beitrag, den sie leisten. Was gegensätzlich war (Dualität), wird im Raum des Herzens geeint (Einheit).

Wie bei jedem großen Paradigmenwechsel ist die alte, etablierte Garde von Angst erfüllt und führt einen Kampf auf Leben und Tod, um die bestehende Situation aufrechtzuerhalten. Es ist vollkommen normal, dass unser Ego (das die Aufzeichnungen der alten Muster und Glaubenssätze kontrolliert) alles tut, um seinen Platz zu verteidigen und uns davon zu überzeugen, dass Veränderung nicht nur schlecht, sondern lebensbedrohlich ist. Denken Sie daran, dass es beim Bewusstsein des dritten Chakras – das wir gerade verlassen – um die Identität des Egos, um Selbstdefinition und um die Erforschung und den Ausdruck von Individualität, Willenskraft und Macht geht. Halten Sie sich vor Augen, dass ein Land, eine Einrichtung oder ein System unabhängig von der Größe immer aus einzelnen Menschen besteht und dass die Dynamik im Geist des Einzelnen ihren Widerhall im Gesamtsystem findet. Vergessen Sie nicht, dass Veränderung stets innen beginnt. Wenn sich das System verändert, fängt diese Veränderung also bei einzelnen Menschen wie Ihnen und mir an. Wie Gandhi sagt, müssen wir die Veränderung sein, die wir in der Welt sehen wollen.

Unser erster Schritt als Empathen besteht darin, *uns selbst* zu lieben, zu akzeptieren, wertzuschätzen und zu nähren. Es ist kein Zufall, dass es sich dabei um weibliche Qualitäten handelt. Wie die alten Strukturen in unseren Köpfen, Denkprozessen und Glaubenssystemen sich auflösen, so werden sich auch die Gesellschaftsstrukturen des Patriarchats auflösen, die Getrenntheit, Intoleranz, Ungleichheit, Unterdrückung, Vorurteile, Rivalität und Beherrschung am Leben erhalten.

Das Patriarchat fällt und wir werden von unserer Seele aufgefordert, unser Bewusstsein zu erhöhen, das göttliche Weibliche zurückzugewinnen und aus dem Herzen zu leben. Das ist der fruchtbare Boden, den der Bauplan des neuen Empathen braucht, um Wurzeln zu schlagen und zu wachsen.

DAS UNGESUNDE MÄNNLICHE DRÜCKT SICH ÜBERTRIEBEN AUS, DAS UNGESUNDE WEIBLICHE DRÜCKT SICH UNZUREICHEND AUS

Um unser Verständnis für das Männliche und das Weibliche zu vertiefen, ist es wichtig zu verstehen, was geschieht, wenn diese Qualitäten in ihrer ungesunden Form zum Ausdruck kommen. Wenn wir den ungesunden (ich möchte das Wort *negativ* möglichst vermeiden) Ausdruck erkennen können, erhalten wir einen Hinweis darauf, was uns motiviert, und die Gelegenheit, eine neue Entscheidung zu treffen.

Ich möchte an dieser Stelle ganz kurz abschweifen, um den Unterschied zwischen „ungesund" und „negativ" zu erklären. Ich glaube, dass jede Qualität auf einem Kontinuum angesiedelt ist. Eine Qualität ist weder gut noch schlecht. Sie existiert einfach. So sind heiß und kalt beispielsweise nur Ausdrucksformen der Temperatur. Die Temperatur selbst ist weder gut noch schlecht. Sie ist ganz einfach. Weder heiß noch kalt sind negativ. Ebenso wenig ist die Mitte – warm – immer wünschenswert oder ideal. Wie man sie betrachtet, hängt vom Kontext ab.

Nehmen wir als Beispiel das Durchsetzungsvermögen. In einer Extremform kommt Durchsetzungsvermögen als Aggression, Feindseligkeit oder Gewalt zum Ausdruck. In der anderen Extremform wird es zu Passivität, Ängstlichkeit oder Unschlüssigkeit. Durchsetzungsvermögen ist an sich weder gut noch schlecht. Beide Extremformen sind fast immer ungesund. Im Alltag bezeichnen wir Dinge oft als positiv oder negativ, aber ich glaube, dass es für alle Erfahrungen, die wir machen, einen Grund gibt. Wer bin ich, ein Ereignis als positiv oder negativ zu beurteilen, ehe ich seinen Sinn und Zweck kenne? Ich bin die Schöpferin meiner Welt – erschaffe bewusst oder unbewusst – und kann deshalb nicht leugnen, dass das, was in meiner Welt ist, dort ist, weil ich es zu mir gerufen habe. Jede Erfahrung dient einem tieferen Zweck. Deshalb verwende ich lieber den Begriff *ungesund* anstelle von *negativ.*

Aus archetypischer Sicht drückt sich das ungesunde Männliche übertrieben aus, während das ungesunde Weibliche sich unzureichend ausdrückt. Das ist durchaus einleuchtend, wenn Sie sich daran erinnern, dass es beim männlichen Prinzip um das Tun und beim weiblichen Prinzip um das Sein geht. Im Extremfall übertreibt das ungesunde Männliche, wird anmaßend, unnachgiebig, arrogant, herrschsüchtig, kontrollsüchtig oder übt Zwang aus. Durchsetzungsvermögen wird zu Aggression, Gewalt oder Angriff und die Definition gesunder Grenzen verwandelt sich in Vorurteile, Dominanz, Unterdrückung, Alleinherrschaft oder Separatismus. Verstandesbewusstsein ohne den Ausgleich durch das Weibliche schneidet Gefühle ab und ist mechanisch, unverbunden und emotionslos. Das ungesunde Männliche legt zu viel Gewicht auf Verstandesfunktionen wie Logik, lineares Denken, greifbare Ergebnisse, konkrete Konzepte, das Absolute und die Erschaffung einer stark vereinfachten Welt, die lediglich Schwarz und Weiß kennt.

Das Weibliche drückt sich im Extremfall dagegen meist unzureichend aus. Wo das ungesunde Männliche die Lautstärke heraufdreht, dreht es sie herunter. Damit verzichten wir auf unsere Macht und werden zu Opfern – passiv, hilflos, unterwürfig und hoffnungslos. Unsere nährende Qualität wird zur Aufopferung und führt dazu, dass wir uns in Beziehungen verlieren, co-abhängig werden und alle anderen wichtiger nehmen als uns selbst. Unterdrückte Kreativität wird zu Depression, Lethargie, Dissoziation und Überforderung. Ohne die männliche Fähigkeit, Ränder zu definieren, machen unsere Empfänglichkeit und Sensitivität uns beim ungesunden Weiblichen zu Fußabtretern. Wir verlieren unsere Mitte, verschmelzen mit allem und jedem und sind unfähig, etwas zu tun oder zu Ende zu führen. Wir stumpfen ab und werden bitter. Wir verlieren die Verbindung zu unserem Körper, zur Erde und zu unserer Erdung.

Auch wenn ich hier von Archetypen und nicht von Geschlechtern spreche, neigen Frauen meist zur Implosion, während Männer zur Explosion neigen. Das Gegenteil kann allerdings ebenso der Fall sein. Frauen mit einem hohen Maß an männlicher Energie neigen zur Explosion, während Männer mit einem hohen Maß an weiblicher Energie zur Implosion neigen.

◎ *Wo drücken Sie sich übertrieben oder unzureichend aus?*

Gehen Sie die letzten drei Absätze noch einmal durch und markieren oder kreisen Sie die Qualitäten ein, die Sie bei sich selbst feststellen. Gehen Sie behutsam mit sich um. Diese Übung soll Ihnen keine weitere Möglichkeit bieten, ein schlechtes Gewissen zu haben oder Scham zu empfinden. Wenn wir danach streben, ein bewussterer Mensch zu werden, müssen wir unsere Muster erkennen und anerkennen. Wir können Dinge nicht ändern, derer wir uns nicht bewusst sind. Denken Sie außerdem daran, dass wir über archetypische Energiemuster sprechen. Sowohl Männer als auch Frauen tragen männliche und weibliche Energien in sich und unabhängig davon, in welchem Körper Sie geboren wurden, werden Sie vermutlich sowohl ungesunde männliche als auch ungesunde weibliche Ausdrucksformen in Ihrem Leben finden.

Ich möchte Macht und Kontrolle in diesem Zusammenhang besonders erwähnen. Übertrieben ausgedrückte männliche Energien drehen das Bedürfnis nach Kontrolle auf dem Regler bis zur maximalen Lautstärke auf. Das ungesunde Männliche versucht fast immer, alles in seinem Einflussbereich zu kontrollieren: Beziehungen, Finanzen, Ergebnisse, Kinder, das Geschäft. Das ungesunde Männliche will über alles in seiner Welt Macht ausüben, seine Autorität beweisen und seine Herrschaft behaupten. Die unzureichend ausgedrückten weiblichen Energien tun das Gegenteil: Sie geben ihre Macht vollständig auf und verabschieden sich von der Vorstellung, dass sie ihre Welt überhaupt kontrollieren können. Sie unterdrücken ihre persönliche Macht und fügen sich fast jedem und allem unabhängig davon, ob ein glückliches und gesundes Umfeld für sie daraus entsteht oder nicht.

Auf einen größeren Maßstab übertragen bedeutet das, dass wir tagtäglich damit konfrontiert werden, dass das Männliche versucht, seine Herrschaft zu behaupten und zu kontrollieren, während das Weibliche unaufhörlich ausgescholten, unterdrückt und verunglimpft wird. Und das nicht nur durch Menschen in unserem Umfeld. Wenn wir einen genaueren Blick auf unsere eigene Programmierung werfen, zeigt es sich in der Stimme unseres inneren Kritikers beziehungsweise unseres Egos, in unseren Werten und Überzeugungen und in unseren Worten und Taten. Wir begehen das Patriarchat an uns selbst, oft ohne es zu wissen. Das ist einer der Gründe, warum unsere innere Arbeit so wichtig ist. Sie gibt uns die Möglichkeit, allmählich ein Bewusstsein dafür zu entwickeln, was unter der Oberfläche am Werk ist und warum.

Weil wir als Empathen über einen enorm großen Werkzeugsatz an weiblichen Qualitäten verfügen, sind die Ablehnung und die Urteile, mit denen wir konfrontiert werden, nicht allein auf unsere Sensitivität und unsere ungewöhnlichen Fähigkeiten zurückzuführen. Sie sind auch darauf zurückzuführen, dass unsere größten Gaben und Ausdrucksformen so unverhohlen weiblicher Natur sind. Wir sind gleichsam doppelt vom Pech verfolgt: Wir werden ausgegrenzt, weil wir fremdartig sind *und* weil wir mit dem unbestreitbar Weiblichen zur Welt gekommen sind.

DER GÖTTLICHE UNTERSCHIED

Ich höre immer wieder, dass im täglichen Sprachgebrauch „das Weibliche" und „das göttliche Weibliche" (und „das Männliche" und „das göttliche Männliche") synonym verwendet werden. Aber es gibt einen deutlichen Unterschied. Wenn wir über das Männliche und das Weibliche sprechen, sprechen wir über die menschliche Dimension. Wenn wir über männliche oder weibliche Archetypen sprechen, sprechen wir über menschliche Qualitäten. Wenn wir unser inneres Männliches und inneres Weibliches ergründen würden, würden wir feststellen, dass sie mit Makeln behaftet, unvollkommen und verwundet sind und dass sie ungleich zum Ausdruck kommen. Ihre Prägung und damit ihr Ausdruck gehen auf unsere Kindheit zurück und wurden beispielsweise durch unsere Eltern und Lehrer, die Kirche, unsere erweiterte Familie, unsere Kultur und die Medien beeinflusst. Unsere männliche Seite und unsere weibliche Seite wurden durch unsere menschliche Erfahrung geformt. Sie sind das, was im Alltag ausgelebt wird.

Sobald Sie aber das Wort *göttlich* einfügen, ändert sich alles. Das *göttliche* Weibliche (oder Männliche) ist ein Prinzip oder eine Blaupause. Das göttliche Weibliche oder göttliche Männliche ist ein Ideal, das wir in menschlicher Form zu verkörpern trachten. Es ist der selbstloseste, tugendhafteste, authentischste Ausdruck des jeweiligen Prinzips. Weil wir so lange aus den beschädigten und mangelhaften Aspekten des Männlichen und Weiblichen heraus gelebt haben, kann es schwierig sein, uns darüber klar zu werden, was wir stattdessen tun sollen. Wir spüren vielleicht den Wunsch und sind bereit, unsere Glaubenssätze und Verhaltensweisen zu ändern, brauchen aber eine neue Definition, die wir anstreben können. Das göttliche Männliche und göttliche Weibliche geben uns die Vorlage, die wir anstreben können. Sie sind das Leitbild.

DAS GESUNDE INNERE MÄNNLICHE ERMÖGLICHT IHNEN DEN ZUGANG ZU GESUNDEN GRENZEN UND RICHTIGEM HANDELN

Es ist wichtig zu verstehen, dass wir uns an unseren männlichen Aspekt wenden, wenn es darum geht, Grenzen zu ziehen. Darauf bin ich im vorherigen Kapitel bereits ausführlich eingegangen. Es ist nicht die einzige Rolle, die das Männliche spielt, aber als Empath müssen Sie Ihr inneres Männliches nicht nur verstehen lernen, sondern auch eine Beziehung zu ihm aufbauen, denn es ist die Qualität, die Sie in Anspruch nehmen, wenn Sie nein sagen, Ihren energetischen Schild in Stellung bringen oder um das bitten wollen, was Sie brauchen.

Bitte hören Sie die zweite Audiodatei mit dem Titel „Meditation to Connect with Your Inner Masculine", um ein Verständnis für und eine Beziehung zu Ihrem inneren Männlichen entwickeln zu können.

Das innere Männliche ist bei jedem Menschen anders ausgeprägt, weil wir alle durch unsere einzigartigen Lebensumstände beeinflusst wurden. Dennoch gibt es unabhängig davon, wie Sie aufgewachsen sind, nahezu sicher Aspekte Ihres inneren Männlichen, die Ihnen nicht dienen oder die Sie sogar regelrecht zurückhalten.

Viele Menschen – vor allem Frauen – haben ein feindliches Verhältnis zu ihrem inneren Männlichen, weil es unter dem Einfluss des Patriarchats geformt wurde. Ohne unser Wissen setzt es die patriarchalischen Überzeugungen und Werte in die Tat um, unterdrückt unseren authentischen Ausdruck und unsere wahren Wünsche und Träume und beeinflusst uns hin zu „akzeptablen" Rollen und Zielen. Während meines Priesterinnen-Prozesses im Jahr 2005 bin ich der Frage nachgegangen, worin meine Definition von Macht bestand. Was ich aus der Tiefe meines Unterbewusstseins zutage förderte, war eine Definition von Macht, die mit Kontrolle, Beherrschung, Zwang, Unterdrückung, Konkurrenz und Mangel zu tun hatte – der eine gewinnt, der andere verliert.

Kein Wunder, dass ich zögerte, mich zu meiner Macht zu bekennen! Dies war ein entscheidender Wendepunkt, denn ich begann, eine bewusste Beziehung zu meinem inneren Männlichen aufzubauen, damit ich ihm vertrauen konnte, wenn ich seine Hilfe in Anspruch nahm. Von diesem Moment an konnte ich zu einer neuen Definition von Macht gelangen und ich erkannte, dass ich machtvoll in meiner Sanftheit, machtvoll in meinem Mitgefühl und machtvoll in meiner Fähigkeit sein konnte, Raum für einen anderen Menschen zu halten.

Wenn Sie anfangen, sich mit der Beziehung zu Ihrem inneren Männlichen zu befassen und sie zu erneuern, ist dieses Vertrauen wichtiger Balsam für den Prozess der Heilung. Es hilft Ihnen, den Glauben an Ihr inneres Männliches und damit den Glauben an sich selbst zurückzugewinnen. Unser inneres Männliches spiegelt unsere äußeren Erfahrungen mit dem Männlichen wider. Viele von uns hat die Erfahrung, sowohl durch Männer als auch durch das (von Männern und Frauen beförderte) Patriarchat verlassen, missbraucht, verletzt, vernachlässigt, enttäuscht und unterdrückt worden zu sein, zu argwöhnisch gemacht, als dass wir von unserem inneren Männlichen echte Unterstützung in irgendeiner Form erwarten würden.

Wenn wir wieder eine gesunde Beziehung zu unserem inneren Männlichen aufbauen, können wir allmählich auch wieder darauf vertrauen, dass es für uns da ist, wenn wir es brauchen. Wenn wir nein sagen müssen, verleiht es uns die Kraft und die Gewissheit. Wenn wir um das bitten müssen, was wir brauchen, verleiht es uns den inneren Antrieb und den Mut. Wenn wir uns berufen fühlen, unseren Träumen zu folgen, handelt es nach den Weisungen unserer Intention und wendet das Prinzip rechten Handelns an. Ohne diesen inneren Aspekt sind wir unvollständig. Es muss Teil unserer Reise zur Ganzheit sein, dass wir uns zu unserem inneren Männlichen bekennen und dass wir unsere Beziehung zu ihm zu der gesunden bewussten Partnerschaft zurückführen, die von vorneherein beabsichtigt war.

DAS GESUNDE INNERE WEIBLICHE ERMÖGLICHT IHNEN DEN ZUGANG ZU SELBSTLIEBE, SELBSTFÜRSORGE UND SELBSTAKZEPTANZ

Ebenso wichtig wie eine gesunde Beziehung zu unserem inneren Männlichen ist der Aufbau einer gesunden Beziehung zu unserem inneren Weiblichen. Wenn wir uns zu unserem inneren Weiblichen bekennen und ihm einen ebenbürtigen Platz an unserem Tisch einräumen, gibt es uns Zugang zu immenser Selbstliebe. Das versetzt uns in die Lage, uns selbst anzunehmen und mit großer Zärtlichkeit und Hingabe für uns zu sorgen. Statt die Bedürfnisse aller anderen über unsere eigenen Bedürfnisse zu stellen, gibt das gesunde Weibliche – gestärkt durch die Fähigkeit des gesunden Männlichen, nein zu sagen – uns die Erlaubnis, uns an die erste Stelle zu setzen. Kapitel 11 und 12 befassen sich mit Selbstfürsorge und damit, was es in der Praxis heißt, uns an die erste Stelle zu setzen.

Angesichts der Tatsache, dass das ungesunde Weibliche sich unzureichend ausdrückt, muss die Wiederherstellung einer gesunden Beziehung zu unserem inneren Weiblichen darin bestehen, seinen vollen Ausdruck zu fördern. Kehren Sie – falls erforderlich – zur Erinnerung noch einmal zu der vorstehenden Liste weiblicher Merkmale zurück.

Bitte hören Sie die dritte Audiodatei mit dem Titel „Meditation to Connect with Your Inner Feminine", wenn das innere Weibliche ein neues Konzept für Sie ist oder es Ihnen schwerfällt, sich mit diesem Aspekt Ihrer selbst zu verbinden.

Viele Menschen sind in so hohem Maße von den Werten des Patriarchats angetrieben, dass es sich ausgesprochen fremdartig anfühlen kann, auf unsere Intuition zu hören, sanft, mitfühlend und liebevoll mit uns selbst umzugehen, zu entschleunigen, auf die subtile Kommunikation unserer Umgebung zu hören, zu empfangen, uns Zeit für unseren kreativen Ausdruck zu nehmen und einfach nur zu sein.

Doch es sind diese Qualitäten, an denen es uns mangelt, und wir müssen die übermäßig dominanten Merkmale des Männlichen, das ständig tun, leisten, erobern, anhäufen und beherrschen will, dringend ins Gleichgewicht bringen. Das Leben verläuft ganz natürlich in Rhythmen und Zyklen: Tagen, Jahreszeiten, dem Wechsel von Ebbe und Flut, Wachstums- und Ruheperioden, Aktivität und Erholung. Das übertrieben ausgedrückte Männliche glaubt, dass es alles zwingen kann, in *seiner* Zeit zu passieren. So habe ich fast zwanzig Jahre lang gelebt. Ich wusste nicht, wie man vertraut, zuhört oder wartet. Ich wusste, wie ich meinen Willen durchsetzen und den Dingen die von mir gewünschte Form geben konnte (oder die Selbsttäuschung aufrechterhalten konnte, dass sie bereits die von mir gewünschte Form hatten).

Wenn wir das Weibliche schätzen, schaffen wir Raum in unserem Leben, um auszuatmen, innezuhalten und zuzuhören. Wir erkennen unsere Bedürfnisse und achten die natürlichen Ruheperioden, die zwischen jedem Aktivitäts- oder Wachstumszyklus stattfinden müssen. Integration, Besinnung, Kontemplation, Entspannung, Selbstfürsorge ... wie oft am Tag nehmen Sie sich Zeit dafür? Das Leben kann nicht nur aus Tun und Leistung bestehen, auch wenn das Patriarchat uns glauben machen möchte, dass es so ist.

Wir müssen uns nicht nur zu unserem inneren Männlichen bekennen, um vollständig zu sein, sondern auch unser inneres Weibliche zurückgewinnen. Es gehört zu unserer Reise hin zur Ganzheit, dass wir unser inneres Weibliches aus der Unterdrückung herauslocken, damit es – vom Männlichen sicher getragen – sich wieder ohne Scham in seiner Schönheit, Gnade und Kreativität ausdrücken kann.

DAS PATRIARCHAT LOSLASSEN

Es gibt sehr viele Möglichkeiten, die Einflüsse des Patriarchats auf Ihr Leben zu entwirren. Entscheidend ist, dass Sie irgendwo anfangen. Ihre Seele wusste, dass Sie einem Leben in diesem Moment der Menschheitsgeschichte – an der Schwelle zur Transformation – gewachsen sein würden. Sie sind Vorbote eines neuen Weges, einer neuen Konstellation. Und gleichzeitig sind Sie ein Mensch wie alle anderen, empfänglich für die Einflüsse unserer Kultur. Es kann äußerst verwirrend sein, „Beobachter" und gleichzeitig „Mitwirkender" zu sein. Für mich bedeutet es, dass Sie *den größeren Zusammenhang und die Rolle, die Sie darin spielen, verstehen, während Sie gleichzeitig in einem menschlichen Körper leben und die menschliche Erfahrung durchlaufen müssen.* Das Loslassen ungesunder Einflüsse, zu denen auch das Patriarchat gehört, ist Teil dieses menschlichen Weges.

Wie können Sie die heimtückischen und weitreichenden Auswirkungen des Patriarchats loslassen? Indem Sie sich selbst erforschen, mit einem Coach oder Heiler arbeiten, Bücher lesen oder an Kursen oder Workshops teilnehmen. Alle diese Dinge helfen Ihnen, die männlichen und weiblichen Einflüsse, Ansichten, Absichten und Ungleichgewichte zu erkennen, die in Ihrer Persönlichkeit und in Ihrer Psyche existieren. Die Erforschung des eigenen inneren Männlichen und Weiblichen ist eine wirksame Möglichkeit, die etablierten Systeme aufzulösen, und ein hervorragender Ausgangspunkt, wenn Sie unsicher sind. Gespräche mit verschiedenen inneren Selbstanteilen durch Voice Dialogue, aktive Imagination oder das Führen eines Tagebuchs sind ausgezeichnete Möglichkeiten, um nicht nur die Auswirkungen des Patriarchats zu entwirren, sondern alle Einflüsse, die Sie geformt haben.

Es gibt viele ausgezeichnete Bücher, die vom göttlichen Weiblichen über das Patriarchat bis hin zur Religion und ihrem Einfluss auf die Gesellschaft alle Themen abdecken. Sie alle sind für die Auflösung des inneren Patriarchats von Bedeutung. Besonders hinweisen möchte ich auf das Buch *Es ist Zeit, dass du gehst* von Sidra Stone, weil es eine ausgezeichnete Informationsquelle gerade für Frauen ist. Sie spricht darin über den internalisierten Anteil der weiblichen Psyche, der als der „innere Patriarch“ bezeichnet wird.

DIE INNERE EHE KULTIVIEREN

Nachdem wir den Einfluss des Patriarchats losgelassen haben, lautet die nächste Frage naturgemäß: „Was setze ich an seine Stelle?“ Ich ermutige meine Klienten und Kursteilnehmer, zwischen ihrem inneren Männlichen und Weiblichen eine bewusste Beziehung aufzubauen, in der sie einander gegenseitig wertschätzen und achten. Damit kultivieren sie ihre innere Ehe und das ist nur möglich, wenn jede Seite sich der anderen Seite bewusst ist. Das bedeutet, dass das größere Ich dafür verantwortlich ist, die Beziehung pflegen und jeden Aspekt mit dem gleichen Wert und der gleichen Achtung zu behandeln. Stellen Sie sich vor, dass Sie der CEO sind, der die Beiträge aller am Tisch (Ego, Körper, Gefühle, Ängste, Logik, Emotionen, Träume, frühere Erfahrungen, innere Stimmen, Aspekte der Psyche) entgegennimmt und dann alle Informationen zusammenführt, um eine endgültige Entscheidung zu treffen. Jede Entscheidung, die Sie treffen, und jede Handlung, die Sie vornehmen, entspringt einer Ansammlung innerer Beiträge, wobei es keine Rolle spielt, ob Ihnen bewusst ist, von wem ein Beitrag stammt, oder nicht. Der Umgang mit Ihrem inneren Männlichen und inneren Weiblichen als gleichberechtigten Partnern erfordert vermutlich einige neue Stühle am Tisch sowie ein neues Bewusstsein. Beide haben wertvolle Beiträge zu leisten, wenn Sie bereit sind, ihnen die gleiche Beachtung zu schenken.

Die innere Ehe kultivieren heißt auch erkennen, dass Sie für Ihre eigenen Bedürfnisse sorgen können und dass der Ausdruck beider Archetypen erlaubt und erwünscht ist. Frauen werden fast immer dazu ermutigt, weiblich zu sein, und Männer werden dazu ermutigt, männlich zu sein. Der Ausdruck des jeweils anderen Geschlechts gilt üblicherweise als Zeichen von Schwäche oder wird für unangebracht gehalten und uns somit aberzogen. Männer sollen nicht sensibel, emotional oder fürsorglich sein. Frauen sollen nicht wütend, aggressiv oder ehrgeizig sein. Das hat zur Folge, dass das andere Geschlecht in den Schatten – der unsere ungeliebten, verleugneten Anteile birgt – verbannt und ausgegrenzt wird, weil es als unangemessen erachtet wurde. Etwas, das eindeutig Teil von uns ist – der innere Geliebte, die innere Geliebte – wurde zerstört, ausgelöscht durch eine Gesellschaft, die zutiefst fehlinformiert und fehlgeleitet ist, wenn es um reife, bewusste Liebe geht.

Nachdem er einmal verbannt wurde, erfahren wir den Verlust des inneren Geliebten im Grunde wie einen Tod, der maßgeblich zu unseren Gefühlen der Sehnsucht und Unvollständigkeit beiträgt. Die Leere, in der unser „Gegenpol" seinen Wohnsitz haben sollte, bringt uns dazu, unaufhörlich nach seinem Ersatz zu suchen. Angesichts des enorm großen Drucks, den Gesellschaft und Kultur auf uns ausüben, wagen wir es nicht, gegen die Norm zu verstoßen und den verlorenen Selbstanteil (den sogenannten Seelenverlust) zurückzubringen. Das führt dazu, dass wir unsere Bedürfnisse auf unseren Partner projizieren. Da es für eine Frau nicht als damenhaft gilt, stark, unabhängig, ehrgeizig, hochsexuell, Brotverdienerin oder Autoritätsperson zu sein, verzichten wir auf unsere Macht und suchen diese Qualitäten stattdessen bei unserem Partner. Die romantische Vorstellung, dass wir einen Partner brauchen, der uns „vervollständigt", ist eine unreife und verklärte Darstellung der Liebe. Solange wir weiterhin außerhalb von uns nach etwas suchen (weil wir nicht glauben, dass wir fähig sind, es uns selbst zu geben), gehen wir Beziehungen auch weiterhin von einem Standort der Zerrissenheit und der Unvollständigkeit aus ein. Weil wir gezwungen sind, weiter nach der „Sache" zu suchen, die uns vervollständigt, fühlen wir uns nicht einmal dann vollständig, wenn wir sie gefunden haben, weil sie sich nach wie vor *außerhalb* von uns befindet.

Das ist der Grund, aus dem so viele Beziehungen scheitern. Jeder Partner projiziert seine verleugneten Selbstanteile auf den jeweils anderen Partner und hofft verzweifelt, dass er die Leere füllen wird, die durch die Verbannung des inneren Geliebten entstanden ist. Deshalb ist es von so großer Wichtigkeit, dass Sie das jeweils „andere" Geschlecht (Frauen das innere Männliche und Männer das innere Weibliche) zurückgewinnen und gleichzeitig das eigene Geschlecht (Frauen das innere Weibliche und Männer das innere Männliche) heilen und neu definieren.

Die Erneuerung Ihrer inneren Ehe bedeutet *nicht*, dass Sie keinen anderen Menschen mehr brauchen, mit dem Sie eine Beziehung eingehen können. Das ist nicht der Fall! Cayelin Castell und Daniel Giamario definieren in ihrem Buch *The Shamanic Astrology Handbook* die heilige Ehe als gleichbedeutend damit, dass „Mann und Frau unabhängig davon, mit wem sie zusammen sind oder ob sie überhaupt mit jemandem zusammen sind, immer mit dem eigenen inneren Partner am Arm durch ihr Leben gehen."[2] Können Sie sich vorstellen, welchen Unterschied es macht, ob Sie bereits vollständig in eine Beziehung gehen oder ob Sie den anderen brauchen, um Ihre Bedürfnisse zu erfüllen, weil Sie einen ganzen Selbstanteil verleugnen?

Die Pflege Ihrer eigenen inneren Ehe erlaubt Ihnen, mit einer völlig anderen Absicht in eine Beziehung zu gehen. Sie kommen nicht mit unausgesprochenen Erwartungen (und der Enttäuschung, die zwangsläufig folgt), einer ganzen Reihe an Projektionen, Verzweiflung und Co-Abhängigkeit, die bereit ist, die Krallen in Ihren Partner zu schlagen. Sie können eine Partnerschaft eingehen, in der Sie den anderen voll und ganz akzeptieren und wertschätzen, ihm erlauben, der zu sein, der er ist, ihn in seinem vollen Ausdruck fördern und unterstützen, ohne sich Illusionen über seine Begrenzungen und Unvollkommenheiten zu machen. Er ist kein Projekt mehr, das es in Ordnung zu bringen gilt. Er ist ein einzigartiges Kunstwerk, das es zu lieben und wertzuschätzen gilt.

DEN INNEREN ANTRIEB FINDEN

Seien Sie sich bewusst, dass die bewusste ebenbürtige Partnerschaft mit dem Männlichen und dem Weiblichen ein Weg ist, den wir gehen müssen, und dass es Zeit braucht, alte Glaubenssätze aufzulösen und neue Werte zu übernehmen. Es ist eine Arbeit, die Sie verletzlich macht, weil sie fast immer auf einer Bühne stattfindet, deren Publikum Sie nicht anfeuert oder auf dasselbe Ergebnis hofft wie Sie. Es ist deshalb höchst ratsam, für ein starkes Unterstützungsnetzwerk zu sorgen. Leider ist das Patriarchat so heimtückisch, dass selbst Menschen, die Sie lieben und die Ihnen großen Rückhalt geben, Sie mit ihrem Urteil und ihrem Mangel an Verständnis überraschen können. Überlegen Sie also gut, wen Sie an Ihrer Transformation teilhaben lassen wollen. Ich möchte Sie auch ermutigen, sich bei diesen Prozessen von einem erfahrenen Coach unterstützen zu lassen, damit Sie den Weg nicht allein meistern müssen.

Veränderung beginnt immer innen. In Anbetracht der aktuellen Lage in der Welt mag sie Ihnen zu gewaltig oder zu beängstigend erscheinen und Sie fragen sich womöglich: „Was nützt es, eine innere Beziehung zu meinem Männlichen und meinem Weiblichen zu pflegen, wenn die Welt diese Ebenbürtigkeit weder achtet noch wertschätzt?" An dieser Stelle kommen Ihre persönliche Integrität und Ihr persönliches Wertesystem ins Spiel. Die inneren Veränderungen müssen Ihnen wichtig genug sein, weil Sie sie anderenfalls nicht vornehmen. Das ist das Wesen von Veränderung. Wenn uns der innere Antrieb fehlt, können wir die Trägheit der bestehenden Situation nicht überwinden, um die Veränderung zu bewirken.

Motivation, die von innen kommt (es für sich selbst tun) ist immer stärker und beständiger als Motivation, die von außen kommt (es für jemand anderen tun). *Damit leben wir auch anderen Menschen vor, was es heißt, Veränderung zu bewirken.* Wegbereiter sein heißt auch, unseren Instinkten zu vertrauen und die Veränderung vorzunehmen, zu der unsere Seele uns aufruft, auch wenn sie unpopulär ist oder missverstanden wird. Wir lehren die Menschen, wie sie uns behandeln sollen. Sie können die Art und Weise, in der andere Menschen Sie behandeln, allein dadurch grundlegend verändern, dass Sie die innere heilige Ehe achten.

11

Hören Sie auf, ins Paradies zurückgelangen zu wollen

Der rechte Weg hat uns in die Irre geführt. Es gibt sicher kurze Zeitspannen im Leben, in denen die Umstände von uns verlangen, uns zusammenzureißen, ein paar Opfer zu bringen, die Bedürfnisse anderer Menschen über unsere eigenen Bedürfnisse zu stellen und es „einfach zu machen". Doch das sollte nicht zur Lebensphilosophie werden! Das Versprechen des Patriarchats, dass harte Arbeit uns am Ende den verdienten Lohn bringen wird, erfüllt sich langfristig einfach nicht. Und bei der alten weiblichen Dienstbeflissenheit geht es weniger um den Dienst an anderen Menschen als vielmehr um Selbstaufopferung. In unserem gesellschaftlichen Verhaltenskodex scheint eine Vielzahl falscher Annahmen zu kursieren, die als Evangelium gelten:

- Je härter (und länger) Sie arbeiten, umso mehr werden Sie bewundert und umso weiter kommen Sie im Leben und im Beruf.
- Je mehr Sie sich aufopfern, sich einbringen und andere Menschen an die erste Stelle setzen, umso mehr zeigen Sie, dass sie Ihnen etwas bedeuten. (Eine häufige, aber unvorhergesehene Folge, die sich im Unterbewusstsein verbirgt, besteht leider darin, dass Sie glauben, umso mehr Lob, Achtung oder Liebe verdient zu haben, je mehr Sie sich aufopfern: Ich habe alles für dich gegeben und so dankst du es mir?)
- Sie können nur dann vorankommen oder erfolgreich sein, wenn Sie große Opfer bringen. (Es ist in Ordnung, Ihrer Familie keine Aufmerksamkeit zu

schenken, Ihre Emotionen und Ihren Schmerz zu unterdrücken und sich das eine oder andere gesundheitliche Probleme einzuhandeln, denn immerhin hat es sich ja gelohnt, oder etwa nicht?)

- Das Leben ist ein Kompromiss. Man kann entweder reich oder ausgeglichen sein, aber nicht beides (da beide Dinge einander ausschließen).
- Wenn Sie für sich selbst sorgen, um das bitten, was Sie brauchen, Grenzen ziehen oder nein sagen, sind Sie selbstsüchtig und selbstzentriert und das wird Gott zweifellos missfallen. Außerdem bedeutet es, dass Sie andere Menschen nicht lieben. (Wenn du mich lieben würdest oder dein Beruf dir wichtig wäre oder du deine Wertschätzung oder Loyalität zeigen wolltest, dann würdest du ... tun.)

Lauern einige dieser Ansichten in Ihrem Glaubenssystem, in Ihren Werten oder in Ihren Verhaltensweisen? Auch wenn es Ihnen nicht bewusst ist, sorgen sie alle dafür, dass uns Bitterkeit, Enttäuschung und Groll ins Haus stehen. Viele Menschen rätseln, warum sie in ihrem Leben so unzufrieden, desillusioniert und erschöpft sind. Sie glauben, die Werte vorzuleben, mit denen sie aufgewachsen sind (harte Arbeit, Aufopferung, andere an die erste Stelle zu setzen oder dafür zu sorgen, dass die Bedürfnisse aller anderen erfüllt werden), aber tief in ihrem Inneren fragen sie sich, was sie als Gegenleistung erhalten und warum sie sich unglücklich fühlen, und sie vermuten, dass sie die versprochene Belohnung nicht erhalten.

Zu den fünf in Kapitel 4 aufgeführten Qualitäten eines Empathen gehören ein großes, offenes Herz und der Wunsch, anderen zu dienen. Das lässt uns zu dienenden Berufen neigen, aber auch dazu, zu viel zu geben und uns selbst an die letzte Stelle der Liste zu setzen. Als Empathen werden wir also bereits mit der Veranlagung geboren, uns um andere Menschen zu kümmern, und sie wird noch verstärkt durch die Fähigkeit, ihre Gefühle zu spüren und unbewusst ihre Probleme zu übernehmen. Kommt dann die gesellschaftliche Programmierung zur Aufopferung (die sich bei Männern und Frauen unterschiedlich äußert) noch hinzu, haben wir es mit vielen verbitterten und unzufriedenen Menschen mit gesundheitlichen, beruflichen, finanziellen und Beziehungsproblemen zu tun, die glauben, genau das zu tun, was Eltern, Kirche oder Gesellschaft von ihnen erwarten. Und nicht nur, was erwartet wird, sondern was sie – wie man ihnen gesagt hat – zu einem *guten Menschen* macht.

Es gibt viele unglückliche Menschen, die keine Ahnung haben, dass sie zu ihrem eigenen Unglück beitragen, ganz zu schweigen davon, dass sie die Macht haben, ihre Lebensumstände zu ändern. Die Behauptung, dass man ein guter Mensch ist, wenn man andere an die erste Stelle setzt, ist ein überzeugendes Argument. Wer könnte sie widerlegen?

Wenn Sie genauer hinsehen und die Ursprünge der zahllosen Botschaften untersuchen, die uns zur Aufopferung und zur Fremdzentriertheit auffordern, entdecken Sie jedoch so gut wie sicher *Selbstverleugnung* als zentrales Prinzip. Ungeachtet dessen, ob Sie sich gegenwärtig mit einer Form des Christentums identifizieren oder sie praktizieren, wurde unsere Gesellschaft – das Fundament unseres Landes – auf Lehren der Verleugnung, Aufopferung, Erbsünde (von der wir uns vielen Sekten zufolge niemals werden befreien können), Denunziation, Unterdrückung, Ungleichheit und Bestrafung aufgebaut, die ihren Ursprung alle in der Kirche haben.

Diese Glaubenssätze sind unabhängig davon, welche Form der Spiritualität Sie heute praktizieren, noch immer im kollektiven Bewusstsein präsent, sodass Ihre Erziehung fast sicher durch zumindest einige dieser falschen Auslegungen der Lehre beeinflusst wurde. Fundamentalistische Botschaften schleichen sich auf heimtückischste Weise in die unterschwelligen Aussagen unserer Werte und Erwartungen ein. Die meisten Kirchenvertreter möchten uns glauben machen, dass wir tagtäglich bösen Versuchungen ausgesetzt sind und die Chance haben, die Geschichte von Adam und Eva im Paradies nachzuspielen, dass wir unsere Sache diesmal aber besser „hinbekommen“ sollten. Diese Erwartungen leiten sich natürlich von demselben Glaubenssystem ab, das uns weismachen möchte, dass wir verlorene Schafe sind und dass nichts, was wir tun, unsere Erbsünde je wiedergutmachen oder sühnen kann. Im Grunde haben wir es also verpatzt und bekommen, was wir verdient haben, als wir aus dem Paradies vertrieben wurden. Doch gleichzeitig sollen wir alles daransetzen, uns würdig zu erweisen, auch wenn bis zum Ende der Ewigkeit nichts, was wir tun, uns unsere frühere Göttlichkeit zurückgeben und unseren ursprünglichen Sündenfall auslöschen kann.

Wird Ihnen die Absurdität allmählich bewusst?

Ich habe 2016 einen Beitrag für das *Evolving Magazine* geschrieben, der beleuchtet, wie tief diese Botschaften und Motivationen unsere Gesellschaft durchdrungen haben. Hier ein Auszug:

In einem Moment der Klarheit ist mir kürzlich bewusst geworden, dass der Schlüssel zum Glück, nach dem ich strebe, nicht darin liegt, einer höchsten Autorität zu gefallen oder ein bestimmtes Regelwerk buchstabengetreu zu befolgen. Es geht nicht darum, unsere Wünsche den Wünschen Gottes unterzuordnen. Es geht nicht um Selbstaufopferung und auch nicht darum, unsere Macht, unseren kreativen Ausdruck oder unsere Ziele zu verleugnen und zu unterdrücken. Es geht nicht darum, genug zu tun. (Genug wovon? Und wie viel ist überhaupt genug?)

Es gibt keinen unversöhnlichen Gott, der mit einem Klemmbrett und einer Stoppuhr in der Hand oben im Himmel sitzt, zuschaut, wie wir durch den Irrgarten stolpern und versuchen, ein Spiel zu spielen, dessen Regeln uns nie mitgeteilt wurden – und der Tränen lacht, während er in der Spalte „Sie hat es wieder nicht hinbekommen" ein Häkchen nach dem anderen setzt.

Gott stellt uns keine Falle, damit wir scheitern, um dann über uns zu urteilen und uns zu bestrafen, weil wir eine falsche Abzweigung genommen haben. Ich weigere mich, an eine höchste Instanz zu glauben, die uns einen freien Willen gibt, uns scheitern lässt und uns anschließend in alle Ewigkeit verdammt, weil wir nicht erfolgreich waren.

Doch wie tief ist dieses Glaubenssystem in die Korridore unserer kollektiven Psyche eingedrungen! Ganz gleich, wie sehr mein Intellekt die eklatanten Mängel des Systems erkennen und ablehnen mag, erschaudere ich dennoch ungläubig, wenn ich meine eigene Reaktion auf Versagen und Enttäuschung beobachte. Ich tue gerade so, als ob ich eine Schuld zu tilgen hätte, die ich niemals begleichen kann – als ob ich für meine Übertretung bestraft werden müsste, da ich ganz gewiss nur deshalb nicht bekommen habe, was ich wollte, weil ich nicht lange und nicht intensiv genug gebetet habe.

Wir werden nicht bestraft, wenn unser Leben nicht so läuft, wie wir es wollen! Aber es ist so einfach, beim kleinsten Sandkörnchen im Getriebe unserer Pläne unsere Begeisterung zu verlieren und uns in Selbstgeißelung und Zweifel zu suhlen. Unser Verständnis davon, wie wir unsere Träume zu verwirklichen haben, wurde an eine Reihe konkreter Gebote und Verbote gekoppelt.

Unsere Schuldgefühle wollen uns weismachen, dass es unser Fehler ist, wenn etwas nicht so läuft, wie wir es wollen, weil wir nicht richtig oder nicht lange genug (Zutreffendes bitte ergänzen) haben. Hinzu kommt, dass wir ne-

ben dem Tribut, den unsere Selbstvorwürfe und unsere Demütigung bereits gefordert haben, nun auch noch Buße tun müssen.

Die tatsächliche Wahrheit lautet jedoch, dass nicht Gott derjenige ist, der uns das Gefühl vermittelt, mit einem Makel behaftet zu sein. Wir selbst tun es.

Es mag tatsächlich merkwürdig scheinen, auf den Mängeln der christlichen Lehre herumzureiten, wenn es bei meinem nächsten Thema im Werkzeugsatz des evolutionären Empathen um Selbstfürsorge geht, aber diese beiden Dinge sind eng miteinander verknüpft. Das Thema war bedeutend genug, um ihm ein eigenes Kapitel zu widmen. Diese trügerischen und irreführenden Lehren sind allgegenwärtig und heimtückisch und es bedarf gewissenhafter und engagierter innerer Arbeit, um Ihre Wahrheit aus den jahrtausendealten Konditionierungen herauszufiltern. Das Patriarchat und die Kirche haben im Laufe der Geschichte immer in einer inzestuösen Beziehung zueinander gestanden, die sich direkt auf unseren Glauben an und unsere Fähigkeit zur Selbstfürsorge auswirkt (ganz zu schweigen von einer Reihe anderer Dinge, auf die wir hier nicht näher eingehen werden).

EIN GUTER MENSCH ZU SEIN IST NICHT GLEICHBEDEUTEND MIT SELBSTVERLEUGNUNG

Es ist von entscheidender Bedeutung, dass wir den Ursprung der Botschaften verstehen, die unsere Kultur uns über Selbstfürsorge (und damit auch über die Fürsorge für andere Menschen) vermittelt. Und er hat nicht nur damit zu tun, dass unsere Großeltern in der Zeit der Weltwirtschaftskrise aufgewachsen sind. Damit wir die alten Diktate auflösen und durch neue Werte ersetzen können, müssen wir zuerst die allgegenwärtige und alles durchdringende Natur unserer Programmierung verstehen. Wenn die den Erwartungen an unsere Lebensweise zugrundeliegende Botschaft lautet, dass wir ein mit Makeln behafteter Sünder sind und alles tun müssen, um Gottes Gunst zurückzugewinnen, indem wir uns aufopfern, uns verleugnen und andere an die erste Stelle setzen, dann müssen wir uns nicht wundern, dass eine Epidemie aus Depression, Verzweiflung, Gier und Narzissmus grassiert (denn genau das geschieht, wenn unsere Bedürfnisse verleugnet und ins Schattenreich verbannt werden).

Die Botschaft vom guten Menschen ist überzeugend, aber wir alle müssen daran arbeiten, die konkrete Motivation für und die konkrete Auswirkung der Verhaltensweisen zutage zu fördern, die wir uns angeeignet haben, um dieser gute Mensch zu sein. Es gibt zahllose Möglichkeiten, ein guter Mensch zu sein, aber das sollte nicht bedeuten, anderen auf Kosten des eigenen Wohlergehens zu dienen. Wenn Ihr Verständnis davon, ein guter Mensch zu sein, Untertöne von „du bist nicht so wichtig wie andere", „deine Bedürfnisse, Sehnsüchte und Wünsche sind unwichtig", „Gott belohnt dich, wenn du dich selbst verleugnest" oder „andere werden dich bevorzugen, wenn du dich aufopferst" in sich birgt, dann ist es an der Zeit für eine Reinigung!

Ich möchte an dieser Stelle darauf hinweisen, dass ich nicht antichristlich eingestellt bin (obwohl ich mit vielen Deutungen Christi und seiner Lehren nicht einverstanden bin) und dass ich nicht davon spreche, die eigenen Bedürfnisse um jeden Preis an die erste Stelle zu setzen. Wenn eine Mutter vor die Wahl gestellt wird, selbst zu essen oder ihrem Kind etwas zu essen zu geben, gibt sie dann ihrem Kind zuerst zu essen? Natürlich tut sie das. Dabei handelt sie aber nicht aus einer Position heraus, in der sie ihre eigenen Bedürfnisse unterdrückt oder abwertet. Sie denkt praktisch und trifft eine bewusste Entscheidung, denn als erwachsene Frau kommt sie ohne Nahrung wesentlich besser zurecht als ein Kind.

Es ist wichtig zu erkennen, dass zwischen Opfermentalität und bewusster Entscheidung ein enorm großer Unterschied besteht. Die Vorstellung, die fast alle Menschen von Aufopferung und davon haben, andere an die erste Stelle zu setzen, ist aus jahrzehntelang verinnerlichten Botschaften abgeleitet, die eine Opfermentalität fördern. Menschen, die so denken, erkennen nicht, dass sie eine Wahl haben und sich eine völlig andere Werteordnung aneignen können. Wenn sie aus dieser von Selbstaufopferung angetriebenen Position des Opfers heraus handeln, haben sie sich ein wohlklingendes soziales Verdienst (ein „guter Mensch" zu sein oder „für andere Menschen zu sorgen") erkauft, das allerdings in Wirklichkeit ihren eigenen Interessen, ihrem Glück und ihrem Wohlergehen zuwiderläuft.

Im Licht einer bewussten Wahl betrachtet, wird Aufopferung dagegen zu einer Abwägung von Prioritäten, zu einem bewussten Verzicht oder zu einem

Kompromiss. Sie wird zur zielgerichteten Entscheidung, die aus einer Position der persönlichen Stärke heraus getroffen wird. Bei bewusster Betrachtung und Einbeziehung der Interessen aller Beteiligten trifft man keine Entscheidungen, die gesundheitliche Probleme, Erschöpfung, zu hohe finanzielle Verpflichtungen, Groll und Selbstverleugnung immer weiter verstärken. Gesunde Entscheidungen sind ein wesentlicher Bestandteil guter Selbstfürsorge.

DIENEN IST NICHT GLEICHBEDEUTEND MIT AUFOPFERUNG

In Kapitel 4 haben wir bereits darüber gesprochen, dass Empathen ein großes, offenes Herz und den Wunsch haben, anderen Menschen zu dienen. Es ist eine der fünf Qualitäten eines Empathen. Dienen *um jeden Preis* ist darin allerdings nicht inbegriffen.

Es gibt mehrere Archetypen, die ins Spiel kommen, wenn wir der Frage auf den Grund gehen, was es bedeutet, anderen Menschen zu dienen. Archetypen sind kulturübergreifende Verhaltensmuster. Unter Hinzunahme der *Archetype Cards* von Caroline Myss möchte ich nachfolgend insbesondere auf die Muster der Archetypen von Mönch/Nonne, Märtyrer, Ritter, Krieger, Diener und Sklave eingehen.

Der Archetyp des Mönchs/der Nonne

Neben unserer Neigung, alle anderen Menschen an die erste Stelle zu setzen, müssen wir Jahrtausende religiöser Programmierung überwinden. Ich weiß, dass ich in vergangenen Leben bereits als Mönch und Nonne gelebt und auch andere, ähnliche Funktionen religiösen Dienstes erfüllt habe. Diese Lebensform setzte voraus, dass man allen weltlichen Besitz aufgab, das Fleisch verleugnete und das Leben durchlitt in der Hoffnung, dass Gott sich am Ende gnädig erweisen würde.

Obwohl der Archetyp des Mönchs/der Nonne auch tugendhafte Aspekte hat, gehört Aufopferung nicht dazu, sondern ist der Aspekt, der eine besonders abträgliche Wirkung hat. Im religiösen Sinn kann ein Opfer bedeuten, dass man ein Tier schlachtet oder einen Menschen tötet, um einen Gott zu besänftigen. Es kann bedeuten, dass man etwas Wertvolles oder Wichtiges hingibt im Dienst an etwas oder an jemandem, das oder den man als wertvoller oder wichtiger erachtet. All dem liegt die Überzeugung zugrunde, dass Ihr Wille, Ihre Wünsche, Ihre Bedürfnisse und Ihr Glück untergeordnet werden müssen. Dass Ihr Wille, Ihre Wünsche, Ihre Bedürfnisse und Ihr Glück mit denen einer anderen Person *nicht auf gleicher Ebene existieren können.* Es ist eine Form von Verleugnung. Und sie erzeugt eine Opfermentalität.

Wir müssen die Folgen erkennen, die eintreten, wenn wir uns der starken Motivation, allen anderen – außer uns selbst – zu dienen, nicht bewusst sind. In unserem Bemühen, Frieden und Harmonie zu schaffen, lassen wir oft zu, dass wir ausgenutzt werden, nehmen die Vorlieben anderer stillschweigend hin, tun alles, was nötig ist, um andere glücklich zu machen, und verharren viel zu lange in missbräuchlichen Mustern. Wir sind sehr gut darin, unser Verhalten rational zu erklären, Ausreden zu finden und ungesunde Situationen zu erlauben. Aber in Wirklichkeit verschanzen wir uns in einem tiefen Abgrund aus Verleugnung und Groll. Wir machen uns selbst zum Opfer.

Unsere Gefühle, Bedürfnisse und Wünsche sind trotzdem wahr, *ob wir sie anerkennen oder nicht.*

Wenn wir also etwas verleugnen, dann schwelt es in uns und wird zu Groll und schäumender Wut, die wir prompt auf die Menschen in unserer Umgebung projizieren, weil wir nicht eingestehen können, dass es unser eigener Groll und unsere eigene Wut ist. Der Archetyp des Mönchs/der Nonne geht oftmals mit spiritueller Vermeidung einher, weil die Aufmerksamkeit vom Körper – von den menschlichen Emotionen und Wünschen – abgezogen und stattdessen auf die Selbstverleugnung gerichtet wird, um einem höheren Ziel zu dienen. So muss es nicht mehr sein. Wir müssen unsere Definition des Dienens erweitern, sodass allen gedient wird, und das heißt ironischerweise, dass wir zuerst für uns selbst sorgen müssen.

Der Archetyp des Märtyrers

Der kulturelle Dialog und unsere Erwartungen sind nach wie vor von der Idee geprägt, dass Dienen gleichbedeutend mit Aufopferung ist. Sie besagt, dass es unmöglich ist, die eigenen Bedürfnisse und die Bedürfnisse anderer zu erfüllen und gleichzeitig sowohl sich selbst als auch den anderen als gleichberechtigt zu achten. Es „zählt“ nur dann, wenn man ausgeblutet ist und alles gegeben hat. Ein anderer Archetyp, der sich naturgemäß daraus ergibt, ist der Märtyrer und ein Synonym für den Märtyrer ist *das willige Opfer.*

Wir sind so vielen Opfersituationen von außen ausgesetzt, dass wir die Last nicht noch dadurch erhöhen müssen, dass wir uns selbst zum Opfer machen. Veränderung beginnt von innen heraus. Wir müssen lernen, die Verantwortung für unsere eigene Energie zu übernehmen. Das kann eine große Aufgabe sein, da es sicher einfacher ist, weiter das Opfer zu spielen, alle anderen für unseren Zustand und den Mangel an Unterstützung verantwortlich zu machen und die bestehende Situation aufrechtzuerhalten.

Der Schattenaspekt des Märtyrers hat laut Caroline Myss gelernt, andere zu kontrollieren und zu manipulieren, indem er ihnen dient und gleichzeitig für sie leidet.[1] Er ist mit dem Archetyp des Opfers verknüpft, dem zufolge wir wegen der damit verbundenen positiven Reaktion in Form von Verständnis oder Mitleid (unterbewusst) gerne die Rolle des Opfers spielen.

Der ungesunde Märtyrer gibt nicht aus Liebe heraus, sondern um Punkte zu sammeln. Das Selbst wird verleugnet, aber der Märtyrer lässt Sie wissen, wie viel er „für dein Wohl" oder „für die gute Sache" aufgibt. Ist Ihnen ein solcher Mensch schon einmal begegnet? Oder sind Sie vielleicht selbst dieser Mensch? Ist es aus energetischer Sicht kein ekelerregendes Gefühl, etwas von jemandem zu bekommen, der aus einer Position des Märtyrers heraus gibt? Es fühlt sich nicht sauber an. Ich kann die unausgesprochenen Erwartungen und die damit verbundenen Bedingungen sehr deutlich spüren. Das ist kein Dienen. Das ist Manipulation, die eine klare Absicht verfolgt.

Die Archetypen des Ritters und des Kriegers

Der Archetyp des Ritters weckt Gedanken an Ritterlichkeit, Loyalität, Schutz, Dienst und Hingabe. Der Schattenaspekt des Ritters rutscht im Extremfall in die Selbstvernachlässigung ab, weil er unbeirrbar nur seine Mission vor Augen hat. Die Motive des Ritters unterscheiden sich von denen des Märtyrers. Für den Märtyrer ist das Ergebnis weniger wichtig als Tatsache, dass seine Aufopferung bemerkt wird. Das Motiv des Ritters sind ehrenvolle Missionen, die mit großer Hingabe verfolgt werden. Manchmal verwandelt sich der Ritter im Laufe seiner Mission in den Retter oder Krieger (verwandte Archetypen). Unabhängig davon, in welcher Gestalt er auftritt, kann der

Ritter sich seiner Sache nicht rückhaltlos widmen, wenn er sich selbst vernachlässigt.

Wenn Ihre Mission darin besteht, jemand anderem zu dienen, müssen Sie sich fragen, welche Qualität der Dienst hat, den Sie leisten, wenn Sie selbst im Mangel leben. Können Sie voll präsent sein? Haben Sie Energiereserven, auf die Sie bei Bedarf zurückgreifen können? Können Sie mit einem liebenden Herzen auftreten oder tragen Sie verborgenen Groll in sich? Reden Sie sich ein, dass es sich für die edle Sache lohnt, auch wenn in der Zwischenzeit Ihre Gesundheit, Ihre finanzielle Situation und Ihre Beziehungen leiden? Es spielt keine Rolle, wie „gut" Ihre Sache ist, wenn Sie keine Lebenskraft mehr in sich tragen, um Ihren Beitrag zu leisten.

Es ist wichtig, an dieser Stelle auch über die missliche Lage des Kriegers zu sprechen, weil es sich um eine Energie handelt, die der des Ritters gleicht. Der Krieger ist ein Kämpfer, ein Soldat. Wenn es eine Schlacht zu schlagen gibt, ist der Krieger dafür ausgerüstet – und begierig darauf –, sie zu schlagen. Gibt es etwas zu verteidigen? Wenden Sie sich an den Krieger. Im heutigen Alltagsleben ohne militärische Kampfhandlungen ist der Krieger jedoch verwirrt. Er ist zum Kampf bereit, aber es gibt keine klaren Frontlinien und keinen klaren Feind. Das Schlachtfeld von heute sieht anders aus und erfordert sowohl vom Krieger als auch vom Ritter, ihr Auftreten anzupassen.

Statt *gegen* etwas zu kämpfen, fordert die neue Energie des Kriegers uns dazu auf, *für* etwas einzutreten. Der Wunsch, zu kämpfen, zu verteidigen und zu schützen, muss in Selbstvertretung münden. Und ja, das bedeutet, auch für andere Menschen einzutreten. Aber Sie können kein Wasser aus einem leeren Gefäß gießen. Sie können in diesen dunklen und herausfordernden Zeiten tief in Ihrem Inneren nicht die Kraft, den Mut und die Entschlossenheit finden, die Sie brauchen, um bis zum Ende durchzuhalten, wenn der Ort, an dem Sie danach suchen, leer ist. Es ist nicht selbstsüchtig, zuerst für sich selbst zu sorgen. Aber es steht in direktem Widerspruch zu den alten Denkweisen des Ritters und des Kriegers. Der traditionelle Ritter oder Krieger opfert sich auf bis zum Tod in dem Wissen, dass er heldenhaft gestorben ist. Der neue Ritter oder Krieger muss erkennen, dass er anderen erst dann wirklich dienen kann, wenn er sich zuerst um seine eigenen Bedürfnisse kümmert.

Die Archetypen des Dieners und des Sklaven

Wir können nicht über das Dienen sprechen, ohne den Archetyp des Dieners zu betrachten. Der Begriff des „Dieners" hat sich im Laufe der Zeit in vielen Formen manifestiert: öffentliche Bedienstete, Geistliche, Hausangestellte, Sozialarbeiter, Vertragsbedienstete. Der Schattenaspekt des Dieners in ihnen allen versäumt es jedoch, auch sich selbst zu dienen, und verliert jeden Blick für den Wert seines eigenen Lebens. Die altruistische Mission des Dieners besteht darin, anderen Menschen zur Verfügung zu stehen, um für ihr Wohl zu sorgen und ihr Leben zu verbessern.

Aber noch einmal: Wie groß ist der Dienst, den Sie leisten können, wenn nichts mehr übrig ist, das Sie geben könnten? Wie sehr können Sie wirklich mit dem Herzen bei dem sein, was Sie tun, wenn darunter Erschöpfung und Groll brodeln? An welchem Punkt wird das Dienen zu einem mechanischen Akt? Ein Diener, in dem Sie nicht präsent sind, ist nur ein Roboter.

Der Archetyp des Sklaven hat in seinem Schattenaspekt weder die Macht der Wahl noch Selbstautorität. Sklaven führen Befehle aus, die ihre Integrität verletzen. Ich habe jahrelang ja zu Dingen gesagt, zu denen ich nicht ja sagen wollte, nein zu Dingen gesagt, zu denen ich in Wirklichkeit ja sagen wollte, und so getan, als ob alles in Ordnung sei. Ich wusste oft ganz einfach nicht, wie ich erkennen sollte, was ich wirklich wollte. Ich war so weit von meinem innersten Kern entfernt und hatte so wenig Grenzen, dass mir nicht bewusst war, dass ich meine eigene Integrität verletzte. Stattdessen hörte ich auf das, was andere meiner Meinung nach von mir verlangten oder was ich tun zu müssen glaubte, um akzeptiert, wertgeschätzt oder geliebt zu werden.

Ich hatte keine Vorstellung von meiner eigenen Autorität. Wie konnte ich auch? Ich gab meine Autorität im Namen der Liebe auf. Ich musste schon sehr unter Druck gesetzt werden und mit dem Rücken zur Wand stehen, ehe ich auch nur in Betracht zog, mich zu wehren. Ich konnte gut reden, war in Wirklichkeit aber ein leichtes Opfer. Ich schluckte genug Wut, um ganz Los Angeles mit Strom zu versorgen. Und es dauerte Jahre, bis ich erkennen konnte, dass ich wütend war, *wenn ich wütend war.* Oft gärte und brodelte meine Wut wochen- oder monatelang. Dann reichte ein harmloser Vorfall – ich stieß mir beispielsweise den Zeh –, um einen Wutausbruch auszulösen, der dazu führte, dass ich mich fluchend und schreiend auf dem Boden wälzte.

Diese Reaktion stand eindeutig in keinem Verhältnis zu dem, was passiert war!

Ich war so sehr daran gewöhnt, meine eigene Integrität zu verletzen, dass ich es in dem Moment, in dem es passierte, nicht erkennen konnte und meine Wut oft erst Monate später zum Vorschein kam. Das war zum Verrücktwerden, denn so lange nach dem ursprünglichen Ereignis war es äußerst schwierig, die Ursache meiner Wut ausfindig zu machen. Nachdem ich dieses Muster immer wieder ausagiert hatte, war die nächste Erkenntnis, zu der ich gelangte, noch schwerer zu verdauen: Ich war in Wirklichkeit wütend auf mich selbst. Es war leicht, meine Wut gegen jeden und alles zu richten, was mir eine Ausrede dafür bot, diese Emotionen zu zeigen und dabei sogar noch rechtschaffen zu klingen. Es war hart, mir einzugestehen, dass ich in Wirklichkeit wütend auf mich selbst war, weil ich meine eigenen Grenzen verletzte.

Wenn wir uns selbst und der Menschheit dienen wollen, muss das Dienen seine Position auf dem Bogen des Pendels verändern. Statt bis zum Anschlag zu schwingen, muss es in einem stabilen Gleichgewicht zwischen dem Dienst an uns selbst und dem Dienst an anderen Menschen hängen.

EINE NEUE DEFINITION DES DIENENS

Im Bewusstsein der neuen Erde brauchen wir ein neues Verhältnis zum Konzept des Dienens, das uns ins Zeitalter des herzzentrierten Bewusstseins führen kann, in dem unsere eigenen Bedürfnisse ebenso wichtig sind wie die eines anderen Menschen. Nicht mehr oder weniger, sondern ebenso wichtig. Es erfordert ein Gleichgewicht, das bisher nicht vorhanden war. Dieses Gleichgewicht wird von uns verlangen, in höherem Maße präsent zu sein, auf unsere eigene Wahrheit zu hören und sie zum Ausdruck zu bringen. Im alten Paradigma war das Dienen „einfach" in dem Sinne, dass man die eigenen Bedürfnisse schlicht verleugnete und hinter die Bedürfnisse eines anderen Menschen zurückstellte. Dienen im Bewusstsein der neuen Erde wird von Ihnen verlangen, dass Sie sich zeigen, Ihre innere Arbeit leisten, eine Meinung haben und gelegentlich auch eine schwere Entscheidung treffen.

Dieses neue Verhältnis zum Dienen ist nicht gleichbedeutend damit, dass wir ein ichbezogenes und eigennütziges Leben führen sollen, das gegen die

Not anderer Menschen immun ist. Gleichgewicht heißt, dass Sie *in jeder Situation* Ihre eigenen Bedürfnisse gegen die Bedürfnisse anderer Menschen abwägen. Es gibt nicht *eine* bequeme Entscheidung, die Sie treffen und unterschiedslos auf jede Situation anwenden können. Immer wenn Sie aufgefordert werden, einem anderen Menschen zu dienen, müssen Sie Ihre Entscheidung *auf der Grundlage der in diesem Moment für Sie gültigen Wahrheit* treffen. Und das, was heute wahr ist, ist morgen vielleicht nicht mehr wahr. Es ist eine gewissenhaftere und zeitaufwändigere Praxis, weil Sie sich in Ihrem Körper einfinden, präsent sein, Ihre Verfassung beurteilen, sich selbst die Wahrheit sagen, verletzlich sein und sich dann dem Risiko stellen müssen, wie Ihre Antwort bei Ihrem Gegenüber ankommt. Doch es ist eine authentischere Art des Dienens, die den Gebenden achtet.

WERDEN SIE MEHR MUTTER UND WENIGER VATER

Wenn wir das Bewusstsein des Herzchakras, den neuen menschlichen Bauplan und die Rückkehr des göttlichen Weiblichen auf der irdischen Ebene verankern wollen, müssen wir dieser Aufgabe körperlich, emotional, mental und geistig gewachsen sein. Und das kann uns nicht gelingen, wenn wir ständig in so hohem Maße ausgelaugt, überfordert, erschöpft und fremdzentriert sind, dass unsere körperliche, mentale und emotionale Gesundheit darunter leidet! Die höheren Frequenzen aufrechtzuerhalten ist eine heilige und überaus wichtige Aufgabe. Leider bietet das gegenwärtige Paradigma keinen Raum, um diese Arbeit und den damit verbundenen Einsatz wertzuschätzen. Als bewusste geistige Wesen sind wir hier, um das zu ändern. Und ja, es bedeutet, dass wir eine Weile gegen den Strom schwimmen und es ertragen müssen, von anderen als selbstsüchtig, selbstzentriert und – der Himmel bewahre! – schlechter Mensch bezeichnet zu werden.

Das Patriarchat (das im Grunde das ungehemmte und in seiner extremsten Form ausgedrückte Männliche ist) lässt keinen Raum für das weibliche Prinzip. Und ja, das Christentum ist – wie fast alle anderen Weltreligionen – tief vom Patriarchat durchdrungen. Für sich selbst zu sorgen, sanft oder mitfühlend mit sich umzugehen, zu weinen, sich eine Auszeit zu gönnen, sich selbst Zuwendung oder Geborgenheit zu geben, den eigenen Körper als heiligen

Tempel zu ehren, sich richtig zu ernähren, Zeit in der Natur zu verbringen, um sich zu verjüngen, sexuelle Freuden zu genießen, Schönheit durch Kunst, Tanz oder Musik zum Ausdruck zu bringen oder zu erschaffen … alle diese Dinge werden in unserer Gesellschaft als Luxus oder sogar als törichte Schwelgereien betrachtet. Es sind „Annehmlichkeiten", die manchmal auch als Schwächen oder Laster angesehen werden und zu den ersten Dingen gehören, die wir aufgeben, wenn es an der Zeit ist, sich an die Arbeit zu machen.

Das Lächeln, das sagt: „Klar, nimm dir einen Tag frei" oder „Ja, ich passe auf die Kinder auf" oder „Nein, ich finde nicht, dass du zu emotional bist", verbirgt oft die anschließende Infragestellung Ihrer Loyalität, Ihres Engagements, Ihrer mentalen Stabilität, Ihrer Vertrauenswürdigkeit, Ihrer Kompetenz, Ihres Antriebs und Ihrer Willenskraft.

Als mein Vater im September 2013 starb, bat ich meinen Arbeitgeber um drei Urlaubstage (Mittwoch, Donnerstag und Freitag), damit ich fünf Tage bei meiner Familie sein konnte, die in einem anderen Bundesstaat lebte. Am Ende meines Aufenthalts war ich noch immer sehr labil und empfindsam und fühlte mich nicht in der Lage, bereits zurückzukehren. Ich brauchte einfach noch ein wenig mehr Zeit. Ich rief meinen Arbeitgeber an und bat ihn um einen weiteren Urlaubstag (in meinen Augen keine unangemessene Bitte und ich war außerdem bereit, ihn unbezahlt zu nehmen). Statt mich zu unterstützen, sträubte er sich gegen meine Bitte, gab mir den zusätzlichen Tag nur widerwillig, zweifelte an, ob er wirklich nötig war, und sagte, ich solle mich beeilen, weil ich „gebraucht" würde. Auch wenn alle diese Dinge in einem freundlichen Ton gesagt wurden, hätte ich ihm am liebsten ins Gesicht geschlagen. Wie können Sie es wagen, mir ein schlechtes Gewissen einzureden, weil ich darum bitte, einen weiteren Tag mit meiner Familie verbringen zu können, nachdem mein Vater gestorben ist? Wie können Sie es wagen, das, was in meinem besten Interesse liegt, überhaupt infrage zu stellen? Aber ich weiß auch, dass meine Geschichte keineswegs ein Einzelfall ist.

Ich habe dem nächsten Kapitel die Überschrift „*Radikale* Selbstfürsorge" gegeben, da das Konzept der Selbstfürsorge als tägliche Praxis für einen großen Teil unserer Gesellschaft eine radikale Entscheidung bedeutet. Es erfordert einen grundlegenden Wandel in unserem Denken und in unseren Wertvorstellungen. Es erfordert eine Neuordnung von Prioritäten und Verpflichtungen. Und sofern Sie nicht allein auf einer Insel leben, werden Sie zwangsläufig einige Menschen verärgern.

In seinem Buch *The Hope* schreibt Andrew Harvey über den Dienst an sich selbst als Instrument des Göttlichen:

> Eine wichtige Lektion, die die Liebe zum göttlichen Weiblichen mich gelehrt hat, besteht darin, mich selbst zu bemuttern und dafür zu sorgen, dass das Instrument, das ich benutze, um seinen Willen in der Welt zu verwirklichen, mit ein wenig von der Zärtlichkeit und Achtung der Mutter behandelt wird. Das bedeutet, die Seele durch heilige Praxis, den Geist durch fortwährende Inspiration, das Herz und seine Emotionen durch tiefe Schattenarbeit und den Körper durch Ernährung, Übung und ein ausreichendes Maß an Ruhe zu umsorgen.
>
> Die größte Herausforderung liegt für die meisten heiligen Aktivisten darin, für den Körper zu sorgen. Viele haben den Glauben übernommen, der Körper sei minderwertig und müsse gezwungen werden, den Willen unseres Herzens und unseres Geistes zu erfüllen. Das ist ein großer Fehler. Wie kann die Geburt [gemeint ist die Geburt des göttlichen Menschen] im Körper stattfinden, wenn wir ihn nicht ehren und wertschätzen? Und wie können wir mit heiliger Energie und im Gleichgewicht in der Welt wirken, wenn wir unseren Körper durch Körperscham und achtlose Gewohnheiten angreifen? Versuchen Sie, Ihr Leben von allem zu befreien, was die Gesundheit Ihres Körpers beeinträchtigt – schlechte Essgewohnheiten, stressige Situationen, Schlafmangel. Sie werden feststellen, dass der Frieden und die Freude, die diese Art der Bemutterung in Ihr Leben bringt, den perfekten „Nährboden" dafür bilden, die göttliche Energie zu empfangen.[2]

Selbstfürsorge ist im Kern ein weibliches Prinzip. Sie ist einer der Gründe dafür, warum das Bekenntnis zum göttlichen Weiblichen für unsere Evolution als Spezies von so entscheidender Bedeutung ist. Sich selbst zu bemuttern, für sich selbst zu sorgen, die eigenen Bedürfnisse zu erkennen und anzuerkennen, sich selbst zutiefst zu lieben – das ist kein Luxus! Es ist das, was uns erwartet, wenn wir den Einfluss des göttlichen Weiblichen annehmen und in unser Wesen integrieren können. Und es ist (so hoffe ich) eine logische Schlussfolgerung, dass wir, wenn wir uns selbst als heilig und wertvoll erachten, denselben Wert auch einander, unserem Planeten, den Tieren und allen fühlenden Geschöpfen beimessen. Andrew Harvey fährt fort:

Jeder Mensch ist eine Inkarnation des Göttlichen, die nur darauf wartet, die Wahrheit über ihre wirkliche Identität zu entdecken. Dadurch, dass Sie alle Aspekte Ihres menschlichen Selbst ehren und Sorge für sie tragen, ehren Sie Ihren Schöpfer, dessen Präsenz in Ihnen Ihre heimliche Wahrheit ist. Ihr menschliches Selbst ist der lebendige Tempel Ihres göttlichen Selbst. Hat Ihr göttliches Selbst nicht verdient, dass sein Tempel so stark und ausgeglichen wie möglich ist?[3]

Wenn der Inhalt dieses Kapitels eine emotionale Reaktion in Ihnen auslöst, dann ist das in Ordnung. Ich verstehe es. Unsere Programmierung hat sehr tiefe Wurzeln und so mancher mag argumentieren, dass ich für die reine Selbstsucht plädiere oder dass das Maß an Selbstfürsorge, das ich empfehle, unrealistisch und nicht praktikabel ist. Wenn Sie jemand sind, der sich sehr stark mit seiner Fähigkeit identifiziert, für andere da zu sein, verlässlich zu sein, der zu sein, an den sich alle wenden, sich um die Bedürfnisse aller zu kümmern, die Probleme aller zu lösen, dann lade ich Sie ein, einmal der Frage nachzugehen, was diesem Antrieb zugrunde liegt. Ich bin fast sicher, dass Sie auf die eine oder andere Art und Weise Ihre eigenen Bedürfnisse verleugnen oder unterdrücken oder ihre Bedeutung schmälern. Wird hier vielleicht der Archetyp des Märtyrers oder des Retters ausagiert? Ein unausgesprochener Dialog, der erklärt: „Schau nur, was für ein großartiger Mensch ich bin, weil ich so viel aufgebe!“? Eine verborgene Arroganz, die Sie für überlegen hält, weil Sie sich aufopfern und verleugnen? Ein verwundetes Kind, das nicht glaubt, Aufmerksamkeit und Liebe verdient zu haben? Eine verzerrte Verinnerlichung christlicher Lehren, die glaubt, dass Ihre Aufopferung Ihnen eine ungenannte Belohnung einbringt?

Ich weiß, dass diese Fragen schmerzhaft sein können, aber Ihre Fähigkeit zur Selbstliebe hängt von Ihrer Fähigkeit ab, das zu erkennen, was Sie brauchen, und darum zu bitten. Das bedeutet, dass Ihr Selbstwertgefühl groß genug sein muss, um zu glauben, dass Sie es verdienen. Das bedeutet, dass Sie verstehen müssen, was Sie antreibt und welche Botschaft Ihrem Verhalten zugrunde liegt. Anderenfalls bitten Sie nicht um das, was Sie brauchen. Oder

Sie bitten dann nicht darum, wenn Ihr Bedürfnis auf einer Skala von eins bis zehn bei zwei oder drei angesiedelt ist. Stattdessen warten Sie und wenn Ihr Bedürfnis auf der Skala bei acht oder neun von zehn angelangt ist und einfach nicht mehr unterdrückt werden kann, explodieren Sie, stellen Forderungen, erheben Anschuldigungen und lassen Ihr inneres Opfer die Ungerechtigkeit hinausschreien. Das passiert, wenn wir unsere Bedürfnisse im Schatten eingesperrt halten. Sie kommen nicht als bewusste Bitten zum Vorschein, sondern brechen als wütende Forderungen oder Anschuldigungen hervor.

Das passiert auch dann, wenn wir von anderen Menschen erwarten, dass sie unsere Bedürfnisse intuitiv erkennen, ohne dass wir sie klar zum Ausdruck bringen. Es geht auf die romantische Vorstellung zurück, dass unser Partner, weil er uns so sehr liebt, „einfach weiß", was wir wollen und brauchen, ohne dass wir etwas sagen. Das ist offen gestanden eine sehr unreife Erwartung. Und es ist unfair dem anderen gegenüber! Man hat uns immer erklärt, dass es lästig und ein Zeichen von Schwäche ist, bedürftig zu sein. Dass wir anspruchsvoll und anstrengend sind. Dass wir still sein sollen oder „ich gebe dir einen Grund, um zu weinen." Dass wir aufhören sollen, uns zu beklagen, weil es „den Kindern in Afrika noch weitaus schlechter geht." Also unterdrücken wir unsere Bedürfnisse und verbannen sie in den Schatten, wo sie – wie Sie sich sicher erinnern – nicht einfach verschwinden. Alles, was wir ins Schattenreich verbannen, will immer zum Ausdruck kommen. Nur drückt es sich auf unangemessene Weise und zu unpassenden Zeiten aus. Deshalb explodieren wir, wenn der innere Druck zu groß wird.

Unsere Bedürfnisse aus dem Schatten ins Licht des Bewusstseins zu bringen, ist der erste Schritt, uns die Selbstliebe und Selbstfürsorge zu geben, die wir so dringend brauchen. Wir wissen, wie es geht, uns selbst zu geißeln. Wir wissen, wie es geht, uns über unsere Grenzen hinaus anzutreiben. Wir wissen, wie es geht, unsere Bedürfnisse für uns zu behalten. Wir wissen, wie es geht, uns bis zur Erschöpfung zu verausgaben. Wir wissen, wie es geht, zu verleugnen und zu unterdrücken. All das sind hochgradig männliche, treibende Kräfte. Wir wissen nicht, wie es geht, einfach zu sein, zu empfangen, uns auszuruhen oder uns hinzugeben. Selbstfürsorge ist nichts für Feiglinge.

Ihr Herz versteht, dass Sie niemandem helfen können, wenn Sie selbst handlungsunfähig sind. Sie können nicht voll präsent sein und Ihr Bestes geben, wenn Sie mit Ihrer Kraft am Ende sind und alle Reserven aufgebraucht haben.

Und Sie können ganz gewiss nicht für alle Menschen alles sein. Auch wenn das folgende Bild sehr oft verwendet wird, verdeutlicht es perfekt, worum es geht: Wenn Sie in einem Flugzeug sitzen und in der Kabine plötzlich der Druck abfällt, werden Sie angewiesen, erst Ihre eigene Sauerstoffmaske aufzusetzen und dann den Passagieren zu helfen, die Hilfe benötigen.

Auch wenn es Ihnen vielleicht nicht bewusst ist, führen Sie seit Jahren ein Leben, dem es an Sauerstoff mangelt. Es ist in Ordnung, Ihre Sauerstoffmaske aufzusetzen. Es ist sogar mehr als in Ordnung. Es ist *von wesentlicher Bedeutung* für Ihr Wohlbefinden, Ihren Weg zur Ganzheit, Ihre Fähigkeit, Ihr Energiegefäß zu entwickeln, und Ihre Fähigkeit, eine höhere Frequenz zu halten. Es ist an der Zeit, die monumentale Lüge zu erkennen, die uns seit Jahrhunderten erzählt wird, und uns davon zu befreien. Es gibt kein Paradies, in das wir zurückkehren könnten.

12

Radikale Selbstfürsorge: Es ist in Ordnung, an erster Stelle zu stehen!

Als Empathen brauchen wir nicht nur regelmäßige Selbstfürsorge. Wir brauchen sie auch häufiger als „normale" Menschen. Bei unserem hochempfindlichen Nervensystem reicht ein viel geringeres Maß an Reizen, um uns zu überfordern und eine Überlastung herbeizuführen. Da wir dazu neigen, alle anderen an die erste Stelle zu setzen, müssen wir uns zudem unseres energetischen Zustandes und unseres „Energiekontos" doppelt bewusst sein.

Ich möchte Sie einladen, mit dem Bild des Energiekontos zu arbeiten, wenn Sie Ihre persönliche Praxis der Selbstfürsorge erwägen und aufbauen. Wenn Sie überlegen, wie viel Energie Sie für alltägliche Aktivitäten, Beziehungen, Kinder, Beruf, Hausarbeit und andere Verpflichtungen aufwenden, wird klar, dass Ihnen irgendwann die Energie ausgeht – Ihr Kontostand ist sehr niedrig oder sogar im Minus. Selbstfürsorge bedeutet, dass Sie Ihren Kontostand täglich überprüfen und den Aktivitäten eine höhere Priorität einräumen, die ihn ausgleichen oder erhöhen. Das soll dafür sorgen, dass Ihr Energiekonto zu jeder Zeit gefüllt oder möglichst gut gefüllt ist. Rumi bringt es perfekt auf den Punkt: „Gib niemals aus der Tiefe deines Brunnens, sondern aus deinem Überfluss."

Paiges Geschichte

Paige ist eine gutherzige und mitfühlende Krankenschwester. Sie hat mehrere Freunde, die im Sterben liegen, und verbringt zusätzlich zu ihrem hohen Arbeitspensum oft die Nächte bei ihnen zu Hause, damit sie nicht allein sind. Zurzeit besucht sie außerdem regelmäßig Kurse in Pflanzenheilkunde und bereitet sich auf die Prüfung vor. Wenn sie zu einem geselligen Beisammensein oder zum Besuch einer Ausstellung oder einer Veranstaltung eingeladen wird, fällt es ihr schwer, nein zu sagen. Sie nimmt regelmäßig Krankenakten mit nach Hause, weil sie es nicht schafft, sie während der Arbeitszeit auf den neuesten Stand zu bringen. Paige ist dauernd erschöpft, kämpft mit Gewichtsverlust, Ischiasbeschwerden und Verstopfung. Sie hat sehr wenig Zeit für sich selbst.

Natashas Geschichte

Natasha besucht die Krankenpflegeschule, hat dort sehr viele Kurse belegt und arbeitet – mit einer Ausnahme – an allen Wochenenden im Monat. Ihr Mann hat mit körperlichen Problemen zu kämpfen und sie kümmert sich um die Finanzen, putzt das Haus, kocht und erledigt die Wäsche. Sie ist Diabetikerin, übergewichtig und hat ebenfalls noch andere körperliche Probleme. Sie ist chronisch erschöpft und erkennt nicht, wann sie um Hilfe bitten muss, wie sie um Hilfe bitten und wie sie für sich selbst sorgen kann.

Irenes Geschichte

Irene ist eine begabte Massagetherapeutin und ein sehr großherziger Mensch. Trotzdem fehlt es ihr an Selbstliebe. Sie hat auf der Straße gelebt, war süchtig und hatte Mühe, einer Arbeit nachzugehen oder ein festes Einkommen zu sichern. Sie geht immer wieder Beziehungen zu Männern ein, die sie missbrauchen oder erniedrigen. Sie würde ihr Leben dafür geben, andere von der Straße zu holen und ihnen wieder auf die Beine zu helfen, aber sie weiß nicht einmal, wie sie sich selbst helfen soll. Ihr Leben war eine endlose Folge selbstsabotierender Akte, weil sie glaubt, es nicht besser verdient zu haben.

Klingt irgendetwas davon vertraut?

Selbstfürsorge ist kein Luxus, den Sie sich einmal am Tag gönnen, sondern eine Notwendigkeit, die Sie mehrmals am Tag praktizieren sollten. Heute wird Selbstfürsorge glücklicherweise nicht mehr in so hohem Maße abgewertet wie früher, weil man allmählich erkennt, dass sie wesentlich dazu beiträgt, Stress zu lindern, Langlebigkeit zu fördern, die körperliche Gesundheit zu verbessern und die geistige Gesundheit zu erhalten. Trotzdem werden Sie es mit Menschen zu tun haben, für die Selbstfürsorge eine Ausrede für Faulheit oder Selbstsucht ist (einschließlich Ihres inneren Kritikers). Lassen Sie sich von ihnen jedoch nicht in die Irre führen: Für Empathen ist Selbstfürsorge ein absolutes Muss. Wir müssen den Mut haben, die Erwartungen und Definitionen aller anderen über Bord zu werfen, wenn es darum geht, was wir tun *sollten*, um für uns selbst zu sorgen. Auch wenn es schön ist, dass sie Teil unseres Lebens sind, wissen sie dennoch nicht, was das Beste für uns ist!

Was genau verstehe ich also unter Selbstfürsorge? Selbstfürsorge umfasst alle Aktivitäten, die Sie nähren, Ihr Nervensystem beruhigen, Ihnen helfen, Ihre Mitte wiederzufinden, Ihr Energiefeld reinigen und erneuern, Angst, Stress und Erschöpfung lindern und Sie zum Lächeln oder Lachen bringen.

Es gibt viele Formen der Selbstfürsorge, die oft auch sehr individuell sind. Die folgende Liste kann Ihnen jedoch einen Eindruck der Aktivitäten vermitteln, die als Selbstfürsorge betrachtet werden können. Letztlich wissen Sie am besten, was Selbstfürsorge für Sie persönlich bedeutet.

- Zeit im Bad, in der Sauna, im Whirlpool oder im Swimmingpool verbringen
- Allein sein (ein Spaziergang in der Natur, eine Spazierfahrt mit dem Auto, ein Erholungswochenende, in Ihrer Lieblingsecke lesen oder ein Tagebuch führen)
- Bewusste Atemübungen durchführen, auch wenn es nur ein tiefer Atemzug ist, um Ihr Energiefeld zu klären
- Einsatz von ätherischen Ölen, homöopathischen Mitteln, Weihrauch, Salbei, Blütenessenzen, Tinkturen und Ergänzungsmitteln
- Grenzen setzen (siehe Kapitel 8 und 9)

- Schönheit erschaffen und in sie eintauchen, indem Sie beispielsweise Ihr Zuhause einrichten, schöne Kleidung tragen, Blumen auf den Tisch stellen, einen Altar schaffen, Kunst oder die Natur genießen
- Nein sagen
- Kreativen Ausdruck zulassen (Tanzen, Singen, Kunst, Handwerk, Schreiben)
- Sich ausreichend Schlaf und Auszeiten (ohne Verpflichtungen) gönnen
- Aufgestaute Emotionen erkennen und loslassen, indem Sie beispielsweise weinen, schreien, Tagebuch führen, einen Therapeuten aufsuchen, Sport treiben oder Musik hören
- Um das bitten, was Sie brauchen, und für sich selbst einstehen
- Energiepflege betreiben, um die Energie im Haus, im Büro, im Auto oder in anderen Räumen sauber, klar und harmonisch zu halten
- Sich eine Pause gönnen oder den Druck herausnehmen
- Tägliche Praxis von Meditation, Gebeten oder Affirmationen
- Regelmäßige Teilnahme an oder Durchführung von Gesundheitspraktiken wie Yoga, Massagen, Darmspülungen, Energietherapien oder Floating
- Vollwertige, biologisch angebaute, nährstoffreiche Nahrungsmittel essen
- Sich Zeit nehmen, um bewusst abzuschalten
- Innere Arbeit, Schattenarbeit, Familienarbeit, Sorge um das innere Kind, alte Verletzungen heilen, vergeben und das loslassen, was Ihnen nicht mehr dient
- Zulassen, statt zu erzwingen, und erkennen, dass alles seine natürliche Zeit hat
- Teilnahme an Sport- und Freizeitaktivitäten, die Sie nähren

In Kapitel 6 habe ich festgestellt, dass zur radikalen Selbstfürsorge gehört, dass Sie auf Ihren Körper hören, Vertrauen entwickeln, Anpassungen an Ihrem Umfeld und an Ihren Beziehungen vornehmen, sich ein hohes Maß an Auszeit geben, natürliche Rhythmen und Zyklen achten, Grenzen ziehen und sich um Ihr Nervensystem kümmern. Viele dieser Dinge sind eng miteinander verknüpft oder eine natürliche Folge der jeweils anderen Dinge, sodass sie zwar in diesem Kapitel nicht alle eine eigene Überschrift bekommen, aber alle angesprochen werden.

AUF IHREN KÖRPER HÖREN UND IHRER INTUITION VERTRAUEN

Der Besitzer einer örtlichen berufsbildenden Schule, an der ich gearbeitet habe, konnte nicht verstehen, dass ich nicht zu jeder Tageszeit erreichbar sein wollte. Ich war Leiterin des Campusbetriebs und sollte sogar dann telefonisch oder per E-Mail verfügbar sein, wenn ich nicht im Büro war. Ich hatte kein Diensttelefon erhalten und er erwartete, dass ich über meine privaten Geräte erreichbar war. Er schien meine Philosophie nicht zu verstehen, die lautet: „Wenn ich so wichtig bin, dass ohne mich nichts läuft, dann habe ich meine Aufgabe nicht erfüllt, die Menschen in meinem Umfeld in die Lage zu versetzen, eigene Entscheidungen zu treffen."

Wenn ich ins Fitnessstudio gehe, nehme ich mein Telefon nicht mit. Wenn ich zum Pferdestall fahre, um zu reiten, nehme ich mein Telefon nicht mit. Wenn ich wandern gehe, habe ich mein Telefon nicht dabei. Mein Telefon ist kein Teil von mir. Mein Vorgesetzter hat nie verstanden, dass diese Trennung für meine geistige Gesundheit und für mein Wohlbefinden wichtig war. Er deutete sie als mangelnde Loyalität und mangelndes Engagement.

Er war ständig erreichbar, sogar im Urlaub. Er hatte ein anderes Verhältnis zu Grenzen. Ich verstand zwar, dass er als Präsident und Geschäftsführer einen besonderen Bezug zu seiner Arbeit brauchte, aber es zeugte dennoch von einer patriarchalischen Art, ein Unternehmen zu führen. Wenn ich an seiner Stelle wäre, würde ich meinen Mitarbeitern Anweisungen erteilen, was sie während meines Urlaubs zu tun haben, und sie befähigen, Entscheidungen ohne mich zu treffen. Ich möchte in meinem Urlaub nur im Notfall gestört werden. Wenn ich das Büro verlasse, muss ich mich vollständig lösen.

Dieses Beispiel soll zeigen, was es heißt, auf sich selbst zu hören. Unsere Intuition sagt uns so oft, was wir brauchen und was richtig für uns ist, aber wir ignorieren sie. Dann eignen wir uns Verhaltensweisen an, die darauf ausgelegt sind, anderen zu gefallen oder uns anzupassen, und verlieren uns wieder einmal selbst. Unser Körper ist ein hochempfindlicher, hochpräziser Empfänger. Wenn wir auf ihn hören, finden wir die Antwort auf jede Frage in uns selbst.

Wenn Sie ein Empath sind, dann wissen Sie bereits, dass Sie intuitiv sind. Es ist deshalb nicht meine Absicht, Ihnen an dieser Stelle Hinweise darauf zu geben, wie Sie Ihre Intuition entwickeln können. Hier geht es mehr darum, „die Hunde loszulassen". Wir haben unsere Intuition jahrelang eingesperrt, ignoriert, waren in Hassliebe mit ihr verbunden und haben manchmal sogar beklagt, dass es sie überhaupt gibt. Schenken Sie ihr die Freiheit. In diesem Teil des Buches sowie in den Kapiteln, die sich mit Grenzen, der Klärung Ihres Energiefeldes und Ihrer Selbstdefinition befassen, finden Sie viele Werkzeuge, die Ihnen helfen können, Ihre Intuition als Bereicherung und als Verbündete zu betrachten. Ihre Intuition ist eine große Gabe und ein Navigationswerkzeug, das dazu bestimmt ist, genutzt zu werden!

Unsere Intuition – unser inneres Wissen – erregt unsere Aufmerksamkeit auf vielfältige Weise. Sie kann sich als innere Erkenntnis zeigen, die uns spontan zuteilwird, als blitzartige Vision, als Glocke oder Signal, das im Kopf ertönt, als schweres Gefühl in der Bauchgegend, enges Gefühl in der Brust, eine plötzliche Hitzewallung im Körper, Kribbeln, ein Tier, das Ihren Weg kreuzt, ein Zeichen auf einer Plakatwand oder auf einem Nummernschild, Schüttelfrost, Gänsehaut, kurzzeitige Kopfschmerzen, ein flaues Gefühl im Magen, Benommenheit oder das Gefühl zu schweben.

Unser Körper reagiert auf vielfältige Art und Weise auf alles, was in unserer Umgebung geschieht. Deshalb ist es so enorm wichtig, die Beziehung zu Ihrem physischen Körper und zu Ihrem Energiekörper wiederherzustellen und auf die subtilen Signale zu achten, die beide Ihnen senden. Ihr Körper und Ihr gesamtes Energiefeld kommunizieren ununterbrochen mit Ihnen.

Eng verbunden damit und ebenso wichtig ist es, nicht nur auf Ihre Intuition zu hören, sondern ihr auch zu *vertrauen*. Viel zu lange haben die Menschen, die davon überzeugt waren, uns gute Lebenskompetenzen zu lehren, sowohl uns als auch das negiert, was wir gefühlt oder gespürt haben, und uns beigebracht, es zu verleugnen. Unser Vertrauen in uns selbst wird jedoch enorm geschwächt, wenn man uns erklärt, dass wir seltsam sind, dass mit uns etwas nicht stimmt, dass wir Dinge hören oder sehen, die es nicht gibt, dass wir Dinge erfinden, zu empfindlich oder zu dünnhäutig, selbstsüchtig, emotional oder labil sind. Gute Selbstfürsorge ist deshalb auch gleichbedeutend damit, unser Vertrauen in uns selbst wiederherzustellen und eine neue Beziehung zu unserem Körper und zu unserer Intuition zu finden.

Wie kann es Ihnen gelingen? Wie alle Praktiken, die ich empfehle, braucht es Zeit. Bewusstheit ist von entscheidender Bedeutung. Wenn Ihnen bewusst wird, dass Sie Ihre Bedürfnisse zurückgewiesen, Ihre Instinkte beiseite gewischt und andere selbstschädigende Verhaltensweisen der Verleugnung praktiziert haben, beginnt die Heilung unmittelbar allein durch das Eingeständnis. Weitere Schritte, um eine Veränderung zu bewirken, bestehen darin, sich die Erlaubnis zu geben und Intentionen zu setzen.

Bitte hören Sie die vierte Audiodatei mit dem Titel „Meditation to Connect with Your Physical Body", um sich in einer geführten Meditation mit Ihrem Körper zu verbinden.

Eine weitere ausgezeichnete Möglichkeit, sich wieder mit Ihrer Intuition und der Intelligenz Ihres Körpers und Ihres energetischen Systems zu verbinden, besteht darin, ein Tagebuch zu führen. Ich möchte Sie ermutigen, regelmäßig aufzuschreiben, was Sie fühlen und spüren, wie Sie Umstände oder Gespräche wahrnehmen oder ob Ihnen etwas verdächtig erscheint, und mit Ihrem Körper in einen Dialog zu treten. Dann können Sie sich später noch einmal anschauen, was Sie geschrieben haben, und Ihre intuitiven „Treffer" mit der tatsächlichen Entwicklung der Situation vergleichen.

Ich lade Sie ein, sich nicht nur bei jedem Sachverhalt, den Sie verändern wollen, sondern auch bei alltäglichen Tätigkeiten die folgende Frage zu stellen: „Nährt es mich oder zehrt es an mir?" Diese Frage ist äußerst aufschlussreich und lässt sich auf Beziehungen, Tätigkeiten, Lebensmittel, Fernsehprogramme, Musik, berufliche Fragen und viele andere Dinge anwenden. Erlauben Sie Ihrem Körper, seine Wahrheit auszusprechen, und hören Sie auf das, was er Ihnen zu sagen hat.

◎ *Lernen Sie Ihren Körper kennen*

Nehmen Sie sich für diese Übung ein wenig Zeit, in der Sie ungestört sind. Sie können die Übung bekleidet oder unbekleidet durchführen. Berühren Sie jeden Körperteil und schreiben Sie auf, was Sie als erstes spüren: Temperatur, Farbe, Emotion, Dichte. Es muss keinen logischen Sinn ergeben. Beginnen Sie den Dialog und wiederholen Sie die Übung häufig, vor allem dann, wenn Sie wissen, dass Sie von Ihrem physischen Körper abgeschnitten sind. Sie werden wahrscheinlich feststellen, dass Ihr Körper anfängt, häufiger mit Ihnen zu kommunizieren, sobald er erkennt, dass Sie ihm zuhören und sich Zeit dafür nehmen.

Lassen Sie mich Ihnen ein weiteres Beispiel dafür geben, was es heißt, sich selbst zuzuhören. Ich liebe alle Musikrichtungen. Auf meinem iPod finden Sie Rap, Klassik, Country-Musik, Bigband-Musik, Jazz, Blues, alternative Musik, elektronische Musik, Heavy Metal, Ethereal, House und mehr. Was mich nährt oder an mir zehrt, kann sich jedoch von Stunde zu Stunde ändern.

Bei einer Autofahrt durch die Stadt kann es passieren, dass ich zuerst bei voller Lautstärke klassischen Rock höre, danach zu Disco-Musik und Country-Musik wechsle und zuletzt leise klassische Klaviermusik höre. Wenn ich noch immer die Rockmusik hören würde, mit der ich die Fahrt begonnen habe, würde sie an meinen Nerven und an meiner Energie zehren. Woher ich das weiß? Weil ich es in meinem Körper fühle. Zu Beginn dieser hypothetischen Fahrt erlaubt mir meine Energie, die laute Musik und den großartigen Rhythmus zu genießen und in voller Lautstärke mitzusingen. Am Ende der Fahrt ist meine Energie sanfter und ich sehne mich nach klassischer Musik. Unsere Energie verändert sich ständig und Selbstfürsorge heißt, dass wir ständig auf unseren Körper hören müssen.

Es ist auch wichtig zu verstehen, dass auf den Körper hören nicht nur bedeutet, den üblichen Signalen – ich bin hungrig, ich bin müde, das tut weh, ich brauche eine Pause – zu gehorchen. Unser Körper speichert alte Traumen, Verletzungen, verdrängte Emotionen, Wut, Groll, Verrat, Zurückweisung, Übertretungen, Enttäuschung und viele andere Dinge. Es gibt also zwei verschiedene Ebenen, auf denen wir unserem Körper zuhören und die wir unbedingt unterscheiden müssen: Wir müssen auf das hören, was unser Körper uns *in diesem Moment* sagt, und wir müssen auf das hören, was *in unserem Körper gespeichert* ist.

Bis zu diesem Punkt ging es vor allem darum, auf das zu hören, was Ihr Körper in diesem Augenblick zu sagen hat. Doch wir müssen tiefer eintauchen, wenn wir unsere Muster der Bewältigung, der Unterdrückung und des chronischen Stresses verstehen, verändern und heilen wollen. Es gibt eine Reihe von Methoden, um sich auf diesen verborgenen Aspekt des Körpers einzustimmen, aber meiner Meinung nach ist eine geführte Reise (bei der jemand anderer mich durch den Prozess führt) ganz besonders effektiv, da ich mich in den Raum tiefen Zuhörens fallen lassen kann und nicht ständig zwischen den Rollen des Begleiters und Begleiteten wechseln muss. Zu diesem Zweck habe ich eine geführte Meditation erarbeitet (siehe unten) und lege Ihnen ans Herz, sie mehr als nur einmal durchzuführen!

Bitte hören Sie die fünfte Audiodatei mit dem Titel „Meditation to Identify and Release Stored Emotions", die Ihnen hilft, tief vergrabenen Schmerz und tief vergrabene Emotionen und Traumen zu erkennen und loszulassen, die in den Zellen Ihres Körpers gefangen sind.

ANPASSUNGEN IN IHRER UMGEBUNG

Aufgrund unserer Sensitivität trägt unsere Umgebung in äußerst hohem Maße dazu bei, unsere Befindlichkeit entweder zu verbessern oder zu beeinträchtigen. Mein Zuhause ist für mich mein Schoßraum. Ich lege großen Wert auf Frieden und Harmonie und investiere viel Zeit, um dafür zu sorgen, dass die Energie in meinem Zuhause klar, sauber, harmonisch, ruhig und angenehm ist und eine hohe Schwingung hat. Das schließt auch meinen Garten, mein Büro und meine Fahrzeuge ein.

Hinzu kommt, dass wir in einer Welt chronischer Reizüberflutung leben. Vor hundert Jahren gab es weder Computer, Mobiltelefone, Pager, Fernseher, Spielkonsolen, tragbare Radios, iPods, Wecker, Mikrowellen, E-Mails, SMS oder Laptops noch das Internet. Kaum jemand hatte ein Telefon, einen Kühlschrank, eine Waschmaschine, ein Radio oder ein Auto. Plakatwände waren dünn gesät und die Menschen wurden nicht rund um die Uhr mit Nachrichten, Werbung, Fernsehprogrammen, Fakten und Zahlen, Licht in allen denkbaren Farben, dem ständigen Wunsch nach Kommunikation und den zahllosen Piep- und Klicktönen zahlreicher elektronischer oder mechanischer Geräte bombardiert, die ständig um ihre Aufmerksamkeit wetteiferten.

Unser Nervensystem (und damit oft auch unser Nebennierensystem) wird überbeansprucht. Und es wird immer schwieriger, einen Ort zu finden, an dem man all diesen Geräuschen, Einflüssen und Erwartungen entkommen kann. Auch deshalb ist Selbstfürsorge – nicht nur für Empathen – von so entscheidender Bedeutung.

Sie können vielleicht nicht kontrollieren, was in der Außenwelt geschieht, aber in Ihrem Zuhause können Sie sehr viele Anpassungen vornehmen. Wichtige Aspekte reichen vom Umgangston der Familienmitglieder untereinander bis hin zu Beleuchtung, Temperatur, Umgebungsgeräuschen, Düften, der Platzierung von Möbeln und Dekorationsgegenständen, Farben, den Zeiten, in denen der Familienfernseher läuft (und mit welcher Lautstärke), Sonnenlicht und frischer Luft, Pflanzen, Jalousien und Vorhängen. Erteilen Sie sich die uneingeschränkte Erlaubnis, alle Anpassungen vorzunehmen, die Sie für nötig halten. Ihr Zuhause muss weder so aussehen noch muss es so funktionieren wie das Zuhause aller anderen Menschen!

Da Sie auch Rücksicht auf die Menschen nehmen müssen, mit denen Sie zusammenleben, plädiere ich hier natürlich nicht dafür, ihnen Veränderungen im Stil eines Diktators aufzuzwingen. Aber es ist wichtig, mit ihnen zu sprechen, damit sie Ihre Bedürfnisse verstehen und Sie unterstützen können. Es ist Teil des Unterfangens, ein harmonisches Umfeld zu schaffen. Bei Dissonanz im eigenen Zuhause ist es für alle Beteiligten (nicht nur für Empathen) fast unmöglich, sich zu entspannen, zu regenerieren und sicher zu fühlen. Fassen Sie also den Mut, diese Gespräche zu führen. Es ist für Ihr Wohlbefinden unverzichtbar. Alternativ können Sie auch einen Coach oder Therapeuten bitten, Sie durch den Prozess zu begleiten.

Weil uns große Menschenmengen oder öffentliche Orte, laute Geräusche, Gewalt (real oder nicht) oder die Dramen anderer Menschen leicht überreizen können, ist es außerdem wichtig, harsche, laute, gewalttätige, überfordernde und chaotische Energien aus Ihrem Umfeld zu entfernen oder wenigstens auf ein Mindestmaß zu begrenzen. Natürlich hängt es vom Einzelnen ab, was ein unterstützendes Umfeld ausmacht, und Sie müssen selbst entscheiden, welche Veränderungen für Sie richtig sind. Die nachfolgenden Beispiele und Vorschläge vermitteln Ihnen aber vielleicht schon einmal eine Vorstellung davon, wo Sie anfangen können.

- **Hören Sie auf, laute, gewalttätige oder reißerische Fernsehsendungen oder Filme zu schauen.**

- Halten Sie sich von großen Menschenmengen möglichst fern (kaufen Sie zu anderen Tageszeiten ein, besuchen Sie Unterhaltungsveranstaltungen in Nebenzeiten).
- Falls es Menschen in Ihrem Leben gibt, die nicht in positiver Weise zu Ihrer Weiterentwicklung beitragen und Sie unterstützen, nabeln Sie sich sanft, aber bestimmt von ihnen ab und lassen Sie sie los.
- Seien Sie ehrlich zu sich selbst, wenn es um Ihren Glauben daran geht, dass Dramen und Traumen eine Möglichkeit sind, Ihre Lebenslektionen zu lernen. Ziehen Sie Dramen und Traumen an? Ziehen Sie Menschen mit einer chaotischen Energie an, deren Leben ständig von Dramen erfüllt ist? Erteilen Sie sich die Erlaubnis, mit Leichtigkeit und Anmut zu lernen, und lassen Sie Dramen und Traumen los.
- Beseitigen oder korrigieren Sie alle störenden Einflüsse (lassen Sie den Fernseher oder das Radio nicht ständig laufen, schlafen Sie nicht mit dem Telefon oder anderen elektronischen Geräten in der Nähe, achten Sie auf die Beleuchtung im Haus).

Die Kehrseite unserer Abneigung gegen lauten Lärm, Chaos und Gewalt ist unsere Vorliebe für Harmonie, Frieden, Ruhe, Gelassenheit und Stille. Nehmen Sie also alle nötigen Veränderungen in Ihrem Umfeld vor, um die Energien zu fördern, die Sie unterstützen und Ihr Energiesystem beruhigen. Hier sind einige Vorschläge:

- Klären Sie regelmäßig Ihr häusliches Umfeld. Für die gründliche Klärung eines Hauses brauche ich im Durchschnitt etwa drei Stunden. Sie müssen aber nicht jedes Mal so gründlich vorgehen. Eine einfache, zehnminütige Räucherung mit Salbei kann Wunder bewirken! Die ausführliche Klärung können Sie mehrmals pro Jahr durchführen.
- Wenn Sie Kinder haben, setzen Sie Zeiten durch, in denen sie ruhig sein müssen, oder bitten Sie Ihren Partner, Ihre Eltern, ein älteres Geschwister oder einen Babysitter, auf die Kinder zu achten oder sie zu sich zu nehmen, um Ihnen die nötige Zeit der Ruhe zu verschaffen.
- Ändern Sie die Beleuchtung, die Vorhänge oder wann und wie Sie Licht und Luft ins Haus lassen.
- Erlauben Sie sich von Zeit zu Zeit, vollständig abzuschalten.

- Hören Sie beruhigende Musik, wenn Sie sich dadurch unterstützt fühlen.
- Bringen Sie die Natur ins Haus – kaufen Sie Pflanzen oder einen Brunnen, lassen Sie ätherische Öle in einem Diffuser verdampfen oder sammeln Sie Steine oder Kristalle.
- Überlegen Sie, ob Sie die Farben verändern oder einen Raum im Haus zu Ihrem „Ruhe- oder Meditationsraum" machen wollen.
- Ändern Sie die Art und Weise, in der Sie mit den anderen Mitgliedern der Familie sprechen, und bitten Sie sie darum, es ebenfalls zu tun. Hören Sie auf, lautes Geschrei und Beschimpfungen zu tolerieren, achten Sie jedoch darauf, dass Sie dabei nicht passiv-aggressiv werden. Da dieses Verhalten oft tiefe Wurzeln hat, können Veränderungen in diesem Bereich Zeit und Mühe kosten.

Schaffen Sie sich viele Ventile, um Energie zu bewegen. Viele psychische und körperliche Krankheiten entstehen dadurch, dass der Energiefluss blockiert wird oder stagniert. Blockierte, langsam fließende oder stagnierende Energie kann viele verschiedene Erscheinungsformen annehmen, darunter Depression, mangelnde Inspiration, Wut, Verwirrtheit, Frustration oder die Unfähigkeit, für Probleme kreative Lösungen zu finden. Schaffen Sie sich viele und regelmäßige kreative und körperliche Ventile, damit Ihr „Energiemotor" sauber läuft. Hier sind einige Vorschläge:

- Tanzen
- Singen
- Ein Instrument spielen
- Malen, Zeichnen, Bildhauern oder ein anderes Kunsthandwerk
- Wandern, Laufen, Radfahren, Schwimmen oder andere Aktivitäten, die das Herz-Kreislauf-System stärken
- Yoga
- Tantra
- Sport oder Krafttraining
- Schreiben, Bloggen oder Tagebuch führen

Denken Sie an den Energieerhaltungssatz: Energie wird weder erzeugt noch zerstört, sondern verändert lediglich die Form. Wenn Sie also das Gefühl haben, dass sich etwas in Ihnen aufgestaut hat, dass Sie feststecken, etwas loslassen müssen, es aber nicht können, oder eine Möglichkeit brauchen, Ihre Energie zu bewegen, dann können Sie die oben genannten Vorschläge nutzen, damit die Energie ihre Form verändern und sowohl Ihren Körper als auch Ihr Energiefeld verlassen kann.

ANPASSUNGEN IN BEZIEHUNGEN

Dieser Aspekt der Selbstfürsorge ist immer eine Herausforderung. Es ist schwer, Beziehungen loszulassen, die Ihnen nicht mehr dienen. Aber genau das ist es, wovon ich hier spreche.

Wenn Sie sich in einer Beziehung befinden, die mehr nimmt, als sie gibt, dann haben Sie meiner Meinung nach zwei Möglichkeiten: Sie können sich dem Problem stellen in der Hoffnung, Veränderung, Unterstützung oder Verständnis (oder die Erfüllung eines anderen Bedürfnisses) zu finden, oder Sie können die Beziehung beenden.

Wenn Sie zu den Menschen gehören, die es allen anderen recht machen wollen, können Sie leicht die Nerven verlieren. Viele wissen im entscheidenden Moment nicht mehr, was sie sagen wollten, oder sie verfallen unbewusst in co-abhängiges Verhalten, um es ihrem Gegenüber leicht zu machen. Konfrontation erfordert Vorbereitung!

Ich biete meinen Klienten eine Reihe von Übungen an, um sich auf solche Gespräche vorzubereiten. Sie können sich nach eigenem Ermessen für eine der Übungen entscheiden oder sie alle durchführen. Die erste Übung besteht darin, das, was Sie sagen wollen, niederzuschreiben. Nicht, um es Ihrem Gegenüber vorzulesen (auch wenn Sie das natürlich tun können, wenn Sie glauben, es tun zu müssen), sondern um alles aus sich herauszuholen, was Sie sagen müssen, ohne Gefahr zu laufen, dass Sie zurückgewiesen oder unterbrochen werden, nicht mehr wissen, was Sie sagen wollten, die Nerven verlieren oder die Flucht ergreifen. Es hat eine kathartische Wirkung und hilft Ihnen, sich darüber klar zu werden, was Sie wollen und was nicht.

Sollten Sie sich dafür entscheiden, Ihrem Gesprächspartner vorzulesen, was Sie aufgeschrieben haben, können Sie das Gespräch etwa so einleiten: „Es ist mir wichtig, dir alles zu sagen, was ich auf dem Herzen habe, aber da ich weiß, dass ich oft Schwierigkeiten habe, mich an alles zu erinnern, was ich sagen will, oder es in Worte zu fassen, habe ich es aufgeschrieben. Du bist mir so wichtig, dass ich auf keinen Fall etwas vergessen möchte, damit wir eine Chance haben, uns mit den Problemen auseinanderzusetzen und sie zu heilen. Wenn ich Dinge vergesse oder die Worte nicht herausbringe, weil ich Angst bekomme und sie herunterschlucke, werden wir sie nicht überwinden.“ Sie wissen, was ich sagen will. Benutzen Sie Ihre eigenen Worte.

Ein Rollenspiel bietet eine weitere Möglichkeit der Vorbereitung. Finden Sie einen vertrauenswürdigen Freund, Mentor oder Coach, der den Raum für Sie hält, während Sie Ihre Wahrheit aussprechen. Sie können vorlesen, was Sie geschrieben haben, oder einfach aus dem Herzen heraus sprechen. Erklären Sie Ihrem Gegenüber vorher, was Sie tun, aus welchem Grund Sie es tun und was Sie von ihm erwarten. Wenn ich diese Übung in einer Gruppe durchführe, bitte ich die Empfänger der Botschaften darum, voll und ganz im Empfangsmodus zu sein. Das heißt, dass sie dem anderen genau zuhören und seine Worte tief in sich aufnehmen sollen. Sie sollen keine Töne von sich geben, nicht zustimmend nicken, dem anderen nicht auf die Schulter klopfen oder anderweitig mit ihm kommunizieren. Sie sind da, um dem anderen in die Augen zu schauen und zu empfangen. Wenn Sie alles herausgebracht haben, was gesagt werden muss, können Sie Ihren Zuhörer um eine Umarmung oder eine Rückmeldung bitten. Es ist aber auch völlig in Ordnung, wenn Sie ihn bitten, einfach nur zuzuhören und sonst nichts zu tun.

Andere Möglichkeiten der Vorbereitung bestehen darin, sich Stichpunkte zu notieren, auf die Sie zurückgreifen können, oder wichtige Aussagen laut vor einem Spiegel zu üben. Denken Sie daran, dass es völlig in Ordnung ist, wenn Sie nervös sind. Eine meiner liebsten Definitionen von Mut ist, Angst zu haben und es trotzdem zu tun.

NATÜRLICHE RHYTHMEN UND ZYKLEN ACHTEN

In unserer heutigen modernen Welt können Sie um zwei Uhr morgens das Licht einschalten, im Januar Wassermelone essen, alles, was Sie haben wollen, rund um die Uhr online einkaufen, Geräte so einstellen, dass sie mitten in der Nacht eine Funktion ausführen, oder innerhalb von Sekunden mit jemandem reden, der am anderen Ende der Welt wohnt. Die Wunder der industriellen Revolution und Fortschritte in Medizin, Landwirtschaft, Wissenschaft und Elektronik machen es möglich, dass Sie zu jeder Zeit des Tages und an jedem Tag des Jahres alles haben können, was Sie wollen. Als moderne Industrienation genießen wir viele Annehmlichkeiten. Eine unbeabsichtigte Folge dieser Tatsache besteht leider darin, dass wir von den natürlichen Rhythmen und Zyklen der Welt und unseres Körpers vollkommen abgeschnitten sind.

Im Namen von Fortschritt und Evolution haben wir gelernt, das System so zu manipulieren oder zu zwingen, dass es uns genau das gewünschte Ergebnis liefert. Kein Warten mehr. Kein Leiden mehr.

Warum sollte man auch warten, wenn man einfach dafür sorgen kann, dass es passiert? Warum schlafen, wenn man einfach ein paar Wachmacher nehmen und das Projekt zu Ende bringen kann? Warum eine Auszeit nehmen, wenn man weiterarbeiten und mehr Geld verdienen kann? Warum sich die Mühe machen, mit frischen, biologischen und vollwertigen Lebensmitteln zu kochen, wenn man einfach eine Packung in die Mikrowelle werfen und nach sechs Minuten essen kann? Warum ein wichtiges Gespräch von Angesicht zu Angesicht führen, wenn man ebenso gut eine SMS oder Sofortnachricht schicken kann? Warum etwas reparieren oder in Ordnung bringen, wenn man es einfach wegwerfen und neu kaufen kann? Warum Unbehagen oder Schmerzen ertragen, wenn man einfach eine Pille schlucken kann? Warum die angeborenen Rhythmen und Zyklen des eigenen Körpers und der natürlichen Welt achten, wenn man sich seinem Ziel mit noch größerer Unersättlichkeit widmen und das Ergebnis erzwingen kann? Ich möchte an dieser Stelle weder eine lange Schimpftirade halten, noch habe ich alle Lösungen, um das Gleichgewicht wiederherzustellen, das wir sowohl in der Welt als auch in unserem Körper verloren habe. Ich habe allerdings einige Vorschläge zu machen.

Die Erde ist unsere Mutter. Und ihrer Existenz, ihrer besonderen Position im Sonnensystem und ihrer Beziehung zu anderen Himmelskörpern haben wir es zu verdanken, dass wir diese Zyklen jeden Tag erleben. Von den Jahreszeiten über Tag und Nacht, das Wetter, die Gezeiten und das Große Jahr – wir können diesen Zyklen nicht entkommen.

Auch unser Körper besitzt angeborene Rhythmen: den Fluss des Liquors, den Herzschlag, die Biorhythmen, die innere Uhr, den Menstruationszyklus, den Blutdruck und die Organuhr. (In der chinesischen Medizin fließt die

Energie – beziehungsweise das *Chi* – in einem vierundzwanzigstündigen Zyklus durch die Meridiane und Organe des Körpers. Im Wechsel von jeweils zwei Stunden ist die Energie in einem bestimmten Organ und seinen Funktionen innerhalb des Körpers besonders stark.)

Doch wir haben zahllose Möglichkeiten gefunden, die „Unannehmlichkeit" vieler dieser natürlichen zeitlichen Abläufe zu umgehen, wenn sie nicht unseren Zwecken dienen, und halten uns deshalb für fortschrittlicher. Wir glauben, dass wir zu viel zu tun haben, zu wichtig sind oder zu viel Verantwortung tragen, um uns mit dem Ärgernis des Wartens zu befassen. Wir haben uns eingeredet, dass es von einer reiferen Lebensweise zeugt, Dinge unnatürlich zu erzwingen oder völlig zu umgehen, obwohl sie in Wirklichkeit unbedingt notwendig sind und wir für unsere Einmischung einen hohen Preis bezahlen.

Unser Körper ist ein komplexes, hochentwickeltes Kommunikationssystem. Wenn er optimal funktioniert und unsere Beziehung zu ihm eng genug ist, dass wir hören können, was er uns mitteilt, dann sagt er uns alles, was wir wissen müssen. Die Antworten liegen in uns. Einfache, aber grundlegende Funktionen laufen in natürlichen Zyklen ab: wann wir essen (und wann wir damit aufhören) sollten, wann wir schlafen und wann wir aufstehen sollten, wann wir ruhen und wann wir arbeiten sollten. Warnsysteme wie Adrenalin und Herzfrequenz, das zentrale Nervensystem, unser Bauchgefühl oder unser „sechster" Sinn stehen uns zur Verfügung, wenn wir zuhören. Auch die emotionale Energie bewegt sich in bestimmten Rhythmen. Wenn wir uns nicht einmischen, weiß unser Körper, wann er trauern, wütend sein, weinen oder lachen, vor Angst zittern, nähren oder schützen muss.

Man muss gar nicht weit schauen, um zu erkennen, dass viele der Folgen unserer „fortschrittlichen" Lebensweise uns in Wirklichkeit zurückwerfen. Wir erleben in unserer Gesellschaft immer häufiger Fettleibigkeit, Schlafstörungen, Stress, Depressionen, Selbstmorde, Insolvenzen, Angstzustände und praktisch alle Zeichen, die auf allgemeine körperliche, geistige und emotionale Krankheit hindeuten.

Wenn wir den Kontakt zu den natürlichen Rhythmen und Zyklen unseres Körpers und unserer Umwelt verlieren, dann verlieren wir unsere Mitte. Manche würden sagen, dass wir sogar unsere Seele verlieren. Wir verlieren ganz sicher unsere Verbindung – unsere *Erdung* – zum Planeten und zu unserem eigenen Körper. Und wir verlieren den Sinn für das Heilige. Die Form der Selbstfürsorge, die ich empfehle, ist grundlegend wichtig, um die Verbindung zu Ihrem eigenen Körper, zur Natur und zur natürlichen Welt zu erneuern und Ihr Wohlbefinden wiederherzustellen.

SICH DEM SYSTEM WIDERSETZEN

Unsere Gesellschaft fällt enorm viele Urteile darüber, was angemessenes oder akzeptables Verhalten ist. Wir lassen die Kirche, das Gesundheitssystem, die Schule, unseren Vorgesetzten oder eine Zeitschrift – das heißt, unsere Kultur – darüber bestimmen, wie wir leben sollen. Wenn das, was Sie brauchen, was Sie ausdrücken wollen oder was Ihr Körper Ihnen mitteilen will, nicht erlaubt oder nicht akzeptiert ist, müssen Sie es verbergen, es verschwinden lassen oder so tun, als ob es nicht existieren würde. Erholung? Tut uns leid, aber unsere Firma verlangt, dass Sie achtzig Stunden in der Woche arbeiten, wenn Sie ein Partner werden wollen. Trauer? Tut uns leid, dass Ihre Mutter gestorben ist, aber wenn Sie morgen nicht wieder zur Arbeit erscheinen, geben wir Ihre Stelle an jemand anderen. Gesund essen? Tut uns leid, aber die Agrar- und Lebensmittelindustrie hat dafür gesorgt, dass es verlockend, preiswerter und leichter ist, verarbeitete Lebensmittel und Fertigprodukte zu kaufen. Vorsorgeuntersuchungen? Tut uns leid, aber Ihre Krankenversicherung übernimmt die Kosten dafür nicht. Über Ihre Gefühle oder Ängste sprechen? Tut uns leid, aber unsere Kirche erkennt diese Form der Dunkelheit nicht an.

Das hat dazu geführt, dass wir den Kontakt zu unseren eigenen Prioritäten völlig verloren haben. Und wir haben die Wertvorstellungen anderer Menschen übernommen, weil wir glauben, es sei der einzige Weg, unser Auskommen zu haben, erfolgreich zu sein oder voranzukommen.

Besonders tragisch ist jedoch, dass das, was wir dabei aufs Spiel setzen, *nicht offensichtlich* ist. Die Verschlechterung unserer körperlichen, mentalen und geistigen Gesundheit geht fast immer so schleichend vonstatten, dass wir die Zeichen erst erkennen, wenn wir in der Krise stecken. Nun, ich schwenke an dieser Stelle die Warnflagge – wir stecken in der Krise! Unsere Selbstfürsorge als Gesellschaft ist verabscheuungswürdig und es ist an der Zeit, dass wir uns dem System widersetzen.

Eigentlich sollten wir nicht in einem Zustand ständiger Erschöpfung leben. Doch in unserer Kultur tragen wir sie wie ein Ehrenabzeichen. Trinken Sie noch einen Kaffee oder ein paar Dosen Red Bull. Eigentlich sollten wir nicht ständig Probleme mit unserer Verdauung haben. Doch verarbeitete Nahrungsmittel, zu viel Zucker, die Aufnahme verschiedenster chemischer Stoffe, immer größere Portionen und zahlreiche andere Tricks der Lebensmittelindustrie wecken den Anschein, als ob das, was wir essen, und die anschließenden Darmbeschwerden völlig normal wären. Eigentlich sollten wir nicht von einer Sache zur nächsten hasten und ständig zu viele Verpflichtungen haben. Eigentlich sollten wir nicht ständig niedergeschlagen, gestresst und kurz davor sein, die Beherrschung zu verlieren.

Unsere Lebensweise sorgt dafür, dass unser Nervensystem sich ständig in einem Kampf-oder-Flucht-Modus befindet. Gepaart mit der hohen Sensitivität, die uns als Empathen eigen ist, öffnet sie der Katastrophe damit Tür und Tor. Wir ersetzen natürlich durch künstlich, legen größeren Wert auf Quantität als auf Qualität, halten die schnelle Lösung für wichtiger als die langfristigen Folgen und ziehen Massenproduktion dem handwerklichem Können vor. Es ist leicht, in den Strudel hineingezogen zu werden.

Vergeben Sie sich dafür, dass Sie sich haben mitreißen lassen. Wir haben unseren Eltern vertraut. Wir haben Autoritätspersonen vertraut. Wir haben dem vertraut, was man uns beigebracht hat. Und warum auch nicht? So funktioniert unser menschliches Entwicklungssystem. In der frühen Phase der menschlichen Evolution, als wir alle noch in kleinen Stämmen zusammengelebt haben, hat es Sie am Leben erhalten, dem zu vertrauen, was man Ihnen gesagt hat, und das zu tun, was die anderen taten, hat dafür gesorgt, dass Sie nicht aus dem Stamm ausgestoßen wurden. Diese Vernetzung ist immer noch Teil unseres tierischen Gehirns.

Nur ganz wenige Menschen sind von Natur aus darauf ausgelegt, schon in sehr jungen Jahren alles infrage zu stellen. Ich gehöre ganz sicher nicht zu den Menschen, die Fragen gestellt haben. Ich war leichtgläubig, naiv, unwissend und vertrauensvoll. Ich staune heute noch über die zahllosen Täuschungen, auf die ich hereingefallen bin, und über die Erwartungen anderer Menschen, die ich mir zu eigen gemacht habe. Ich fühlte mich getäuscht und ausgenutzt. Doch heute weiß ich es besser und ich erledige meine innere Arbeit, damit ich meine Macht zurückgewinnen kann, indem ich Fragen stelle und bewusste Entscheidungen treffe. Ein Teil Ihrer inneren Arbeit wird darin bestehen, diese Festlegungen für sich selbst zu treffen, Ihre eigene Vergebungsarbeit zu leisten und neue, eigene Entscheidungen zu treffen.

Es wird Zeit brauchen, Ihre mentale, körperliche, emotionale und geistige Gesundheit zurückzuerlangen, und es kann Monate oder sogar Jahre dauern, die Einflüsse unserer Gesellschaft zu entwirren, aber es ist die Mühe wert. Und es wird Ihnen helfen, den grundlegenden Übergang zu vollziehen, der Sie aus Ihrer Opferhaltung befreit und Ihnen die Möglichkeit gibt, Ihre Macht mithilfe bewusster Entscheidungen zurückzugewinnen. Gehen Sie behutsam mit sich um. Behandeln Sie sich mit Liebe, Achtung, Mitgefühl und Verständnis, wenn Sie alte Programmierungen, Glaubenssätze und Erwartungen zutage fördern und loslassen. Genau darum geht es bei der Selbstfürsorge.

13

Erlangen Sie ein höheres Maß an Verkörperung

Was ist Verkörperung? Um sie auf ihren wesentlichen Kern zu reduzieren, kann man Verkörperung mit vollständiger Präsenz vergleichen. Und das ist eine recht akkurate Beschreibung dessen, was Verkörperung im gegenwärtigen Moment bedeutet. Verkörperung über einen längeren Zeitraum ist ein weit komplexeres Unterfangen und bedingt wesentlich mehr als das bloße Maß Ihrer Präsenz. Sie können sie sich als *Präsenz über einen längeren Zeitraum* vorstellen. Wenn ich über das Thema spreche, schicke ich gerne eine wahre Begebenheit voraus, die den Kern dessen veranschaulicht, was Verkörperung für mich bedeutet, und die erklärt, warum Verkörperung in der Folge zu einem Schwerpunkt meiner Arbeit in der Welt geworden ist.

Vor einigen Jahren wurde mir während einer zeremoniellen Versammlung eine Offenbarung zuteil. Es war eine Veranstaltung mit Übernachtung und wir sollten am nächsten Morgen früh aufstehen, um zum genauen Zeitpunkt eines bestimmten Himmelsereignisses eine rituelle Ehrung vorzunehmen. Als wir die Pläne zusammen diskutierten, brachte irgendein Reizauslöser die Veranstalterin dazu, in regressives Verhalten zu verfallen und in die Defensive zu gehen. Sie verließ beleidigt den Raum, während wir uns fragend ansahen und versuchten, das betretene Schweigen zu überbrücken.

Während wir am nächsten Morgen die Zeremonie durchführten, traf mich eine Offenbarung wie ein Blitz: *Welchen Sinn hat die ganze „spirituelle Praxis", wenn es uns nicht gelingt, in Beziehung zu dem Menschen zu treten, der neben uns steht? Wenn wir kein offenes Gespräch darüber führen können, wie wir uns fühlen? Wenn wir unsere Wahrheit nicht aussprechen und klar kommunizieren können?*

Diese Offenbarung erhellte, was unmittelbar zu einem neuen Grundpfeiler meiner Arbeit wurde, und ich wusste, dass es irgendwann meine Aufgabe sein würde, meine Klienten und Kursteilnehmer etwas über Verkörperung zu lehren. Die Bedeutung der Verkörperung, die mir gezeigt wurde, stellte eine wichtige Verbindung zwischen den unterschiedlichen Aspekten meiner bisherigen Arbeit dar. Im Laufe der folgenden Jahre entwickelte ich eine ganze Mysterienschule rund um Verkörperung, die auch zum Thema meiner Masterarbeit wurde. Für mich ist Verkörperung von wesentlicher Bedeutung für unsere Entwicklung als Einzelne und für unsere Evolution als Spezies.

Eines meiner liebsten Zitate stammt von dem französischen Philosophen und Priester Pierre Teilhard de Chardin: „Wir sind keine Menschen, die eine spirituelle Erfahrung machen, sondern spirituelle Wesen, die eine menschliche Erfahrung machen." In der Vergangenheit war das Vorzeigekind für Spiritualität der Mystiker auf dem Berggipfel, der ekstatische Zustände der Glückseligkeit und des Einsseins erlangte, auf Geld und Besitz verzichtete und seine gesamte Zeit spirituellen Praktiken widmete, die diese begrenzte und schmerzerfüllte menschliche Existenz überschritten. Doch diese Zeiten sind vorbei und das Bild ist im großen Maßstab nicht zutreffend. Und außerdem hatten diese Mystiker nicht alle Antworten. Das moderne Leben verlangt von uns, ungelöste Probleme aus der Kindheit, Hunger, Scheidung, unterschiedliche politische Ansichten, die Tilgung einer Hypothek, drei Kinder, kranke Eltern, Schlafmangel, die Gier der Unternehmen, Arbeitslosigkeit, den Klimawandel und die unzähligen anderen Probleme zu schultern, mit denen wir tagtäglich konfrontiert sind, und inmitten all dieser Dinge spirituell zu sein. Hier liegt die wahre Arbeit der Verkörperung … in der *menschlichen* Erfahrung.

Wir haben vor allem auch deshalb in menschlicher Form inkarniert, um zu lernen, wie wir unsere Verbindung mit dem göttlichen Geist in unseren Körper hineinbringen und unser menschliches Selbst vollständig bewohnen können –und nicht, um uns ausschließlich den Praktiken zu widmen, die bewirken, dass unser Bewusstsein den Körper verlässt! Die umfassende menschliche Erfahrung fordert uns auf, alles zu verkörpern: den Dreck, die Schönheit, die Angst, die Liebe, die Qual, die Ekstase und alles, was dazwischen liegt. Unsere Gefühle zu *fühlen*. Auf der vollendeten Achterbahn der natürlichen Rhythmen und Zyklen unserer irdischen Existenz zu fahren. Mit offenen Armen die überwältigende Freude und Qual unserer Gebrechlichkeit und unserer Größe zu begrüßen. Eine menschliche Brücke zwischen Himmel und Erde, göttlichem Geist und Materie zu sein.

Es geht bei der Verkörperung darum, menschlich *und* göttlich zu sein. Es geht nicht darum, unserem Menschsein aus dem Weg zu gehen! Wenn wir auf der Erde sind, um uns spirituell weiterzuentwickeln, uns an unsere wahre Natur als schöpferische Wesen zu erinnern und sie zu verkörpern, was kann dann als Anker für diese göttliche Energie dienen, wenn wir keinen physischen Körper haben? Und noch dazu einen physischen Körper, *den wir vollständig bewohnen?* Wir sind ein Kanal. Durch uns werden göttliche und kosmische Energien auf der irdischen Ebene verankert. Wir sind die großen Alchemisten und die komplexe organische Maschinerie unseres physischen Körpers dient als Sendeempfänger für das göttliche Bewusstsein und hochentwickelte Lichtcodes. Und wir müssen vollkommen in unserem Körper präsent sein, um unser größtes Potenzial und unsere größte Macht als dieser Alchemist und Schöpfer erfahren zu können. Das ist sowohl das Wunder als auch das Paradox unserer menschlich-irdischen Erfahrung. Es mag wenig einleuchtend klingen, dass wir umso mehr göttliches Bewusstsein und authentische, schöpferische Macht kanalisieren, ausstrahlen und ausüben können, je mehr wir in unserer *menschlichen* Form „geerdet" sind. Doch genau das will ich sagen.

DIE MECHANIK DER VERKÖRPERUNG

Vollständige Verkörperung ist ein Lernprozess, der Zeit braucht. Verkörperung ist kein festes Merkmal. Man kann sie nicht einfach einstellen wie eine Zeituhr. Verkörperung braucht bewusste Anstrengung und Aufmerksamkeit. Der Grad unserer Verkörperung ist (wie unser Energiefeld) dynamisch, nicht konstant und in ständiger Veränderung begriffen. Und sie entwickelt sich in dem Maße, in dem wir uns entwickeln.

Verkörperung ist ein komplexes Konzept, weil sie durch so viele Faktoren beeinflusst wird, die ständig im Fluss sind: unsere Emotionen, die Festigkeit unserer Grenzen, der Zustand unseres Energiefeldes, unsere Geistesverfassung, unsere energetische Physiologie, wie sehr wir uns ermächtigt oder entmächtigt fühlen, wie wir mit etwas umgehen, das im Moment einen Reiz in uns auslöst, inwieweit wir unsere innere Arbeit abgeschlossen haben, welche Gespräche wir mit uns selbst führen, wie viel verdrängten Schmerz und verdrängte Emotionen wir in uns tragen, wie gut es uns gelingt, mit widrigen Situationen umzugehen, um nur einige Beispiele zu nennen.

Auch wenn der Grad Ihrer Verkörperung sich ständig verändern kann, gibt es einige Elemente, die – zusammengenommen – einen Hinweis darauf geben können, wie sehr Sie in Ihrem Körper sind. Um dieses Konzept zu verdeutlichen, nehmen Sie den Blutdruck als Beispiel. Unser Blutdruck verändert sich abhängig davon, ob wir sitzen, stehen, liegen, uns anstrengen, meditieren, schlafen oder gestresst sind. Allgemein ist er jedoch ein Hinweis auf die Gesundheit unseres Herz-Kreislauf-Systems.

In ähnlicher Weise kann Ihre Fähigkeit, verkörpert zu sein und zu bleiben, daran gemessen werden, wie sehr (und wie häufig) Ihnen die folgenden Dinge gelingen:

- **Sich selbst vollständig bewohnen**
- **Präsent bleiben**
- **Geerdet bleiben**
- **In Ihrer authentischen Kraft zentriert bleiben**
- **Ein stabiles Energiegefäß aufrechterhalten**
- **Ihre volle Lebenskraft ungehindert fließen lassen**
- **Gesunde Grenzen setzen**
- **Alle Gefühle anerkennen und fühlen, ob gut oder schlecht**
- **Unbewusstes Suchtverhalten, Realitätsflucht, Co-Abhängigkeit und andere Dinge vermeiden, die als Krücke dienen**
- **Zulassen, dass Sie als der gesehen werden, der Sie sind**
- **Traumen, Schmerz, Schatten und Verletzungen durch innere Arbeit heilen**
- **Ihre Wahrheit aussprechen**
- **Sich erlauben, das volle Ausmaß Ihrer höchsten Höhen und tiefsten Tiefen zu fühlen**
- **Ihre Manifestationskraft einsetzen und Ideen und Träumen eine feste Form geben**
- **Akzeptieren, dass Sie ein Mensch sind, der das volle Spektrum menschli-**

cher Erfahrungen erkennt und annimmt: Schmerz, Ekstase, Kummer, Freude, Einsamkeit, Begeisterung, Verwirrung, Klarheit, Verlust, Trauer, Vollendung – alles
- Anerkennen und sich darin üben, ein Kanal des Geistes in die Materie und der Materie in den Geist hinein zu sein, eine aktive Brücke sein, in beiden Welten gleichzeitig gehen

Es ist für Empathen eine große Herausforderung, präsent und fokussiert zu bleiben. Das gilt vor allem dann, wenn wir noch in einem unbewussten (noch nicht erwachten) Zustand leben, und unsere erhöhte Sensitivität trägt zu dieser Herausforderung bei. Alle in der obigen Liste genannten Punkte fordern Übung, Hingabe, Bemühen und die Auflösung alter Gewohnheiten. Fast alle Menschen – Empath oder nicht – sind nur teilweise verkörpert.

DIE EPIDEMIE DER ENTKÖRPERUNG

Es gibt viele Gründe dafür, warum Menschen möglicherweise nicht vollständig verkörpert sind. Manchmal sind sie gesund oder heilsam, aber meist haben sie eine negative Wirkung, wenn sie über einen längeren Zeitraum aufrechterhalten werden. So verlassen beispielsweise viele Menschen im Moment eines akuten Traumas (wie bei einem Autounfall) ihren Körper und beobachten sich mitunter sogar selbst, während sie in einem Krankenhauszimmer oder am Unfallort über ihrem eigenen Körper schweben. Sie haben ihren Körper vollständig verlassen. Das ist tatsächlich eine Schutzmaßnahme – eine Bewältigungsstrategie – Ihrer Psyche, damit Sie das Ausmaß und den Schmerz eines bestimmten Traumas nicht spüren müssen.

Menschen verlassen ihren Körper oft auch, wenn sie (körperlich, sexuell, verbal) missbraucht werden oder starke Angst (bestimmte Phobien, Nötigung, Einschüchterung) empfinden, Zeuge von Gräueltaten (Krieg, eine Geiselnahme, ein Terroranschlag) werden oder an bestimmten psychischen Störungen wie beispielsweise einer posttraumatischen Belastungsstörung oder dissoziativen Identitätsstörung leiden. Das kurzzeitige Verlassen des Körpers ist nicht negativ. Es ist eine natürliche Schutzmaßnahme, die uns hilft, das zu verkraften, was im Moment geschieht.

Das Problem entsteht dann, wenn die Entkörperung oder unvollständige Verkörperung zu einem dauerhaften Seinszustand wird. Leider ist den meisten Menschen nicht bewusst, wie entkörpert sie in Wirklichkeit sind. Man könnte diese Entkörperung sogar als eine Form der Dissoziation betrachten. Wenn sie zu einem chronischen oder permanenten Zustand wird, stellt sie im Grunde eine Form von Seelenverlust dar.

Bei Menschen, die wiederholt Traumen, Missbrauch oder Vernachlässigung erfahren haben, wird das Verlassen des eigenen Körpers, das ursprünglich eine Bewältigungsstrategie war, um mit einem akuten Ereignis umgehen zu können, zum dauerhaften Seinszustand. Es kann gefährlich werden, dauerhaft außerhalb des eigenen Körpers zu leben, ganz zu schweigen davon, dass es die folgenden Gefühle, Krankheiten und Geisteszustände fördert:

- Depression
- Gefühle des Entrücktseins
- Das Gefühl, verloren oder ein Außenseiter zu sein
- Konzentrationsschwierigkeiten
- Schwierigkeiten, Entscheidungen zu treffen
- Erschöpfung oder Abgeschlagenheit
- Mangelnder Antrieb
- Ungeschicklichkeit oder Koordinationsstörungen
- Schwierigkeiten, eine Verbindung zu anderen Menschen einzugehen
- Unfähigkeit, Projekte zum Abschluss zu bringen
- Häufige Verletzungen oder Unfälle
- Desillusionierung
- Unfähigkeit zu manifestieren
- Distanziertheit in Beziehungen
- Angst vor Intimität
- Extrem starke Stimmungsschwankungen (Apathie außerhalb des Körpers, Gefühlstiefe im Körper)
- Unfähigkeit, sich langfristig an eine Beziehung, ein Projekt, eine Arbeit oder einen Wohnort zu binden

Entkörperung ist so, als ob Sie betrunken am Steuer eines Wagens sitzen. Alkohol beeinträchtigt Ihr Urteilsvermögen, Ihre Reaktionszeit und die Fähigkeit zu unterscheiden, was real ist und was nicht. Unbewusst nur halb verkörpert zu sein, ist eine gefährliche, aber auch höchst unerfüllte Art, Ihr Leben zu leben, weil Sie nur einen Teil Ihrer Lebenskraft für Ihr Leben einsetzen. Der Rest Ihrer Lebenskraft hat sich aus Ihnen zurückgezogen, schwebt entkörpert umher oder entweicht in den Äther.

Bei meiner Arbeit mit Klienten und Kursteilnehmern habe ich festgestellt, dass ich die Energiemuster anderer Menschen wahrnehmen und mich vor allem auf ihre Emotional- und Energiekörper einstimmen kann. Fast alle Menschen, denen ich begegnet bin, sind etwa bis zum Brustkorb (viertes oder Herzchakra) verkörpert. Das bedeutet, dass ihre Lebensenergie vom Scheitel absteigt und durch ihren Körper zirkuliert, aber nicht bis ganz nach unten gelangt, um sich zu erden. Sie „vollenden den Kreislauf" nicht. Man könnte es auch so ausdrücken, dass ihre Lebensenergie sich zurückgezogen hat wie die Wurzeln einer Pflanze, die ausgerissen wird, sodass ihr Bewusstsein vor allem in den oberen Chakras und nicht in ihrem gesamten Wesen aktiv ist. Es gibt noch eine Reihe anderer Faktoren, die ich in Betracht ziehe, wenn ich den Grad der Verkörperung eines Menschen und die Herausforderungen ermittle, vor denen er steht, auf die ich hier aber nicht näher eingehen möchte. Allgemein lässt sich jedoch sagen, dass die meisten Menschen in den oberen Chakras verkörpert sind. Und dafür gibt es einen guten Grund.

Die unteren Chakras sind dichter und sie schwingen mit einer niedrigeren Frequenz. Hier liegen die meisten „irdischen" Schwierigkeiten. Es kann äußerst schmerzhaft sein, das dritte, zweite und erste Chakra vollständig zu bewohnen, weil sie den größten Teil unseres Schmerzes, unserer Traumen, unterdrückten Gefühle, Ängste und Unsicherheiten sowie alles in sich bergen, was wir nicht anschauen, anerkennen oder womit wir uns nicht befassen wollen. Die unteren Chakras konzentrieren sich auf die reale, alltägliche, praktische menschliche Erfahrung. Die ersten drei Chakras werden nacheinander „angeschaltet" und entwickeln sich von unserer Zeit im Mutterleib bis zu einem Alter von etwa vier Jahren. Sie sind die Basis, auf der unsere „höhere" Entwicklung stattfindet. Es ist erstaunlich, wie viele lebenslange Verhaltensmuster in dieser Zeit festgelegt werden.

Lassen Sie uns in diesem Zusammenhang einen kurzen Blick auf die drei unteren Chakras werfen. Das erste Chakra – oder Wurzelchakra – ist der Sitz aller praktischen und körperlichen Belange und trägt zum Überleben und zur Versorgung des Körpers bei. Es ist unsere Wurzel. Es ist auf unsere körperliche Identität ausgerichtet und hat mit Selbsterhaltung und unserem grundlegenden Überleben als Mensch zu tun. Blockierte, unterdrückte oder nicht ungehindert fließende Energie im ersten Chakra kann sich in folgenden entmächtigenden Verhaltensweisen oder Gefühlen zeigen:

- **Schwierigkeiten, ein Ziel zur vollen Manifestation zu bringen**
- **Das Gefühl, nicht weiterzukommen**
- **Angst davor, zu handeln oder weiterzugehen**
- **Angst davor, ein Risiko einzugehen**
- **Ein Gefühl lähmender Angst oder Furcht**
- **Widerstand gegen Veränderungen**
- **Von alten Mustern und begrenzenden Glaubenssätzen geleitet werden**
- **Glaube an Mangel und Begrenzung und daran, dass es nicht genug für alle gibt**
- **Nur genug haben, um zu überleben oder über die Runden zu kommen**
- **Die Überzeugung, dass das Leben ein Kampf ist**
- **Unfähigkeit zur Vergebung, Festhalten an Kernwunden**
- **Aus einem Denken des Mangels heraus handeln**

Das zweite Chakra – oder Sakralchakra – ist der Ort, der unsere Emotionen und Gefühle des Verlangens birgt. Es ist der Ort, an dem wir erkennen, dass wir etwas wollen. Das zweite Chakra ist auf Selbstbelohnung ausgerichtet und der Sitz unserer emotionalen Identität. Es hat auch mit Sexualität und Vergnügen zu tun. Hier gelangen die ersten Informationen in den Körper, die uns sagen, in welche Richtung wir uns „bewegen“ (welche Entscheidung wir treffen) sollen. Fühlt es sich gut an, neigen wir dazu, darauf zuzugehen. Fühlt es sich schlecht an, neigen wir dazu, uns davon zu entfernen.

Blockierte, unterdrückte oder nicht ungehindert fließende Energie im zweiten Chakra kann sich in folgenden entmächtigenden Verhaltensweisen oder Gefühlen zeigen:

- **Gefühle der Überforderung**

- Die eigenen Gefühle verleugnen, den Märtyrer spielen
- In Machtkämpfe mit anderen geraten
- Sich wegen der eigenen Wünsche schuldig fühlen
- Über andere urteilen
- Gefühle der Unwürdigkeit
- Das Leben zu ernst nehmen
- Unflexibel und nicht im Fluss sein können
- Sexuelle Funktionsstörungen
- Aus einem Motiv sofortiger Befriedigung heraus falsche Entscheidungen treffen

Das dritte Chakra – oder der Solarplexus – ist der Sitz unserer Willenskraft, unserer persönlichen Macht und unserer Vitalität. Es ist auf Selbstdefinition – die Egoidentität oder das Konzept des eigenen Ichs – ausgerichtet. Es erfordert Willenskraft und Anstrengung, um die herausfordernden Anteile des Lebens zu meistern, und das dritte Chakra ist der Ort, an dem wir unser Feuer in Aktivität umsetzen, um unsere Absichten und Ziele zu erreichen.

Blockierte, unterdrückte oder nicht ungehindert fließende Energie im dritten Chakra kann sich in folgenden entmächtigenden Verhaltensweisen oder Gefühlen zeigen:

- Gefühle der Unwürdigkeit oder der Minderwertigkeit
- Angst vor Versagen
- Angst vor Erfolg
- Negative Selbstgespräche und Selbstkritik
- Sich als Opfer fühlen
- Unfähigkeit, Projekte zu Ende zu bringen
- Mangelnde Willenskraft oder Entschlossenheit
- Gefühle von Selbstzweifel und Unsicherheit
- Unfähigkeit, Grenzen zu setzen
- Die eigene Macht an andere abgeben
- Kontrollsucht

Die unteren Chakras sind zudem der Erde am nächsten (das Wurzelchakra ist das Chakra der Erdung, aus dem heraus wir uns mit der Erde verbinden). Das heißt, dass, wenn wir vollständig in unserem Körper sind, wenn wir alle Chakras vollständig bewohnen, wir vollkommen präsent sind und das „Gewicht“ unserer menschlichen Existenz intensiv fühlen können. Gewicht bedeutet in diesem Fall weniger „schlecht“ als vielmehr Schwerkraft. Stellen Sie sich vor, dass Sie bisher nicht vollständig in Ihrem Körper gelebt haben und nun plötzlich voll verkörpert sind – Sie registrieren jede Empfindung, jedes Gefühl und jede Erfahrung. Das kann sich schwer, erdrückend, unangenehm, dumm, begrenzend und ermüdend anfühlen. Und das stimmt in gewisser Weise auch. Es kostet Anstrengung, in menschlicher Form zu leben! Es erfordert Entschlossenheit und Mut, die volle menschliche Erfahrung und vor allem die schwierigsten Aspekte zu akzeptieren und anzunehmen: mit dem Unbekannten leben, Risiken eingehen, Missbrauch, Ungerechtigkeit, Vernachlässigung, Verrat, Verlassenwerden, Ungleichheit, Gier, menschliche Gebrechlichkeit und Tod erfahren.

Es ist wesentlich einfacher, aus den oberen Chakras heraus zu leben, weil sie leichter, weiter, weniger dicht und weniger begrenzend sind und sich einfach besser anfühlen. Die oberen Chakras sind stärker konzeptionell, archetypisch, intellektuell und abstrakt. Hier können wir über das Leben und das Universum, Spiritualität, kreativen Ausdruck, Träume, Symbolik und Philosophie nachsinnen. Der Blickpunkt der oberen Chakras ist auf die kollektive Ebene gerichtet, sodass wir von dort das größere Bild sehen und über die Menschheit und die Probleme der Erde insgesamt nachsinnen können. Wenn wir nur aus den oberen Chakras heraus leben, müssen wir uns nicht mit den Kernwunden, den gespeicherten Traumen, den ungelösten Themen und den geheimsten und persönlichsten Aspekten unserer individuellen Lebenserfahrung befassen.

Die Fähigkeit, vollständig verkörpert zu sein, beruht jedoch direkt darauf, ob wir ein solides Fundament (die ersten drei Chakras) geschaffen haben. Wenn wir unsere Lebensenergie nicht durch den ganzen Körper zirkulieren lassen, ist es schwierig, ein Leben in vollem Bewusstsein zu führen. Deshalb ist es von so entscheidender Bedeutung, unsere Verletzungen zu heilen, unser Fundament zu stärken, unsere Energie zu kontrollieren, Grenzen zu setzen, um das zu bitten, was wir brauchen, unsere Wahrheit auszusprechen und uns aus dem reinen Überlebensmodus zu lösen Wenn wir es nicht tun, wird es uns kaum gelingen, *den Raum für unsere eigene Größe zu halten* und mit dem gewaltigen Potenzial umzugehen, auf das wir als Schöpfer zugreifen können.

In ihrem Buch *Creating on Purpose* legen Anodea Judith und Lion Goodman dar, dass etwas, um Form annehmen zu können, durch das Chakra-System nach unten wandern muss. Es beginnt seine Reise als Quellenbewusstsein, das im Kronenchakra empfangen wird, und vollendet den Zyklus als Materie (physische Form) im Wurzelchakra.[1] Ist Ihnen bewusst, was das bedeutet? Nichts geschieht ohne Sie! Nehmen Sie sich einen Moment Zeit, um die Worte wirklich einsinken zu lassen … Sie sind eine Brücke zwischen den Reichen des Unmanifesten und des Manifesten, und nichts in *Ihrem* Leben nimmt ohne *Sie* Form an. Sie sind ein schöpferisches, mächtiges Zauberwesen. Aber Sie müssen sich selbst bewohnen, um den Zauber erfahren zu können.

Als evolutionäre Empathen haben wir uns dafür entschieden, eine wichtige Mission zu übernehmen, und unsere Fähigkeit, ein herzzentriertes Bewusstsein – zuerst in unserem eigenen Leben und anschließend in unseren Familien und Gemeinschaften – zu verankern, steht in einem direkten Verhältnis zu unserer Fähigkeit, in unserem Körper zu sein. Das bedeutet keineswegs, dass ich nicht auch Zeit in veränderten Bewusstseinszuständen verbringe, mich mit meinen geistigen Führern verbinde, in unterschiedliche Bereiche des Bewusstseins reise und meine visionären Fähigkeiten erweitere. Im Anschluss daran übertrage ich das Konzeptionelle, Abstrakte, Ungreifbare und Feinstoffliche jedoch immer ins Reich des Praktischen. Das bedeutet, dass ich meine Visionen, Offenbarungen und Erfahrungen nach unten bringe und sie auf der dreidimensionalen Ebene meines physischen Körpers, meiner physischen Alltagswirklichkeit und meiner physischen Beziehungen verankere.

SPIRITUELLE VERMEIDUNG VERMEIDEN

Viele der frühen spirituellen und religiösen Glaubenssysteme plädieren ebenso wie moderne Lehren dafür, dass wir unsere Energie nach oben richten und uns auf transzendente Praktiken wie Gebet und Meditation konzentrieren sollen, die dazu bestimmt sind, uns mit dem Göttlichen zu verbinden, zu Erfahrungen der Glückseligkeit zu verhelfen oder unseren Schmerz und unser Leid vergessen zu machen.

Diese in meinen Augen fehlgeleiteten Interpretationen wollen uns glauben machen, dass körperliche Erfahrungen unrein, unerwünscht, beschämend und schändlich sind, Leiden verursachen und im Extremfall sogar unmoralisch oder sündhaft sind. Am besten sollten diese niederen menschlichen Emotionen und Erfahrungen vermieden und umgangen werden und wenn es uns gelingt, ist das ein Zeichen der Erleuchtung. Bei diesem Weltbild besteht der einzige Weg zur Erleuchtung darin, den Körper und die körperliche Erfahrung zu überschreiten. Die menschliche Erfahrung muss ertragen werden und die einzige Möglichkeit, sie zu ertragen, besteht darin, Rituale zu praktizieren, die unser Bewusstsein *aus* dem Körper hinausbefördern. Viele Religionen betrachten diese Praktiken als die einzige Möglichkeit, in den Augen Gottes akzeptabel zu sein, und wir gelten als umso heiliger, je mehr wir Rituale praktizieren, die uns aus unserem Körper und der menschlichen Erfahrung herausführen. Und wenn wir in irdischen Freuden wie Besitz, Sex oder Gefühlen „schwelgen" wollen, versprechen viele Formen der Schuld und der Strafe, uns davon abzubringen.

Ich habe ein Problem mit dieser Sichtweise. Wenn der Sinn und Zweck des Menschscheins darin besteht, alles Menschliche zu vermeiden und alles zu tun, um unsere Erfahrung des Einsseins mit Gott wiederherzustellen, indem wir uns Praktiken hingeben, die uns *aus* dem Körper hinausbefördern, welchen Sinn hat es dann, überhaupt zu inkarnieren? Wir hätten stattdessen ganz einfach unsere geistige Form beibehalten können.

Anodea Judith, eine Expertin für das Chakra-System, hat alte spirituelle Praktiken, Weisheitslehren und spirituelle Traditionen aus allen Teilen der Welt eingehend erforscht. In *Creating on Purpose* sagt sie:

Wenn man nur dem Aufwärtsstrom folgt und den Körper und die materielle Welt verleugnet, erlangt man möglicherweise spirituelle Stärke, wird aber körperlich schwach und ineffektiv. Ein vorübergehender Rückzug aus der materiellen Welt ist von Zeit zu Zeit wichtig, weil er die Möglichkeit bietet, eine umfassendere Perspektive zu erlangen. Irgendwann muss man jedoch auf die Erde zurückkehren, um das, was man gelernt hat, auf die wirkliche Welt anzuwenden und sich mit den Situationen in der eigenen Umgebung zu befassen.[2]

Ich möchte an dieser Stelle betonen, dass spirituelle Praktiken, die sich auf den Aufstieg unserer Energie konzentrieren, wichtig und notwendig sind. Und sie fühlen sich ganz sicher besser an, als uns mit den Verletzungen der Kindheit herumzuplagen, uns unseren Dämonen zu stellen, uns zu unseren Projektionen zu bekennen und die Stimme des inneren Kritikers zu überwinden. Die positive Seite in schwierigen Situationen zu sehen, Dankbarkeit zu üben, zu meditieren, zu beten, Mitgefühl zu haben, mit Affirmationen zu arbeiten, die Beziehung zum göttlichen Geist zu entwickeln, den Zauber in der ganzen Schöpfung zu sehen – *all das sind ausgesprochen wichtige und wertvolle Praktiken.* Ich praktiziere sie alle selbst.

Wenn wir allerdings nur die „glücklichen" oder „positiven" Emotionen und Erfahrungen als gültig und akzeptabel ansehen, dann verleugnen wir die Hälfte unserer menschlichen Existenz. Es gibt genügend Einflüsse in der Welt, die uns dazu bringen wollen, unsere abstoßenden Selbstanteile zu unterdrücken. Wir brauchen dieses Urteil und diese Zensur nicht durch unser eigene Verleugnung und Verdrängung zu verstärken!

Ärger existiert. Wut existiert. Gefühle des Verrats, des Verlassenwerdens, der Desillusionierung und der Wertlosigkeit existieren. Unser innerer Kritiker existiert. Depression existiert. Der hässliche Wunsch, einen anderen Menschen zu verletzen, verschwindet nicht, weil wir so tun, als ob er nicht da wäre. Etwas zu verleugnen oder zu unterdrücken, sorgt nicht dafür, dass es verschwindet. Verleugnung bringt uns vielmehr dazu, auf Süchte und falsche Persönlichkeiten zurückzugreifen, um die Illusion aufrechtzuerhalten. Zu glauben, man könne etwas vermeiden, bedeutet nur, dass man eine Sucht entwickeln muss, um es zu unterdrücken.

Ich glaube, dass eine unserer größten spirituellen Herausforderungen darin besteht, voll und ganz als Mensch zu leben. Es erfordert ungeheuer viel Mut, verkörpert zu sein – und verkörpert zu bleiben. Die irdische Schule ist für uns eine einzigartige Gelegenheit, das volle Spektrum der menschlichen Natur zu durchwandern und zu erfahren. Transzendente spirituelle Praktiken sind ein Teil dieser Erfahrung, aber meiner Meinung nach wurde zu viel Wert darauf gelegt, während dem Gleichgewicht zu wenig Wert beigemessen wurde. Eine Aufgabe, die wir als Menschen zu erfüllen haben, besteht darin, die Polaritäten von Geist und Materie, Bewusstsein und Körper, männlich und weiblich, Himmel und Erde miteinander zu verweben. Das meine ich, wenn ich sage, dass wir eine Brücke, ein Kanal zwischen göttlichem Geist und Materie sind. Wir sind an dem Punkt in unserer Entwicklung angekommen, an dem wir bereit sind, den Sprung vom Dualitätsbewusstsein zum Einheitsbewusstsein zu vollziehen. Es geht nicht um das eine oder das andere. Es geht um *beides*. Können Sie in Ihrem Inneren den Raum für die Auflösung dieser „Gegensätze" halten?

In ihrem Buch *Lebensräder* schreibt Anodea Judith:

> Die meisten Interpretationen der Chakras konzentrieren sich darauf, unsere körperliche Realität zu überschreiten, und stellen sie als untergeordnet oder degeneriert dar. Leben sei Leiden, so sagt man uns, und die transzendenten Ebenen seien das Antidot. Wenn das Leben gleichbedeutend mit Leiden und Transzendenz das Antidot ist, dann bedingt die Logik dieser Gleichung, dass Transzendenz dem Leben selbst entgegengesetzt ist ...
>
> Ich glaube nicht, dass wir unsere Lebenslust und unsere Freude daran opfern müssen, um uns spirituell weiterzuentwickeln. Ebenso wenig sehe ich Spiritualität als Gegensatz zur weltlichen Existenz oder dass spirituelles Wachstum eine intensive Kontrolle und Beherrschung unserer angeborenen biologischen Natur, also des Lebens selbst, erfordert. Ich glaube, dass dies Teil eines Paradigmas der Kontrolle ist, das einer früheren Zeit angemessen, den aktuellen Herausforderungen unserer Zeit aber nicht angemessen ist. Diese Herausforderungen verlangen Modelle der Integration und nicht der Beherrschung.[3]

Wir tragen das volle Spektrum des Menschseins in uns. Das bedeutet mit anderen Worten: Wir sind alle Heilige und wir sind alle Mörder. (Und wenn Sie an Reinkarnation glauben und oft genug gelebt haben, sind Sie vermutlich im wahrsten Sinne des Wortes schon einmal ein Heiliger und ein Mörder gewesen.) Wir müssen anerkennen, dass wir jede mögliche Ausdrucksform menschlichen Verhaltens in uns tragen. So zu tun, als sei es nicht da, sorgt nicht dafür, dass es verschwindet. Der Sinn unseres Lebens in einem Körper liegt nicht darin, ihm zu entkommen oder ihn zu verleugnen. Er liegt darin, dass wir lernen, menschlich *und* göttlich zu sein.

Unsere wahre Macht und Stärke rühren daher, dass wir uns voll und ganz bewohnen. Und unsere größte Macht? Sie liegt in unserem Schatten verborgen. Wenn wir uns unseren Ängsten stellen können, die Selbstanteile lieben können, die wir für liebensunwert erachten, die Dinge konfrontieren können, vor denen wir uns am meisten fürchten, und uns zu allem bekennen können, was wir sind – gut, böse und hässlich –, dann vervielfachen wir unsere Fähigkeit, voll geerdet und präsent durch die Welt zu gehen und uns vor niemandem zu verstecken. Und wir können unsere empathischen Gaben anerkennen und uns für unseren Mut und unsere Einzigartigkeit lieben.

Spirituelle Vermeidung ist ein Begriff, der im Grunde bedeutet, dass wir in den höheren Chakras leben und die niederen und abstoßenden menschlichen Erfahrungen und Emotionen verleugnen, umgehen oder vermeiden. Wie zeigt sie sich im Alltag? Sie zeigt sich beispielsweise in Menschen, die sagen: „Ich will diese negativen Dinge nicht hören", wenn Sie jemanden brauchen, mit dem Sie reden können, weil Ihr Vorgesetzter Sie nicht für eine Prämie vorgeschlagen hat, nachdem Sie gerade ein großes Projekt sehr erfolgreich abgeschlossen haben, und Ihr inneres Kind schreit. Sie zeigt sich in den unecht glücklichen Menschen, die glauben, dass alle Probleme des Lebens mit einigen einfachen Affirmationen zu lösen sind: „Gott wird für alles sorgen." „Alles geschieht aus einem Grund." „Es wird sich alles regeln." Sie zeigt sich in den Therapeuten, die sich nicht tief auf Sie einlassen können, weil sie ihre eigenen Tiefen nicht ergründet haben. Sie zeigt sich in den Geistlichen, die bei Beerdigungen, Eheberatungsgesprächen und Hochzeiten immer dieselben abstrakten und unbrauchbaren Verse aus der Bibel zitieren, weil sie abgeschnitten sind und keine Ahnung haben, wie sich das menschliche Leben wirklich anfühlt. Sie zeigt sich in den Kirchen, die den Blick ausschließlich auf das „Licht" richten und nicht bereit sind, über Dinge wie den Schatten, Wut oder Sexualität zu sprechen. Sie zeigt sich in den spirituellen Selbsthilfegruppen, die Spiritualität „light" praktizieren, wirkliche Themen nicht anerkennen und keine substanziellen Lehren oder Erfahrungen anbieten. Sie zeigt sich an den Orten und in den Menschen, die Ihnen nicht das Gefühl geben, authentisch sein oder Ihre Wahrheit aussprechen zu können. Diese Energien geben uns das Gefühl, so tun zu müssen, als seien wir glücklich und als sei alles in Ordnung.

Bitte verstehen Sie mich nicht falsch: Ich übe keine harsche Kritik an diesen Menschen und will auch nicht andeuten, dass ich besser bin als sie. Ich bin den Weg der spirituellen Vermeidung selbst gegangen. Das tun wir alle bis zu einem gewissen Grad. Wir sind alle menschlich und ringen alle darum, präsent zu sein und das Richtige zu tun. Aber es ist wichtig, dass wir verstehen und erkennen können, wie spirituelle Vermeidung sowohl bei uns selbst als auch bei anderen Menschen in Erscheinung tritt. Und dieses Urteilsvermögen hängt stark davon ab, wie Sie sich fühlen. Wie fühlen Sie sich in Gegenwart dieses Menschen, in dieser Kirche oder in dieser sozialen Gruppe?

Spirituelle Vermeidung ist verlockend und kann den Anschein erwecken, als sei der betreffende Mensch erleuchtet und habe alles verstanden. Letztlich bringt sie uns aber nichts ein. Robert Augustus Masters schreibt in seinem Buch *Spiritual Bypassing*: „Spirituelle Vermeidung benutzt spirituelle Glaubenssätze, um *die Auseinandersetzung mit* schmerzhaften Gefühlen, offenen Wunden und notwendiger Entwicklung unbewusst *zu vermeiden*. Sie ist allgegenwärtig, bleibt meist unerkannt und schadet oft mehr, als dass sie nützt."[4]

Masters erklärt weiter, dass spirituelle Vermeidung ein sehr hartnäckiger Schattenaspekt der Spiritualität ist, der sich in den folgenden Verhaltensweisen oder Bewusstseinszuständen äußern kann:

- Übertriebene Losgelöstheit
- Emotionale Betäubung und Verdrängung
- Überbetonung des Positiven
- Wutphobie
- Blindes oder übermäßig tolerantes Mitgefühl
- Schwache oder zu durchlässige Grenzen
- Einseitige Entwicklung (die kognitive Intelligenz ist der emotionalen oder ethischen Intelligenz oft weit voraus)
- Hemmendes Urteil über die eigenen Schattenelemente oder die eigene Negativität
- Abwertung des Persönlichen im Verhältnis zum Spirituellen
- Irrglaube, auf einer höheren Seinsebene angekommen zu sein[5]

Voll verkörpert zu sein und das volle Spektrum des Menschseins zu leben, bedeutet nicht, auf jeden kindischen, narzisstischen, maßlosen oder wütenden Impuls zu reagieren. Es bedeutet, das Komplettpaket anzuerkennen, uns als der zu zeigen, der wir sind, und alle Positionen des Spektrums gleich zu bewerten. Linda Star Wolf sagt: „Das Licht, die Dunkelheit, kein Unterschied."[6] Sie ist eine leidenschaftliche Verfechterin der Schattenarbeit.

Unsere Geschichte ist reich an philosophischen Weltbildern, Religionen und Regierungssystemen, die die Spaltung zwischen Geist und Körper fördern und dabei die Bedeutung des Geistes in den Vordergrund stellen und die Bedeutung des Körpers kleinreden. Mit Rückblick auf die Erörterung des Männlichen und des Weiblichen in Kapitel 10 kann man es auch anders ausdrücken. Erinnern Sie sich daran, dass das Männliche mit dem Kopf oder Intellekt und das Weibliche mit dem Herzen verbunden ist, zu dem auch die Gefühle und Erfahrungen des Körpers gehören. Die unterschwellige Botschaft der patriarchalischen Lehren und vor allem der durch das Patriarchat beeinflussten spirituellen Traditionen lautet wieder einmal, dass dem Männlichen größere Bedeutung und größerer Wert zukommt als dem Weiblichen.

Vor uns als Empathen liegt sehr viel Arbeit, denn unsere bewährten Mittel bestehen oft darin, den Körper zu verlassen, abzuschalten oder zu dissoziieren, um mit der Überforderung und Reizüberflutung klarzukommen. Wie bei allen in diesem Buch vorgestellten Praktiken ist es auch hier wichtig, kleine Schritte zu gehen.

IST ES WIRKLICH SO WICHTIG, VERKÖRPERT ZU SEIN?

Es sagt sich leicht: „Bis jetzt ist es mir doch gut gegangen und ich wusste noch nicht einmal, dass es Verkörperung gibt. Warum sollte ich Zeit und Mühe in sie investieren?"

Darauf möchte ich antworten: „Ist es Ihnen tatsächlich gut gegangen?"

Die große Bedeutung, die diesem Thema zukommt, lässt sich nur schwer veranschaulichen, weil es mit so vielen medizinischen Krankheiten und Leiden vergleichbar ist: Die Verschlechterung geht so langsam vonstatten oder besteht schon so lange, dass es nahezu unmöglich ist, sich zurückzuerinnern oder einen eindeutigen Vergleich zu ziehen, der den Unterschied zwischen Gesundheit und Krankheit aufzeigt.

Sie kennen vielleicht die Parabel vom kochenden Frosch. Sie ist ein wenig makaber, verdeutlicht aber den Punkt. Sie handelt davon, dass ein Frosch, der plötzlich in kochendes Wasser geworfen wird, sofort wieder herausspringt, weil er den Temperaturunterschied bemerkt und erkennt, dass das Wasser heiß und lebensbedrohlich ist. Setzt man den Frosch dagegen in lauwarmes Wasser, das dann langsam zum Kochen gebracht wird, nimmt der Frosch die

Gefahr nicht wahr, weil die Temperatur sich so langsam ändert, dass er sich daran anpasst. So kann der Frosch nicht erkennen, dass die Temperaturveränderung gefährlich ist, und wird zu Tode gekocht.

Viele Krankheiten beginnen ähnlich: Die Gesundheit verschlechtert sich so allmählich, dass Sie erst dann erkennen, wie sehr Ihre Lebensqualität gelitten hat, wenn ein akutes Ereignis eintritt. Sie ermüden ein wenig schneller, haben gelegentlich Probleme damit, sich an Dinge zu erinnern, haben ein wenig mehr Verdauungsprobleme als früher und Ihre Gelenke schmerzen häufiger. Alle diese Symptome lassen sich sehr leicht vom Tisch wischen oder verharmlosen, sodass man zu dem Schluss gelangt, dass sie in Wirklichkeit nicht auf eine bestimmte Krankheit hinweisen.

Ähnlich verhält es sich mit dem Thema der Verkörperung. Schauen Sie noch einmal auf die im Abschnitt „Die Epidemie der Entkörperung“ enthaltene Liste der Symptome, die auf eine Entkörperung hinweisen. Können Sie sich mit einer dieser Qualitäten identifizieren?

Als Empathen haben wir uns auf kosmischer Ebene zu einer Aufgabe von großer Tragweite verpflichtet. Nur Sie können entscheiden, wie wichtig es ist, zu einem volleren Maß an Verkörperung zu gelangen. Doch ich bin nahezu sicher, dass Sie in jedem Lebensbereich – von den alltäglichen bis zu den tiefgründigen Dingen und besonders im Bereich Ihrer Seelenaufgabe – weniger effektiv sein werden, wenn Sie nicht lernen, sich vollständig zu bewohnen und Ihre gesamte Lebensenergie einzusetzen.

Ein gutes Beispiel, das diesen Punkt veranschaulicht, ist die Bedeutung von Sauerstoff für das menschliche Leben. Der Sauerstoffgehalt im Blut wird meist als ein Prozentsatz der maximalen Menge an Sauerstoff angegeben, die das Blut transportieren kann. Die Sauerstoffsättigung liegt normalerweise zwischen 95 und 100 Prozent. Sauerstoffwerte von unter 90 Prozent gelten als niedrig. Man bezeichnet diesen Zustand als Hypoxämie. Wenn der Sauerstoffgehalt in Ihrem Blut also um nur 10 Prozent sinkt, kann dies verheerende Auswirkungen haben: Atemnot, Hautverfärbungen, Verwirrtheit, beschleunigte Atmung, eine hohe Herzfrequenz, Pfeifatmung, Schweißausbrüche und Husten. Diese 10 Prozent haben entscheidenden Einfluss auf die Lebensqualität.

Verkörperung ist ein vergleichbares Konzept. Vielleicht haben Sie sich so sehr an die Hypoxämie der Entkörperung gewöhnt, dass Sie noch nicht einmal erkennen, dass etwas nicht in Ordnung ist.

MIT IHREM KÖRPER UND IHREN EMOTIONEN PRÄSENT SEIN

Volle Verkörperung erfordert eine sorgsame Praxis der Selbstüberprüfung. Wie ich in Kapitel 7 zum Umgang mit Ihrem Energiefeld bereits erklärt habe, ist eine mehrmalige tägliche Selbstüberprüfung enorm wichtig, um Ihren Seinszustand und den Zustand Ihres Energiegefäßes zu bestimmen und um herauszufinden, was Sie übernommen haben, das nicht Ihnen gehört, wen Sie in Ihr Energiefeld hineingelassen haben, der dort nichts zu suchen hat, oder wie hoch das Maß an Stress ist, dass Sie in Ihrem physischen Körper gespeichert haben. Nun können Sie diesen Prozess der Selbstüberprüfung um die Beurteilung des Grades Ihrer Verkörperung erweitern.

Wenn Sie sich darum bemühen, präsent und geerdet zu sein, lösen viele andere Probleme der Entkörperung sich von selbst. Ein Blick auf die Symptome der Entkörperung im obigen Abschnitt „Die Epidemie der Entkörperung" zeigt, dass eine intuitive Verbindung zwischen der Präsenz und Erdung im Körper und der Auflösung vieler dieser Symptome besteht. Wenn Sie präsent und geerdet sind, dann ist Ihre Lebensenergie vollständig präsent und zirkuliert durch Ihren ganzen Körper. Das bedeutet, dass Sie ganz im Moment sind, auf das fokussiert, was geschieht, und bei dem, was bei Ihnen präsent ist. Wenn Sie präsent sind, dann haben Sie sich nicht in der Vergangenheit oder der Zukunft verloren. Ihre Aufmerksamkeit, Ihre Energie und Ihr Bewusstsein haben sich im gegenwärtigen Moment versammelt.

Verkörperung lässt sich, wie bereits gesagt, am ehesten mit vollständiger Präsenz vergleichen, wenn es um die *Verkörperung im gegenwärtigen Moment* geht. Die Bedeutung der Verkörperung als umfassenderes Konzept können Sie sich als *Präsenz über einen längeren Zeitraum* vorstellen. Mit Ihrem Körper und Ihren Emotionen präsent zu sein, ist eine Praxis, die von Moment zu Moment stattfindet. Im Laufe der Zeit wird es Ihnen gelingen, die Momente zu längeren Perioden der Verkörperung aneinanderzureihen. Wenn das geschieht, werden Sie vermutlich auch erkennen, dass Sie die ungelösten Probleme, Traumen und Verletzungen in Ihrem Energiefeld nicht länger ignorieren können. Eine direkte Folge der Konzentration auf Verkörperung ist die Konzentration auf Ihre innere Heilungsarbeit. Eine direkte Folge Ihrer inneren Heilungsarbeit ist ein höheres Maß an Verkörperung.

Neben der täglichen Überprüfung bieten geführte Meditationen eine sehr gute Möglichkeit, sich grundlegend mit dem auseinanderzusetzen, was in Ihrem Körper und in Ihren Emotionen präsent ist. Das gilt besonders dann, wenn Sie noch nicht darin geübt sind, in sich hineinzuspüren.

Bitte hören Sie die sechste Audiodatei mit dem Titel „Meditation to Assess Your Physical and Emotional State". Mithilfe dieser geführten Meditation können Sie zu jeder Zeit überprüfen, was in Ihrem physischen Körper und in Ihrem Emotionalkörper präsent ist.

14

Gewinnen Sie Ihre Identität zurück: Leben Sie aus Ihrer eigenen Mitte heraus

Es gab in meiner Kindheit niemanden, der meine empathische Wesensnatur, mein sensitives Nervensystem, mein weit offenes Herz oder die Tatsache, dass ich Energie und die unsichtbaren Reiche wahrnahm, erkennen konnte oder zu schätzen wusste. Es gab niemanden, der mir zeigte, wie ich mit meiner Energie umgehen konnte, oder mir zu verstehen half, was ich erlebte und warum. Das geschah nicht bewusst oder in böswilliger Absicht. Es gab in meiner Umgebung ganz einfach niemanden, der mich die Werkzeuge hätte lehren können, die mir erlaubt hätten, diese einzigartigen Qualitäten auszudrücken und mich trotzdem sicher zu fühlen. Unbezahlbare Werkzeuge, die mir erlaubt hätten, meine eigene Stimme zu hören und in meiner Mitte zu bleiben.

Stattdessen war es einfacher und ich hatte letztendlich auch keine andere Wahl, als mein empathisches Selbst aus praktischen Gründen und dem Wunsch nach Anpassung aufzugeben. Nach vielen Jahren emotionaler und energetischer Schwächung lernte ich, alles zu verbergen, und legte mir eine aufwändige und dennoch unzulängliche Panzerung zu. Außer dass eine Panzerung kein Ersatz für Grenzen oder Selbstfürsorge ist, die ich beide nicht besaß.

Während meiner Kindheit hörte ich nicht auf die subtilen (oder weniger subtilen) Versuche des göttlichen Geistes, meine Aufmerksamkeit zu erlangen. Ich ignorierte das Flüstern, das Klopfen auf mein Bein, den Klaps auf den Arm, den Stoß in die Rippen und sogar den Schlag auf den Rücken. Es brauchte einen Boxhieb gegen die Stirn, um meine Aufmerksamkeit zu erlangen. Der göttliche Geist erwies mir den Gefallen.

Die Samenkörner meiner spirituellen Initiation wurden im Jahr 2000 gelegt, als ich eine leichte Depression durchmachte. Ich suchte einen Therapeuten auf, vereinfachte mein Leben, nahm Medikamente (und hörte sofort wieder damit auf) und machte einige tiefgreifende Entdeckungen über mich selbst und meine Muster, die mir erlaubten, mich zu entspannen und einen neuen Blick darauf zu gewinnen, wie es weitergehen sollte. Nach etwa neun Monaten schien mein Leben wieder im Lot zu sein. Heute bezeichne ich diese Ereignisse als leichte Erschütterungen vor dem großen Erdbeben.

Ich verließ die Air Force im Jahr 2002, nachdem ich mich über ein Jahr lang auf meine neue Tätigkeit als Finanzberaterin vorbereitet hatte. Ich rechnete fest damit, dass dies über die nächsten fünf, zehn oder sogar fünfzehn Jahre mein Beruf sein würde. Meine Seele hatte andere Pläne und ich gab mein Geschäft nach nur fünfeinhalb Monaten auf, weil ich die Arbeit hasste. Mein spirituelles Erwachen hatte mit aller Macht begonnen und ich konnte die Schleusentore der Veränderung nicht länger geschlossen halten.

Sorgfältig ausgearbeitete Pläne und Erwartungen wurden zerstört. Alles begann auseinanderzufallen. Alles starb gleichzeitig. Neben dem Einstieg in und dem raschen Wiederausstieg aus meinem neuen Beruf begann auch meine Ehe zu zerbrechen. Mein finanzielles Fundament begann zu bröckeln. Ich hatte das Gefühl, als würde alles, was ich wertschätzte und worauf ich mich verließ, mich irgendwie verraten. Was ich für die „Wahrheit" hielt, war nur eine Fassade, eine Illusion. Mir wurde allmählich alles genommen, was ich zu wissen glaubte. Ich hatte keine Ahnung, wer ich war, was ich wollte oder was ich als Nächstes tun sollte.

Auf dem Weg durch die Erfahrungen meines eigenen Erwachens glaubte ich, es niemals bis auf die andere Seite zu schaffen – ich konnte mir nicht einmal vorstellen, wie es auf der anderen Seite aussah! Ich weinte, ich schrie, ich suhlte mich in Zweifeln und Verzweiflung, ich schrie Gott an und war sicher, dass es mir nie gelingen würde, meine Emotionen zu kontrollieren. In den ersten fünf Jahren durchlief ich einen enorm beschleunigten Prozess der Transformation. Es kam mir so vor, als hätte ich hundert Jahre in einer Zeitspanne von nur fünf Jahren gelebt.

Die materiellen Verluste, die ich in diesen fünf Jahren erlitt, waren enorm.

Ich verlor 25.000 Dollar, weil ich mein Finanzberatungsunternehmen „zu früh" aufgegeben hatte, machte alle meine Investitionen zu Bargeld, lieh mehrere tausend Dollar von meiner Familie, brauchte meine gesamten Ersparnisse auf, ließ mich scheiden, zog viermal um, wurde zweimal entlassen, wurde zweimal arbeitslos, machte einen Garagenverkauf nach dem anderen, nahm vier Kredite gegen den Barwert meiner Versicherungspolicen auf, verkleinerte mich immer mehr, senkte meinen Lebensstandard, machte alles zu Geld, was ich entbehren konnte, und war in hohem Maße von der finanziellen Unterstützung meines jetzigen Mannes abhängig.

Die emotionalen und mentalen „Schäden" lassen sich weit schwieriger in Zahlen und messbaren Größen ausdrücken.

Was ich aber sagen kann, ist, dass diese Transformation mir mit Ausnahme des „höchsten Opfers" alles abverlangt hat. Und auch wenn ich nicht leibhaftig gestorben bin, so habe ich doch den Tod meines früheren Selbst durchlebt. Als ich schließlich auf der anderen Seite ankam, sah in meiner Welt nichts mehr so aus wie früher. Zuhause. Beziehungen. Ehe. Finanzen. Arbeit. Selbstbild. Besitz. Stadt. Bundesstaat. Nichts. Einer meiner Freunde hat es kürzlich so ausgedrückt: „Eine Initiation ist kein Kinderspiel!"

Ein großer Teil von mir – meine Identität, meine Überzeugungen, Werte, Muster, Träume und Erwartungen – ist bei dieser Häutung verbrannt. Die Feuer der Kali, der Hindugöttin des Todes und der Zerstörung, waren schonungslos, aber hochpräzise in ihrer Unterscheidungskraft. Alles, was überflüssig war, mir nicht diente oder mich zurückhielt, wurde verzehrt. Es gab nicht viel, was diesen Schmelzofen überlebte, aber das, was übrig blieb, wurde alchemistisch in einen neuen Stoff umgewandelt.

Als mein Erwachen begann, hatte ich kein Gefühl für mein eigenes Selbst. Doch als ich endlich aus dem spirituellen Schmelztiegel heraustaumelte, hatte ich erstmals eine Ahnung davon, wer ich war. Die Anteile meiner Psyche, meiner Persönlichkeit und meines Willens, die diesem tief greifenden schamanischen Tod widerstanden hatten und weiterlebten, vermittelten mir ein neues Gefühl der Identität, des Sinns und des Selbstvertrauens. Dieser Prozess inspirierte mich dazu, mein spirituelles Unternehmen aufzubauen und anderen Menschen zu dienen, die sich auf einem ähnlichen Weg befanden.

Auch wenn sie hart erkämpft war, hatte ich endlich meine kostbare Mitte gefunden.

DER WEG ZUR GANZHEIT

Meine Geschichte ist nicht ungewöhnlich. Wir sind als Menschen anfangs nicht sonderlich gut darin, auf uns selbst, unsere Intuition oder die Botschaften des göttlichen Geistes zu hören. Wir können dickköpfig und arrogant sein. Deshalb ist oftmals ein tief greifender Umbruch notwendig, um unsere Aufmerksamkeit zu erlangen. Im Laufe der Zeit lernen wir, früher auf uns selbst zu hören, und brauchen weniger Chaos und Drama als Ansporn für Veränderung. Am Anfang kann es sich allerdings so anfühlen, als seien alle Kräfte des Universums gegen uns gerichtet. Für uns als Empathen ist die Herausforderung sogar noch größer. Herauszufinden, wer wir sind, und zu lernen, in unserer Mitte zu bleiben, kann uns wie ein fast unmögliches Unterfangen vorkommen.

Ich würde Ihnen gerne sagen, dass es leicht ist, zur Ganzheit zurückzufinden und mithilfe des eigenen Kompasses zu leben, und dass es einen Zehn-Punkte-Plan gibt, den Sie einfach befolgen müssen, aber das kann ich leider nicht. Weil es nicht stimmt. Es gibt nicht „die eine“ Formel, es geschieht nicht innerhalb eines vorgegebenen Zeitrahmens und es ist kein linearer Prozess. Es erfordert Zeit, Anstrengung und Einsatz, Ihre Identität zurückzugewinnen und aus Ihrer Mitte heraus zu leben. Es ist verwirrend, fordernd, zum Verzweifeln, quälend, herzzerreißend, rätselhaft und mühselig. Es fordert Opfer. Und es ist am Ende jede Sekunde, jeden Rückschlag und jede Narbe wert.

Auf der kollektiven Ebene – erinnern Sie sich an den „Urknall“, von dem ich gesprochen habe? – ist unser gegenwärtiger Weg als evolutionäre Empathen mit der Landung der alliierten Streitkräfte an den Stränden der Normandie im Zweiten Weltkrieg vergleichbar. Wir sind die erste Welle. Es wird vermutlich ein äußerst zermürbender Prozess werden, aber unsere treue Seele wusste, dass wir ihn meistern können. Es gibt ein höheres Ziel, dem gedient wird, und es ist unsere Zeit. Es mag das schwierigste Unterfangen Ihres Lebens sein, aber Sie *können* herausfinden, wer Sie sind, und Ihr Selbstgefühl zurückgewinnen. Sie *können* lernen, sich selbst zu vertrauen und aus dem Herzen heraus zu führen. Sie *können* ein Pionier sein – und *sind* es. Sie sind hier, um eine *große* Mission zu erfüllen. Wenn Ihre körperliche Kraft nicht ausreicht, stützen Sie sich auf die Kraft Ihrer Seele. Ihre Seele weiß. Sie kennt den Bauplan.

Sie wurden für diese Zeit geschaffen. Ihre Seele hat sich dafür entschieden, in genau der Ausstattung zu inkarnieren, die Sie zu dem macht, der Sie sind. Es reicht nicht, weniger von sich zu zeigen. Selbst 99 Prozent reichen nicht. Zu sich selbst zurückzukehren und in Ihrem unumschränkten authentischen Selbst zu stehen, ist das wichtigste Unterfangen Ihres Lebens. Die Welt kann nicht von Ihrer Strahlkraft profitieren, wenn Sie nicht in sich selbst wohnen. Sie müssen nach Hause zu sich selbst kommen.

Leisten Sie Ihre innere Arbeit. Gewinnen Sie Ihren Schatten zurück. Erkennen Sie Ihre männliche und Ihre weibliche Seite an. Seien Sie vollständig verkörpert. Nehmen Sie Ihre Menschlichkeit und Ihre Göttlichkeit an. Ergänzen Sie Ihren Werkzeugsatz um geeignete Werkzeuge. Heilen Sie Ihre Verletzungen. Wetzen Sie die Scharten aus. Erhöhen Sie Ihr Bewusstsein. Vertrauen Sie Ihrem Herzen. Das ist die Arbeit, die Sie zur Ganzheit zurückführt.

EXTERNE IM VERGLEICH ZU INTERNER VALIDIERUNG: VOM „DU DEFINIERST MICH" ZUM „ICH DEFINIERE MICH"

In den frühen Phasen unserer Entwicklung ist es normal, dass wir nach externer Validierung suchen. Wir müssen wissen, dass unsere Eltern uns lieben und dass für unsere Grundbedürfnisse gesorgt wird. Am Anfang brauchen wir Berührung, Zuneigung, ein Gefühl der Sicherheit und ständige Fürsorge. Zu einer gesunden Kindheitsentwicklung gehören allerdings auch zunehmend längere Phasen der Autonomie.

Besonders in der westlichen Gesellschaft sind die Botschaften, die wir im Hinblick auf unsere persönliche Autorität empfangen, sehr widersprüchlich und schwächend. Anodea Judith spricht vom Kampf gegen ein Vermächtnis früherer Generationen, die an die höchste Autorität Gottes über den Menschen, des Mannes über die Frau und der Eltern über das Kind glaubten.[1] Das bedeutet, dass wir nicht unter gleichen Bedingungen zur Welt kommen. Wir haben von Anfang an schlechte Karten. Es gibt kaum Einflüsse, die für unsere persönliche Autorität eintreten, sodass wir uns der schwierigen Aufgabe widmen müssen, sie selbst zu kultivieren, obwohl es viele Einflüsse gibt, die uns erklären, dass wir im Irrtum sind. Oder in die Hölle kommen.

Als Empathen haben wir noch größere Hindernisse zu überwinden, weil wir in so hohem Maße fremdzentriert sind. Denken Sie daran, dass es in unserer Natur liegt, mit anderen Menschen zu verschmelzen. Das kann in bestimmten Situationen zwar ein wertvolles Werkzeug sein, darf unser Handeln aber nicht länger bestimmen. Wenn wir lernen wollen, aus unserer Mitte heraus zu leben, dann müssen wir den Ort unserer Erfahrung von außen nach innen verlagern. Wir müssen lernen, auf uns selbst und nicht auf andere zentriert zu sein. Wir müssen lernen, uns selbst zu validieren, statt auf die Validierung durch andere Menschen angewiesen zu sein.

In ihrem Buch *Eastern Body, Western Mind* schreibt Anodea Judith:

Ohne Beziehung zum Selbst ist ein reflektierendes Bewusstsein unmöglich. Wir treiben haltlos, einsam und verloren, sind von unserem eigenen Grund abgeschnitten und suchen ihn schließlich bei einem anderen Menschen. Er wird zu unserer Realität und die Bürde, die wir ihm auferlegen – die Bürde unserer eigenen Selbstverleugnung –, treibt ihn meist von uns fort. Dann verlieren wir alle Energie, die wir in ihn investiert haben, ebenso wie Anteile unserer selbst ... Wenn wir alles geben, richten wir uns selbst zugrunde. Wir haben keine Mitte, zu der andere sich hingezogen fühlen können, weil schlicht niemand zu Hause ist. Es gibt niemanden in uns, den man lieben könnte, weil wir uns selbst fortgegeben haben.[2]

Autsch. Diese Sätze sind eine perfekte Beschreibung der ersten dreißig Jahre meines Lebens. Ich wusste nicht, wer ich war, und hatte nicht das Gefühl, für mich allein genommen „genug" zu sein. Mein Wert definierte sich über alle äußeren Dinge. Als ich erwachsen wurde und mein authentisches Selbst immer mehr auf Ablehnung stieß, gab ich mich auf und lernte, mich in einem anderen Menschen zu verankern. Er wurde zu meiner Mitte und ich verlor mich in ihm. Ich wusste nicht, wie ich mich selbst bewohnen sollte. Mein eigenes Innerstes war leer.

Selbstdefinition ist ein Lernprozess, der Zeit und Mühe erfordert. In den folgenden Abschnitten dieses Kapitels gebe ich Ihnen Werkzeuge und Übungen an die Hand, mit denen Sie Ihre innere Landschaft ergründen und Ihre Wünsche, Vorlieben, Abneigungen und Werte entdecken können. Es ist jedoch wichtig zu erkennen, dass die große Veränderung darin liegt, von der Suche nach äußerer Validierung zum Streben nach innerer Validierung zu gelangen. Sie validieren sich selbst. Was bedeutet das? Auf einer ganz grundlegenden Ebene bedeutet es, dass Sie sich selbst akzeptieren, sich selbst lieben, Mitgefühl für sich selbst empfinden, sich selbst vertrauen und an sich selbst glauben. Sie entscheiden, was richtig und was falsch für Sie ist.

Verdienstwürdigkeit und Wert sind Themen, die oft aufgeworfen werden, wenn wir lernen, uns selbst zu validieren. Als Empathen besitzen wir meist kein starkes Selbstbild und haben unseren Selbstwert unbewusst darüber definiert, wie gut es uns gelingt, uns um die Bedürfnisse anderer zu kümmern. Es ist gut möglich, dass ein schwieriger Lernprozess vor Ihnen liegt, bis Sie daran *glauben* können, dass Sie genug sind. Dass Sie es wert sind, für sich selbst einzutreten, dass Sie es verdient haben, dass Ihre Bedürfnisse wichtig sind. Möglicherweise wissen Sie noch nicht einmal, was Ihre Bedürfnisse sind. Alle diese Dinge sind Teil der Reise. Transformation und Veränderung finden, wie bereits gesagt, auf einem nichtlinearen, gewundenen Pfad statt. Wenn Sie an einem Selbstaspekt arbeiten, wirkt dies sich auf andere Aspekte aus. Je mehr Sie lernen, sich selbst zu validieren, umso besser gelingt es Ihnen, das, was Sie brauchen, zu erkennen und darum zu bitten. Je mehr Sie lernen, das, was Sie brauchen, zu erkennen und darum zu bitten, umso besser gelingt es Ihnen, sich selbst zu validieren. Das gilt für alle diese Werkzeuge.

IHRE IDENTITÄT ZURÜCKGEWINNEN: DIE ÜBUNGEN

Wenn Sie einzelne Übungen aus jedem Kapitel von Teil 2 dieses Buches – die Werkzeuge in Ihrem Werkzeugsatz des evolutionären Empathen – praktizieren, gewinnen Sie bestimmte Aspekte Ihrer Persönlichkeit zurück und können sich selbst in höherem Maße bewohnen. Ich möchte noch einmal wiederholen, dass dies ein Weg und kein Ziel ist. Achten Sie also darauf, dass Sie in diesem Prozess an Ihren eigenen Erwartungen arbeiten. Geben Sie sich und ihm die Erlaubnis, sich so zu entfalten, wie es notwendig ist, und machen Sie sich bewusst, dass sich infolge Ihrer eigenen Veränderung wahrscheinlich auch Ihr äußeres Umfeld verändern wird. Unsere Identität zurückzugewinnen und aus unserer eigenen Mitte heraus zu leben, ist ein lebenslanges Bestreben, dessen Nutzen sich aber sofort einstellt.

Die in diesem Abschnitt enthaltenen Übungen geben Ihnen die Möglichkeit, sich selbst auf einer tieferen Ebene kennenzulernen, sich an Selbstanteile zu erinnern, die Sie vielleicht vergessen haben, und sich getrennt von Ihren Eltern zu definieren. Praktizieren Sie die Übungen, von denen Sie sich angesprochen fühlen.

Erlauben Sie mir eine kurze begriffliche Klarstellung, ehe wir beginnen. Es gibt viele Möglichkeiten, sich der Frage „Wer bin ich?" zu nähern. Ich gehe im Rahmen dieses Buches davon aus, dass wir eine geistige Identität besitzen – wir sind alle eins, wir sind alle Individuationen des göttlichen Geistes und besitzen die gleichen schöpferischen Fähigkeiten und wir sind alle geistige Wesen, die eine menschliche Erfahrung machen –, uns gleichzeitig aber dafür entschieden haben, einen Körper anzunehmen. Im folgenden Abschnitt geht es darum, den *menschlichen Aspekt* dessen zu ergründen, der Sie sind.

◎ *Persönlichkeitstests*

Es gibt verschiedenste Persönlichkeitstests und andere Verfahren, die Sie einsetzen können, wenn Sie sich davon angesprochen fühlen. Nachstehend habe ich eine kleine Auswahl für Sie zusammengestellt:

- ◎ **Myers-Briggs-Typen-Indikator** (kurz MBTI): Dieses Testverfahren basiert auf den Vorstellungen von Carl Gustav Jung und zeigt, ob Sie ein introvertierter oder extravertierter Mensch sind und bis zu welchem Grad Sie die Welt durch Sensorik, Intuition, Fühlen und Denken verstehen.
- ◎ **DiSG-Typologie**: Dieses Testverfahren basiert auf einer Typologie von William Marston und konzentriert sich auf die Wesenszüge der Dominanz, Initiative, Stetigkeit und Gewissenhaftigkeit.
- ◎ **Winslow-Persönlichkeitsprofil**: Dieses Testverfahren misst beruflichen Erfolg und Glück durch Auswertung von vierundzwanzig Persönlichkeitsmerkmalen, die Ihnen helfen sollen, Ihre Stärken zu entdecken.
- ◎ **Enneagramm**: Dieses Modell umfasst neun Persönlichkeitstypen: Perfektionist, Helfer, Macher, Romantiker, Beobachter, Pflichterfüller, Abenteurer, Boss und Vermittler.
- ◎ **Schamanische Astrologie**: Die schamanische Astrologie unterscheidet sich von der traditionellen Astrologie insofern, als dass sie den Schwerpunkt nicht auf die Sonnenzeichen legt, sondern mithilfe eines archetypischen

und mythischen Bezugsrahmens arbeitet, der in den „Wie-oben-so-unten"-Mysterien verankert ist. Arbeiten Sie mit der astrologischen Schule, von der Sie sich angesprochen fühlen, da sie alle leicht unterschiedliche Sichtweisen anbieten.

◎ *Drei Eigenschaften*
Um diese Übung durchzuführen, kehren Sie noch einmal zur Checkliste im Abschnitt „Sind Sie ein Empath?" in Kapitel 4 zurück. Wählen Sie aus dieser Liste drei Merkmale oder Eigenschaften aus, mit denen Sie besonders gerungen haben oder die in Ihrem Leben ein besonders hohes Maß an Schmerz, Frustration oder Verwirrung verursacht haben. Notieren Sie die Qualitäten in Ihrem Tagebuch und beantworten Sie dann für jede Qualität die beiden folgenden Fragen:

1. **Was habe ich von diesem Merkmal oder aus dieser Erfahrung gelernt? Worin besteht sein Geschenk an mich?**
2. **Was hat dieses Merkmal oder diese Erfahrung mich über mich selbst gelehrt?**

Ehe Sie mit dem Schreiben beginnen, schließen Sie die Augen, rufen Ihr höheres Selbst an und verbinden sich mit seiner Weisheit und seiner umfassenden Sichtweise. Erlauben Sie sich, zum Kanal für Ihre höchste Weisheit zu werden. Gehen Sie tief nach innen, lassen Sie zu, dass die Weisheit durch Ihren Stift fließt, und schreiben Sie aus der Sicht dieses höheren Bewusstseins. Diese Vorgehensweise ist dem automatischen Schreiben ähnlich. Seien Sie bewusst und mit der Erfahrung verbunden, während Sie schreiben. Wenn Sie beim automatischen Schreiben Ihren Körper verlassen oder sich von ihm lösen, fassen Sie nun die Absicht, vollständig präsent zu bleiben und sich von Ihrer höheren Weisheit informieren zu lassen.

Sie können diese Übung mit so vielen Qualitäten aus der oben genannten Liste durchführen, wie Sie möchten. Da es rasch zur Überforderung führen kann, wenn Sie zu viele Merkmale gleichzeitig erforschen, rate ich Ihnen jedoch, mit drei Merkmalen zu beginnen. Sie können jederzeit zu dieser Übung zurückkehren.

Einhundert Dinge

Als ich eine meiner Klientinnen einmal darum bat, diese Übung durchzuführen, hätte man glauben können, ich hätte sie aufgefordert, den Mount Everest zu besteigen. Sie hatte enorme Probleme damit, weil sie so sehr daran gewöhnt war, sich über andere Menschen zu definieren, dass sie nicht wusste, wer sie war.

Die Übung ist einfach. Erstellen Sie eine Liste mit einhundert Dingen, die Sie über sich selbst wissen. Hier sind einige Beispiele aus meiner eigenen Liste:

1. Ich mag keine Achterbahnen, weil sie mir körperliche Schmerzen verursachen.
2. Immer wenn etwas Schlimmes passiert, suche ich die Schuld zuerst bei mir.
3. Ich brauche regelmäßig genügend Zeit für mich.
4. Ich liebe Pferde. Wenn ich mit ihnen zusammen bin, vergesse ich Hitze, Kälte und Hunger. Ich denke an nichts anderes als daran, im gegenwärtigen Moment zu sein.
5. Ich bin die Prinzessin aus dem Märchen **Die Prinzessin auf der Erbse**. Ich kann nicht auf einer harten Unterlage schlafen und reagiere äußerst empfindlich auf Geräusche und neue Orte.
6. Ich lebe gerne in einem Klima, das vier Jahreszeiten kennt. Ich genieße den Wechsel des Wetters und der Temperaturen.

Wie kommuniziert Ihr Körper mit Ihnen?

Unser Körper besitzt ein hochentwickeltes und narrensicheres System aus Sensoren und Rezeptoren, die uns genau sagen, was wir fühlen. Möglicherweise haben Sie Ihre Sensoren aus einem bestimmten Grund abgeschaltet. Sollte das der Fall sein, ermutige ich Sie, Ihrem Körper, Ihren Gefühlen und Ihrem internen Kommunikationssystem die *Erlaubnis* zu geben, Botschaften an Sie zu übermitteln, und diese Botschaften auch zu empfangen. Ihr Körper kennt *immer* die Antwort. Unsere Reaktionen auf ein Ereignis oder eine Situation werden immer im Körper registriert. Wir müssen lediglich lernen, sie wieder zu erkennen. Sie zeigen sich of in einem Bauchgefühl oder in einem Gefühl im Brust- oder Herzraum. Vielleicht bekommen Sie auch eine Hitzewallung oder eine Gänsehaut.

Hier sind einige Beispiele für die Reaktionen meines Körpers: Wenn ich etwas als meine Wahrheit erkenne (beispielsweise ein Aha-Moment, die genaue Beschreibung eines Ereignisses, die Interpretation einer Orakelkarte), habe ich für einen Augenblick das Gefühl zu ersticken oder breche in Tränen aus. Wenn ich müde werde und mich zu sehr antreibe oder eine Pause brauche, wird mir schlecht und ich werde äußerst griesgrämig. Mein Solarplexus (drittes Chakra, Ort der persönlichen Kraft) wird hart und verkrampft, so als ob ich im wahrsten Sinne des Wortes versuchen würde, mich durchzubeißen, statt auszuruhen, und die Dinge zu erzwingen, statt an einem Ort des Empfangens zu sein.

Mit der Zeit lernen Sie zu erkennen, was auf der physiologischen Ebene passiert, wenn Ihnen etwas begegnet, das als Wahrheit in Ihnen schwingt, oder etwas, das Ihr System ablehnt. Das kann für alles gelten: angefangen bei den Nahrungsmitteln, die Sie essen wollen, über eine Entscheidung, die Sie treffen müssen, bis zu Ihrem ersten Eindruck von einem Menschen, den Sie gerade kennengelernt haben. Führen Sie ein Tagebuch darüber, wie Ihr Körper mit Ihnen kommuniziert.

◎ *Ergründen Sie die Werte Ihrer Eltern*

Bei dieser Übung geht es darum, Ihren inneren Dialog, Ihre Werte, Erwartungen und Überzeugungen nach außen zu verlagern. Wenn sich etwas in unserem Kopf abspielt, ist es manchmal schwierig herauszufinden, ob es tatsächlich unsere Wahrheit ist oder nicht. Wenn Sie die Qualität außerhalb von sich sehen, ist es einfacher, klar darauf zu reagieren. Viele Regeln, nach denen wir besonders in den ersten Jahrzehnten leben, sind in extrem hohem Maße durch unsere Eltern beeinflusst. Wenn Sie die Werte Ihrer Eltern ergründen, indem Sie sie zu Papier bringen, können Sie sie objektiv analysieren. Das gibt Ihnen die Möglichkeit, Muster zu erkennen und ehrlicher darauf zu reagieren. Vielleicht wird Ihnen klar: „Oh, mein Gott! Ich verhalte mich ganz genauso. Dabei sind es eigentlich nicht meine Überzeugungen, Wertvorstellungen und Verhaltensweisen, sondern die meiner Mutter."

Unterteilen Sie ein Blatt Papier in Spalten und notieren Sie über den einzelnen Spalten jeweils die Namen der Menschen, die Sie in Ihrer Kindheit bis zum Alter von sechzehn Jahren am stärksten beeinflusst haben. Das können beispielsweise Eltern, Stiefeltern oder Großeltern sein.

Notieren Sie über die betreffenden Personen nun möglichst alles, woran Sie sich aus Ihrer Kindheit erinnern. Einige Beispiele:

- **Was haben sie wertgeschätzt? Was war ihnen wichtig?**
- **Welche Sprüche und Sprichwörter hatten sie während Ihrer Kindheit immer auf den Lippen?**
- **Wie haben sie auf Widrigkeiten reagiert? Wie auf unerwarteten Überfluss oder unerwartete Geschenke?**
- **Worin bestanden ihre üblichen Verhaltensweisen?**
- **Was waren ihre bevorzugten Hobbys oder Freizeitbeschäftigungen?**
- **Was war ihre vorherrschende Stimmung?**
- **Wie haben sie auf ihre Kinder reagiert?**
- **Welche Ansichten vertraten sie in Bezug auf Kindeserziehung?**
- **Worin bestanden ihre Prioritäten?**
- **Worüber haben sie sich beklagt?**
- **Was hat sie am meisten verärgert?**
- **Was wollten sie Ihnen „einhämmern"?**
- **Welche Ansichten vertraten sie im Hinblick auf Religion/Spiritualität?**
- **Wovor hatten sie Angst?**
- **Wie haben sie reagiert, wenn etwas nicht so lief, wie sie es wollten?**
- **Was haben sie getan, um Frustration abzureagieren oder abzubauen?**

Gehen Sie diese Liste nun durch und unterscheiden Sie zwischen den Einflüssen, denen Sie als Kind ausgesetzt waren, und Ihren eigenen Werten und Überzeugungen. Da dies ein zeitaufwändiger Prozess sein kann, können Sie in Etappen vorgehen, um eine mögliche Überforderung zu vermeiden. Prüfen Sie jeden Eintrag und treffen Sie eine klare Entscheidung, ob Sie zu der fraglichen Überzeugung oder Wertvorstellung tatsächlich in Resonanz gehen oder nicht. Ist das nicht der Fall, erteilen Sie sich selbst die Erlaubnis, sie loszulassen. Damit setzen Sie weder sich noch Ihre Eltern ins Unrecht. Es geht in dieser Übung darum, sich darüber klar zu werden, wer Sie sind (und wer Sie nicht sind).

Machen Sie eine Bestandsaufnahme Ihrer Energie

Es ist sehr leicht, sich von dem beeinflussen zu lassen, was andere Menschen von uns wollen oder erwarten. Deshalb kann es ungemein verwirrend sein, unter den zahllosen äußeren Energien und Einflüssen unsere authentische Wahrheit (unsere Leidenschaft, unser Verlangen, unser Bedürfnis, unser Ziel oder unseren Traum) zu finden. Gepaart mit unserer Veranlagung, alles zu geben, bis wir nichts mehr zu geben haben, und die Bedürfnisse aller anderen über unsere eigenen Bedürfnisse zu stellen, kann dies dazu führen, dass wir ausgelaugt, unerfüllt und verbittert sind, ehe wir überhaupt begreifen, was geschehen ist.

Deshalb ist es hilfreich, von Zeit zu Zeit (einmal im Vierteljahr oder einige Male im Jahr) eine Bestandsaufnahme Ihrer Energie zu machen. Erstellen Sie eine Liste aller Dinge in Ihrem Leben, in die Sie Energie investiert haben, und fragen Sie sich: „Nährt es mich oder zehrt es an mir?“

Überlegen Sie, ob es sich um authentische Ausdrucksformen Ihrer selbst handelt oder um Dinge, die Sie tun, um Sinn, Zweck, Status, Gunst oder Aufmerksamkeit zu erlangen. Dinge, die ein authentischer und wahrer Ausdruck Ihrer selbst sind, nähren Sie nahezu immer, statt an Ihnen zu zehren.

Wenn Sie die Übung durchführen, achten Sie darauf, dass Ihre Liste die folgenden Kategorien enthält:

- **Beziehungen**
- **Hobbys/Freizeitaktivitäten**
- **Familiäre Verpflichtungen/Verantwortlichkeiten/Kinder**
- **Beruf/Arbeit**
- **Sport oder andere körperliche Aktivitäten**
- **Kirche und Gemeinde**
- **Hausarbeit**
- **Weiterbildung oder persönliches Wachstum**

Seien Sie möglichst gründlich. Die obige Liste ist nur als Ausgangsbasis gedacht. Sie können so viele zusätzliche Kategorien hinzufügen, wie Sie möchten oder für nötig erachten. Überlegen Sie, ob Sie die Liste aufbewahren möchten, um in drei Monaten oder einem halben Jahr für künftige Bestandsaufnahmen Ihrer Energie wieder darauf zugreifen zu können.

Was gibt Ihnen das Gefühl, leicht und weit zu sein?
Diese Übung können Sie jederzeit und in jeder Situation nutzen, um zu beurteilen, ob etwas mit Ihrer Wahrheit in Einklang ist. Wenn etwas mit Ihrer Wahrheit in Einklang steht, fühlen Sie sich nahezu immer leicht und weit. Sie können diese Übung auch zur Erkundung nutzen, indem Sie eine Liste von Aktivitäten, Entscheidungen, Beziehungen oder anderen fraglichen Themen erstellen und sich in Ihre Antwort auf die Frage einspüren, ob sie Ihnen ein Gefühl der Leichtigkeit und Weite oder der Schwere und Enge vermitteln.

Da wir als Empathen subtile Energien sehr gut wahrnehmen können, sollte es uns nicht schwerfallen, festzustellen, ob etwas sich schwer, dicht und eng oder leicht und weit anfühlt. So können Sie erkennen, ob etwas glaubhaft klingt, ob Sie sich zu etwas hingezogen fühlen oder ob Sie zu etwas in Resonanz gehen. Dinge, die Ihnen dienlich sind und mit Ihrem authentischen Selbst in Einklang stehen, fühlen sich leicht und weit an. Manche Menschen spüren vielleicht sogar ein Gefühl der Erleichterung. Dinge, die Ihnen nicht dienlich oder nicht mit Ihrem authentischen Selbst in Einklang sind, fühlen sich schwer, dicht und eng an.

Bevor Sie diese Übung durchführen, gilt es jedoch eine wichtige Unterscheidung zu treffen. Widerstand kann manchmal als Schwere empfunden werden. Manchmal kann unsere Reaktion auf etwas sich zwar schwer *anfühlen*, aber das liegt daran, dass wir im Widerstand sind. Widerstand ist nicht unbedingt ein klares und unmittelbares Zeichen für „nein“. Wir müssen ihm auf den Grund gehen. Er ist die Reaktion auf einen Reizauslöser. Widerstand ist eine Ampel, die leuchtet, um uns zu zeigen, dass wir die Gelegenheit haben, mehr über uns selbst zu lernen und vielleicht eine Verletzung oder Angst zu heilen. Nachdem wir ihm auf den Grund gegangen sind, kann die endgültige Antwort ja oder nein lauten. Sie müssen also ehrlich zu sich selbst sein und lernen, den Unterschied zwischen Ihrem inneren, klaren Nein und einem anfänglichen Widerstand zu erkennen, der auf Angst beruht.

Entscheidungen mit dem Herzen treffen
Bei dieser Übung geht es darum, sich in Erinnerung zu rufen, wie Sie Ihre Gefühle als Navigationssystem nutzen können. Ihr Körper und Ihre Gefühle sagen Ihnen immer die Wahrheit. Sie müssen nur wieder lernen, auf die Signale zu hören. Ich habe vor einigen Jahren eine geführte Meditation mit

dem Titel *How to Make Decisions with Your Heart: A Guided Meditation* aufgenommen. Sie führt Sie durch eine kraftvolle Visualisierung, die Sie immer wieder nutzen können, um von Ihrem Herzen und Ihren Gefühlen klare und präzise Antworten zu erhalten.

In fast allen westlich geprägten Gesellschaften wurde über viele Jahrhunderte hinweg männlichen Qualitäten größerer Wert beigemessen als weiblichen Qualitäten. Entscheidungen mit dem Kopf zu treffen (die männlichen Prinzipien der Vernunft, der Logik, der Beweisbarkeit), wurde höher bewertet, als Entscheidungen mit dem Herzen, mithilfe von Emotionen, Intuition oder Gefühlen zu treffen. Der Weg, der Sie zu Ihrer Mitte – nach Hause – zurückbringt, führt jedoch durch das Herz. Anders ausgedrückt: Verlieren Sie den Verstand und kommen Sie zur Besinnung!

Die obige Meditation kann Ihnen helfen, ein „Muskelgedächtnis" zu entwickeln, sodass Sie im Laufe der Zeit lernen, Ihre Reaktion auf eine Situation augenblicklich und präzise zu beurteilen. Sie ist unter www.bluestartemple.org/meditations in englischer Sprache bestellbar.

◎ *Wer waren Sie als Kind?*

Die Frage, wer Sie als Kind waren, ehe die Welt Ihr Verhalten und Ihre Entscheidungen über Gebühr beeinflusst hat, kann ein wunderbares Werkzeug sein, um sich daran zu erinnern, wer Sie sind, und Ihre Mitte wiederzufinden. *Vorbehalt: Diese Übung kann – abhängig von Ihren Kindheitserfahrungen – hilfreich oder nicht hilfreich sein. Einige Menschen haben kaum Erinnerungen an ihre Kindheit. Einige Menschen haben einen großen Teil ihrer Kindheit verdrängt. Sie können, falls möglich, Ihre Eltern fragen, um einen Einblick in Ihre Vorlieben, Neigungen und Abneigungen als Kind zu gewinnen. Wenn Sie das Gefühl haben, dass diese Übung nicht hilfreich wäre, führen Sie sie nicht durch.*

In dieser Übung schreiben Sie in Ihrem Tagebuch ganz einfach über sich selbst als Kind. Wie haben Sie gespielt? Zu welchen Aktivitäten fühlten Sie sich hingezogen? Wie haben Sie auf die Menschen in Ihrem Umfeld reagiert? Was haben Sie sich vorgestellt? Worin bestanden Ihre „wertvollsten" Besitztümer? Was wollten Sie als Kind werden, wenn Sie erwachsen sind?

Die folgenden Themen waren für mich als Kind sehr präsent und sind heute ein grundlegender Teil meines Lebens: die Spiritualität der amerikanischen Ureinwohner, Pferde, die Liebe zu Felsen, Steinen, Bäumen, Pelz und Naturelementen, Phantasien über magische Objekte, in der Natur zu sein, körperlich aktiv zu sein, auf Bäume zu klettern, Dinge zu erforschen und für die Emotionen anderer Menschen empfänglich zu sein.

Andere Menschen fragen

Der Vorschlag, andere Menschen zu fragen, mag auf den ersten Blick widersprüchlich klingen, nachdem wir so viel darüber gesprochen haben, uns von den Vorstellungen, Wünschen, Emotionen und Gewohnheiten aller anderen Menschen zu lösen. Hier ist jedoch etwas anderes gemeint. Manchmal können wir uns selbst gar nicht erkennen und es ist hilfreich, einen vertrauenswürdigen Freund oder Verwandten zu haben, der uns zurückspiegelt, wie er uns wahrnimmt. Gewiss gibt es in Ihrem Leben zumindest einige Menschen, die Sie schon sehr lange kennen, vielleicht schon seit Ihrer Kindheit, und die sowohl Ihre besten als auch Ihre schlimmsten Seiten erlebt haben. Es sollte jemand sein, dem Sie bedingungslos vertrauen, jemand, von dem Sie wissen, dass er Ihnen die Wahrheit sagen wird.

In dieser Übung fragen Sie den betreffenden Menschen einfach, wie er Sie sieht. Sie können ein Gespräch darüber führen oder ihn bitten, seine Antwort schriftlich zu verfassen und sie Ihnen zukommen zu lassen. Fragen Sie ihn, mit welchen Worten er Sie beschreiben würde, und bitten Sie ihn, Ihnen Beispiele für Dinge zu geben, die Sie gesagt oder getan haben und die er als „typisch du" beschreiben würde. Fragen Sie ihn, welche Qualitäten ihm in den Sinn kommen, wenn er an Sie denkt. Fragen Sie ihn, welche Reaktionen, Gewohnheiten oder Vorlieben er häufig bei Ihnen beobachtet hat. Erklären Sie ihm, warum Sie ihm diese Fragen stellen und welchem Zweck diese Übung dient.

Bitte hören Sie die siebte Audiodatei mit dem Titel „Meditation to Stay in Your Center", die Ihnen hilft, in Ihrer Mitte zu bleiben.

VOM NACHTEIL ZUM VORTEIL

Die Tatsache, dass Sie ein Empath sind, als eine Gabe zu betrachten, ist keine Fähigkeit, die Sie durch das Schwenken eines Zauberstabs erlangen. Wenn Sie Ihre innere Arbeit leisten und sich allen in diesem Buch empfohlenen Praktiken widmen, werden Sie sich jedoch ganz von selbst zu Ihrer empathischen Natur bekennen. Letzten Endes ist es eine *Entscheidung*, ob Sie Ihre Fähigkeiten als Gabe betrachten wollen, und es ist Ihre Entscheidung. Diese Entscheidung hat jedoch ihren Preis.

Der Preis, den Sie zahlen, wenn Sie Ihre empathischen Fähigkeiten als Gabe betrachten, besteht darin, dass Sie nicht mehr behaupten können, das Opfer zu sein. In dem Moment, in dem Sie die Entscheidung treffen, Ihre Fähigkeiten als Gabe zu betrachten, übernehmen Sie die volle und vollständige Verantwortung für sich selbst. Wenn Sie es tun, kann das Opferdenken nicht länger im selben Raum existieren.

Ihre empathischen Fähigkeiten als Gabe zu betrachten, gibt Ihnen auch die Möglichkeit, sich zu Ihrer Einzigartigkeit und zum individuellen Ausdruck Ihrer empathischen Fähigkeiten zu bekennen. Es kennzeichnet einen grundlegenden Perspektivwechsel, weil es sich nicht mehr um einen Selbstanteil handelt, den Sie bekämpfen oder am liebsten nicht besitzen würden, sondern um eine Reihe von Eigenschaften, die Sie als sehr wertvoll für die Welt erkennen. Sie beginnen, Ihre Kräfte für das Gute einzusetzen. Sie akzeptieren und schließen Frieden mit diesem Anteil Ihrer selbst. Sie erkennen an, dass alle Erfahrungen Ihres Lebens Sie zu diesem Punkt geführt haben. Sie haben Sie zu dem geformt, der Sie heute, in diesem Augenblick sind.

Ihre empathischen Gaben annehmen heißt, diesen grundlegenden Anteil Ihrer selbst nicht mehr zu verleugnen oder im Schatten zu verbergen. Wenn Sie sich zu dem Beitrag bekennen, den Sie in der Welt leisten, dann stehen Sie voll „im Licht“ und haben keine Angst davor, zu sehen und von anderen gesehen zu werden. Die größte Quelle des Schmerzes und des Konflikts ist immer auch die mächtigste Medizin. Die bewusste Entscheidung für den Weg des evolutionären Empathen wird Ihr Auftreten in der Welt grundlegend verändern. Sie können sie mithilfe der folgenden Übung und Meditation vertiefen.

◎ *Meine empathischen Gaben und der Wert, den sie besitzen*
Ziehen Sie eine senkrechte Linie in der Mitte eines Blatts Papier, um zwei Spalten zu bilden. Beschriften Sie dann die linke Spalte mit „Meine empathischen Gaben“ und die rechte Spalte mit „Der Wert, den sie der Welt bringen“. Wenn Sie nicht wissen, wo Sie beginnen sollen, kehren Sie noch einmal zur Checkliste im Abschnitt „Sind Sie ein Empath?“ in Kapitel 4 zurück. Hier finden Sie Anregungen zum Ausfüllen der linken Spalte.

Wenn Sie den obigen Schritt abgeschlossen haben, kreisen Sie drei Punkte ein, die Sie für Ihre mächtigsten Gaben halten oder die das Potenzial haben, Ihre „stärkste Medizin“ zu sein. Notieren Sie zu jeder dieser drei Gaben, was Sie tun können, um sie weiterzuentwickeln oder anzuwenden. Denken Sie an Zeiten zurück, in denen diese Gabe Ihnen oder anderen Menschen geholfen hat. Diese Liste wird Ihnen helfen, eine neue Beziehung zu Ihren empathischen Qualitäten und hoffentlich auch zur Akzeptanz der kosmischen Rolle aufzubauen, die Sie zu spielen haben.

Bitte hören Sie die achte Audiodatei mit dem Titel „Meditations to Connect with Your Gifts“, die Sie mit Ihren Gaben verbindet.

Selbstakzeptanz ist ein wohltuender und dringend notwendiger Balsam für Empathen und sie rührt daher, dass wir unsere Gaben als Vorteil und nicht als Nachteil betrachten. Nach einem Leben, das von Zurückweisung, Verleugnung, Verwirrung, Überforderung, inneren Konflikten und all den anderen Begleitern des unbewussten Empathen geprägt war, ist Selbstakzeptanz der wohlverdiente Preis, der uns am Ende des Rennens erwartet. Selbstakzeptanz bringt nicht nur Selbstliebe, Selbstvertrauen, Fokus, Leidenschaft, Authentizität, Klarheit, Mut und Unterscheidungsfähigkeit, sondern noch viele andere wunderbare Gaben mit sich. Erlauben Sie sich, sich selbst die Liebe, Bestätigung, Unterstützung und Akzeptanz zu geben, nach der Sie sich so sehr gesehnt haben – und sie auch zu empfangen.

SIE SIND DER NEUE EVOLUTIONÄRE EMPATH

Sie haben sich dafür entschieden, ein Empath zu sein. Ihre unerschrockene Seele hat die Entscheidung getroffen, mit einer Reihe besonderer Qualitäten geboren zu werden, die auf einzigartige Weise darauf ausgelegt sind, das menschliche Bewusstsein auf ein herzzentriertes Dasein hin zu entwickeln, während wir den Weg des Aufstiegs gehen. Sie sind Teil der ersten Welle tapferer Seelen, deren Aufgabe es ist, die alten Paradigmen aufzubrechen und eine völlig neue Form der Beziehung zu allem Leben aufzubauen. Sie haben sich dafür entschieden, gerade jetzt in der Zeitenwende und im Zyklus des Großen Jahres geboren zu werden. Unterschätzen Sie nicht die Bedeutung Ihrer Lebenserfahrung oder den Beitrag, den Sie zum Kosmos leisten.

Nehmen Sie die Mission Ihrer Seele an! Beginnen Sie dort, wo Sie gerade stehen. Die „äußeren Umstände" (Ihr Beruf, Ihr Zuhause, Ihr Wohnort) müssen sich nicht ändern, damit Sie Ihre tiefere Bestimmung annehmen können, und sie sind auch nicht entscheidend für das Maß, in dem Sie zur Entwicklung auf diesem Planeten beitragen. Seien Sie der, der Sie sind, überall dort, wo Sie sind. Handeln entspringt dem Sein! Seien Sie Sie selbst in Ihren Beziehungen. Seien Sie Sie selbst im Supermarkt und an der Tankstelle. Seien Sie Sie selbst im Kino und auf Partys. Seien Sie Sie selbst allein zu Hause und in einer Menschenmenge. Seien Sie Sie selbst bei Ihren Kindern und bei Fremden. Unterschätzen Sie nicht die Veränderung, die Sie ganz „einfach" dadurch bewirken können, dass Sie Ihr authentisches Selbst leben.

Sie sind ein evolutionärer Empath. Das morphische Feld des Empathen ist aufgebaut und Sie können es stärken und selbst Stärke daraus schöpfen. Sie sind hier, um die kollektive Schwingung der Menschheit und der Erde zu erhöhen. Ihr Bewusstsein hält ein Schwingungsfeld, das andere dazu einlädt, sich Ihnen anzuschließen, und das mit jedem Menschen verstärkt wird, der auf eine höhere Bewusstseinsebene gelangt. Sie verändern etwas. Vertrauen Sie Ihrem Herzen. Setzen Sie Ihre Werkzeuge ein. Sie sind für diese Zeit geschaffen.

Ich verlasse Sie mit den Worten von Walt Whitman …

Oh ich, oh Leben!

Oh ich, oh Leben! auf alle diese
wiederkehrenden Fragen,
Auf diesen unendlichen Zug der Ungläubigen,
auf die Städte, die voller Narren sind,
Was habe ich darauf für eine Antwort –
oh ich, oh Leben?
Dies aber ist die Antwort:
Du bist hier, damit das Leben blüht
und die Persönlichkeit,
Damit das Spiel der Mächte weitergeht
und du deinen Vers dazu beitragen kannst.

(Deutsche Fassung aus: *Der Club der toten Dichter*, Bastei Lübbe, 2009).

Wie Sie die Audiodateien zu diesem Buch verwenden können

Wenn ich mich mit einem neuen Thema befasse, hilft es mir immer, mich auf mehreren Ebenen damit auseinanderzusetzen, um die Konzepte und Prinzipien in meiner physischen Realität zu verankern und sie aus dem konzeptionellen Bereich in den körperlichen Bereich zu verlagern. Vor allem wenn es sich um ein nicht körperhaftes, nicht greifbares oder feinstoffliches Thema – wie Energie, Emotionen, Gefühle, Muster, Gedankenprozesse, Spiritualität – handelt, ist es enorm wichtig, Ihre eigene Beziehung zu und ein gefühltes Verständnis für diese Konzepte zu entwickeln. Die acht Audiodateien, die zu diesem Buch gehören, sollen Ihnen eine direkte Erfahrung mit Ihrem Körper, Ihrem Energiefeld, einer Reihe von Archetypen und Ihren unverwechselbaren empathischen Qualitäten ermöglichen. So können Sie das Wissen als *Körperweisheit* verinnerlichen, statt nur etwas „darüber" zu wissen.

Da es sich bei den Audiodateien um geführte Meditationen handelt, sollten Sie sie in einer geeigneten Umgebung hören. Dazu gehören ein ruhiger Raum, in dem Sie nicht gestört werden, und ausreichend Zeit, um sich darauf einzulassen, statt sie unter Zeitdruck zu hören, bevor Sie zum nächsten Termin eilen. Lassen Sie sich Zeit und seien Sie für jede Erfahrung offen. Ich rate Ihnen, Ihr Tagebuch zur Hand zu haben, damit Sie nach dem Anhören der einzelnen Dateien etwaige relevante Aspekte notieren können.

Es ist nicht entscheidend, dass Sie jede einzelne Audiodatei hören. Wenn das Thema einer bestimmten Meditation Sie nicht anspricht, vertrauen Sie auf Ihre Intuition. Sie können die Audiodateien in der Reihenfolge hören, in der sie im Buch erwähnt werden, aber auch Ihre eigene Reihenfolge festlegen. Ich rate Ihnen jedoch, zumindest das Kapitel zu lesen, in dem die Audiodatei enthalten ist, damit Sie einen Bezugsrahmen für die geführte Reise haben. Sie können die Dateien beliebig oft hören, da einige dazu gedacht sind, eine Kompetenz oder ein Bewusstsein zu entwickeln.

Sie können die Audiodateien *in englischer Sprache* hier herunterladen:
audio.innertraditions.com/evoemp

1. „Where Are My Edges?“ (Kapitel 7)
2. „Meditation to Connect with Your Inner Masculine“ (Kapitel 10)
3. „Meditation to Connect with Your Inner Feminine“ (Kapitel 10)
4. „Meditation to Connect with Your Physical Body“ (Kapitel 12)
5. „Meditation to Identify and Release Stored Emotions“ (Kapitel 12)
6. „Meditation to Assess Your Physical and Emotional State“ (Kapitel 13)
7. „Meditation to Stay in Your Center“ (Kapitel 14)
8. „Meditation to Connect with Your Gifts“ (Kapitel 14)

Danksagung

Meinem geliebten Joseph: Es gibt keine Worte, um meine Dankbarkeit zum Ausdruck zu bringen. Du warst mein Fels, meine unerschütterliche Stütze und meine Erdung. Dieses Buch wäre nicht möglich gewesen ohne den Raum, den du geschaffen hast, und ohne deinen Glauben an das, was ich bin, und an die Aufgabe, die ich hier zu erfüllen habe. Dein Blick für die praktischen Dinge hat es mir ermöglicht, zielgerichtet durch die vielfältigen Dimensionen und Reiche des Geistes zu reisen, um Erfahrung, Inspiration und Erkenntnis zu sammeln und sie in diesem Buch zusammenfließen zu lassen. Du bist ein „heimlicher Empath“ und ich liebe dich für deine Einfühlsamkeit und deine Zuwendung. Mein Herz ist in deiner liebevollen Fürsorge und zärtlichen Hingabe zu Hause. Du machst mich reich. Ich liebe dich.

Linda Star Wolf, meiner Mentorin und Freundin: Ich danke dir für deine Vision und dein Feuer. An deiner Universität konnte ich meine beiden höheren Abschlüsse erwerben und als mein Promotionsprojekt ist das vorliegende Buch entstanden. Weil du immer an mich und meine Arbeit geglaubt hast, konnte es schließlich als gedrucktes Werk erscheinen. Der Tag, an dem ich die Nachricht erhielt, dass es zur Veröffentlichung angenommen worden war, hat mein Leben in eine völlig neue Bahn gelenkt. Es ist ein seltenes Geschenk, dass man in dem Moment weiß, dass sich das eigene Leben grundlegend verändert hat, in dem es geschieht. Ich konnte hören, wie die Zahnräder des Universums einrasteten. Ich danke dir für deinen aquarianischen Geist und deinen aufrichtigen Wunsch, andere Menschen auf eine höhere Stufe zu heben und ihr Licht zum Leuchten zu bringen.

Meiner Schwester Leslie: Du bist das Fundament, auf dem ich stehe. In jedem Abschnitt meines Lebens warst du für mich da, hast auf mich aufgepasst und mich angespornt. Du warst die beständige Stimme der Vernunft, der Liebe, des Mitgefühls und der Akzeptanz. Deine Anwesenheit in meinem Leben ist mein „Heimatanker“. Ganz gleich, wohin ich mich (physisch oder astrophysisch) vorwage, bist du der unerschütterliche Fels in unserer Familie. Ich danke dir für deine Unterstützung und dafür, dass du da bist.

Meinen wichtigsten Mentoren – Carol Rydell, Gary Langston, Oscar

Miro-Quesada – und all jenen, die meine Lehrer und Führer waren: Ich danke euch. Ohne euch wäre es mir nie gelungen, ein so hohes Maß an Transformation mit einem Mindestmaß an Würde zu bewältigen.

Meiner Herkunftsfamilie – Mom, Dad und allen anderen, ob im Körper oder im Geist: Ich danke euch, dass ihr meine Seelenfamilie, meine Mitreisenden seid. Alles, was mir widerfahren ist, hat mich zu dem gemacht, was ich bin, und jeder von euch hat dazu beigetragen. Mom, ich weiß sehr gut, wie schwierig es war, eine Empathin großzuziehen, wenn man selbst eine Empathin ist. Unsere Seelen haben sich in diesem Leben auf eine ganz besondere Reise begeben, und ohne deinen Glauben an meinen freien Geist wäre dieses Buch nicht entstanden. Ich werde immer deine „Black-Eyed Susan" sein.

Meinen Klienten, Kursteilnehmern, Freunden und Kollegen: Euch gilt mein tiefster Dank für die vielfältige Art und Weise, in der ihr zu meiner persönlichen Entwicklung beigetragen und nicht nur die Erfahrungen, sondern auch die Basis für dieses wichtige Buch geschaffen habt.

Und nicht zuletzt danke ich meiner Seele: Ich danke dir für deine Führung, deine Weisheit, deinen Blickwinkel, deine Ermutigung und die Magie, mit der du mich tagtäglich verbindest.

Anmerkungen

EINFÜHRUNG:
EIN WUNSCH, EINE MISSION UND HUNDERT AFFEN

1. Martin: „Morphic Field and Morphic Resonance".

KAPITEL 2
DAS GROSSE JAHR UND DER GEGENWÄRTIGE ZYKLUS DES AUFSTIEGS

1. Cruttenden: *Lost Star of Myth and Time*, S. 106.
2. Cruttenden: *Lost Star of Myth and Time*, S. 111.
3. Website des Chandra X-Ray Observatory der NASA, zitiert in Cruttenden: *Lost Star of Myth and Time*, S. 111.
4. Cruttenden: *Lost Star of Myth and Time*, S. 178.
5. Cruttenden: *Lost Star of Myth and Time*, S. 179.
6. Hunt: *Infinite Mind*, S. 30.
7. Hunt: *Infinite Mind*, S. 31.
8. Hunt: *Infinite Mind*, S. 31.
9. Hunt: *Infinite Mind*, S. 31-32.
10. Hunt: *Infinite Mind*, S. 32-33.
11. Cruttenden: *Lost Star of Myth and Time*, S. 184.
12. Cruttenden: *Lost Star of Myth and Time*, S. 52.
13. Cruttenden: *Lost Star of Myth and Time*, S. 71.
14. Cruttenden: *Lost Star of Myth and Time*, S. 73.
15. Ruby Falconer in einem persönlichen Gespräch mit der Autorin.
16. www.ascensionsymptoms.com/ascension-signs-and-symptoms.html.
17. Alleyne: „Welcome to the information age".

KAPITEL 3
DIE EVOLUTION DES EMPATHEN

1. Judith: *Eastern Body, Western Mind*, S. 10-11.
2. Judith: *The Global Heart Awakens*, S. 23.
3. Judith: *The Global Heart Awakens*, S. 27.
4. Judith: *The Global Heart Awakens*, S. 3.
5. Berman: *Finstere Zeiten für Amerika*.
6. Roser: „Child Mortality".

KAPITEL 6
KEINE VERLEUGNUNG MEHR:
WIR SIND DER NEUE MENSCHLICHE BAUPLAN

1. Miro-Quesada: „Pachakuti Mesa Tradition Quechua Terminology", S. 2.
2. Wolf: *Shamanic Breathwork*, S. 81.
3. Wolf: *Shamanic Breathwork*, S. 80.

TEIL 2
DER WERKZEUGSATZ DES EVOLUTIONÄREN EMPATHEN
MENSCHLICH UND GÖTTLICH ZUGLEICH SEIN: DIE PRAXIS

1. Cruttenden: *Lost Star of Myth and Time*, S. 73.

KAPITEL 8
GRENZEN: WIR SIND EINS, ABER WIR SIND NICHT GLEICH

1. Taylor: *Mit einem Schlag.*

KAPITEL 9
GRENZEN: DIE ANWENDUNG IM DREIDIMENSIONALEN RAUM

1. Ury: *Nein sagen und trotzdem erfolgreich verhandeln.*

KAPITEL 10
DAS GÖTTLICHE MÄNNLICHE UND DAS GÖTTLICHE WEIBLICHE ALS BEWUSSTE GLEICHBERECHTIGTE PARTNER ANNEHMEN

1. Sharma: *Der Mönch, der seinen Ferrari verkaufte.*
2. Giamario/Castell: *The Shamanic Astrology Handbook*, S. 162.

KAPITEL 11
HÖREN SIE AUF, INS PARADIES ZURÜCKGELANGEN ZU WOLLEN

1. Myss: *Archetype Cards*, S. 70.
2. Harvey: *The Hope*, S. 120.
3. Harvey: *The Hope*, S. 121.

KAPITEL 13
ERLANGEN SIE EIN HÖHERES MASS AN VERKÖRPERUNG

1. Judith und Goodman: *Creating on Purpose*, S. 11.
2. Judith und Goodman: *Creating on Purpose*, S. 16.
3. Judith: *Lebensräder.*
4. Masters: „Spiritual Bypassing“.
5. Masters: „Spiritual Bypassing“.
6. Linda Star Wolf macht diese Aussage oft in ihren Workshops, Podcasts und Online-Beiträgen.

KAPITEL 14
GEWINNEN SIE IHRE IDENTITÄT ZURÜCK:
LEBEN SIE AUS IHRER EIGENEN MITTE HERAUS

1. Judith: *Eastern Body, Western Mind*, S. 191.
2. Judith: *Eastern Body, Western Mind*, S. 255.

Literaturverzeichnis

Alleyne, Richard: „Welcome to the information age – 174 newspapers a day". *The Telegraph*, 11. Februar 2011.

Aron, Elaine: *Sind Sie hochsensibel? Wie Sie Ihre Empfindsamkeit erkennen, verstehen und nutzen*. Heidelberg, mvg-Verlag, 2007.

www.ascensionsymptoms.com/ascension-signs-and-symptoms.html, abgerufen am 21. August 2018.

Berman, Morris: *Finstere Zeiten für Amerika: Ende einer imperialistischen Ära*. Frankfurt am Main: Ed. Büchergilde, 2005.

Cruttenden, Walter: *Lost Star of Myth and Time*. Pittsburgh PA: St. Lynn's Press, 2006.

Giamario, Daniel; Castell, Cayelin K.: *The Shamanic Astrology Handbook*. Collierville TN: InstantPublisher, 2014.

Harvey, Andrew: *The Hope: A Guide to Sacred Activism*. Carlsbad CA: Hay House, 2009.

Hawkins, David R.: *Die Ebenen des Bewusstseins: Von der Kraft, die wir ausstrahlen*. Kirchzarten: VAK-Verlag, 2014.

Hunt, Valerie: *Infinite Mind: Science of the Human Vibrations of Consciousness*. Malibu CA: Malibu Publishing, 1996.

Judith, Anodea: *Eastern Body, Western Mind: Psychology and the Chakra System as a Path to the Self*. New York: Celestial Arts, 2004.

---: *The Global Heart Awakens*. San Rafael, CA: Shift Books, 2013.

---: *Lebensräder: das große Chakren-Lehr- und Übungsbuch*. München: Goldmann, 2004.

Judith, Anodea; Goodman, Lion: *Creating on Purpose: The Spiritual Technology of Manifesting Through the Chakras*. Boulder CO: Sounds True, 2012.

Martin, Yolanda Zigarmi: „Morphic Field and Morphic Resonance". Beitrag auf www.spiritualresources.info, September 2013.

Masters, Robert Augustus: „Spiritual Bypassing: When Spirituality Disconnects Us from What Really Matters". www.robertmasters.com.

Miro-Quesada, Oscar: „Pachakuti Mesa Tradition Quechua Terminology". Path of the Universal Shaman Advanced Intensive, © 2014.

Myss, Caroline: *Archetype Cards: An 80-Card Deck with Instruction Booklet*. Carlsbad CA: Hay House, 2003.

Roser, Max: „Child Mortality". Beitrag auf www.ourworldindata.org, 2019.

Sharma, Robin: *Der Mönch, der seinen Ferrari verkaufte: eine Parabel vom Glück*. München: Knaur.Leben, 2019.

Taylor, Jill B.: *Mit einem Schlag: wie eine Hirnforscherin durch ihren Schlaganfall neue Dimensionen des Bewusstseins entdeckt*. München: Knaur, 2010.

Tolle, Eckhart: *Eine neue Erde: Bewusstseinssprung anstelle von Selbstzerstörung*. München: Goldmann, 2005.

Ury, William: *Nein sagen und trotzdem erfolgreich verhandeln*. Frankfurt am Main: Campus, 2009.

Wolf, Linda Star: *Shamanic Breathwork: Journeying beyond the Limits of the Self*. Rochester VT: Bear & Company, 2009.

Weitere Titel aus dem Verlag Via Nova:

Gelassen leben mit Hochsensibilität

Selbstbewusst abgrenzen im Alltag, Zeit für mehr innere Ruhe
Sylvia Harke

Klappenbroschur, 144 Seiten, ISBN 978-3-86616-468-0

Durch mangelnde Selbstannahme, hohe berufliche und familiäre Anforderungen verlieren viele Hochsensible leicht die eigenen Bedürfnisse aus den Augen. Mit diesem Praxisbuch erhalten hochsensible, hochsensitive und empathische Menschen eine Fülle von praktischen Übungen und heilsamen Ritualen, die ihnen helfen, ihren eigenen Standpunkt im Leben zu finden. Die Bestsellerautorin und Psychologin Sylvia Harke vermittelt praxiserprobte Methoden, um das Selbstvertrauen und die Ich-Kraft zu stärken. Die Leser lernen, mit Stress besser umzugehen, sich abzugrenzen und die eigene Feinfühligkeit als wertvolles Talent zu entdecken. Ein großartiges, mit Liebe gestaltetes, Selbsthilfebuch, das als kreativer Alltagsbegleiter allen feinfühligen Wesen den Weg in ein selbstbestimmtes und befreites Leben bereiten kann.

Endlich leben – statt gelebt zu werden

Chuck Spezzano

Klappenbroschur, 224 Seiten, ISBN 978-3-86616-469-7

Dieses Buch ist deshalb so außergewöhnlich, weil es aus moderner spiritueller Sicht systematisch die wahren Ursachen ergründet für das, was wir Menschen als unser größtes Unglück erfahren. Doch damit nicht genug. Es zeigt auch für jeden nachvollziehbar auf, dass es nur an uns liegt, in unserem Leben wahrhaftiges Glück zu erlangen. Was für eine Botschaft! Lernen Sie zu erkennen, dass alles, wonach Sie sich sehnen, in Ihrem Leben schon vorhanden ist und dass Sie durch vollkommene Selbstverantwortung und Neuausrichtung Ihrer Wahrnehmung tiefste Heilung und wahre Freiheit erreichen können. Dies ist eine absolut empfehlenswerte Lektüre für jeden wirklich Suchenden – die essenziellen Erkenntnisse aus 45 Jahren Praxis, Lehrtätigkeit und Lebenserfahrung des weltbekannten Weisheitslehrers und Bestsellerautoren Chuck Spezzano.

Hochsensibilität als Gabe und Chance begreifen

Chuck Spezzano

Taschenbuch, 160 Seiten, ISBN 978-3-86616-479-6

Außergewöhnliche Empathie- und Empfindungsfähigkeit, tiefsinnige Wahrnehmung und Feinfühligkeit sind die kostbarsten Gaben hochsensibler Menschen. So sehr es dieser Qualitäten bedarf, um den Wandel der gegenwärtigen Zeit voranzubringen, so herausfordernd kann zugleich der Umgang damit sein. Aus diesem Grund widmet sich Chuck Spezzano in diesem Buch mit all seiner Weisheit und seinem Erfahrungsschatz aus über 40 Jahren spirituell therapeutischer Arbeit dem Phänomen der Hochsensibilität. Er legt nicht nur dar, welch große Bedeutung hochsensible Menschen in unserer Zeit haben, sondern lässt sein gesamtes Wissen einfließen, um sie dabei zu unterstützen, ihr gesamtes Potential zu entfalten - zum Wohle aller! Ungeahnte Möglichkeiten tun sich auf - nicht nur für alle Hochsensiblen!

Hochsensibel ist mehr als zartbesaitet

Die 100 häufigsten Fragen und Antworten

Sylvia Harke

Paperback, 288 Seiten, ISBN 978-3-86616-356-0
E-Book: ISBN 978-3-86616-407-9

5. Auflage

Es braucht großes Fingerspitzengefühl und tiefe Empfindsamkeit, hochsensible Menschen zu erreichen und dort „abzuholen", wo sie sich innerlich wirklich befinden. Mit ihrem zweiten Buch gelingt das der erfahrenen Dipl.-Psychologin und Autorin wieder mit Brillanz. Denn Sylvia Harke weiß aus eigener Erfahrung, dass hochsensible Menschen ganz eigene Fragen an den Lebensalltag haben. Wunderbar praktisch, feinfühlig, ermutigend und konkret gibt das Buch sehr hilfreiche, kompetente Antworten auf die 100 häufigsten Fragen zur Hochsensibilität, vom Arzttermin bis zum Vorstellungsgespräch, von der Partnerschaft bis zur Berufsauswahl. Eine wahre Schatztruhe an Tipps und Inspirationen, die bei allen hochsensiblen Menschen - stets griffbereit zum Nachschlagen - ihren festen Platz im Regal haben sollte!

Hochsensibel – Was tun?

Kartenset mit 52 Mandala-Karten und Begleitheft

Sylvia Harke

Begleitheft, 76 Seiten, ISBN 978-3-86616-458-1

Mit ihrem Bestseller „Hochsensibel – Was tun?" hat Sylvia Harke Tausenden von hochsensiblen Menschen die Augen geöffnet über das wahre Wesen ihrer außergewöhnlichen Feinfühligkeit und Begabung. Das hier vorliegende Kartenset, das speziell auf die Bedürfnisse Hochsensibler abgestimmt ist, kann dabei eine anregende Unterstützung sein. 52 Karten mit positiven Affirmationen sowie hilfreichen Übungen im exklusiven Begleitheft. Eine wunderbare Inspirationsquelle, die allen feinfühligen Seelen kostbare Impulse und hilfreiche Strategien vermittelt, um ihre Hochsensibilität zu bejahen und ein Leben zu führen, das ihren ureigensten Bedürfnissen entspricht.

Als ich verlor, was ich niemals war

Wie der Buddhismus mein Leben verändert hat

Matthias Dhammavaro Jordan

Klappenbroschur, 352 Seiten, 14 farbige Fotos, ISBN 978-3-86616-474-1

Viele Menschen beschäftigen sich heute mit Buddhismus, Meditation und Achtsamkeit, doch nur sehr wenige Westeuropäer haben den Buddhismus je an seiner Quelle studiert. Matthias Dhammavaro Jordan ist einer dieser wenigen. 12 Jahre lebte er als buddhistischer Mönch in der Theravada-Waldtradition. In dem autobiografischen Buch beschreibt er seinen Weg in einsam gelegenen Waldklöstern Nordthailands, zu berühmten buddhistischen Lehrern, seinen Umgang mit fremden Kulturen, dem asketisch-klösterlichen Leben sowie seine intensiven inneren Prozesse und Meditationserfahrungen. Ein mitreißendes Leseerlebnis, voll spannender Stationen in Thailand, Sri Lanka, Kanada und Europa und tiefer Einsichten, Erkenntnisse und zeitloser Wahrheiten, dabei immer authentisch, berührend, voller Lebendigkeit und erfrischend ehrlich!

Gelassenheit ist der Schlüssel zum inneren Frieden

Kraftgebende Impulse für jeden Tag
Urs-Beat Fringeli

Hardcover, 400 Seiten, ISBN 978-3-86616-485-7

Kennen Sie das Geheimnis von Glück, Gelassenheit und innerem Frieden? Das Geheimnis ist, dass es kein Geheimnis gibt! Urs-Beat Fringeli hat schon viele Bücher geschrieben und jahrzehntelang Glücksforschung betrieben, seine Botschaft ist einfach und deshalb so real: Glück und Gelassenheit sind keine Zufallsprodukte des Lebens, sondern Entscheidungen, die wir treffen. Und dieses Buch zeigt Ihnen, wie es gelingt. Jeden Tag aufs Neue können Sie Ihr Leben in die Hand nehmen und sich entscheiden – für die positiven Seiten des Lebens, Freude, Gelassenheit und Glück. Wunderbare Herzensinspirationen, zeitlose Betrachtungen und Weisheiten navigieren Sie auf Ihrem Weg zu einem erfüllten Dasein. Das Leben will Sie beschenken – beschenken auch Sie sich: mit diesem einmaligen Lebensfreudebuch!

Karten der Liebe

84 farbige Karten mit Begleitbuch
Chuck Spezzano

5. überarbeitete Neuauflage

Kartenset, 84 Karten mit Booklet, 148 Seiten, ISBN 978-3-86616-486-4

Manche Menschen scheinen größeres Glück in der Liebe zu haben als andere, aber es steckt mehr dahinter als nur Glück. Der international bekannte Lebenslehrer Chuck Spezzano zeigt auf anschauliche Weise, wie der aufmerksame Leser mit Hilfe der 84 Karten seine Chancen für eine glückliche und erfolgreiche Liebesbeziehung vergrößern kann. Die Karten sind in die vier Kategorien *Heilung, Glück, Gnade* und *Probleme* unterteilt. In dem dazugehörigen Begleitbuch werden alle Karten und ihre jeweiligen Bedeutungen ausführlich beschrieben. Außerdem werden verschiedene Befragungsbeispiele und Legesysteme vorgestellt. Die *Karten der Liebe* sind sowohl für Menschen gedacht, die noch nach ihrer ganz besonderen Beziehung suchen oder gerade am Anfang einer Beziehung stehen, als auch für Menschen in einer langfristigen Partnerschaft, denen die Karten neue Erkenntnisse über ihre Liebesbeziehung vermitteln und helfen, sie zu verbessern. Sie zeigen nicht nur die schönen Seiten der Liebe wie Vertrauen, Lachen und Glück, sondern auch ihre Fallen wie Erwartungen, Kontrolle und Eifersucht, die es zu vermeiden gilt, damit die Liebe nicht schal wird.

Worte der Kraft

aus *Ein Kurs in Wundern* mit Interpretationen von Chuck Spezzano
Chuck Spezzano

Klappenbroschur, 400 Seiten, ISBN 978-3-86616-487-1

Nicht viele universelle Weisheitsbücher haben eine solch große transformatorische Kraft und Dimension wie das Buch *Ein Kurs in Wundern*. Auch der international bekannte Weisheitslehrer Chuck Spezzano schöpft seit Jahrzehnten aus der göttlichen Inspiration dieses Meisterwerks. Er hat daraus für jeden Tag des Jahres eine Botschaft in einem Satz ausgewählt, ihn in einem kurzen Ausschnitt in den Zusammenhang des Buchtextes gestellt und diese außergewöhnlichen „Worte der Kraft" durch seinen eigenen Kommentar ergänzt. Es sind tief berührende Erläuterungen, Anregungen, Anstöße und Interpretationen. Dieses Buch enthält Worte, die unser tiefstes inneres Sein nähren und erhellen können.

Sanftes Atmen – für mehr Resilienz und ein starkes Immunsystem

Ralph Skuban

CD, Laufzeit: 62:33 Minuten, ISBN 978-3-86616-491-8

Mithilfe dieser CD erlernen Sie in kurzer Zeit einfache Atempraktiken für mehr Wohlsein und Gesundheit. Die Übungen basieren auf aktuellen Forschungen des Westens, wie der Buteyko-Methode, sowie auf Erkenntnissen über die Auswirkungen des langsamen Atmens auf Herzgesundheit, Stress-Resilienz und Immunsystem. Man weiß heute, dass eine gezielte Beruhigung der Atmung die Durchblutung und Versorgung mit Sauerstoff verbessert und zahlreiche heilsame Wirkungen beispielsweise auf Gehirn und Nervensystem, Herz und Kreislauf, Muskeln, Verdauung und Schlafqualität hat. Langsames und sanftes Atmen hat nachweislich positive Wirkungen bei Schlafstörungen, Erschöpfung, Burnout, Depressionen, Bluthochdruck, Asthma, Kurzatmigkeit, Panikattacken, chronisch verstopfter Nase, Unruhe, Konzentrationsproblemen, Verdauungsstörungen und anderen chronischen Problemen.

Das kleine Buch der Meditation

12 geführte Reisen nach innen

Sonja Wiethölter

Klappenbroschur, 112 Seiten, 7 Fotos, ISBN 978-3-86616-457-4

Viele Menschen erkranken an der modernen Gesellschaft. Erfolgsdruck und Dauerstress strapazieren den Geist bis hin zu körperlichen Auswirkungen. Was wir brauchen, ist ein neuer Zugang zu uns selbst, ein Ventil für unsere Anspannung und Orientierung im Leben. Diese 12 meditativen Reisen entführen den Leser in eine phantastische Welt in seinem Inneren, ein Ort, an dem Erholung, Besinnung, Bewusstheit, neue Perspektiven und die Bedeutung der Selbstachtung erfahren werden können. In atemberaubenden Bildern von lauschigen Wäldern, steilen Gebirgsketten und weitläufigen Stränden zeichnet Sonja Wiethölter dem Leser einen Weg der Imagination, der ihn näher zu sich selbst führt.

Wunder geschehen in jedem Augenblick

„Ein Kurs in Wundern" im Alltag und im Beruf

Mit einem Vorwort von Marianne Williamson

Emily Bennington

Paperback, 192 Seiten, ISBN 978-3-86616-425-3

Wenn sich spirituelles Gewahrsein und die so genannte Normalität des modernen Berufs- und Geschäftslebens miteinander verbinden, können wahre Wunder geschehen. Dass dies mehr als ein Allgemeinplatz ist, stellt die amerikanische Star-Coachin und Bestsellerautorin Emily Bennington in diesem Buch dar. Auf Basis des spirituellen Klassikers „Ein Kurs in Wundern", wirkungsvollen Achtsamkeitspraktiken und vieler ihrer eigenen bewährten Strategien zeigt die Autorin, wie Transformation konkret und praktisch im Alltag und in der Geschäftswelt gelebt werden kann. Dieser außergewöhnliche spirituelle Leitfaden beweist, dass persönliche Karriere, inneres Wachstum, äußerer Erfolg und positiver Bewusstseinswandel in der Welt ganz real werden können.